KARL FRIEDRICH VOGEL

Zur Zulässigkeit des Finanzrechtsweges in Abgrenzung zu den anderen Verwaltungsrechtswegen

Schriften zum Steuerrecht

Band 3

Zur Zulässigkeit des Finanzrechtsweges in Abgrenzung zu den anderen Verwaltungsrechtswegen

Von

Dr. Karl Friedrich Vogel

DUNCKER & HUMBLOT / BERLIN

Gedruckt mit Unterstützung der Stiftung Volkswagenwerk

Gedruckt 1969 bei Alb. Sayffaerth, Berlin 61
Printed in Germany

Vorwort

Die Arbeit wurde im Mai 1967 der Rechtswissenschaftlichen Fakultät der Universität zu Köln als Dissertation vorgelegt und im Wintersemester 1967/68 angenommen. Bei der Drucklegung wurde das 1. Gesetz zur Änderung strafrechtlicher Vorschriften der Reichsabgabenordnung und anderer Gesetze vom 10. August 1967 und die bis Ende Dezember 1967 erschienene Rechtsprechung und Literatur berücksichtigt. Erörterungen über § 39 Abs. 1 FVG haben nur noch historischen Wert, da die Vorschrift durch das 2. Gesetz zur Änderung strafrechtlicher Vorschriften der Reichsabgabenordnung vom 12. August 1968 gestrichen wurde. In § 3 Abs. 1 RAO wurden die Worte „nach Art. 105 des Grundgesetzes" gestrichen. Die Änderung bestätigt eine der in dieser Arbeit vertretenen Thesen.

Herrn Professor Dr. Klaus Stern sei an dieser Stelle herzlich gedankt für die Anregung und Betreuung der Arbeit. Herrn Professor Dr. Klaus Tipke danke ich ebenfalls für Hinweise zu einzelnen Punkten. Herr Ministerialrat a. D. Dr. Johannes Broermann ermöglichte den Druck der Arbeit durch ihre freundliche Aufnahme in sein Verlagsprogramm.

Berlin-Dahlem, im November 1968

Karl Friedrich Vogel

Inhaltsverzeichnis

Abkürzungsverzeichnis

a.A.	=	anderer Ansicht
a.a.O.	=	am angegebenen Ort
AbEG	=	Abschöpfungserhebungsgesetz
Abs.	=	Absatz
a.E.	=	am Ende
a.F.	=	alte Fassung
ÄndG	=	Änderungsgesetz
AfK	=	Archiv für Kommunalwissenschaften
AGFGO	=	Ausführungsgesetze der Länder zur Finanzgerichtsordnung
a.M.	=	anderer Meinung
Anm.	=	Anmerkung
(R)AO	=	(Reichs-)Abgabenordnung
AOStrafÄndG	=	Gesetz zur Änderung strafrechtlicher Vorschriften der Reichsabgabenordnung und anderer Gesetze v. 19. 8. 1967, BGBl. I, 877
AöR	=	Archiv für öffentliches Recht
Art.	=	Artikel
Aufl.	=	Auflage
AWD	=	Außenwirtschaftsdienst des Betriebsberaters
BB	=	Betriebsberater
Bd.	=	Band
BdF	=	Der Bundesminister der Finanzen
BefStG	=	Beförderungssteuergesetz
Bem.	=	Bemerkung
Beschl.	=	Beschluß
bestr.	=	bestritten
BFH	=	Bundesfinanzhof
BFHG	=	Gesetz über den Bundesfinanzhof
BFVG	=	Gesetz über die Angelegenheiten der Vertriebenen und Flüchtlinge (Bundesvertriebenengesetz)
BGBl.	=	Bundesgesetzblatt
BGHZ	=	Amtliche Sammlung der Entscheidungen des Bundesgerichtshofes
BSG	=	Bundessozialgericht
BStBl.	=	Bundessteuerblatt
BTDrS	=	Bundestagsdrucksache
BVerfG	=	Bundesverfassungsgericht
BVerwG	=	Bundesverwaltungsgericht
bzw.	=	beziehungsweise

DB	= Der Betrieb
DGStZ	= Deutsche Gemeinde-Steuer Zeitung
Diss.	= Dissertation
DÖV	= Die öffentliche Verwaltung
DRZ	= Deutsche Rechts-Zeitschrift
DStR	= Deutsches Steuerrecht
DStZ (A), (B)	= Deutsche Steuerzeitung, Ausgabe A, B
DV	= Deutsche Verwaltung
DVBl.	= Deutsches Verwaltungsblatt
E	= amtliche Entscheidungssammlung
EFG	= Entscheidungen der Finanzgerichte
EG, EinfG	= Einführungsgesetz
Erl.	= Erläuterung
ESt	= Einkommensteuer
EuGH	= Gerichtshof der Europäischen Gemeinschaften
f. (ff.)	= folgende
FG	= Finanzgericht
FGO	= Finanzgerichtsordnung
FR	= Finanzrundschau
FVG	= Erstes Gesetz über die Finanzverwaltung
gem.	= gemäß
GewStG	= Gewerbesteuergesetz
GG	= Grundgesetz für die Bundesrepublik Deutschland
GO	= Gemeindeordnung
GrErwStG	= Grunderwerbssteuergesetz
GrStG	= Grundsteuergesetz
GRUR	= Gewerblicher Rechtsschutz und Urheberrecht
GS	= preußische Gesetzessammlung
GVBl.	= Gesetz- und Verordnungsblatt
HBKWP	= Handbuch der Kommunalen Wissenschaft u. Praxis
HFR	= Höchstrichterliche Finanzrechtsprechung
i.d.F.v.	= in der Fassung vom
JöR NF	= Jahrbuch des öffentlichen Rechts, neue Folge
JR	= Juristische Rundschau
JZ	= Juristenzeitung
KStZ	= Kommunale Steuerzeitschrift
LStDV	= Lohnsteuer-Durchführungsverordnung
MDR	= Monatsschrift für Deutsches Recht
MRVO	= Militärregierungs-Verordnung
N	= Note, Fußnote
NDBZ	= Neue Deutsche Beamten-Zeitschrift
n.F.	= neue Fassung
NJW	= Neue Juristische Wochenschrift
Nr.	= Nummer
N.W.	= Nordrhein-Westfalen
OFD	= Oberfinanzdirektion
OVG	= Oberverwaltungsgericht
R	= Rechtsspruch (in Verbindung mit StRK)

RdN	=	Randnummer
RFH	=	Reichsfinanzhof
RGBl.	=	Reichsgesetzblatt
RGZ	=	Entscheidungen des Reichsgerichts in Zivilsachen
Rspr.	=	Rechtsprechung
RStBl.	=	Reichssteuerblatt
s.	=	siehe
S.	=	Seite (in zitierten Gesetzesstellen nach § : Satz)
SGG	=	Sozialgerichtsgesetz
SJZ	=	Süddeutsche Juristenzeitung
Sp.	=	Spalte
StÄndG	=	Steueränderungsgesetz
StAnpG	=	Steueranpassungsgesetz
StbJ	=	Steuerberater-Jahrbuch
Sten.Ber.Abg.Hs.	=	Stenografische Berichte des Abgeordnetenhauses
StRK	=	Steuerrechtsprechung in Karteiform
StuF	=	Steuern und Finanzen (jetziger Titel: Informationen aus Steuer und Wirtschaft)
StuW	=	Steuer und Wirtschaft
Tz	=	Textziffer
VA	=	Verwaltungsarchiv
Verw.Rspr.	=	Verwaltungsrechtsprechung in Deutschland
VG	=	Verwaltungsgericht
VGG	=	Verwaltungsgerichtsgesetz für Bayern, Bremen, Hessen und Baden-Württemberg
VGH	=	Verwaltungsgerichtshof
vgl.	=	vergleiche
VO	=	Verordnung
Vorbem.	=	Vorbemerkung
VVDStRL	=	Veröffentlichungen der Vereinigung Deutscher Staatsrechtslehrer
VwGO	=	Verwaltungsgerichtsordnung
WoFamG	=	Zweites Wohnungsbaugesetz (Wohnungsbau- und Familienheimgesetz)
ZaöRV	=	Zeitschrift für ausländisches öffentliches Recht und Völkerrecht
ZBR	=	Zeitschrift für Beamtenrecht
ZfS	=	Zentralblatt für Sozialversicherung und Versorgung
ZfZ	=	Zeitschrift für Zölle und Verbrauchsteuern
Ziff.	=	Ziffer
ZVG	=	Gesetz über die Zwangsversteigerung und die Zwangsverwaltung

A. Die Zulässigkeit von Rechtsbehelfen an die Finanzgerichte bis zum Inkrafttreten der Finanzgerichtsordnung vom 6. Oktober 1965

I. Die Zeit bis zum Ende des Zweiten Weltkrieges

Mit dem Inkrafttreten der Finanzgerichtsordnung vom 6. Oktober 1965[1] am 1. Januar 1966 kam die Entwicklung in der Frage der Zulässigkeit des Finanzrechtsweges zu einem vorläufigen Abschluß. In Abgabenstreitigkeiten war die Zulässigkeit von Rechtsbehelfen an ein Gericht stets besonders bedeutend. Der Begriff der Zulässigkeit des Rechtsweges hat sich in Deutschland in den letzten einhundert Jahren in doppelter Hinsicht gewandelt: Als Rechtsweg wurde ursprünglich nur der Weg zu den ordentlichen Gerichten, später auch der zu den Verwaltungsgerichten angesehen[2]. Während in bürgerlichen Rechtsstreitigkeiten bereits durch § 13 des Gerichtsverfassungsgesetzes vom 27. Januar 1877[3] der ordentliche Rechtsweg generalklauselartig eröffnet wurde, bestand in öffentlich-rechtlichen Streitigkeiten zunächst nur in den gesetzlich ausdrücklich geregelten Fällen die Möglichkeit, ein Verwaltungsgericht anzurufen. Die Alternative zur Zulässigkeit des Rechtsweges lautete in öffentlich-rechtlichen Streitigkeiten daher: endgültige Entscheidungsbefugnis einer Verwaltungsbehörde. Dem Rechtsschutzbedürfnis des Bürgers kam zur Milderung dieser Alternative lediglich die Tendenz der ordentlichen Gerichte entgegen, die eigene Kompetenz auf Vermögensstreitigkeiten mit dem Staat auch dann zu erstrecken, wenn die Streitigkeit — zumindest nach heutigem Meinungsstand — nicht dem bürgerlichen Recht angehörte.

Die Problematik der Zulässigkeit des Rechtsweges hat sich im Laufe der Zeit jedoch verändert von der Zulässigkeit des Rechtsweges überhaupt zur Abgrenzung des Kompetenzbereiches der verschiedenen Gerichtsbarkeiten untereinander[4]. Da die Gesetzessprache die Abgren-

---

1 BGBl. 1965 I, 1477.

2 *Ule*, Verwaltungsprozeßrecht, S. 20.

3 RGBl. 41.

4 *Ule*, a.a.O. S. 19 f., *Naumann*, DÖV 1960, 204 und Staatsbürger und Staatsgewalt II, 365; *Boerner*, DVBl. 1961, 846; ähnlich *Holtkotten* für das Verhältnis der ordentlichen zur Arbeitsgerichtsbarkeit: Bonner Kommentar, Art. 96 Erl. II 5 b.

zungsregelung immer noch als Zulässigkeit des Rechtsweges bezeichnet[5], soll der Ausdruck in dieser Arbeit beibehalten, die veränderte Problematik aber nicht übersehen werden. Zulässigkeit des Rechtsweges bezeichnet heute die Kompetenz eines Zweiges der Gerichtsbarkeit[6].

Im preußischen Steuerrecht wurde Rechtsschutz durch Gerichte bis 1861 nur in ganz geringem Maße gewährt. Nach § 36 der Verordnung vom 26. Dezember 1808 wegen verbesserter Einrichtung der Provinzial- und Finanzbehörden fand der Rechtsweg „über die Verbindlichkeit zur Entrichtung allgemeiner Anlagen und Abgaben, denen sämtliche Einwohner des Staates oder alle Mitglieder einer gewissen Klasse desselben nach der bestehenden Landesverfassung unterworfen sind, ALR Teil II Titel 14 § 78, nicht statt"; jedoch sollte unter den im Allgemeinen Landrecht Teil II Titel 14 § 79 festgesetzten Modifikationen in den dahin gehörigen Fällen der Rechtsweg niemandem versagt werden[7]. Diese Bestimmung bezog sich nach Ansicht des Reichsgerichts auch auf die indirekten Abgaben. Danach war für die allgemeinen Abgaben der Rechtsweg in der Regel ausgeschlossen. Als zulässig wurde eine Klage angesehen, wenn Befreiung von den Abgaben durch Vertrag, Privileg oder Verjährung behauptet wurde[8].

Durch Gesetz vom 1. Mai 1851[9] wurden den Klassensteuerpflichtigen die Rechtsmittel der Reklamation und des Rekurses, den Einkommensteuerpflichtigen Remonstration und Reklamation gewährt, die aber alle beim Finanzministerium bzw. den Bezirkskommissionen endeten[10]. Abgaben und Steuern sollten zwar nur nach Maßgabe der Gesetze erhoben und beigetrieben werden dürfen. Für deren Auslegung wurden aber allein die Steuerbehörden „wegen ihrer besonderen Kenntnis und Erfahrung" als geeignet angesehen. „Mit Rücksicht auf die staatliche Finanzwirtschaft" stand ihnen allein die Entscheidung darüber zu, ob eine Abgabe überhaupt oder in der festgesetzten Höhe erhoben werden konnte, oder ob die erforderlichen tatsächlichen Voraussetzungen vorlagen[11]. Für „öffentliche Abgaben überhaupt" wurde durch Gesetz über die Erweiterung des Rechtsweges vom 24. Mai 1861[12] der

---

5 Vgl. FGO, Erster Teil, V. Abschnitt, 1. Unterabschnitt; VwGO, Teil I, 6. Abschnitt; SGG Erster Teil, V. Abschnitt.

6 *Ule*, Verwaltungsprozeßrecht, S. 20.

7 RGZ 5, 34 (46); 11, 65 (67).

8 RGZ 5, 46; 11, 65 (67).

9 Preuß. GS 193.

10 *Lassar*, S. 116.

11 Aus der Begründung zum Entwurf des Gesetzes über die Erweiterung des Rechtsweges vom 24. Mai 1861, Sten.Ber.Abg.Hs. 1861, Bd. 5, Anl. Nr. 89, S. 536, zitiert nach *Lassar*, S. 119.

12 Preuß. GS. S. 242.

Rechtsschutz durch Gerichte erweitert auf die Frage, ob die Steuer gar nicht oder nicht in der erforderlichen Höhe geschuldet wurde[13].

Von Anfang an fand der Bürger nur nachträglichen Rechtsschutz. Bereits § 42 der Preußischen Verordnung wegen verbesserter Einrichtung der Provinzial- und Finanzbehörden vom 26. Dezember 1808[14] bestimmte, daß die Behörden die Beitreibung trotz etwaiger Widersprüche vorzunehmen hatten. Rechtsschutz wurde nur im Rahmen des vom Bürger geltend gemachten Erstattungsanspruchs[15], und nur im ordentlichen Rechtsweg gewährt[16].

Mit Inkrafttreten der Reichsjustizgesetze ging ein Teil der Zuständigkeiten des Obertribunals in Abgabensachen auf das Reichsgericht über[17]. § 70 GVG ermächtigte die Landesgesetzgebung, Ansprüche über öffentliche Abgaben ohne Rücksicht auf den Wert des Streitgegenstandes den Landgerichten ausschließlich zuzuweisen. Davon machte Preußen durch § 39 Abs. 1 Ziff. 4 des Ausführungsgesetzes zum Gerichtsverfassungsgesetz vom 24. April 1878[18] Gebrauch und begründete die Zuständigkeit der Landgerichte „für die Ansprüche gegen den Landesfiskus in betreff der Verpflichtung zur Entrichtung einer Erbschaftssteuer oder einer Stempelabgabe". Gemäß § 509 Nr. 2 ZPO war damit die Revision zum Reichsgericht gegeben.

Unabhängig von der gesetzlichen Regelung konnte nach Ansicht des Reichsgerichts[19] schon in dem Jahrzehnt vor Gründung des Deutschen Reiches im Fall ungerechtfertigter Abgabenerhebung der dadurch in seiner individuellen Rechtssphäre Verletzte sein Recht vor den Gerichten suchen. Der gesetzliche Ausschluß des Rechtsweges wurde als anomal empfunden und dementsprechend eng ausgelegt[20]. Obwohl § 12 des Vereinszollgesetzes vom 7. Juli 1869 Beschwerden über die Anwendung des Zolltarifs in den Verwaltungsweg verwies[21], judizierte das Reichsgericht die Fragen, ob die die Abgabe begründende Vorschrift ordnungsgemäß publiziert und in Geltung war, ob der gesetz-

---

13 *Lassar*, S. 121; RGZ 11, 65 (68).

14 GS 282; § 42 lautete: Damit indessen durch frivole Klagen keine Verwirrung und Stockung in die Finanzverwaltung gebracht werden kann, so autorisieren wir hiermit die Regierungen, des gegen ihre Verfügungen erhobenen Widerspruchs ungeachtet:
1. alle Landes- sowohl als grundherrlichen Revenüen, Abgaben und Dienstleistungen unbeschränkt zur Leistungszeit beizutreiben." *Lassar*, S. 123

15 *Lassar*, S. 120.

16 *Lassar*, S. 122; *Hartmann*, S. 44.

17 *Lassar*, S. 127.

18 GS 230.

19 RGZ 11, 65 (70).

20 RGZ 5, 34 (38); 11, 65 (70 ff.).

21 Text: RGZ 11, 72.

liche Tatbestand für die Entstehung der Schuld vorlag und ob eine Befreiung von der Abgabe durch Vertrag oder eine Tilgung der Schuld durch Zahlung eingetreten war[22]. Aus dem Fehlen einer § 12 des Vereinszollgesetzes entsprechenden Bestimmung im Gesetz des Norddeutschen Bundes vom 10. Juni 1869 über die Wechselstempelsteuer und in den Reichsgesetzen vom 4. Juni 1879 und vom 1. Juli 1881 über Reichsstempelabgaben folgerte die Rechtsprechung die „regelmäßige Zulässigkeit des Rechtsweges"[23]. Die Rückzahlungsklage des Abgabepflichtigen wurde als bürgerliche Rechtsstreitigkeit aufgefaßt[24].

Die gesetzliche Einführung des Rechtsweges in Reichsstempelsachen erfolgte durch § 22 a der Novelle zum Reichsstempelgesetz von 1885[25], in Erbschaftssteuersachen durch § 57 des Reichserbschaftssteuergesetzes vom 3. Juni 1906[26] und in Wechselstempelsachen durch Art. I Nr. VI § 14 b des Reichsgesetzes vom 4. März 1909[27].

Hatte die Rechtsprechung in der aufgezeigten Weise den Rechtsschutz durch die ordentlichen Gerichte herbeigeführt, so verschloß sie den ordentlichen Rechtsweg in allen Fällen, in denen die Zuständigkeit von Verwaltungsbehörden oder Verwaltungsgerichten begründet war und in Wirklichkeit um Bestehen oder Nichtbestehen der öffentlichrechtlichen Verpflichtungen gestritten wurde[28]. Die Rechtsprechung blieb später bei dieser Ansicht auch dann, als der durch die Reichsabgabenordnung von 1919 eingeführte Rechtsschutz in Abgabenstreitigkeiten durch Führererlaß vom 28. August 1939[29] wesentlich eingeschränkt wurde.

In Landessteuerstreitigkeiten bestand die Möglichkeit, die Verwaltungsgerichte um Rechtsschutz anzurufen. § 40 des preußischen Einkommensteuergesetzes vom 24. Juni 1891[30] gab dem Steuerpflichtigen und dem Vorsitzenden der Veranlagungskommission gegen das Ergebnis der Veranlagung das Rechtsmittel der Berufung an die Berufungskommission. Gegen die Entscheidung der Berufungskommission stand sowohl dem Steuerpflichtigen als auch dem Vorsitzenden der Berufungskommission die Beschwerde an das Oberverwaltungsgericht zu (§ 44 des Gesetzes). Die Beschwerde konnte nur darauf gestützt wer-

---

22 RGZ 5, 34 (45).
23 RGZ 11, 65 (72 f.).
24 RGZ 11, 65 (73 f.).
25 RGBl. S. 176.
26 RGBl. S. 620 (673).
27 RGBl. S. 306; *Lassar*, S. 130, Fußnote 6.
28 *Lassar*, S. 131; RGZ 25, 302 (307); 67, 401 (402); 70, 395 (398).
29 RGBl. I, 1535.
30 Preuß. GS S. 175.

den, daß die angefochtene Entscheidung auf der Nichtanwendung oder auf der unrichtigen Anwendung des bestehenden Rechts, insbesondere auch der von den Behörden innerhalb ihrer Zuständigkeit erlassenen Verordnungen beruhe oder daß das Verfahren an wesentlichen Mängeln leide. In der Beschwerde war anzugeben, worin die behauptete Nichtanwendung oder unrichtige Anwendung des bestehenden Rechts, oder worin die behaupteten Mängel des Verfahrens gefunden werden (§ 44 Abs. 2 des Gesetzes). Gleichlautende Vorschriften enthielten das preußische Gewerbesteuer- und das Ergänzungssteuergesetz[31]. Im preußischen Landessteuerrecht bestand eine Zuständigkeit des Oberverwaltungsgerichts als Rechtsbeschwerdeinstanz, deren Bedeutung erst richtig ermessen werden kann, wenn man das Aufkommen der betreffenden Landessteuern in Verhältnis zu den Reichssteuern setzt: Die Landessteuern übertrafen in ihrer wirtschaftlichen Bedeutung die Reichssteuern bei weitem. Das ergibt sich bereits ohne Zahlenangabe aus der Tatsache, daß das Reich auf Matrikularbeiträge der Länder angewiesen war zur Finanzierung seines Haushalts (Art. 70 Reichsverfassung v. 1871).

Eine eigenständige Finanzgerichtsbarkeit wurde erst durch das Gesetz über die Errichtung eines Reichsfinanzhofs vom 26. 7. 1918[32] geschaffen. Der Reichsfinanzhof erfüllte in vollem Umfang die nach heutiger Auffassung an ein unabhängiges Gericht zu stellenden Erfordernisse[33]: Seine Mitglieder wurden auf Lebenszeit ernannt und genossen richterliche Unabhängigkeit unter Gewährung der Garantien des Art. 104 Weimarer Reichsverfassung (§§ 34, 36 RAO 1919; 54, 56 RAO 1931). Mindestens die Hälfte seiner Mitglieder mußte die Befähigung zum Richteramt besitzen (§§ 35 RAO 1919; 55 RAO 1931).

Daneben wurden nach Maßgabe der Reichsabgabenordnung vom 13. 12. 1919[34] den Landesfinanzämtern Finanzgerichte angegliedert (§ 14 RAO 1919), deren Mitglieder als solche unabhängig und nur dem Gesetz unterworfen waren (§ 14 Abs. 4 RAO 1919). Die Vorsitzenden und die ständigen Mitglieder der Finanzgerichte wurden jedoch nur für die Dauer ihres Hauptamtes aus den Mitgliedern des Landesfinanzamtes berufen (§ 15 RAO 1919). In dieser Eigenschaft waren die Berufenen weisungsgebundene Beamte[35]. Den Finanzgerichten der Zeit vor dem Zweiten Weltkrieg wird daher echte Gerichtsqualität nicht

---

31 § 37 des Gewerbesteuergesetzes vom 24. Juni 1891, GS S. 205; § 36 des Ergänzungs- (Vermögen-)steuergesetzes vom 14. Juli 1893, GS S. 134.

32 RGBl. I, 959.

33 Begründung zum Entwurf der Finanzgerichtsordnung, Bundestagsdrucksache IV/1446, S. 33; *Ziemer - Birkholz*, Einleitung RdN 4.

34 RGBl. S. 1993.

35 *Kruse*, Lehrbuch § 29 I; *Quidde*, DVBl. 1963, 234 (236).

zuerkannt[36]. Verfassung und Verfahren dieser Spruchkörper waren ebenso in der Reichsabgabenordnung geregelt wie die Zulässigkeit von Rechtsmitteln, mit denen der Reichsfinanzhof angerufen werden konnte. Verwaltungs- und Gerichtsverfahren gingen in jener Zeit ineinander über. Die Frage der Zulässigkeit des Finanzrechtsweges war daher in erster Linie eine Frage des Anwendungsbereiches der Reichsabgabenordnung[37]. Innerhalb des Geltungsbereiches der Abgabenordnung entschied deren positive Regelung über die Zulässigkeit von Rechtsbehelfen. Gegen Steuerbescheide war als Rechtsmittelverfahren nach § 217 RAO 1919 in Zoll- und Verbrauchsteuersachen das Anfechtungsverfahren, in Besitz- und Verkehrsteuersachen das Berufungsverfahren gegeben. Ein echter Rechtsweg war nur insoweit eröffnet, als der Reichsfinanzhof angerufen werden konnte. Durch den „Erlaß des Führers und Reichskanzlers über die Vereinfachung der Verwaltung" vom 28. August 1939[38] wurden die Finanzgerichte aufgelöst und durch eine „Abteilung für die Bearbeitung von Anfechtungssachen auf dem Gebiet der Besitz- und Verkehrsteuern" bei den Oberfinanzpräsidenten ersetzt. Gegen deren Entscheidung konnte Rechtsbeschwerde im Anfechtungsverfahren nach § 230 RAO 1931 nur noch auf Grund besonderer Zulassung durch den Oberfinanzpräsidenten eingelegt werden[39].

Zusammenfassung

Vor Inkrafttreten der Reichsabgabenordnung von 1919 wurde Rechtsschutz in Abgabenstreitigkeiten in beschränktem Umfang durch die ordentlichen und die Verwaltungsgerichte gewährt.

Die Zulässigkeit des Rechtsweges entschied damals über die Frage, ob gerichtlicher Rechtsschutz überhaupt gewährt wurde oder ob die Verwaltung endgültig entschied.

Ein selbständiger Finanzrechtsweg besteht seit Inkrafttreten des Gesetzes über die Errichtung eines Reichsfinanzhofes im Jahre 1918.

Soweit auf Abgabenangelegenheiten die Reichsabgabenordnung anwendbar war, waren in den ausdrücklich geregelten Fällen Rechtsbehelfe an die Finanzgerichte und an den Reichsfinanzhof zulässig.

---

36 Begründung zum Entwurf der FGO, a.a.O.

37 Der Anwendungsbereich der Reichsabgabenordnung war zunächst in § 1 Abs. 2 RAO 1919, später in § 3 und § 4 RAO 1931 geregelt. § 3 RAO 1931 lautete: Die Reichsabgabenordnung gilt für die Reichssteuern; § 4 Abs. 1 RAO 1931 lautete: Für die Realsteuern gelten, soweit diese Steuern von Finanzämtern und Oberfinanzpräsidenten verwaltet werden, die Vorschriften der Reichsabgabenordnung.

38 RGBl. 1939 I, 1535.

39 IV Abs. 4 und 5 des betr. Führererlasses.

Gegen Steuerbescheide war als Rechtsmittelverfahren nach § 217 RAO 1919 in Zoll- und Verbrauchsteuersachen das Anfechtungsverfahren, in Besitz- und Verkehrsteuersachen das Berufungsverfahren zulässig.

In Kommunalabgabenstreitigkeiten war der Verwaltungsrechtsweg nach dem Enumerationsprinzip eröffnet.

II. Die Entwicklung nach dem Zweiten Weltkrieg unter besonderer Berücksichtigung der verfassungsrechtlichen Grundlagen

Nach Ende des Zweiten Weltkrieges ordnete der Kontrollrat durch Gesetz Nr. 36[1] die Wiedererrichtung der Verwaltungs- und Finanzgerichte an. In den Ländern der britischen Besatzungszone wurde durch Militärregierungsverordnung Nr. 175[2] mit Wirkung vom 1. Februar 1949 eine von den Finanzverwaltungsbehörden getrennte, unabhängige Finanzgerichtsbarkeit eingeführt, deren Zuständigkeit sowohl Besitz- und Verkehrsteuern als auch Zölle und Verbrauchsteuern umfaßte (§§ 17 und 18 MRVO Nr. 175). In den Ländern der amerikanischen und französischen Zone wurde an das finanzgerichtliche Verfahren der Reichsabgabenordnung von 1931 angeknüpft[3]. In Berlin wurde der Rechtsschutz in Abgabenstreitigkeiten mit den Finanzbehörden durch die §§ 29 ff. des Gesetzes über die Verwaltungsgerichtsbarkeit vom 8. 1. 1951[4] dem Verwaltungsgericht übertragen, welches nach den Vorschriften der Reichsabgabenordnung procedierte (§ 31). Über Rechtsbeschwerden entschied zunächst das Oberverwaltungsgericht Berlin. In Bayern wurde zur Entscheidung über Rechtsbeschwerden der Oberste Finanzgerichtshof in München errichtet[5]. Durch Ländervereinbarung wurde dieses Gericht Rechtsbeschwerdeinstanz für Bremen,

---

1 Amtsblatt des Kontrollrats in Deutschland, S. 183.

2 VOBl. der brit. Zone 1948, S. 385.

3 Baden: Landesverordnung zum Vollzug des Kontrollratsgesetzes Nr. 36 über Verwaltungsgerichte vom 25. 8. 1948 (bad. GVBl. S. 111); Bayern: Ges. zur Wiederherstellung der Finanzgerichtsbarkeit vom 19. 5. 1948, (bay. GVBl. S. 87); Bremen: Durchführungserlaß zum Kontrollratsgesetz Nr. 36 v. 22. 3. 1948 (der Begründung zum Entwurf der FGO, BTDrS IV/1446, S. 34 zufolge nicht veröffentlicht); Hessen: Finanzgerichtsordnung v. 13. 10. 1947 (hess. GVBl. S. 108); Rheinland-Pfalz: Landesgesetz über die Errichtung eines Finanzgerichts für das Land Rheinland-Pfalz v. 11. 8. 1949 (rh. pf. GVBl. S. 338); Württemberg-Baden: Durchführungserlasse zum Kontrollratsgesetz Nr. 36 v. 15. und 16. 8. 1947 (FüSt S. 170); Württemberg- Hohenzollern: Rechtsanordnung über die Wiedereinführung des Berufungsverfahrens in Steuersachen und über die Errichtung eines Finanzgerichtes vom 21. 3. 1947 (Reg. Bl. S. 102).

4 GVBl. S. 46.

5 § 5 des Ges. v. 19. 5. 1948, bay. GVBl. S. 87.

Hessen und Württemberg-Baden. In der britischen Zone wurde eine besondere Rechtsbeschwerdestelle bei der Finanzleitstelle in Hamburg gebildet[6]. Allen diesen Vorschriften der ersten Stunde des Wiederaufbaus ist in der Frage der Zulässigkeit von Rechtsbehelfen an die Finanzgerichte die Anlehnung an das Enumerationsprinzip der Abgabenordnung gemeinsam. Die umfassendste Regelung enthielten die §§ 17, 18 der britischen Militärregierungsverordnung Nr. 175. Alle Gesetze haben außerdem mit der Abgabenordnung gemein, daß sie nur anwendbar sind, soweit die Abgaben durch Finanzbehörden verwaltet werden[7]. Besonders deutlichen Ausdruck fand dieses Prinzip der „Hausgerichtsbarkeit" in § 1 Satz 2 des Gesetzes über den Bundesfinanzhof vom 29. Juni 1950[8]. Im Gegensatz zu dem die Finanzgerichtsbarkeit beherrschenden Enumerationsprinzip standen die verwaltungsgerichtlichen Generalklauseln für die Zulässigkeit des Rechtsweges zu den allgemeinen Verwaltungsgerichten in den drei westlichen Besatzungszonen und in den Westsektoren Berlins[9].

Mit Inkrafttreten des Grundgesetzes für die Bundesrepublik Deutschland vom 23. Mai 1949[10] entstand die Rechtsweggarantie für denjenigen, der durch die öffentliche Gewalt in seinen Rechten verletzt wird (Art. 19 Abs. 4 Satz 1 GG). Das Grundgesetz beauftragte den Bundesgesetzgeber ferner, obere Bundesgerichte für das Gebiet der ordentlichen, der Verwaltungs-, der Finanz-, der Arbeits- und der Sozialgerichtsbarkeit zu errichten (Art. 96 Abs. 1 GG) und die Finanzgerichtsbarkeit durch Bundesgesetz einheitlich zu regeln (Art. 108 Abs. 5 GG). In welchem Umfang das Grundgesetz den einfachen Gesetzgeber bei der Gestaltung der Finanzgerichtsbarkeit festlegt, ist bis heute nicht eindeutig geklärt.

Fest steht lediglich, daß das Grundgesetz die Errichtung eines oberen Bundesgerichts auch für das Gebiet der Finanzgerichtsbarkeit fordert (Art. 96 Abs. 1 GG). Fraglich ist dagegen, ob durch Art. 96 Abs. 1 oder eine sonstige Bestimmung des Grundgesetzes ein organisatorischer Unterbau des Bundesfinanzhofes garantiert wird oder ob es zulässig wäre, in der ersten Instanz die Aufgaben der Finanzgerichte den Verwaltungsgerichten zu übertragen. Im Anschluß an das bekannte Gutachten des Bundesfinanzhofes vom 17. April 1951[11] hat ein Teil der

---

[6] Siehe Begründung zum Entwurf der FGO, BTDrS IV/1446, S. 34.

[7] §§ 17, 18 MRVO Nr. 175; § 29 Berliner Gesetz v. 8. 1. 1951; in den anderen Ländern ergibt sich dies teils aus dem Zusammenhang des Gesetzestextes, teils durch Verweisung oder Wiederherstellung des Rechtsmittelverfahrens der Reichsabgabenordnung.

[8] BGBl. S. 257.

[9] Nachweise bei Friedrich *Klein*, VVDStRL 8, 67 (76).

[10] BGBl. S. 1.

[11] BStBl. 1951 III, 107 (109).

Rechtsprechung aus Art. 96 Abs. 1 GG gefolgert, diese Vorschrift setze einen eigenen Instanzenzug der Finanzgerichte voraus[12]. Dieser Ansicht kann nicht gefolgt werden. Art. 96 Abs. 1 GG kann nur die Garantie der in ihm genannten oberen Bundesgerichte, nicht aber die Garantie eines entsprechenden Gerichtsunterbaus entnommen werden[13]. Dieser These steht auch Art. 108 Abs. 5 GG nicht entgegen. Aus der Entstehungsgeschichte dieser Bestimmung ergibt sich, daß die Landesfinanzgerichtsbarkeit in den Beratungen des Parlamentarischen Rates nicht als selbständige Gerichtsbarkeit, sondern als unselbständiger Anhang des Finanzbehördensystems angesehen wurde[14]. Art. 123 Abs. 1 Satz 2 des Herrenchiemseer Entwurfes bestimmte, daß der Aufbau der Bundesfinanzbehörden einschließlich der zugehörigen Finanzgerichte und das von ihnen anzuwendende Verfahren durch Bundesgesetz geregelt werden. Der Allgemeine Redaktionsausschuß brachte für die vierte Lesung im Hauptausschuß eine Fassung in Vorschlag, die, von redaktionellen Änderungen abgesehen, bereits der Endfassung des Art. 108 GG entsprach. In der vierten Lesung des Hauptausschusses wurden auf Antrag der Abgeordneten Zinn, Dr. Dehler und Dr. v. Mangoldt in den Absätzen 1 und 2, jeweils Satz 2, die Worte „einschließlich der zugehörigen Finanzgerichte" gestrichen und statt dessen Absatz 5 in der endgültigen Fassung eingefügt. Der Hauptausschuß nahm den Antrag ohne Erörterung an und stellte damit die Endfassung des jetzigen Art. 108 GG her[15].

Art. 108 Abs. 5 GG legt somit nur fest, daß die Finanzgerichtsbarkeit der ausschließlichen Bundesgesetzgebung unterliegt[16]. Da zur Regelung

---

[12] BVerwG E 1, 21 (26); OVG Hamburg, DVBl. 1952, 401 (403); allgemein, ohne Bezug auf die Finanzgerichte, auch BVerfG E 8, 174 (177); im Schrifttum teilen diese Ansicht: *Holtkotten* im Bonner Kommentar, Art. 92 Erl. II 4 c und *Bühler* ebenda Art. 108 Anm. 5; *Ule*, Verwaltungsprozeßrecht S. 25, beschränkt die verfassungsmäßige Kompetenzabgrenzung auf die oberen Bundesgerichte.

[13] *Ule*, DVBl. 1959, 537 (541); *Quidde*, DVBl. 1963, 234 (238).

[14] JöR N.F. 1, 790 ff. (805 f.); *Quidde*, DVBl. 1963, 234 (238).

[15] JöR N.F. 1, 806.

[16] *Maunz-Dürig*, Art. 108 RdN 52; *Messmer*, BB 1960, 1345 (1348); *Wacke*, Finanzwesen S. 69; *Friesenhahn*, DV 1949, 478 (481); *Ziemer - Birkholz*, Einl. RdN 12; zweifelnd *Kraft*, DÖV 1957, 211 (212);

a.A.: *v. Mangoldt*, S. 578 und *Vialon*, S. 193, die Verfassung und Verfahren der Finanzgerichte zwar als speziell in Art. 108 Abs. 5 GG geregelt ansehen, trotzdem aber eine konkurrierende Gesetzgebungsbefugnis des Bundes annehmen wollen, wie sie für die anderen Gerichtsbarkeiten nach Art. 74 Nr. 1 GG besteht. Abzulehnen ist die Auslegungsmethode *Vialons*, der — vor Erlaß der FGO — für die Auslegung des Art. 108 Abs. 5 GG den Erlaß der Finanzgerichtsordnung abwarten wollte, um dann zu bestimmen, ob die Gesetzgebungsbefugnis des Bundes eine ausschließliche sei. Auch im Rahmen der ausschließlichen Gesetzgebungsbefugnis des Bundes ist eine solche der Länder denkbar, Art. 71 GG.

der Finanzgerichtsbarkeit auch die Zulässigkeit des Rechtsweges gehört, gilt Art. 71 GG: Die Länder können die Zulässigkeit des Finanzrechtsweges nur dann regeln, wenn und soweit sie hierzu in einem Bundesgesetz ausdrücklich ermächtigt werden. Derartige Ermächtigungen enthalten jetzt die §§ 40 Abs. 1 Satz 2 VwGO und 33 Abs. 1 Nr. 4 FGO. In § 47 Abs. 3 Satz 2 RAO konnte eine gültige Ermächtigung für die Länder zur Begründung des Finanzrechtsweges nicht gesehen werden; durch diese Vorschrift konnte auf Antrag einer Landesregierung der Reichsminister der Finanzen die Finanzgerichte als Spruchbehörden für Steuern der Länder, Gemeinden und Religionsgemeinschaften des öffentlichen Rechts bestellen. Da der Rechtsweg des Grundgesetzes nur durch Gesetz zu regeln ist, muß diese Regelung nach Art. 129 Abs. 3 GG erloschen sein.

Aus der Entstehungsgeschichte des Art. 96 GG ergibt sich, daß auf die verfassungsrechtliche Garantie der Errichtung unterer Finanzgerichte bewußt verzichtet wurde. Zunächst waren im Rahmen dieser Bestimmung auch untere Bundesverwaltungsgerichte geplant zur Entscheidung von Streitigkeiten über Anordnungen von Bundesverwaltungsbehörden[17]. Da auch auf dem Gebiet des Verwaltungsrechts eine bundeseinheitliche Gerichtsorganisation und ein bundeseinheitliches Verfahrensrecht angestrebt wurden, einigte man sich im Rechtspflegeausschuß darüber, daß die Gerichte, mit Ausnahme des Bundesverwaltungsgerichts, Ländergerichte sein könnten. Daraufhin wurden die Worte „... und zur Entscheidung von Streitigkeiten über Anordnungen von Bundesverwaltungsbehörden untere Bundesgerichte ...“ in Art. 129 Abs. 3 des Herrenchiemseer Entwurfes, der dem früheren Art. 96 Abs. 3 des Grundgesetzes entsprach, gestrichen[18]. Folgerichtig wollte man auch in dem Artikel „Finanzwesen“ auf die verfassungsrechtlich garantierte Errichtung von Finanzgerichten verzichten. Die praktische Lösung könne dem Bundesgesetzgeber überlassen bleiben[19].

Zwar liegt gegen die hier aufgeführte Argumentation der Einwand nahe, mit dem Verzicht auf die verfassungsrechtliche Garantie unterer Bundesverwaltungsgerichte und dem Parallelvorgang auf dem Gebiet der Finanzgerichtsbarkeit sei noch nicht entschieden, daß der Instanzenunterbau nicht in Form von Landesgerichten verfassungsrechtlich garantiert sei. Ein derartiger Unterbau mag dem Verfassungsgeber als Normalfall auch vorgeschwebt haben[20]. Ist durch Art. 96 Abs. 1 GG zum Ausdruck gebracht, daß die oberen Bundesgerichte grundsätzlich

---

[17] JöR N.F. 1, 708.

[18] JöR N.F. 1, 709; *Holtkotten* im Bonner Kommentar, Art. 96 Anm. I, S. 86.

[19] JöR N.F. 1, 708.

[20] *Nawiasky*, Grundgedanken S. 53.

höchste Rechtsmittelgerichte innerhalb eines Instanzenzuges sind[21], so folgt daraus jedoch noch nicht, wie der Instanzenzug verläuft. Die einheitliche Regelung der Finanzgerichtsbarkeit hätte deshalb in erster und zweiter Instanz sehr wohl die allgemeinen Verwaltungsgerichte und erst als oberes Bundesgericht den Bundesfinanzhof vorsehen können[22]. Hätte der Verfassunggeber eine eigenständige Finanzgerichtsbarkeit auch im Unterbau garantieren wollen, so hätte eine entsprechende Vorschrift systematisch in den IX. Abschnitt über die Rechtsprechung gehört. Der Bundesfinanzhof war zunächst ebenfalls im X. Abschnitt des Entwurfes in Art. 123 erwähnt, wurde dann aber aus systematischen Gründen aus diesem Artikel gestrichen[23]. Art. 108 Abs. 5 GG kann daher keine Garantie einer eigenständigen Finanzgerichtsbarkeit für die erstinstanzlichen Gerichte entnommen werden. Andererseits folgt aber aus Art. 19 Abs. 4 GG, daß die gerichtliche Kontrolle nicht auf die Rechtsfragen beschränkt sein darf[24].

Bestritten war, ob die Finanzgerichtsbarkeit auch durch untere Bundesgerichte hätte errichtet werden können. Die erwähnte Entstehungsgeschichte des Art. 96 könnte dafür sprechen, die Lösung dem Bundesgesetzgeber zu überlassen, solange nur der Forderung des Art. 108 Abs. 5 GG nach einer einheitlichen Finanzgerichtsbarkeit entsprochen wird[25]. Gegen das Ermessen des Bundesgesetzgebers in dieser Frage wurde Art. 92 GG angeführt, wonach die Rechtsprechung nur durch die im Grundgesetz vorgesehenen Bundesgerichte, sonst aber durch die Gerichte der Länder ausgeübt wird[26]. Art. 108 Abs. 5 wird man nicht als Ausnahme von diesem Grundsatz ansehen können.

Da das Grundgesetz einen finanzgerichtlichen Unterbau nicht garantiert, ihm vielmehr auch dann entsprochen ist, wenn die Aufgaben der Finanzgerichte in den unteren Instanzen durch die allgemeine Verwaltungsgerichtsbarkeit wahrgenommen werden, kann die ehemalige Berliner Regelung nicht als verfassungswidrig angesehen werden. Bereits § 30 des Berliner Gesetzes über die Verwaltungsgerichtsbarkeit vom 8. Januar 1951[27] übertrug dem Verwaltungsgericht Berlin Aufgaben der Finanzgerichte. Diese Regelung wurde vom Bundesgesetz-

---

21 BVerfG E 8, 174 (177).

22 *Quidde*, DVBl. 1963, 234 (238); *Ule*, DVBl. 1959, 537 (451); *v. Mangoldt*, S.578.

23 JöR N.F. 1, 801.

24 *Ule*, DVBL. 1959, 537 (538)

25 so *Wacke*, Finanzwesen S. 71; *Höpker - Aschoff*, FA n.F. 12, 725 (728); *Zinn*, DÖV 1949 278 und AöR 75, 291 (301).

26 *Friesenhahn*, DV 1949, 478 (480); *Bühler* im Bonner Kommentar, Erl. II, 5 zu Art. 108; *Holtkotten* daselbst Erl. II, 4 c zu Art. 92; *Kraft*, DÖV 1957, 211 (212); *Maunz - Dürig*, Art. 108 RdN 55.

27 GVBl. S. 46.

geber wiederholt bestätigt[28]. In der Diskussion um die Finanzgerichtsordnung kam diese Lösung jedoch etwas zu kurz[29], obwohl sie der historischen Entwicklung näher gekommen wäre als die jetzt getroffene: Quidde hat nachgewiesen, daß die Gründung des Reichsfinanzhofes auf das Fehlen einer reichseinheitlichen Revisionsinstanz in Verwaltungsrechtsstreitigkeiten im Jahre 1918 zurückzuführen ist[30]. Die von der Reichsabgabenordnung geschaffenen Finanzgerichte waren ihrer Funktion und Stellung nach keine Gerichte, sondern ähnelten mehr den Berufungskommissionen des preußischen Einkommen- und Ergänzungssteuerrechts[31] und den Bezirksregierungen, die im Gewerbesteuerrecht über die Berufung zu entscheiden hatten[32]. Sie waren Instanzen zur Selbstkontrolle der Verwaltung. Das ergibt sich deutlich aus § 244 RAO 1931 in der bis zum 31. 12. 1965 geltenden Fassung, der den Rechtsmittelbehörden die Befugnisse verlieh, die die Finanzämter im Besteuerungsverfahren besitzen, insbesondere aber aus § 243 Abs. 3 RAO jener Fassung, wonach die Finanzgerichte die Entscheidung auch zum Nachteil des Rechtsmittelführers ändern konnten. Eine eigenständige Finanzgerichtsbarkeit erster Instanz wurde erst durch die britische Militärregierungsverordnung Nr. 175 geschaffen. Verfassungsrechtlich vorgezeichnet war diese Lösung nicht.

Fraglich erscheint auch, welche Regelungen dem Grundgesetz über die Zulässigkeit des Finanzrechtsweges entnommen werden können. Eine allgemeine Garantie des Rechtsweges bei Rechtsverletzungen durch die öffentliche Gewalt enthält Art. 19 Abs. 4 Satz 1 GG.

Da die Arbeiten des Bundesgesetzgebers an der Regelung der Finanzgerichtsbarkeit eine längere Vorbereitung erforderten, verabschiedete der Bundestag zunächst das Gesetz über den Bundesfinanzhof vom 29. Juni 1950[33]. Durch die Wahl Münchens als Sitz, durch die Verwendung der Einrichtungen und die Wiederwahl eines Teiles der

---

28 § 8 Abs. 1 des Gesetzes über die Stellung Berlins im Finanzsystem des Bundes vom 4. 1. 1952 — Drittes Überleitungsgesetz, BGBl. 1952 I, 1 — bestimmte, daß bis zum Inkrafttreten einer bundesgesetzlichen Regelung der Finanzgerichtsbarkeit das Verwaltungsgericht Berlin als Finanzgericht gilt; § 8 Satz 2 des Maßnahmegesetzes vom 22. 10. 1957, BGBl. I, 1746, stellte die Trennung des Finanzgerichts Berlin vom Verwaltungsgericht in das Ermessen des Landesgesetzgebers; *Quidde*, DVBl. 1963, 234 (238) pries die Berliner Lösung, weil sie die Einheit der Verwaltungsrechtsprechung fördere.

29 Soweit ersichtlich, schlug nur *Quidde*, DVBl 1963, 234 (238) sie vor; für möglich hielt sie auch *Ule*, DVBl. 1959, 537 (541).

30 a.a.O. S. 236.

31 Vgl. § 42 preuß. EStG: Der Vorsitzende der Berufungskommission war Vertreter der Staatsinteressen bei der richtigen Feststellung der Steuern; desgl. § 33 Ergänzungssteuergesetz.

32 § 36 Gesetz vom 24. Juni 1891.

33 BGBl. S. 257.

Richter des ehemaligen Reichsfinanzhofes und des Bayerischen Obersten Finanzgerichtshofes sollte der Zusammenhang mit der früheren höchstrichterlichen Rechtsprechung auf dem Gebiet des Abgabenrechts gewahrt werden[34].

Der Bundesfinanzhof war nach § 1 Satz 2 BFHG zuständig für alle Streitfragen über Abgaben, die von den Hauptzollämtern, von den Finanzämtern oder von den Oberfinanzdirektionen verwaltet werden. Diese Zuständigkeitsregelung wurde vom Bundesfinanzhof als Regelung der Zulässigkeit des Rechtsweges aufgefaßt[35]. Da Zulässigkeit des Rechtsweges die Kompetenz eines Zweiges der Gerichtsbarkeit ist, kann schon aus dieser Bestimmung die Kompetenz der Finanzgerichte abgelesen werden. Bereits § 2 BFHG enthielt jedoch eine Regelung, die zu Unklarheiten führen konnte, solange weder der Gesetzeswortlaut noch die Rechtsprechung eindeutig zwischen Kompetenz und Zuständigkeit unterschieden: Dort wurden für Organisation, Zuständigkeit, Verfahren und die Einlegung von Rechtsmitteln an den Bundesfinanzhof die Vorschriften der Reichsabgabenordnung von 1931 über den Reichsfinanzhof für anwendbar erklärt, soweit nicht das Gesetz über den Bundesfinanzhof abweichendes bestimmte. Unterschiede in der Regelung hätten sich daraus ergeben können, daß die Reichsabgabenordnung 1931 nur für Reichssteuern galt und für Realsteuern insoweit, als sie von Finanzämtern und Oberfinanzpräsidenten verwaltet wurden, während die Landesfinanzbehörden auch zur Verwaltung landesrechtlich geregelter Steuern zuständig waren nach Art. 108 Abs. 3 Satz 1 GG und § 21 Abs. 1 FVG. Zu Unstimmigkeiten über die Zulässigkeit des Finanzrechtsweges kam es jedoch nicht, da einmal bereits die §§ 17 f. MRVO 175 den Finanzrechtsweg eröffneten für Steuerbescheide, Feststellungsbescheide und Steuermeßbescheide sowie für eine Reihe anderer Verwaltungsakte der Bundes- und Landesfinanzbehörden, und zwar unabhängig davon, ob die Steuer auf Grund von Bundes- oder Landesrecht erhoben wurde, zum anderen § 39 Abs. 1 des ersten Finanzverwaltungsgesetzes[36] den Geltungsbereich der Abgabenordnung erweiterte auf die gesamte Abgabenverwaltung von Bundes- und Landesfinanzbehörden. Da die britische Militärregierungsverordnung für ihren räumlichen Geltungsbereich die Finanzgerichtsbarkeit regelte und die Materie nach Inkrafttreten des Grundgesetzes der ausschließlichen Kompetenz des Bundesgesetzgebers unterliegt, wurde sie innerhalb ihres Geltungsbereiches nach Art. 124 GG partielles Bundesrecht. Gegen die Verfassungsmäßigkeit von § 39 Abs. 1 FVG wurden bald Bedenken geäußert, weil der Bundesgesetzgeber für das Verwal-

---

[34] Begründung zum Entwurf der FGO, a.a.O. S. 34.

[35] BFH E 57, 473 (478).

[36] vom 6. September 1950, BGBl. S. 448 — FVG —.

tungsverfahren landesrechtlich zu regelnder Steuern keine Kompetenz haben sollte[37]. Die Gültigkeit des § 39 FVG hängt ab vom Anwendungsbereich des Art. 108 Abs. 3 Satz 1 und 2 GG. Nach dieser Vorschrift kann der Bund das Verwaltungsverfahren für die „übrigen" Steuern regeln. Zweifelhaft war dabei, ob unter den Begriff der „übrigen" Steuern nur die der Bundesgesetzgebung unterliegenden Steuern fallen, die nicht in Art. 108 Abs. 1 und 2 GG erwähnt (und darum als die übrigen bezeichnet) sind, oder ob darunter auch die Steuern fallen, die der Landesgesetzgebung unterliegen[38]. Für die Anwendung der Abgabenordnung auf das Verwaltungsverfahren landesrechtlich geregelter Steuern kommt es auf die Gültigkeit des § 39 FVG nicht mehr an, da die Landesgesetzgeber inzwischen einheitlich in allen Ländern die Abgabenordnung durch Landesgesetze für anwendbar erklärten. Selbst wenn man die Auffassung vertritt, der Bund könne nicht das Verwaltungsverfahren der Landesfinanzbehörden für Steuern regeln, die der Landesgesetzgebung unterliegen, so schließt das jedoch nicht aus, daß der Bund die Zulässigkeit des Rechtsweges für finanzrechtliche Streitigkeiten regelt. Die Rechtswegregelung unterliegt, wie die gesamte Finanzgerichtsbarkeit, der ausschließlichen Bundesgesetzgebung. § 39 FVG stehen daher insoweit keine Bedenken entgegen, als durch ihn nicht das Verwaltungs-, sondern das gerichtliche Verfahren der Abgabenordnung für anwendbar erklärt wurde. Die verfassungsrechtlichen Bedenken bestanden außerdem nur insoweit, als der Bund auf landesrechtlich geregelte Steuern Einfluß nahm, die durch Landesfinanzbehörden verwaltet werden. § 39 FVG ist insoweit verfassungsrechtlich unbedenklich, als er die Geltung der Reichsabgabenordnung anordnet für Abgaben, die der Gesetzgebung des Bundes schlechthin unterliegen[39] und durch Bundes- oder Landesfinanzbehörden verwaltet werden[40].

---

[37] *Baumann,* AOÄndG, § 3 Anm. 9 b a.E.; *Mattern - Wittneben,* Art. I Anm. 2 a; *Mattern - Messmer,* Rd N 93 und 148; *Becker - Riewald - Koch,* § 3 AO Anm. 6 (4).

[38] Siehe dazu *Maunz - Dürig,* Art. 108 Nr. 38; *Wacke,* Finanzwesen, S. 53; *v. Mangoldt,* Art. 108 Nr. 5 (S. 577); *Becker - Riewald - Koch,* Vorbem. zu §§ 3 — 8 a AO und § 3 AO Anm. 6 (4); *Baumann,* AOÄndG, § 3 AO Anm. 9 b a.E. *Mattern - Wittneben,* Art. I Anm. 2 a; *Mattern - Messmer,* Rd N 93 und 148.

[39] *Becker - Riewald - Koch,* § 3 RAO Anm. 6 (4).

[40] Der Regierungsentwurf des Gesetzes zur Änderung strafrechtlicher Vorschriften der Reichsabgabenordnung und anderer Gesetze — AOStrafÄndG — sah in Art. 2 Nr. 1 vor, daß in § 3 Abs. 1 RAO die Worte „nach Art. 105 Abs. 1 und 2 des Grundgesetzes" gestrichen werden. § 3 RAO würde den Geltungsbereich der RAO dann ausdehnen auf alle bundesrechtlich geregelten Abgaben und § 39 Abs. 1 FVG insoweit überflüssig machen. § 39 Abs. 1 FVG sollte deshalb durch Art. 6 Nr. 10 des Entwurfes zum AOStrafÄndG gestrichen werden: BTDrS V/1812, S. 10, 11, 39, 41.

Nachdem die Strafbefugnis der Finanzämter durch Urteil des BVerfG im Juni 1967 beseitigt wurde — E 22, 49 —, war die Neuregelung des Steuer-

Infolge der verfassungsrechtlichen Unsicherheit, die über den Anwendungsbereich der Reichsabgabenordnung herrschte, wurde bereits durch das Gesetz zur Änderung einzelner Vorschriften der Reichsabgabenordnung und anderer Gesetze vom 11. 7. 1953[41] — AO-Änd.G 1953 — § 3 RAO geändert. Nach der Neufassung gilt die Abgabenordnung für alle öffentlich-rechtlichen Abgaben, die nach Artikel 105 Abs. 1 und 2 des Grundgesetzes der Gesetzgebung des Bundes unterliegen und durch Bundesfinanzbehörden oder durch Landesfinanzbehörden verwaltet werden. Daneben blieben aber weiterhin die Vorschriften unberührt, aus denen sich ein weiterreichendes Anwendungsgebiet ergibt (§ 8 a RAO). In § 3 RAO wurde von da ab jedoch die ausschließliche bundesrechtliche Regelung des Anwendungsbereiches der Abgabenordnung gesehen und der Finanzrechtsweg daher bundesrechtlich auf die in Art. 105 GG erwähnten Abgaben beschränkt[42]. Die Fortgeltung des bezüglich der Rechtswegregelung unbedenklichen § 39 Abs. 1 FVG wurde übersehen, weil sich die Rechtswegregelung erst mittelbar aus der Anwendbarkeit der Abgabenordnung ergab, diese aber in erster Linie das Verwaltungsverfahren und nur als dessen Annex das Rechtsschutzverfahren regelte. § 1 Satz 2 BFHG und § 39 Abs. 1 FVG gingen dem Wortlaut nach über § 3 RAO hinaus, da sie auch auf Steuern, die der Landesgesetzgebung unterliegen, zu beziehen waren[43]. Da § 2 BFHG auf die Abgabenordnung verwies, wurde der Anwendungsbereich des Bundesfinanzhofgesetzes teilweise dem engen Rahmen des § 3 RAO angepaßt[44], von anderen dagegen für voll gültig gehalten und für die Rechtswegregelung der ersten Instanz auf das Landesrecht verwiesen[45]. Erstinstanzliche Regelungen der Zulässigkeit von Rechtsbehelfen an die Finanzgerichte befanden sich bundeseinheitlich nur in der Abgabenordnung. Die als Rechtswegregelung anzusehenden §§ 17 und 18 der MRVO 175 galten zwar als Bundesrecht weiter, jedoch nur im Gebiet

---

strafrechts dringend. Der Bundestag behandelte die Regierungsvorlage des AOStrafÄndG daher nur zum Teil. Die nicht verabschiedeten Teile sollen zusammen mit dem neuen Gesetz über Ordnungswidrigkeiten behandelt werden, da sie sich u. a. mit der Umwandlung leichterer Steuervergehen in Ordnungswidrigkeiten befassen (vgl. Bericht des Finanzausschusses *zu* BTDrS V/1941). Die beabsichtigte Änderung des § 3 RAO nebst Wegfall des § 39 Abs. 1 FVG hatte zum Zeitpunkt der Drucklegung das Gesetzgebungsverfahren noch nicht passiert.

41 BGBl. I, 511.

42 BFH BStBl. 1957 III, 152; BVerwG KStZ 1958, 11 (12); VG Frankfurt, ZfZ 1964, 337; *Bettermann*, VVDStRL 17, 144 (N. 72); *Grimm*, Besteuerung und Grundgesetz, S. 53; *Baumann*, AO-Änderungsgesetz, § 3 Anm. 5; *Mattern - Wittneben*, AO ÄndG Art. I Anm. 1 b; *Kühn*, AO, 6. Aufl. § 3 Anm. 1; *Tipke - Kruse*, § 3 Anm. 3; a.A.: *Becker - Riewald - Koch*, § 3 AO Anm. 3 (4); *Ziemer - Haarmann* Rd N 134

43 *Hohlfeld*, BB 1960, 773.

44 *Mattern - Messmer*, Rd N 148; *Messmer*, BB 1960, 1345 (1347 N. 29).

45 *Hohlfeld*, BB 1960, 773.

der ehemals britischen Zone. Die nach Inkrafttreten des Grundgesetzes auf Grund der Zweifel über die Verfassungsmäßigkeit des § 39 Abs. 1 FVG erlassenen Ländergesetze über den Anwendungsbereich der Reichsabgabenordnung[46] können nicht als gültige Rechtswegregelungen angesehen werden, da die Länder zur Gesetzgebung auf diesem Gebiet nicht kompetent waren. Die Rechtswegregelung gehört zur Regelung der Finanzgerichtsbarkeit, für die der Bund nach weitaus überwiegender Meinung die ausschließliche Gesetzgebungsbefugnis nach Art. 108 Abs. 5 GG besitzt[47]. Den Ländern stand eine Regelung dieser Frage ohne bundesgesetzliche Ermächtigung nicht zu (Art. 71 GG). Aber auch wenn man sich der Mindermeinung anschließt, die dem Bund für das Gebiet der Finanzgerichtsbarkeit die konkurrierende Gesetzgebungsbefugnis zuerkennt, so hatte der Bund den Rechtsweg in den §§ 1 Satz 2 BFHG und 39 Abs. 1 FVG geregelt und damit weitere Länderregelungen unmöglich gemacht (Art. 72 Abs. 1 GG).

Sieht man die sich herausbildende Finanzgerichtsbarkeit als echte Gerichtsbarkeit, nicht mehr als Fortsetzung des Verwaltungsverfahrens an, so muß bei der Regelung des Anwendungsbereiches der Reichsabgabenordnung unterschieden werden zwischen dem Verwaltungsverfahren und dem Gerichtsverfahren. Das Gerichtsverfahren unterliegt der ausschließlichen Kompetenz des Bundesgesetzgebers. § 39 Abs. 1 FVG mußte deshalb auf dem Gebiet der Regelung des Gerichtsverfahrens als ausschließliche, § 3 RAO ergänzende Regelung angesehen werden, neben der landesrechtliche Regelungen keinen Platz hatten. Erst durch § 33 Abs. 1 Nr. 4 FGO wurden die Landesgesetzgeber ausdrücklich dazu ermächtigt, durch Landesgesetze den Finanzrechtsweg zu eröffnen. Einer ausdrücklichen Ermächtigung bedarf es jedenfalls dann nach Art. 71 GG, wenn die Finanzgerichtsbarkeit nach Art. 108 Abs. 5 GG der ausschließlichen Bundesgesetzgebung unterliegt.

Festzuhalten ist daher:

Das Grundgesetz garantiert in Art. 19 Abs. 4 dem Bürger, der Rechtsverletzungen durch einen Träger der öffentlichen Gewalt erleidet, die gerichtliche Kontrolle der Tat- und Rechtsfrage.

Das Grundgesetz garantiert durch Art. 96 Abs. 1 die Existenz eines oberen Bundesfinanzgerichtes.

---

[46] Bayern: Gesetz v. 12. Juni 1956, GVBl. 102; Baden-Württemberg: Gesetz v. 27. Juni 1955, GBl. 102; Berlin: Gesetz v. 10. März 1955, GVBl. 169; Rheinland-Pfalz: Gesetz v. 3. Dezember 1954, GVBl. 154; auch § 2 des Landesgesetzes über die Errichtung eines Finanzgerichts für das Land Rheinland-Pfalz v. 11. August 1949, GVBl. 338, der als Rechtswegregelung anzusehen ist, konnte nur im Rahmen bundesrechtlicher Bestimmungen Bestand haben. Textabdruck der Ländergesetze in der Beck'schen Textausgabe der RAO.

[47] Zum Meinungsstand siehe Fußnote 16 in diesem Abschnitt.

Die Errichtung unterer Finanzgerichte wird durch das Grundgesetz nicht gefordert. Der einfache Gesetzgeber kann entscheiden, ob er untere Finanzgerichte errichtet oder deren Aufgaben den Verwaltungsgerichten überträgt.

Die unteren Finanzgerichte können nicht als Bundesgerichte errichtet werden.

§ 3 RAO in der Fassung von 1953 beschränkte den Finanzrechtsweg bundesrechtlich nicht auf Abgaben, die der Bundesgesetzgebung nach Art. 105 Abs. 1 und 2 GG unterliegen.

§ 1 Satz 2 BFHG und § 39 Abs. 1 FVG eröffneten den Finanzrechtsweg für öffentlich-rechtliche Streitigkeiten über alle Abgaben, die durch Bundes- oder Landesfinanzbehörden verwaltet werden.

Nachkonstitutionelle landesrechtliche Regelungen über die Zulässigkeit des Rechtsweges zu den Finanzgerichten waren, zumindest bis zum Inkrafttreten der Verwaltungsgerichtsordnung, nichtig, da der Bund entweder nach Art. 108 Abs. 5 GG die ausschließliche Gesetzgebungskompetenz auf diesem Gebiet hat oder, falls man die Rechtswegregelung zur konkurrierenden Gesetzgebungsbefugnis zählt, die Landesgesetzgebung durch die abschließende bundesrechtliche Regelung in § 1 Satz 2 BFHG und § 39 Abs. 1 FVG ausgeschlossen war.

Die Abgabenanwendungsgesetze der Länder waren keine gültigen Regelungen über die Zulässigkeit von Rechtsbehelfen zu den Finanzgerichten. Ihre Wirkung ist beschränkt auf die Regelung des Verwaltungsverfahrens für Abgaben, die der Gesetzgebung des Landes unterliegen und durch Landesfinanzbehörden verwaltet werden. Diese Gesetze konnten deshalb nicht wirksam das Gesetz über den Bundesfinanzhof für anwendbar erklären[48].

§ 39 Abs. 1 FVG enthielt bis zum Inkrafttreten der Finanzgerichtsordnung eine gültige Regelung über den Anwendungsbereich der in der Abgabenordnung geregelten Rechtsbehelfe.

War der Finanzrechtsweg auch vor Inkrafttreten der Finanzgerichtsordnung im bundesrechtlichen Bereich nicht beschränkt auf die Abgaben, die der Bundesgesetzgebung nach Art. 105 GG unterliegen, sondern kraft Bundesrechts zulässig für alle Abgaben, die durch Bundes- oder Landesfinanzbehörden verwaltet werden, so ist an der Regelung der Finanzgerichtsordnung zweierlei zu kritisieren: § 33 Abs. 1 Nr. 1 FGO scheint den Finanzrechtsweg zu beschränken auf bundesrechtlich geregelte Abgaben. Für landesrechtlich geregelte Abgaben

[48] In den Gesetzen von Nordrhein-Westfalen v. 4. 1. 1955, GVBl. 3, und Hessen v. 5. 3. 1957, GVBl. 15, fehlt bei der Aufzählung der anwendbaren Gesetze daher das Gesetz über den Bundesfinanzhof.

ist der Finanzrechtsweg erst durch § 33 Abs. 1 Nr. 4 FGO in Verbindung mit der Landesgesetzgebung eröffnet. Eine einheitliche Rechtswegregelung wäre dem vorzuziehen und verfassungsrechtlich möglich gewesen. Die jetzige Regelung erklärt sich allein aus der vermeintlich notwendigen Aufgliederung bundes- und landesrechtlicher Bestimmungen über den Anwendungsbereich der Reichsabgabenordnung. Bei der Regelung des Verwaltungsverfahrens mag diese Regelung aus verfassungsrechtlichen Gründen erforderlich sein. Bei der Rechtswegabgrenzung ist die Aufteilung nicht erforderlich.

Eine bundeseinheitliche Regelung hätte allerdings den zweiten Mangel der Rechtswegregelung offenbart: Während es in allen anderen Gerichtsbarkeiten — abgesehen von der Verfassungsgerichtsbarkeit — üblich ist, den Rechtsweg sachlich nach dem Streitgegenstand abzugrenzen, wird im Finanzrechtsweg auf die Person eines Beteiligten, einer Bundes- oder Landesfinanzbehörde abgestellt.

Die Auswirkungen des Grundgesetzes auf die Zulässigkeit des Finanzrechtsweges sind damit jedoch nicht erschöpft. Die Reichsabgabenordnung hatte von jeher die Zulässigkeit von Rechtsbehelfen an die Finanzgerichte und den Reichsfinanzhof nach dem Enumerationsprinzip beschränkt. Bereits die Verwaltungsgerichtsgesetze der Länder hingegen eröffneten den Verwaltungsrechtsweg bei jeder Verletzung individueller Rechte durch einen Träger der öffentlichen Gewalt. Bald nach Inkrafttreten des Grundgesetzes mehrten sich daher die Fälle, in denen Verwaltungsgerichte um Rechtsschutz angegangen wurden in Sachen, welche bis dahin von den Finanzbehörden endgültig entschieden wurden, weil die Abgabenordnung keinen Rechtsbehelf vorsah.

Der Große Senat des Bundesfinanzhofes erklärte in einem Gutachten vom 17. April 1951[49] für Streitigkeiten über Abgaben nach § 3 und § 4 der Reichsabgabenordnung von 1931 die Steuergerichte auch in den Fällen für zuständig, in denen die Generalklausel des Art. 19 Abs. 4 GG einen gegenüber der Abgabenordnung erweiterten gerichtlichen Rechtsschutz gewährt. Das Gericht verwendete den Ausdruck Steuergerichte allgemein für die Finanzgerichte und den Bundesfinanzhof[50]. Mit dieser Argumentation wurde stillschweigend von einer Finanzgerichtsbarkeit ausgegangen, die in allen Instanzen den Vorstellungen des Grundgesetzes über die Gerichtsbarkeit entsprach. Unabhängige, von der

---

49 BStBl. 1951 III, 107.

50 *Bachof* wies bereits auf die Ungenauigkeit der Terminologie hin, JZ 1951, 737 (739 N. 11): In Gemeindesteuersachen sind die Verwaltungsgerichte die zuständigen Steuergerichte.

Finanzverwaltung getrennte Gerichte existierten jedoch, abgesehen vom Bundesfinanzhof, nur in der britischen Zone[51].

Der Bundesfinanzhof ging in seinem Gutachten davon aus, daß Art. 19 Abs. 4 GG eine Generalklausel für gerichtlichen Rechtsschutz bei Rechtsverletzungen durch die öffentliche Gewalt ist. Art. 19 Abs. 4 GG wirke jedoch nicht im Sinne einer Erweiterung der verwaltungsgerichtlichen Generalklausel. Die Zulässigkeit des Enumerationsprinzips bei den besonderen Verwaltungsgerichten werde durch diese Vorschrift nicht berührt[52]. Art. 19 Abs. 4 GG bewirke vielmehr eine unmittelbare Eröffnung des Rechtsweges auf Grund der in Art. 1 Abs. 3 GG angeordneten unmittelbaren Bindung von Gesetzgebung, Verwaltung und Rechtsprechung an die Grundrechte. Da sich Art. 19 Abs. 4 GG im Abschnitt I des Grundgesetzes befinde, der die Grundrechte behandelt, beziehe sich der unmittelbare Geltungsanspruch des Art. 1 Abs. 3 GG auch auf Art. 19 Abs. 4 GG. Die Rechtsweggarantie des Art. 19 Abs. 4 GG beschränkt das Gericht in Übereinstimmung mit der Rechtslehre[53] nicht auf den Schutz der Grundrechte, sondern versteht die Vorschrift als Generalklausel für gerichtlichen Rechtsschutz bei Verletzung individueller Rechte durch die öffentliche Gewalt. Bewirke Art. 19 Abs. 4 Satz 1 GG eine unmittelbare Eröffnung des Rechtsweges bei Rechtsverletzungen durch die öffentliche Gewalt, so sei damit noch nicht automatisch die Zulässigkeit des Zivilrechtsweges nach Art. 19 Abs. 4 Satz 2 GG gegeben, da diese Vorschrift nur subsidiär gelte[54]. Aus Art. 96 Abs. 1 GG folge vielmehr, daß das Grundgesetz von der Aufgliederung der Gerichte nach der Natur der Streitsachen ausgehe. Dieses Ziel werde nur erreicht, wenn die auf einem Rechtsgebiet anfallenden Streitsachen dem für dieses Gebiet vorgesehenen Gericht zugewiesen würden. Eine Übertragung von Streitigkeiten über Abgaben nach § 3 und § 4 RAO an die allgemeinen Verwaltungsgerichte oder die ordentlichen Gerichte widerspreche dem Grundgedanken des Artikels 96 GG. Ihrer Natur nach müßten diese Streitigkeiten durch die Gerichte entschieden werden, die nach ihrem allgemeinen Aufgabenkreis, nach ihrer Sachkunde und nach ihrer Besetzung als die zuständigen Gerichte im Sinne des Art. 96 GG anzusehen seien. Die Steuergerichte seien für diese Streitsachen die besonderen Verwaltungsgerichte im Sinne des

---

51 In einem anderen Urteil sprach der BFH die Finanzgerichte als Behörden der Länder an, für die die Vorstellungen des Grundgesetzes über die Stellung der Richter nicht gelten: BStBl. 1952 III, 163 (163); dagegen *Naumann*, DÖV 1953, 535 (536).

52 Friedrich *Klein*, VVDStRL 8, 123 (Leitsatz IV, 4).

53 *v. Mangoldt*, Bonner Grundgesetz, S. 121; Friedrich *Klein*, VVDStRL 8, 123 (Leitsatz I, 1); *Giese*, Grundgesetz, S. 52; *Friesenhahn*, Deutsche Verwaltung 1949, 478 (481); *Grewe*, Deutsche Rechts-Zeitschrift 1949, 393; *Bachof*, DRZ 1950, 246 JZ 1951, 737 (739).

54 Ebenso: Friedrich *Klein*, VVDStRL 8, 123 (Leitsatz IV, 3).

§ 22 der Verwaltungsgerichtsgesetze der amerikanischen und der britischen Zone[55].

Bereits vor Veröffentlichung dieses Gutachtens hatten einige Finanzgerichte bei der Prüfung der Zulässigkeit des zu ihnen beschrittenen Rechtsweges die in § 22 der britischen Militärregierungsverordnung Nr. 165 enthaltene Generalklausel für die Anfechtung von Verwaltungsakten auch auf dem durch die Militärregierungsverordnung Nr. 175 geregelten Gebiet der Finanzgerichtsbarkeit angewendet. Der Bundesfinanzhof billigte diese Praxis zunächst[56], änderte dann jedoch in dem erwähnten Gutachten seine Ansicht und stützte die Zulässigkeit des Finanzrechtsweges unmittelbar auf Art. 19 Abs. 4 Satz 1 GG. Die in dem Gutachten vom 17. April 1951 entwickelte Rechtsansicht hat der Bundesfinanzhof und im wesentlichen auch die sonstige Rechtsprechung ständig vertreten[57]. Lediglich im Schrifttum wurden gegen die Begründung der Kompetenz Bedenken angemeldet[58]. Für Streitigkeiten über Lastenausgleichsabgaben, auf die die Abgabenordnung entsprechend anwendbar ist, wurde geltend gemacht, die Argumentation des Bundesfinanzhofes schrumpfe darauf zusammen, die Finanzgerichte seien nur deshalb zuständig, weil die Finanzbehörden als entscheidende Behörden zuvor tätig wurden[59]. Diesem Argument ist eine gewisse Berechtigung nicht abzusprechen. Der Finanzrechtsweg ist allerdings nicht zulässig, soweit die Bundes- oder Landesfinanzbehörden auf dem Gebiet der Vermögens- oder Bauverwaltung tätig werden (vgl. § 6 Abs. 1 und Abs. 4, 5 FVG), soweit sie für andere Behörden Amtshilfe leisten[60] oder soweit sie auf dem Gebiet der Subventionierung der Schiffahrt tätig werden[61].

---

[55] Ebenso: OVG Hamburg, DVBl. 1952, 401 (403 1. Sp.).

[56] BFH BStBl. 1951 III, 75 (76); BStBl. 1951 III, 77.

[57] BFH BStBl. 1951 III, 173 (174); 1952 III, 77; 1954 III, 165 (167); 1957 III, 376; 1958 III, 121 und 136 und 184; BFH E 60, 317 (319); BVerwG E 1, 21 (25 f); 9, 203; MDR 1959, 604; DVBl. 1960, 105; BGH DÖV 1955, 307; HessVGH, DVBl. 1953, 306 (307); OVG Hamburg, MDR 1952, 315 (316); OVG Münster E 6, 58 und DÖV 1958, 717 und KStZ 1959, 129 (130); anders nur LVG Düsseldorf, MDR 1954, 637.

[58] *Bettermann*, Die Grundrechte, Bd. III, 2, S. 816; *Quidde*, DVBl. 1963, 234 (238); *Flume*, Anm. zum Urteil OVG Hamburg, DVBl. 1952, 401 (404); bezüglich der berufsrechtlichen Streitigkeiten der Steuerberater auch *Bachof*, JZ 1951, 737 (739); die Rechtsprechung des BFH billigten *Eyermann - Fröhler*, 1. Aufl., § 40 VwGO RdN 103; *Schoen*, DÖV 1955, 137 (139); *Tipke - Kruse*, Vorbem. 2 zu § 228 RAO, Lieferung April 1965; *Klinger*, § 40 VwGO Anm. B II 2.

[59] *Flume* a.a.O.

[60] Siehe dazu den Abschnitt B III 1 (am Ende).

[61] Subventionen nach der Gasöl-Betriebsbeihilfe Verordnung und der VO über die Verbilligung von Gasöl für die Hochsee-, Küsten- und Binnenschiffahrt: BVerwG MDR 1958, 868 und MDR 1959, 1037; BVerwG E 18, 235; OVG Hamburg, DVBl. 1961,92; VGH München, DVBl. 1961, 51; *Redeker - v. Oertzen*, § 40 VwGO RdN 46.

Als unmittelbare Auswirkung des Grundgesetzes auf die Zulässigkeit des Finanzrechtsweges ist die Beseitigung von Lücken im Rechtsschutz anzusehen, die sich aus der Einzelfallregelung der Rechtsbehelfe in der Reichsabgabenordnung von 1931 ergaben. Diese Lücken wurden durch Art. 19 Abs. 4 GG geschlossen. Diese Bestimmung garantiert die richterliche Prüfung eines Verwaltungsrechtsstreites in bezug auf Tat- und Rechtsfragen[62]. Eine einstufige Verwaltungsgerichtsbarkeit, die auf die Prüfung der Rechtsfragen beschränkt wäre, ist mit Art. 19 Abs. 4 GG unvereinbar. Ein derartiges Verfahren war das in Zoll- und Verbrauchsteuersachen in § 230 RAO 1931 vorgesehene Anfechtungsverfahren, das bundesrechtlich erst durch § 5 des Gesetzes über Maßnahmen auf dem Gebiet der Finanzgerichtsbarkeit vom 22. Oktober 1957[63] beseitigt wurde. Auf Art. 19 Abs. 4 GG können sich natürliche und inländische juristische Personen des Privatrechts berufen. Zweifelhaft ist, ob die Bestimmung auch für Träger hoheitlicher Gewalt, etwa die Gemeinden, gilt[64].

Bezweifelt werden müssen dagegen die weiteren Folgerungen, die der Bundesfinanzhof aus Art. 96 Abs. 1 GG zog: Aus dieser Vorschrift soll sich ergeben, daß die auf einem Rechtsgebiet anfallenden Sachen dem für dieses Gebiet vorgesehenen Gericht zugewiesen werden müssen. Soweit dieser Gedanke zur Schließung von Lücken im Rechtsschutz der Abgabenordnung führte, erscheint er zwar sachgerecht, aber nicht zwingend. Hätte eine Übertragung von Streitigkeiten über Abgaben nach § 3 und § 4 RAO 1931 an die allgemeinen Verwaltungsgerichte dem Grundgedanken des Art. 96 Abs. 1 GG widersprochen[65], so wäre die in Berlin bis zum 31. 12. 1965 geltende Regelung verfassungswidrig gewesen. Daß dies nicht der Fall war, wurde bereits erörtert. Aus Art. 96 Abs. 1 GG kann man daher keine Zuständigkeitsregelung entnehmen; die Vorschrift gibt nur an, daß und welche oberen Bundesgerichte zu errichten sind[66]. Auf Art. 96 Abs. 1 GG läßt sich auch aus historischer Sicht keine Kompetenz gründen. Die Finanzgerichte waren zu keiner Zeit für Steuerstreitigkeiten allein zuständig.

---

62 *Ule*, DVBl. 1959, 537 (538).

63 BGBl. 1957 I, S. 1746.

64 Das nehmen an: Friedrich *Klein*, VVDStRL 8, 67 (102 und 124, Leitsatz V, 1); *v. Mangoldt - Klein*, S. 569; *Wernicke*, Bonner Kommentar Art. 19 Abs. 4 Erl. II 4 a; *Spitaler* bei *Hübschmann - Hepp - Spitaler*, § 212 a AO Anm. 11 S. 19; Müller - Uri, S. 126; ablehnend: *Maunz-Dürig*, Art. 19 Abs. 4 RdN 16; *Lerche*, Ordentlicher Rechtsweg, S. 29 und Anm. 50; *Friesenhahn*, DV 1949, 479 (481); BFH BStBl. 1956 III, 44.

65 BFH BStBl. 1951 III, 107 (109 1. Sp. o.).

66 BVerwG E 1, 21 (25); *v. Mangoldt*, Grundgesetz Art. 96 Anm. 3; *Holtkotten*, Bonner Kommentar Art. 96 Erl. II 4 a am Ende; *Wernicke* daselbst, Art. 19 Anm. II 4 K; Hess. VGH DVBl. 1953, 306 (307 r. Sp.); LVG Düsseldorf, MDR 1954, 637; *Ule*, DVBl 1959, 541; *Quidde*, DVBl. 1963, 234 (238); wie der BFH aber auch OVG Münster, KStZ 1959, 129 (130).

Scheidet Art. 96 Abs. 1 GG als rechtswegabgrenzende Vorschrift aus und läßt sich auch aus Art. 19 Abs. 4 GG keine Kompetenz eines allgemeinen oder besonderen Verwaltungsgerichts herleiten[67], so unterliegt die Abgrenzung der Zulässigkeit des allgemeinen und der besonderen Verwaltungsrechtswege der einfachen, nichtverfassungsrechtlichen Gesetzgebung. Eine Abgrenzung der Zulässigkeit des Finanzrechtsweges von den anderen Verwaltungsrechtswegen kann daher nur an Hand des einfachen Gesetzes erfolgen. Die Auslegung hat insbesondere die geschichtliche Entwicklung der Frage der Zulässigkeit des Finanzrechtsweges zu berücksichtigen, da der Gesetzestext im wesentlichen eine Kodifizierung der Rechtsprechung zu dieser Frage ist[68]. Die Ausfüllung der Lücken im finanzgerichtlichen Rechtsschutz war im Anfang beschränkt auf das Anwendungsgebiet der Reichsabgabenordnung[69]. Bereits in seinem Gutachten von 1951 hatte der Große Senat des Bundesfinanzhofes die „Steuergerichte in Abgabesachen nach § 3 und § 4 AO auch in Fällen“ für zuständig erklärt, „wo Art. 19 Abs. 4 GG einen erweiterten Rechtsschutz durch Gerichte gegenüber dem Enumerationsprinzip der AO 1939 gewährt“[70]. Wohl nur über § 107 a RAO konnten die berufsrechtlichen Streitigkeiten der Helfer in Steuersachen mit Finanzbehörden auf den Finanzrechtsweg gelangen[71]. Auch der über den sachlichen Geltungsbereich des § 3 RAO hinausgehende § 39 Abs. 1 FVG erklärte die Abgabenordnung, und damit deren Regelung über die Zulässigkeit von Rechtsbehelfen an die Finanzgerichte, nur für die Abgabenverwaltung der Bundes- und Landesfinanzbehörden für anwendbar. Die gleichen sachlichen Grenzen enthält § 1 Satz 2 BFHG. Historisch wäre es vertretbar gewesen, bei dieser Rechtswegabgrenzung zu bleiben.

---

67 *Bachof*, SJZ 1950, 162; BVerfG E 4, 399 LVG Düsseldorf, MDR 1954, 637; *Bettermann*, Die Grundrechte III, 2, S. 817. Aus Art. 19 Abs. 4 kann niemand anders als die ordentlichen Gerichte eine Kompetenz herleiten; anders aber ausdrücklich: OVG Hamburg, DVBl. 1952, 401 (403); OVG Münster, E 6, 58 (60); OVG Lüneburg E 6, 286 (290).

68 Diese Tatsache wirft *Quidde*, DVBl. 1963, 234 (235) dem Gesetzgeber vor; er habe ohne klares Konzept die Rechtsprechnug des Bundesfinanzhofes über die Kompetenz kraft Sachzusammenhangs kodifiziert, sei aber dabei der Grundfrage nach der Berechtigung einer eigenständigen Finanzgerichtsbarkeit ausgewichen. Dem ersten Teil dieser Feststellung ist voll zuzustimmen. Letztes Beispiel für diese Art der Gesetzgebung ist § 33 Abs. 2 Satz 1 letzter Halbsatz FGO: die Maßnahmen der Bundesfinanzbehörden zur Beachtung der Verbote und Beschränkungen im grenzüberschreitenden Warenverkehr wurden erst auf Grund des Urteils BVerwG NJW 1965, 1618 in den Gesetzestext aufgenommen. Näheres siehe Abschnitt B III 1.

69 *Jansen*, DÖV 1955, 436.

70 BStBl. 1951, III, 107 (109 l. Sp. 2. Abs.); ebenso *Hess* VGH, DVBl. 1953, 306 (307 r. Sp.).

71 BFH BStBl. 1951 III, 173 wurde daher zu Recht von *Bachof*, JZ 1951, 737 (739 a.E.) kritisiert.

Durch das Gesetz über Maßnahmen auf dem Gebiet der Finanzgerichtsbarkeit vom 22. Oktober 1957[72] wurden die wichtigsten verfassungsrechtlichen Bedenken gegen die Finanzgerichtsbarkeit der damaligen Form beseitigt. Die Gerichte wurden auch in den Ländern der französischen und amerikanischen Zone von den Verwaltungsbehörden getrennt. Auch für Zölle und Verbrauchsteuern wurde das Berufungsverfahren mit dem Instanzenzug über das Finanzgericht zum Bundesfinanzhof eingeführt. § 8 Satz 2 des Maßnahmegesetzes bestätigte nochmals die Berliner Regelung der Finanzgerichtsbarkeit und ermächtigte das Land Berlin, durch Gesetz „das Finanzgericht vom Verwaltungsgericht zu trennen".

Das nächste, die Abgrenzung des Finanzrechtsweges vom Verwaltungsrechtsweg berührende Ereignis war das Inkrafttreten der Verwaltungsgerichtsordnung vom 21. 1. 1960[73] am 1. 4. 1960. Durch § 40 VwGO wurde die Kontroverse ausgelöst, ob die Zulässigkeit des Finanzrechtsweges kraft Sachzusammenhangs weiterbestehe oder erloschen sei[74]. In Frage gestellt war aber nur die Zulässigkeit des Finanzrechtsweges in Streitigkeiten, die in der Enumeration der Rechtsbehelfe der Reichsabgabenordnung nicht vorgesehen waren, wie etwa der gerichtlichen Ermessenskontrolle. Unbezweifelt blieb, daß die Rechtswegregelung der Reichsabgabenordnung als ausdrückliche Zuweisung an ein anderes Gericht im Sinne des § 40 Abs. 1 Satz 1 VwGO anzusehen war. Das gleiche mußte dann für § 39 FVG, § 1 Satz 2 BFHG und §§ 17 f. MRVO Nr. 175 gelten. Aus § 195 Abs. 2 Nr. 2 VwGO läßt sich dies durch Umkehrbeschluß folgern: Die Verordnung Nr. 165 über die Verwaltungsgerichtsbarkeit in der britischen Zone wurde durch diese Vorschrift ausdrücklich aufgehoben. Hätte die Verwaltungsgerichtsordnung die Zulässigkeit des Finanzrechtsweges über die bis zum Inkrafttreten des Steueränderungsgesetzes 1961 strittig gebliebene Kompetenz der Finanzgerichte zur Ermessenkontrolle hinaus auch für Abgaben verändern wollen, die nicht unmittelbar unter § 3 RAO, wohl aber unter § 39 FVG, § 1 Satz 2 BFHG oder § 17 MRVO Nr. 175 fallen, so hätte es nahe gelegen, zumindest § 17 MRVO Nr. 175 ebenfalls aufzuheben. Das unterblieb jedoch. § 195 Abs. 2 Nr. 4 VwGO ließ im Gegenteil für das Berliner Landesrecht das Gesetz über den Anwendungsbereich der Reichsabgabenordnung vom 10. 3. 1955[75] unberührt. Aus der Aufhebung des Berliner Landesgesetzes

[72] BGBl. I, 1746.

[73] BGBl. I, 17.

[74] Vgl. dazu *Hohlfeld* BB 1960, 773; *Messmer*, BB 1960, 1345.

[75] GVBl. 169.

über die Verwaltungsgerichtsbarkeit und dem gleichzeitigen Ausspruch, das Gesetz über den Anwendungsbereich der Reichsabgabenordnung bleibe unberührt (§ 195 Abs. 2 Nr. 4 VwGO), ergibt sich übrigens, daß der Bundesgesetzgeber in diesem Gesetz schon damals die landesrechtliche Regelung über die Zulässigkeit des Finanzrechtsweges sah: lediglich ein Verwaltungsverfahrensgesetz an dieser Stelle gesondert zu erwähnen, hätte keinen Sinn gehabt. Dem gleichen Irrtum erlag der Gesetzgeber der Finanzgerichtsordnung. Die entsprechenden Rechtswegregelungen der Länder sind jetzt jedoch verfassungsmäßig (Art. 71 GG), da sie durch § 33 Abs. 1 Nr. 4 FGO gedeckt sind.

Der durch § 40 Abs. 1 Satz 1 VwGO hervorgerufene Streit über die Kompetenz der Finanzgerichte zur Ermessenskontrolle wurde durch das Steueränderungsgesetz 1961[76] bereinigt. Mit der Neufassung des § 228 RAO sollte der Finanzrechtsweg gesetzlich in dem durch die Rechtsprechung gezogenen Rahmen eröffnet werden. Die Zulässigkeit des Finanzrechtsweges wurde nach dem Willen der Gesetzgeber auf den Anwendungsbereich der Reichsabgabenordnung beschränkt[77]. Rechtstechnisch geschah dies durch die Einführung der Rechtswegregelung in die Abgabenordnung. Sachliche Änderungen in der Abgrenzung des Finanzrechtsweges zum Verwaltungsrechtsweg waren durch die Gesetzesänderung nicht vorgesehen. Sie sind praktisch auch nicht eingetreten. Mit dem Steueränderungsgesetz 1961 und seiner Neufassung des § 228 RAO wurde auch gesetzestechnisch die bereits angedeutete Umwandlung der Zulässigkeit bestimmter Rechtsbehelfe in eine reine Kompetenzfrage der verschiedenen Gerichtsbarkeiten abgeschlossen. Durch die umfassende Rechtsweggarantie des Art. 19 Abs. 4 GG war diese Entwicklung verfassungsrechtlich vorgezeichnet und von der Rechtsprechung vorweggenommen worden. War der Finanzrechtsweg weiterhin im gleichen Umfang zulässig, in dem die Abgabenordnung anwendbar war, so behielten die §§ 39 Abs. 1 FVG, 1 Satz 2 BFHG und 17 f. MRVO 175 mit teilweise sich überschneidendem Inhalt ihre Bedeutung.

Die Zulässigkeit des Finanzrechtsweges für alle Abgabenstreitigkeiten mit Finanzbehörden ergab sich aus § 228 Abs. 1 Nr. 4 RAO in der Fassung des Steueränderungsgesetzes 1961. Diese Vorschrift eröffnete den Finanzrechtsweg insoweit, als die Vorschriften der Reichsabgabenordnung über Rechtsmittel durch andere Gesetze für anwendbar erklärt wurden. Gedacht war bei dieser Vorschrift an die Fälle, in denen durch Gesetze, die keine Abgaben regeln, auf das Rechtsmittelverfah-

---

[76] vom 13. Juli 1961, BGBl. I, 981.

[77] Bericht des Finanzausschusses, Deutscher Bundestag, 3. Wahlperiode, zu Drucksache 2706, S. 11, zu § 228 RAO.

ren der Abgabenordnung verwiesen wird[78]. Ist der Finanzrechtsweg eröffnet, wenn nur das Rechtsmittelverfahren der Reichsabgabenordnung für anwendbar erklärt wird, so konnte daraus die Zulässigkeit des Finanzrechtsweges geschlossen werden, wenn die Abgabenordnung insgesamt für anwendbar erklärt ist.

Daraus folgt, daß der Finanzrechtsweg schon vor Inkrafttreten der Finanzgerichtsordnung für alle Abgaben eröffnet war, die durch Bundesfinanzbehörden oder Landesfinanzbehörden verwaltet werden. Da § 39 FVG einen weitergehenden Anwendungsbereich hat als § 3 RAO, ist er durch diese Vorschrift hinsichtlich der Zulässigkeit des Rechtsweges nicht aufgehoben, außer Kraft gesetzt oder überholt worden[79]. Da nicht anzunehmen ist, daß sich diese Rechtslage durch das Inkrafttreten der Finanzgerichtsordnung geändert hat, ist, der herrschenden Meinung entgegen, der Begriff der Bundesgesetzgebung in § 33 Abs. 1 Nr. 1 FGO nicht auf Art. 105 GG beschränkt[80].

Ergebnis:

Der nach § 33 Abs. 1 Nr. 1 FGO eröffnete Finanzrechtsweg ist nicht beschränkt auf die Abgaben, die der Bundesgesetzgebung nach Art. 105 GG unterliegen, sondern auch für andere bundesrechtlich geregelte Abgaben eröffnet, soweit diese durch Bundesfinanzbehörden oder Landesfinanzbehörden nach den Vorschriften der Reichsabgabenordnung verwaltet werden.

Die hier aufgestellte These soll im einzelnen an Hand von Rechtsprechung und Literatur geprüft werden. Daneben sind die sonstigen gesetzlichen Grenzen des Finanzrechtsweges aufzuzeigen. Die Arbeit beschränkt sich jedoch auf die Abgrenzung des Finanzrechtsweges vom Verwaltungsrechtsweg und vom Sozialrechtsweg. Allen drei Rechtswegen ist gemeinsam, daß sie für öffentlich-rechtliche Streitigkeiten zulässig sind. Zum Thema gehört daher nicht die Frage der Abgrenzung des Finanzrechtsweges zum ordentlichen Rechtsweg. Aus der

---

[78] Beispiele: Sparprämien-, Wohnungsbauprämien-, Bergmannsprämiengesetz, Berlin-Hilfe-Gesetz bezüglich der Investitionszulage.

[79] dies behaupten: *Baumann*, AOÄndG § 3 AO Anm. 5; *Bettermann*, VVDStRL 17, 144 (N. 72); *Grimm* S. 53; BFH BStBl. 1957 III, 152; *Messmer*, BB 1960, 1345 (1347); *Tipke - Kruse*, § 3 RAO Anm.3; wie hier dagegen *Becker - Riewald - Koch*, § 3 RAO Anm. 6 (4); FG Hamburg, EFG 1964, 259.

[80] a.A. *Tipke - Kruse*, Anm. 7; *Kühn*, Anm. 3; *v. Wallis - List - Hübschmann - Hepp - Spitaler* Anm. 44—47; *Görg - Müller*, Anm. 8; wohl auch *Ziemer - Birkholz*, Anm. 57 ff., alle zu § 33 FGO; VG Frankfurt, ZfZ 1964, 337. Indirekt bestätigt wird diese Theorie durch die beabsichtigte Streichung des § 39 Abs. 1 FVG und der Worte „nach Art. 105 Abs. 1 und 2 des Grundgesetzes" in § 3 RAO. Da die Worte irreführend sein sollen — vgl. Begründung zum AOStrafÄndG, BTDrS V/1812, S. 39, Art. 2 Nr. 1 — hat die Änderung nur redaktionelle Bedeutung; vgl. S. 28 N. 40.

Untersuchung sind ebenfalls die verfassungsrechtlichen Streitigkeiten ausgenommen, da diese den Verfassungsgerichten vorbehalten sind.

Die Zulässigkeit des Finanzrechtsweges ist durch § 33 FGO geregelt. § 33 FGO ist abzugrenzen gegenüber § 40 VwGO und § 51 SGG. Soweit öffentlich-rechtliche Streitigkeiten nichtverfassungsrechtlicher Art nicht durch Bundesgesetz oder, auf dem Gebiet des Landesrechts, durch Landesgesetz einem anderen Rechtsweg zugewiesen sind, ist der Verwaltungsrechtsweg eröffnet (§ 40 Abs. 1 VwGO). Die Abgrenzung des Finanzrechtsweges hat daher hauptsächlich gegenüber dem Verwaltungsrechtsweg zu erfolgen[81]. Jedoch sind auf dem Gebiet des Beitreibungsrechts auch Berührungspunkte zum Sozialrechtsweg vorhanden, die eine Abgrenzung erforderlich machen.

Der größte Teil aller Streitigkeiten, die von den Finanzgerichten beurteilt werden, fällt unter § 33 Abs. 1 Nr. 1 FGO. Auf diesem Gebiet ist eine Abgrenzung nur zum Verwaltungsrechtsweg erforderlich. Abgrenzungschwierigkeiten zum Sozialrechtsweg bestehen nicht.

Zur Abgrenzung des Finanzrechtsweges vom Verwaltungsrechtsweg empfiehlt es sich, von § 40 VwGO auszugehen. Diese Vorschrift enthält die Grundregel für die Zulässigkeit des Rechtsweges in öffentlich-rechtlichen Streitigkeiten nicht-verfassungsrechtlicher Art. Für diese Streitigkeiten wird der Verwaltungsrechtsweg eröffnet, soweit nicht durch Bundesgesetz etwas anderes bestimmt ist (§ 40 Abs. 1 Satz 1 VwGO). Öffentlich-rechtliche Streitigkeiten auf dem Gebiet des Landesrechts können einem anderen Rechtsweg auch durch Landesgesetz zugewiesen werden (Satz 2 a.a.O.). Bundesrechtliche Zuweisungen an andere Rechtswege sind in § 33 FGO und in § 51 SGG enthalten. § 33 FGO regelt den Finanzrechtsweg aber nicht abschließend, sondern läßt die Möglichkeit weiterer Zuweisungen durch Bundesgesetz oder Landesgesetz offen (§ 33 Abs. 1 Nr. 4 FGO). Die Länder dürfen mit ihren Regelungen jedoch nicht gegen Bundesrecht verstoßen. Zum Bundesrecht, das hier von den Ländern beachtet werden muß, gehört § 40 Abs. 1 VwGO, dessen Satz 2 enger gefaßt ist als der scheinbar weite § 33 Abs. 1 Nr. 4 FGO. Aus § 40 Abs. 1 Satz 1 und 2 VwGO ergibt sich, daß die Länder nur öffentlich-rechtliche Streitigkeiten auf dem Gebiet des Landesrechts einem anderen als dem Verwaltungsrechtsweg zuweisen dürfen. Der Landesgesetzgeber kann also auch den Finanzrechtsweg nur für öffentlich-rechtliche Streitigkeiten auf dem Gebiet des Landesrechts eröffnen[82].

---

[81] Begründung zu § 31 Abs. 1 Entwurf FGO, Bundestagsdrucksache IV/1446, S. 42.

[82] *Ule*, § 40 VwGO, Anm. IV, 1; *Naumann*, DVBl. 1966, 1 (4).

Im folgenden soll die Zulässigkeit des Finanzrechtsweges an Hand von § 33 FGO im einzelnen untersucht werden. Dabei ist u. a. zu prüfen, ob § 33 Abs. 1 Nr. 1 FGO in Anlehnung an § 3 RAO auszulegen ist, oder ob die hier aufgestellte These haltbar ist, wonach der Finanzrechtsweg allgemein gegeben ist in öffentlich-rechtlichen Streitigkeiten über Abgabenangelegenheiten, soweit die Abgaben durch Bundesfinanzbehörden oder Landesfinanzbehörden verwaltet werden.

B. Zulässigkeit des Finanzrechtsweges nach § 33 Abs. 1 Nr. 1 FGO

I. Abgaben, die der Gesetzgebung des Bundes unterliegen

Der Finanzrechtsweg ist gegeben in öffentlich-rechtlichen Streitigkeiten über Abgabenangelegenheiten, soweit die Abgaben der Gesetzgebung des Bundes unterliegen und durch Bundesfinanzbehörden oder Landesfinanzbehörden verwaltet werden (§ 33 Abs. 1 Nr. 1 FGO). Abgabenangelegenheiten im Sinne der Finanzgerichtsordnung sind alle mit der Verwaltung der Abgaben oder sonst mit der Anwendung der abgabenrechtlichen Vorschriften durch die Finanzbehörden zusammenhängenden Angelegenheiten einschließlich der Maßnahmen der Bundesfinanzbehörden und der Finanzbehörden des Landes Berlin zur Beachtung der Verbote und Beschränkungen für den Warenverkehr über die Grenze (§ 33 Abs. 2 S. 1 FGO). Der Begriff der Abgaben ist damit jedoch nicht geklärt. Er wird im geltenden Recht in mehrfacher Bedeutung verwendet.

Abgabenangelegenheiten im Sinne der Finanzgerichtsordnung sind weder beschränkt auf öffentlich-rechtliche Geldzahlungspflichten[1], noch gehören alle Geldzahlungspflichten des öffentlichen Rechts zu den Abgabenangelegenheiten. Der Abgabenbegriff des Finanzrechts umfaßt Steuern, Gebühren und Beiträge (§ 1 Abs. 1 RAO). Darüber hinaus werden jedoch zuweilen alle öffentlich-rechtlichen Geldleistungspflichten als Abgaben bezeichnet.

1. Art. 105 GG: Steuern, Zölle und Finanzmonopole

Vor Einführung der Finanzgerichtsordnung war die Zulässigkeit des Finanzrechtsweges im Rahmen des Geltungsbereiches der Reichsabgabenordnung geregelt. Diese gilt für alle öffentlich-rechtlichen Abgaben, die nach Art. 105 Abs. 1 und 2 des Grundgesetzes der Gesetzgebung des Bundes unterliegen und durch Bundesfinanzbehörden oder durch Landesfinanzbehörden verwaltet werden (§ 3 Abs. 1 RAO). Soweit die Reichsabgabenordnung gilt, war bis zum 31. 12. 1965 der

---

[1] das ergibt sich aus § 33 Abs. 2 S. 1 FGO.

Finanzrechtsweg in allen öffentlich-rechtlichen Streitigkeiten über Abgabenangelegenheiten zulässig (§ 228 Abs. 1 Nr. 1 RAO a. F.).

§ 33 FGO sollte den vor Einführung der Finanzgerichtsordnung bestehenden Rechtszustand nach der Absicht des Gesetzgebers aufrechterhalten[2]. In Art. 105 Abs. 1 GG ist die Gesetzgebungsbefugnis des Bundes über die Zölle und Finanzmonopole, in Abs. 2 die über Steuern geregelt.

Von der überwiegenden Meinung in Rechtsprechung und Lehre wird angenommen, daß die Steuergesetzgebungskompetenz des Bundes in Art. 105 GG abschließend geregelt ist[3]. Lediglich in einem Einzelfall ist bisher vom Bundesverfassungsgericht eine Steuergesetzgebungskompetenz des Bundes anerkannt, die auf Art. 73 Nr. 5 GG gestützt war: Die Kompetenz zur Gesetzgebung für die Helgoländer Gemeinde-Einfuhr-Steuer[4].

a) Zum Steuerbegriff des Grundgesetzes

Da das Grundgesetz den Begriff der Steuer nicht definiert, ihn aber gleichwohl verwendet, wird angenommen, daß es einen bestimmten Begriff voraussetzt, dem Verfassungsrang zukommt[5]. Andernfalls hätte es der Gesetzgeber in der Hand, die vom Grundgesetz gezogenen Grenzen zwischen allgemeiner und Steuergesetzgebung zu umgehen, indem er sich willkürlich auf die eine oder andere Kompetenz stützt und die Abgabe so benennt, wie es seinen Zwecken entspricht. Seit Inkrafttreten des Grundgesetzes besteht daher Übereinstimmung darüber, daß das Grundgesetz den Steuerbegriff des traditionellen deutschen Steuerrechts übernommen hat[6].

---

[2] Begründung zu § 31 Nr. 1 Entwurf FGO, Bundestagsdrucksache IV/1446, S. 42 f.

[3] BVerfG E 4, 7 (13); 13, 181 (196); 14, 76 (99); 16, 147 (162); *Maunz-Dürig* Art. 105 RdN 5; *Hamann* Anm. A 1 (3. Abs.) zu Art. 105; *Friauf*, Grenzen, S. 18 N. 45; zugunsten der Landesgesetzgebung gilt dagegen neben Art. 105 auch Art. 70 Abs. 1 GG, so daß den Ländern ein Steuererfindungsrecht zusteht für im Grundgesetz nicht erwähnte Steuern: BVerfG E 14, 76 (91); 16, 64 (77—79); *Maunz-Dürig*, RdN 28 u. 45; *Bühler*, Bonner Kommentar Anm. II, 1 (5. Abs.); *Hamann*, Anm. A 1 (2. Abs.) alle zu Art. 105 GG; *Hartz*, DB 1963, 1098—1100; *Friauf* Grenzen, S. 18 N. 46, 47; *Kruse*, Lehrbuch § 5 II 4; *Stern*, DÖV 1964, 395; a.A.: BVerwG E 6, 247 (255) und KStZ 1958, 158; *Bellstedt*, S. 58—78.

[4] BVerfG E 8, 260.

[5] *Maunz-Dürig*, Art. 105 RdN 7; *Hamann*, Anm. A 2 a zu Art. 105; *Brodersen*, FR 1964, 359 (361); *Friauf*, Verfassungsrechtliche Grenzen, S. 13; BVerfG E 7, 244 (251).

[6] *Wacke*, Finanzwesen, S. 64; *Bühler*, Bonner Kommentar, Art. 105 Anm. II, 1, 1. Abs.; *v. Mangoldt*, Art. 105 Anm. 2, 2. Abs.; *Hamann*, Art 105 Anm. A 2 a; Hildegard *Krüger*, StRK, Anm. zu BefStG 1955 § 11 R. 11; *Maunz-Dürig*, Art. 105 RdN 7; BVerfG E 3, 407 (435); 7, 244 (251); 14, 76 (91); BVerwG E 10, 3 (8) und 15, 149 (150); *Friauf* a.a.O, S. 14.

Dieser Begriff ist in § 1 RAO definiert:

„Steuern sind einmalige oder laufende Geldleistungen, die nicht eine Gegenleistung für eine besondere Leistung darstellen und von einem öffentlich-rechtlichen Gemeinwesen zur Erzielung von Einkünften allen auferlegt werden, bei denen der Tatbestand zutrifft, an den das Gesetz die Leistungspflicht knüpft. Zölle fallen darunter; nicht darunter fallen Gebühren für besondere Inanspruchnahme der Verwaltung und Beiträge (Vorzugslasten)."

Die in § 1 Abs. 1 RAO gegebene Begriffsbestimmung gilt für alle Steuern des Bundes, der Länder, der Gemeinden und Gemeindeverbände und der Religionsgesellschaften des öffentlichen Rechts (§ 8 Abs. 1 RAO), und zwar nicht mehr mit einfachem, sondern mit Verfassungsrang.

α) Abgrenzung gegenüber Gebühren und Beiträgen

Da Gebühren und Beiträge aus dem Steuerbegriff ausgeschieden werden und da sie auch nicht von Art. 105 GG erfaßt werden, ist für Streitigkeiten über diese Abgaben im allgemeinen nicht der Finanzrechtsweg, sondern der Verwaltungsrechtsweg zulässig.

Beiträge

Beiträge werden von § 1 der Reichsabgabenordnung als Vorzugslasten bezeichnet. § 9 des preußischen Kommunalabgabengesetzes vom 14. 7. 1893[7] umschreibt das Anwendungsgebiet der Beiträge dahin, daß zur Deckung des Aufwandes für die Herstellung und Unterhaltung von in öffentlichem Interesse stehenden Einrichtungen Kostenbeiträge von denjenigen erhoben werden, denen hierdurch besondere wirtschaftliche Vorteile erwachsen. Für das Entstehen der Beitragspflicht kommt es nicht darauf an, daß der einzelne Pflichtige die Vorteile wahrnimmt. Die Beiträge sind als nicht mehr zu den Steuern gehörend abzugrenzen von den Zwecksteuern[8]. Zwecksteuern stehen zwar im Gegensatz zu den allgemeinen Steuern zu bestimmten Leistungen und Verwaltungszwecken des Abgabenberechtigten in Beziehung. Die Erfüllung der öffentlichen Aufgaben, zu deren Finanzierung Zwecksteuern dienen, hat aber nicht den Charakter einer Gegenleistung des Abgabeberechtigten zugunsten des Abgabepflichtigen. Durch das Merkmal der Gegenleistung unterscheiden sich Gebühren und Beiträge von den Zwecksteuern. Der besondere wirtschaftliche Vorteil, den bestimmte Personenkreise von einem öffentlichen Unternehmen haben, ist Voraus-

[7] GS 152.

[8] BVerfG E 7, 244 (254); 9, 291 (300).

setzung dafür, daß die Abgabe, mit der sie zu den Kosten des Unternehmens herangezogen werden, als Beitrag anzusehen ist[9].

Kein Beitrag, sondern eine Steuer liegt vor, wenn eine Gemeinde an Stelle eines an sich fälligen Beitrages eine Grundsteuermehrbelastung nach § 3 des Einführungsgesetzes zu den Realsteuergesetzen vom 1. 12. 1936[10] erhebt[11]. Die Mehrbelastung tritt durch Erhöhung des Realsteuerhebesatzes ein. Haushaltsmäßig wird die Grundsteuermehrbelastung zwar als Beitrag ausgewiesen[12], und definitionsmäßig paßt sie nicht in das Bild einer Steuer, da mit ihr ein wirtschaftlicher Vorteil abgegolten wird[13]. Die Verbindung mit einer Steuer zwingt jedoch zu einer einheitlichen Charakterisierung[14]. Ob die Regelung über die Grundsteuermehrbelastung als Bundes- oder als Landesrecht fortgilt, ist fraglich. Der Bund hat nach Art. 105 Abs. 2 Nr. 3 GG die konkurrierende Gesetzgebung über die Realsteuern mit Ausnahme der Festsetzung der Hebesätze. Ob es sich bei der in § 3 EinfGRealStG geregelten Grundsteuermehrbelastung um die Hebesatzfestsetzung[15] oder lediglich um eine Bestimmung über die Festsetzung der Hebesätze, nicht aber die Festsetzung selbst handelt, ist umstritten. Für die Rechtswegabgrenzung kann die Frage jedoch auf sich beruhen. Streitigkeiten über die Mehrbelastung werden in den Ländern mit geteilter Realsteuerverwaltung im Verwaltungsrechtsweg entschieden, weil die Realsteuererhebung nicht durch Landesfinanzbehörden erfolgt. In den Ländern mit ungeteilter Realsteuerverwaltung[16] ist für Grundsteuerstreitigkeiten der Finanzrechtsweg eröffnet nach § 33 Abs. 1 Nr. 1 FGO. Für die Grundsteuermehrbelastung ergibt sich die Zulässigkeit des Finanzrechtsweges in diesen drei Ländern entweder aus § 33 Abs. 1 Nr. 1 FGO oder aus § 33 Abs. 1 Nr. 4 FGO und dem Landesrecht, das in öffentlich-rechtlichen Streitigkeiten über Abgabenangelegenheiten, soweit die Abgaben der Landesgesetzgebung unterliegen, den Finanzrechtsweg eröffnet, wenn die Abgaben durch Landesfinanzbehörden verwaltet werden[17]. Das in § 33 FGO zur Voraussetzung für die Zu-

---

[9] BVerfG E 9, 291 (300 f.).

[10] RGBl. I, 961, i.d.F. des Ges. v. 27. 12. 1951, BGBl. I, 996.

[11] OVG Münster E 12, 86 (93) und KStZ 1955, 253 und 1958, 216 (217); H. J. *Wolff*, Verwaltungsrecht II, § 86 VII d 1 α, $\alpha\alpha$ (S. 190); *Bühler - Strickrodt*, § 3 II 1; BVerwG E 15, 149 (150).

[12] OVG Münster E 12, 86 (93);

[13] a.A. BVerwG E 15, 149 (150).

[14] BVerfG E 7, 244 (256) für die badische Weinabgabe.

[15] so OVG Münster, KStZ 1958, 216 (217); BVerwG KStZ 1959, 53; a.A. aber BVerwG E 15, 149 (151).

[16] in den Stadtstaaten Berlin und Hamburg und in Bremen wird die Grundsteuer einheitlich durch Finanzbehörden verwaltet: *Blümich - Boyens - Steinbring - Klein*, GewStG § 1 Anm. 7 (Abs. 4—6); s. a. Abschnitt B II 2 a.

[17] AGFGO Berlin § 3; Bremen Art. 6; Hamburg § 5 Abs. 1.

lässigkeit des Finanzrechtsweges erhobene Merkmal „soweit die Abgaben der Gesetzgebung des Bundes unterliegen" erweist sich als überflüssig.

Gebühren

Ist der Beitrag das Entgelt für einen mittelbaren Vorteil, der in der bloßen Möglichkeit liegt, eine öffentliche Veranstaltung zu nutzen, so setzt die Entstehung der Gebührenpflicht die unmittelbare Inanspruchnahme der Darbietung einer öffentlichen Körperschaft voraus[18].

Gebührenstreitigkeiten, für die der Finanzrechtsweg eröffnet ist, können sich in den Fällen ergeben, in denen die Inanspruchnahme der Finanzverwaltung gebührenpflichtig ist. Die Reichsabgabenordnung faßt die Gebühren mit den Auslagen unter dem Oberbegriff Kosten zusammen und enthält kostenrechtliche Vorschriften in § 227 für das Steuerermittlungsverfahren, §§ 250 ff. für die Kosten des außergerichtlichen Vorverfahrens und § 342 für die Kosten der Zwangsvollstreckung[19]. Die gleichen Kostenvorschriften gelten, wenn die Finanzbehörden Leistungsbescheide anderer Behörden oder Körperschaften nach den Vorschriften der Abgabenordnung vollstrecken[20]. Für Gebührenstreitigkeiten ist der Finanzrechtsweg insoweit eröffnet, als die Gebühren Teil der Kosten des Verfahrens der Finanzbehörden sind.

Gilt der Steuerbegriff des § 1 Abs. 1 RAO für die Auslegung des Grundgesetzes, so ist von diesem Begriff auszugehen bei der Frage, ob der Bund die Gesetzgebungskompetenz für eine bestimmte Abgabe hat. Diese Fragestellung ergibt sich bei der Prüfung der Verfassungsmäßigkeit eines Steuergesetzes[21]. Ist § 33 Abs. 1 Nr. 1 FGO in Anlehnung an die Abgabenordnung auszulegen, so ist der Finanzrechtsweg nach dieser Bestimmung nur für Streitigkeiten über Steuern und Finanzmonopole eröffnet. Finanzmonopole sind eine besondere Form der Abgabenerhebung[22]. Finanzmonopole sind das Branntweinmonopol[23] und das Zündwarenmonopol[24]. Abgesehen von den eindeutigen Steuern, zu

---

[18] *Gerloff*, Handbuch der Finanzwissenschaft, Bd. II, S. 204; *Bühler-Strickrodt*, § 3 II 2.

[19] Daneben gilt das Gesetz über die Kosten der Zwangsvollstreckung nach der Reichsabgabenordnung vom 12. 4. 1961, BGBl. I, 429.

[20] § 6 Kostenordnung zum Verwaltungs-Vollstreckungsgesetz i.d.F. v. § 13 Nr. 4 des Gesetzes über die Kosten der Zwangsvollstreckung nach der Reichsabgabenordnung.

[21] Beispiele: BVerfG E 7, 244 (251); 13, 167 (171) und 181 (196); 14, 76 (99); 16, 147 (160); 19, 119 (125); HFR 1962, 179 (180); Bay VBl. 1962, 18 (19).

[22] BVerfG E 14, 105 (111).

[23] Geregelt durch das Gesetz über das Branntweinmonopol vom 8. April 1922, RGBl. I, 405 mit zahlreichen Änderungen.

[24] Geregelt durch das Zündwarenmonopolgesetz vom 29. Januar 1930, RGBl. I, 11 mit Änderungen.

denen etwa die Umsatz-, die Einkommen- und Körperschaftsteuer und die Vermögensteuer gehören, um nur die wichtigsten zu nennen, gibt es jedoch öffentlich-rechtliche Abgaben, deren Steuercharakter nicht eindeutig feststeht. Insbesondere ist in letzter Zeit die Abgrenzung zu den wirtschaftsverwaltungsrechtlichen Abgaben fraglich geworden, da Steuergesetze immer mehr zur Wirtschaftslenkung verwendet werden[25]. Daher ist als erstes der Steuerbegriff des Grundgesetzes zu untersuchen. Tatbestandsmerkmale des Steuerbegriffs sind das Fehlen einer Gegenleistung sowie der Zweck der Auferlegung: Steuern dienen der Erzielung von Einkünften eines öffentlich-rechtlichen Gemeinwesens (§ 1 Abs. 1 RAO).

β) Abgrenzungskriterium der Gegenleistung

Das die Steuern kennzeichnende Merkmal der fehlenden Gegenleistung scheint eindeutig zu sein. Erst bei näherer Betrachtung bedarf es weiterer Erklärung. Die Definition des Steuerbegriffs erlaubt nämlich bei isolierter Fragestellung nach einer Gegenleistung, sowohl darauf abzustellen, ob der Abgabeschuldner eine Gegenleistung erhält, als auch darauf, ob der Abgabegläubiger eine Gegenleistung erbringt. Der Unterschied zwischen beiden Möglichkeiten tritt zutage, wenn der Abgabegläubiger eine Leistung erbringt, die im rechtlichen Zusammenhang mit der Abgabe steht, die aber nicht eindeutig als Gegenleistung qualifiziert werden kann. Dabei ist an Abgaben zu denken, die einem Ertragsausgleich innerhalb der Privatwirtschaft dienen, sei es, daß Ertragsunterschiede verschiedener Personen ausgeglichen werden[26], sei es, daß Ertragsunterschiede derselben Person innerhalb verschiedener Zeiträume ausgeglichen werden sollen[27].

Die Frage, ob eine Gegenleistung erbracht wird, kann zutreffend nur auf der Seite des Abgabeschuldners beantwortet werden[28]. Entscheidend ist, ob dieser für die Abgabe eine Gegenleistung erhält. Das Bundesverfassungsgericht hat daher im Investitionshilfeurteil die Aufbringungsschuld deshalb nicht als Steuer angesehen, weil der Schuldner für seine Leistung Aktien oder Schuldverschreibungen der begünstigten

---

[25] *Friauf*, Verfassungsrechtliche Grenzen, S. 25 ff. untersucht u. a. die aus der föderativen Kompetenzverteilung entstehende Problematik der Zulässigkeit von Steuergesetzen, die interventionistische Zwecke verfolgen.

[26] Beispiel: die Ausgleichsabgabe nach § 12 Milch- und Fettgesetz; zum Rechtscharakter dieser Abgabe siehe BVerfG E 18, 315 (328 ff.); die Abgabe ist keine Steuer, weil sie nicht der staatlichen Einnahmeerzielung dient.

[27] Beispiel: der Ölmühlenpreisausgleich verknüpfte eine Abgabe in wirtschaftlich günstigen Zeiten mit einer Subventionsregelung in ertragsarmen Perioden; siehe BVerwG E 6, 282 (288 f.).

[28] *Stobbe*, ZfZ 1965, 261 (272).

Unternehmen erhielt[29]. Darauf, ob der Abgabegläubiger seinerseits eine Gegenleistung an Dritte oder an den von der Abgabe betroffenen Personenkreis, jedoch zu anderer Zeit erbringt, kann nicht abgestellt werden[30], da diese Fragestellung in Wirklichkeit nicht die Frage nach der Gegenleistung beantwortet, sondern die, ob die Abgabe der Erzielung von Einkünften des öffentlich-rechtlichen Gemeinwesens dient.

Wird die Gegenleistung vom Standpunkt des Abgabeschuldners aus gemessen, so läßt sich erklären, weshalb Zwecksteuern noch zu den Steuern gerechnet werden. Zwecksteuern sind Steuern, deren Aufkommen zweckgebunden zu verwenden ist. Wäre die Frage der Gegenleistung vom Standpunkt des Abgabegläubigers aus zu entscheiden, so würde die Steuerqualität der Zwecksteuern zweifelhaft werden. Die Zweckbindung der aufkommenden Mittel spricht jedoch nicht gegen den Steuercharakter.

Zwecksteuern werden von der einmütigen Lehre und Rechtsprechung zu den Steuern gezählt[31]. Selbst die Zweckbindung des Steueraufkommens mit der Folge, daß die Leistung dem Steuerpflichtigen direkt wieder zugute kommt, wird nicht als Gegenleistung des Fiskus angesehen, da die Unmittelbarkeit zwischen Leistung und Gegenleistung fehlt[32]. Kommt es auf die Unmittelbarkeit in diesem Sinne an, so kann nur auf das einzelne Schuldrechtsverhältnis abgestellt werden für die Bestimmung einer Gegenleistung, nicht auf die Gesamtheit der Regelung. Keine Gegenleistung für die Abschöpfung alten Rechts ist dann die Subvention; keine Gegenleistung ist die Zahlung der durch die Investitionshilfe aufgebrachten Mittel an die Begünstigten[33], wohl aber der Anspruch auf Erwerb der Schuldverschreibungen oder Aktien durch die Abgabeschuldner.

Allein mit dem Merkmal fehlender Gegenleistung können Steuern und Abgaben des Wirtschaftslenkungsrechts nicht geschieden werden,

---

29 BVerfG E 4, 7 (14); *Götz*, AöR 85, 200 (212).

30 das tut aber anscheinend das VG Frankfurt, ZfZ 1964, 337 (339), da es die Leistung des Aufbringungsschuldners der Investitionshilfe der Gegenleistung des Staates an die begünstigte Industrie entgegensetzt. Unterschiede zu der hier vertretenen Methode werden sichtbar, sobald der Abgabeschuldner keine Gegenleistung erhält, der Staat das Abgabeaufkommen jedoch Dritten weitergibt.

31 BVerfG E 7, 244 (254); 9, 291 (300); *Mattern - Messmer*, RdN 66; RFH E 33, 18; BFH BStBl. 1953 III, 183; 1954 III, 122 (123); 1960 III, 174 und 339; BVerwG NJW 1960, 165; *Eheberg*, Artikel Zwecksteuern im Hdwb. Staatsw., 4. Aufl. Bd. VIII, 1232 und *Stutz*, ebenda, Bd. IV, 626; *Leibholz - Rinck*, Vorbem. 1 zu Art. 105 GG; *Kühn*, § 1 AO Anm. 1 c.

32 *Tipke - Kruse*, § 1 Anm. 8; *Becker - Riewald - Koch*, § 1 RAO, Anm. 3 b (1); *Stobbe*, ZfZ 1965, 261 (272).

33 anders VG Frankfurt, ZfZ 1964, 337 (339).

da auch für viele Ausgleichsabgaben keine Gegenleistung in dem hier dargestellten Sinn erbracht wird.

Festzuhalten ist:

Die Frage, ob der Abgabe eine Gegenleistung gegenübersteht, ist an Hand des konkreten Abgabeschuldverhältnisses danach zu beurteilen, ob der Abgabeschuldner eine Gegenleistung erhält.

Die Prüfung, ob der Abgabegläubiger für die Abgabe eine Gegenleistung erbringt, beantwortet nicht die Frage nach der Gegenleistung im Sinne des Steuerbegriffs, sondern die, ob die Abgabe zur Erzielung von Einnahmen erhoben wird.

γ) Abgaben, die zur Erzielung von Einkünften eines öffentlich-rechtlichen Gemeinwesens dienen

Zum Begriff der Steuer gehört das finale Moment, daß die Abgabe der Erzielung von Einkünften eines öffentlich-rechtlichen Gemeinwesens dient. Eine Abgrenzung des Steuerrechts zum Wirtschaftsverwaltungsrecht ist erforderlich zwischen der Zwecksteuer und der wirtschaftsverwaltungsrechtlichen Ausgleichsabgabe[34]. Diese Abgrenzung kann mit Hilfe des Zwecks der Abgabe vorgenommen werden. Dabei ist jedoch zu beachten, daß der Zweck einer Abgabe oft nicht erkennbar ist; außerdem werden mit einer Abgabe vielfach mehrere Zwecke verfolgt. Auch Steuergesetze dienen längst nicht mehr allein der Einnahmeerzielung, sondern in immer größerem Umfang der staatlichen Wirtschaftslenkung[35]. Schließlich kann derselbe Zweck, etwa der Schutz der Volkswirtschaft, mit verschiedenen Abgaben verfolgt werden: Durch Zölle, die Umsatzausgleichssteuer[36] und neuerdings durch Abschöpfungen und Ausgleichsabgaben, die durch das Recht der Europäischen Wirtschaftsgemeinschaft eingeführt wurden[37]. Eine einfache Gegenüberstellung wie die, Abgaben des Finanzrechts dienten der Ein-

---

[34] BVerfG E 18, 315 (328); *Götz*, AöR 85, 200 (211).

[35] E. R. *Huber*, Wirtschaftsverwaltungsrecht Bd. II, S. 261; *Bellstedt*, Verfassungsrechtliche Grenzen; *Friauf*, Verfassungsrechtliche Grenzen, S. 6 mit umfangreichen Nachweisen; VG Frankfurt, ZfZ 1964, 337 (339).

[36] Die Umsatzausgleichssteuer soll die Wettbewerbsgleichheit zwischen inländischen und ausländischen Erzeugnissen wiederherstellen, die durch die Vorbelastung inländischer Produkte mit der Umsatzsteuer verzerrt wurde: FG Nürnberg, ZfZ 1963, 241 (242). Daneben verfolgt sie auch Einnahmezwecke, da auch diejenigen Waren ihr unterworfen sind, denen keine gleichartige Inlandsproduktion gegenübersteht, so daß der Schutzzweck hier entfällt: BFH BStBl. 1961 III, 411; FG Nürnberg a.a.O.; FG Bremen, ZfZ 1963, 246 tritt daher für Zollcharakter der UASt ein.

[37] Der Begriff Ausgleichsabgaben wird in doppelter Bedeutung verwendet: Als Ausgleichsabgaben werden einmal im EWG-Recht echte Zölle bezeichnet: vgl. § 21 Abs. 2 Nr. 4 Zollgesetz; daneben wird der Ausdruck im nationalen Recht gewissen Abgaben des Wirtschaftsverwaltungsrechts vorbehalten. Auf beide Angaben wird näher eingegangen.

nahmeerzielung, Marktlenkungsabgaben dagegen ausschließlich dem Schutz und der Lenkung der Wirtschaft[38], kann daher für Abgrenzungszwecke nicht genügen, da gerade im Grenzbereich des Steuerrechts Abgaben existieren, die durch Bundesrecht geregelt und von Finanzbehörden verwaltet werden, deren Rechtsnatur für die Zulässigkeit des Rechtsweges entscheidend sein kann.

In der Finanzwissenschaft ist zwar seit langem anerkannt, daß die Steuer nicht nur fiskalischen, sondern auch den verschiedensten anderen Zwecken dienstbar gemacht werden kann und gemacht wird[39]. Die finanzwissenschaftliche Begriffsbildung ist für die Rechtswissenschaft jedoch nur bedingt anwendbar, da sie teilweise eine scharfe Abgrenzung der Steuern von anderen öffentlich-rechtlichen Geldzahlungspflichten vermissen läßt. So wird zum Beispiel von Schmölders[40] das Kindergeld zu den Steuern gezählt und als Muster für nichtfiskalische Zwecke einer Steuer erwähnt. Zieht man die Grenzen des Steuerbegriffs derart weit, so wird auf das Merkmal der Erzielung von Einkünften verzichtet. Das Kindergeld wird ja direkt an die Empfangsberechtigten ausgeschüttet und dient nicht der Einnahmevermehrung des Staates.

In die Rechtswissenschaft ist dieser weite Steuerbegriff nicht übertragbar, da er für eine zutreffende Abgrenzung der Rechtswege, der Gesetzgebungskompetenz, der Verwaltungs- und Ertragshoheit nicht geeignet ist. Das Bundesverfassungsgericht hat es daher abgelehnt, im Kindergeldgesetz ein Steuergesetz zu sehen[41].

Trotzdem wird auch von Vertretern der Rechtswissenschaft das Merkmal der Erzielung von Einkünften aufgegeben. Statt dessen soll allein auf das Merkmal der Geldleistung ohne Gegenleistung abgestellt werden[42]. Die Ansicht wird begründet mit der Einbeziehung der Zölle in den Steuerbegriff. Die Schutzzölle hätten ihren Zweck zweifellos nicht in der Erzielung von Einnahmen. Sie werden im Gegenteil ihrem Zweck am besten gerecht, wenn sie keine Einnahmen bringen.

Als anderes Extrem einer Palette breit gestreuter Meinungen wird die Lehre vertreten, der Steuerbegriff sei nur erfüllt, wenn die Einnahmeerzielung Hauptzweck der Abgabe sei. Diese Ansicht stützt sich auf den traditionellen Begriff der Steuer, wie er sich im deutschen Steuerrecht entwickelte und in § 1 RAO zum Ausdruck kommt[43].

---

[38] *Stobbe*, ZfZ 1965, 261 (277).
[39] *Gerloff*, Handbuch der Finanzwissenschaft, 2. Aufl. Bd. 2, S. 251 ff.
[40] Finanzpolitik, § 38, S. 369.
[41] BVerfG E 11, 105 (110).
[42] *Becker - Riewald - Koch*, § 1 AO Anm. 3 d (2).
[43] Hildegard *Krüger*, StRK Anm. zu § 11 BefStG 1955 R. 11; BVerwG E 7, 304 (308); *Kruse*, Steuerrecht § 3 II, 2 c; Enno *Becker*, AO, § 1 Anm. 6 b.

Abgaben, die primär zum Zweck der Wirtschaftslenkung erhoben werden, sind danach keine Steuern. Ebenfalls keine Steuern wären dann Abschöpfungen, da sie primär der Wirtschaftslenkung dienen[44].

Auf den traditionellen Steuerbegriff hat das Bundesverfassungsgericht zurückgegriffen zur Auslegung der Kompetenzvorschriften des Grundgesetzes über die Steuergesetzgebung[45]. Es hat sich des Merkmals „Erzielung von Einkünften" als Hauptzweck eines Steuergesetzes als Abgrenzungskriterium für die Kompetenz des Landesgesetzgebers zum Erlaß von Steuergesetzen zu der vom Bund in Anspruch genommenen konkurrierenden Gesetzgebungsbefugnis auf dem von dem Landessteuergesetz angesprochenen Rechtsgebiet bedient[46]. Dabei wurde die Zulässigkeit eines Landesvergnügungssteuergesetzes für Spielautomaten anerkannt; da das Gesetz der Einnahmeerzielung diene, kollidiere es nicht mit § 33 d GewO, der die entsprechende gewerberechtliche Regelung des Rechtsgebietes enthält[47]. Durch die Regelung eines der konkurrierenden Gesetzgebung des Bundes unterliegenden Gegenstandes durch Bundesrecht wird zwar die Zuständigkeit der Länder zur unmittelbaren Regelung dieses Gebietes gesperrt. Die verfassungsmäßige Zuständigkeit der Länder zur Gesetzgebung über eine bestimmte Steuer bleibt aber als Sonderregelung bestehen und schließt die Kompetenz zu einem Steuergesetz ein, das Nebenzwecke auf Gebieten verfolgt, die nach der allgemeinen Zuständigkeitsregelung der Gesetzgebung der Länder entzogen sind. Dabei muß der Hauptzweck des Gesetzes allerdings die Erzielung von Einnahmen für die öffentliche Hand sein[48], um das Gesetz als Steuergesetz anzusehen.

Der Gedanke der Mittelbeschaffung als primärer Zweck einer Abgabe klingt auch an in der Entscheidung zur baden-württembergischen Feuerwehrabgabe[49]. Diese Abgabe, die sich der herkömmlichen Unterteilung der Abgaben in Steuern, Gebühren und Beiträge entziehe[50], sei keine Steuer, weil die Mittelbeschaffung nicht der primäre Zweck der Abgabe sei.

In der Entscheidung über die Verfassungsmäßigkeit der Zusammenveranlagung von Eheleuten zur Einkommensteuer hatte das Gericht keine verfassungsrechtlichen Bedenken dagegen, daß mit einer Steuer

---

44 *Kruse* a.a.O.

45 BVerfG E 7, 244 (251); Bay VBl. 1962, 18 (19): Die Feuerwehrabgabe sei keine Steuer, da die Mittelbeschaffung nicht ihr primärer Zweck sei.

46 BVerfG HFR 1962, 179 (180, II).

47 desgleichen BVerfG E 13, 181 (196 f.) für die Abgrenzung Schankerlaubnissteuer — Gewerberecht.

48 BVerfG E 14, 76 (99).

49 BVerfG E 13, 167 (171 f.).

50 S. 170.

außer der Erzielung von Einkünften auch andere Zwecke verfolgt werden; das gelte allerdings nur mit der Einschränkung, daß diese Nebenzwecke selbst verfassungsrechtlich neutral seien[51]. Hildegard Krüger folgert daraus, daß die Nebenzwecke einen Hauptzweck, die Erzielung von Einkünften, voraussetzen[52].

Ob aus diesen Entscheidungen des Bundesverfassungsgerichts allgemein der Schluß gezogen werden kann, das Gericht sehe eine Abgabe nur dann als Steuer an, wenn ihr Hauptzweck die Einnahmeerzielung sei, erscheint zweifelhaft. Erst kürzlich hat das Gericht ausgesprochen, daß der Gesetzgeber sich bei der Erschließung von Steuerquellen von finanzpolitischen, volkswirtschaftlichen, sozialpolitischen und steuertechnischen Erwägungen leiten lassen kann[53].

Auch das Bundesverwaltungsgericht unterstreicht den in der Erzielung von Einkünften liegenden Zweck der Steuer und verwendet ihn zur Abgrenzung der Steuern von den wirtschaftslenkenden Abgaben. Eine Steuer liegt nach Ansicht des Gerichts nur dann vor, wenn die Einnahmeerzielung vorwiegender Zweck der Abgabe ist. Die Ausgleichsabgabe auf frisches Fleisch sei daher ebensowenig Steuer wie die Abschöpfung, weil mit ihrer Erhebung primär wirtschaftslenkende Zwecke verfolgt werden[54].

Dem steht die Ansicht entgegen, es genüge für eine Steuer, daß die Erzielung von Einnahmen einer von mehreren Zwecken sei[55]. Die Ausgleichsabgaben des Wirtschaftslenkungsrechts sind nach dieser Ansicht immer dann Steuern, wenn durch die Abgabe Mittel zwar abgeschöpft aber nicht wieder ausgekehrt werden[56]. Gegen die Annahme, Einnahmeerzielung müsse Hauptzweck der Steuer sein, spreche schon die Tatsache, daß eine Vielzahl von Steuergesetzen und steuerlichen Einzelbestimmungen der Wirtschaftslenkung dienen[57].

Dieses Argument ist zwar nicht unbedingt beweiskräftig, da es ja nicht um die Frage geht, ob der Gesetzgeber mit Steuergesetzen auch andere Zwecke als fiskalische Einnahmeerzielung verfolgt, sondern darum, ob diese Zielsetzungen zulässig sind. Es gewinnt aber an Be-

---

[51] BVerfG E 6, 55 (81), ebenso: BVerfG DVBl. 1965, 643 (644) zur Zweigstellensteuer.

[52] StRK Anm. zu § 11 BefStG 1955, R. 11, S. 3; den gleichen Schluß zieht *Friauf*, Verfassungsrechtliche Grenzen, S. 10.

[53] BVerfG NJW 1967, 545 (546); Lohnsummensteuerentscheidung.

[54] BVerwG E 7, 304 (308); 15, 240 (244); Bay VGH KStZ 1958, 111; Zustimmend: *Kruse*, Steuerrecht § 3 II 2 c.

[55] *Lademann* in *Hübschmann - Hepp - Spitaler*, § 1 AO Anm. 6; *Tipke - Kruse*, § 1 Anm. 7; *Mattern - Messmer* RdN 66, S. 36 a.E.

[56] *Götz*, AöR 85, 200 (214).

[57] *Götz* a.a.O.

weiskraft, wenn man sich die Bedeutung des anerkannten Satzes vor Augen hält, der Steuerbegriff des Grundgesetzes sei der im traditionellen deutschen Steuerrecht entstandene Begriff[58]. Nicht nur im deutschen Steuerrecht und nicht erst seit Inkrafttreten des Grundgesetzes wurden mit der Steuergesetzgebung auch nichtfiskalische Zwecke verfolgt[59]. Diese Praxis bestand also schon zur Zeit der Schaffung des Grundgesetzes. Der von ihm vorausgesetzte Begriff der Steuer ist so übernommen worden, wie er sich in der Praxis entwickelt hat. Zu dieser Praxis gehörte seit langem, daß Steuergesetze nicht nur der Einnahmeerzielung dienen. Mit Hilfe von Steuergesetzen wird immer stärker versucht, Wirtschafts-, Sozial- und Kulturpolitik zu treiben. Die Rechtsprechung sieht in der Berücksichtigung dieser Zwecke keinen Formmißbrauch[60]. Auf die neuerdings im Vordergrund der Diskussion stehende Frage, wo die verfassungsrechtlichen Grenzen dieser Praktiken liegen, kann in diesem Zusammenhang nicht eingegangen werden[61].

Bereits bei der Schaffung der Reichsabgabenordnung war dieses Problem übrigens bekannt. Das ergibt sich aus der gesonderten Aufzählung der Zölle in § 1 RAO. Ohne diese Bestimmung wäre die Frage, ob Schutzzölle zu den Steuern gehören, schwer zu lösen[62]. Aus dieser Bestimmung läßt sich aber folgern, daß der Begriff der Steuern auch diejenigen Abgaben umfaßt, deren Hauptzweck nicht in der Einnahmeerzielung liegt. Aus § 1 der Reichsabgabenordnung folgt aber auch, daß die Einnahmeerzielung Mit- oder Nebenzweck einer Steuer sein muß und nicht völlig in den Hintergrund treten darf. Den oben mitgeteilten Erkenntnissen des Bundesverfassungsgerichts, aus denen gefolgert wurde, das Gericht zähle das Merkmal der Erzielung von Einkünften als Hauptzweck der Besteuerung zum Begriff der Steuer[63] stehen andere Äußerungen des Gerichts gegenüber, die zur Unterstützung der hier vertretenen Ansicht herangezogen werden können. So hat das Gericht in dem Rechtsgutachten über die Zuständigkeit des Bundes zum Erlaß eines Baugesetzes ausgeführt, nicht zu den Steuern zählten sicherlich die Geldleistungen, bei denen — wie bei Geld- und Erzwingungsstrafen — die Einnahmeerzielung als Zweck ausscheide[64].

---

[58] BVerfG E 7, 244 (251); W. *Weber*, AöR 90, 452 (459).

[59] Siehe dazu *Gerloff*, Handbuch der Finanzwissenschaft, 2. Aufl. Bd. 2, S. 251 ff.

[60] BVerfG E 16, 147 (161); BFH E 75, 302.

[61] Siehe dazu: *Friauf*, Verfassungsrechtliche Grenzen der Wirtschaftslenkung und Sozialgestaltung durch Steuergesetze.

[62] *Kruse*, Steuerrecht § 4 IV 2 d sieht Schutzzölle nicht als Steuern an.

[63] *Friauf*, Verfassungsrechtliche Grenzen, S. 10 f.; Hildegard *Krüger*, StRK Anm. § 11 BefStG 1955, R. 11.

[64] BVerfG E 3, 407 (435 f.); ebenso schon RFH E 33, 18 (22); VG Frankfurt ZfZ 1964, 337 (339); *Kruse*, Steuerrecht, § 3 II 2 c; *Bühler - Strickrodt*, § 3 II 3.

Für den Begriff der Steuer sei es aber nicht erforderlich, daß eine Abgabe überwiegend oder in erster Linie zur Erzielung von Einkünften diene[65]. Eine Abstellung des Steuerbegriffs auf einen überwiegenden Zweck würde einer Begriffsabgrenzung jeden festen Boden entziehen. Es genüge, daß die Erzielung von Einkünften einer von mehreren Zwecken sei. Auch aus der Erwähnung der Wertzuwachssteuer in Art. 105 Abs. 2 Nr. 1 GG als Steuer, die der Kompetenz des Landesgesetzgebers unterliege, ergebe sich die Zulässigkeit von Steuern, die neben der Einnahmeerzielung auch andere Zwecke verfolgen. Die Einführung der Steuer sei von den Bodenreformern als bodenpolitische Maßnahme erkämpft worden. Fiskalische Gesichtspunkte hätten dabei im Hintergrund gestanden. Wenn also die Wertzuwachssteuer unter den Steuern erwähnt sei, so sei daraus zu schließen, daß das Grundgesetz für die Zwecke der Abgrenzung der Zuständigkeit zur Gesetzgebung den Steuerbegriff nicht in dem Sinne gebrauche, daß Steuern nur diejenigen Abgaben seien, die in erster Linie der Einkunftserzielung dienen[66].

Im Verfahren zur Prüfung des Kuponsteuergesetzes[67] hat das Gericht ausdrücklich bestätigt, daß der Gesetzgeber sich bei der Erschließung von Steuerquellen über fiskalische Erwägungen hinaus auch von wichtigen wirtschafts- und währungspolitischen Zielen leiten lassen kann[68].

Das Merkmal der Einnahmeerzielung tritt völlig in den Hintergrund in der Entscheidung zur Besteuerung des Werkfernverkehrs[69]: Durch das Verkehrsfinanzgesetz 1955[70] wurde die Beförderungssteuerbelastung des Werkfernverkehrs erheblich verschärft. Zur Rechtfertigung der Steuererhöhung erklärte der Bundesverkehrsminister ausdrücklich, sie diene in erster Linie im Rahmen der verkehrspolitischen Gesamtkonzeption der Bundesregierung der Eindämmung des Werkfernverkehrs[71].

---

65 BVerfG a.a.O.; *Wacke*, NJW 1958, 776 (777); *Forsthoff*, Verfassungswidrigkeit der Zweigstellensteuer, S. 16; *Hamann*, BB 1952, 953; *Hübschmann - Hepp - Spitaler*, § 1 RAO RdN 6; *Friauf*, Verfassungsrechtliche Grenzen, S. 12; *Leibholz - Rinck*, Anm. 1 vor Art. 105 GG; auch der Bundesfinanzhof vertritt diesen Steuerbegriff: BStBl. 1962 III, 376.

66 BVerfG E 3, 407 (436).

67 § 43 Abs. 1 Ziff. 6 S. 1 und 2, § 49 Abs. 1 Ziff. 5 Satz 1 lit. b Einkommensteuergesetz i.d.F. des Ges. zur Änd. und Ergänzung des EStG, des KöStG und des Kap. Verk. StGes. vom 25. März 1965 (BGBl. I S. 147).

68 BVerfG E 19, 119 (125); ebenso Begründung des Gesetzentwurfes, BTDrS IV/2345, S. 5. Die Besteuerung festverzinslicher Wertpapiere ausländischer Gläubiger sollte der unerwünschten Zunahme des Kapitalimports entgegenwirken und zur Währungsstabilisierung und Konjunkturdämpfung beitragen.

69 BVerfG E 16, 147 (160 ff.).

70 BGBl. I S. 166.

71 Verhandlungen des Deutschen Bundestages, Stenogr. Ber. Bd. 20, S. 1785.

Die Steuererhöhung war hier eine in das Gewand eines Steuergesetzes gekleidete wirtschaftliche Lenkungsmaßnahme. Sie hat insoweit Ähnlichkeit mit einem Schutzzoll, als sie in letzter Konsequenz — die hier allerdings nicht erreicht ist — auf den Zweck der Einnahme völlig verzichtet zugunsten eines anderen wirtschaftlich erstrebten Erfolges. Die Erhöhung der Werkfernverkehrssteuer unterscheidet sich vom erdrosselnden Prohibitivzoll darin, daß die Anhebung des Steuersatzes nicht ausgereicht hat, den Werkfernverkehr völlig zu unterbinden. Für den Fall der erdrosselnden Wirkung der Steuermaßnahme erwägt das Gericht die Rechtsfolge der Verfassungswidrigkeit wegen Formmißbrauchs[72]. Solange der Zweck der Einnahmeerzielung noch erfüllt wird, sei jedoch gegen die Zulässigkeit von Steuergesetzen, die auch andere Zwecke verfolgen, nichts einzuwenden.

Somit scheinen zu der hier untersuchten Frage, ob eine Steuer nur dann vorliegt, wenn die Einnahmeerzielung Hauptzweck des Gesetzes ist oder ob daneben auch andere Zwecke zulässig sind, widersprüchliche Entscheidungen des Bundesverfassungsgerichts vorzuliegen. Die scheinbaren Widersprüche lösen sich jedoch auf. Auf die Einnahmeerzielung als Hauptzweck hat das Gericht abgestellt in zwei Fällen, in denen der Landesgesetzgeber zwar die Kompetenz für die geprüften Steuergesetze hatte, nicht jedoch die Kompetenz für das von dem Landessteuergesetz auch angesprochene Gebiet des Gewerberechts[73]. Aus diesen Entscheidungen kann jedenfalls nicht der Schluß gezogen werden, eine Steuer müsse in erster Linie fiskalischen Zwecken dienen[74]. Aus ihnen läßt sich vielmehr nur der Schluß ziehen, daß ein Landesgesetz auch dann nicht gegen die verfassungsmäßige Kompetenzverteilung verstößt, wenn es neben der Einnahmeerzielung als Hauptzweck auch noch Nebenzwecke mit den Mitteln des Steuerrechts verfolgt, für deren alleinige Regelung der Landesgesetzgeber nicht zuständig ist[75].

Der mit einer Abgabe verfolgte Zweck ist nach objektiven Merkmalen zu bestimmen. Äußerungen, die im Gesetzgebungsverfahren zum Zweck des Gesetzes gemacht wurden, können für die Charakterisierung der Abgabe ebensowenig entscheidend sein, wie die Absichten des Gesetzgebers. Obwohl der Zweck einer Abgabe ein finales Moment enthält, darf der Zweck nicht nach den subjektiven Ansichten der Beteiligten bestimmt werden, da der Gesetzgeber es sonst in der Hand

---

72 BVerfG E 16, 147 (161).

73 BVerfG E 13, 181 (196 f.) betr. Schankerlaubnissteuer-Gewerberecht; E 14, 76 (99) betr. Vergnügungssteuerpflicht für das Halten von Spielautomaten — Gewerberecht. Dieser Gedanke klingt auch an bei *Friauf*, Verfassungsrechtliche Grenzen, S. 12 N. 23 und S. 26 f.

74 so aber Hildegard *Krüger*, StRK Anm. § 11 BefStG 1955, R. 11.

75 so besonders deutlich: BVerfG E 14, 76 (99 Mitte).

hätte, die Kompetenzvorschriften des Grundgesetzes über die steuerliche Gesetzgebungs-, Ertrags- und Verwaltungshoheit zu umgehen. Für die Bestimmung des Einnahmezwecks eignet sich besonders eine Überprüfung der Verwendung der eingenommenen Beträge, etwa an Hand des Haushaltsplanes. Dabei ist zu beachten, daß Steuern nicht begriffsnotwendig nur von den Finanzbehörden erhoben und verwaltet werden[76].

Wenn der Gesetzgeber Steuergesetze immer mehr zur Lenkung der Wirtschaft benutzt, so muß das vorerst wohl als Tatsache hingenommen werden. Friauf hat erst jüngst darauf hingewiesen, daß die „Noch-Steuergesetze", die die Einnahmeerzielung nur als Nebenzweck, die Beeinflussung wirtschaftlicher Vorgänge dagegen als Hauptzweck verfolgen, sowohl an den Kompetenzvorschriften des Grundgesetzes über die Steuergesetzgebung als auch an denen über die sonstige Gesetzgebung zu messen sind. Der Steuerbegriff hat durch diese Tendenz des Gesetzgebers eine Ausweitung erfahren. Einnahmeerzielung braucht nicht mehr Hauptzweck einer Steuer zu sein. Nicht zu den Steuern gehören — außer Gebühren und Beiträgen — nur noch die Abgaben, bei denen der Einnahmezweck völlig ausscheidet. In Zweifelfällen kann der Einnahmezweck aber schon allein aus der Tatsache der Einnahmeerzielung geschlossen werden.

Zusammenfassend läßt sich feststellen:

Steuern sind nur diejenigen öffentlich-rechtlichen Geldleistungen, die einem öffentlichen Gemeinwesen zur Erzielung von Einkünften dienen. Dem Begriff der Steuer steht jedoch nicht entgegen, daß mit dem Steuergesetz auch andere als Einnahmezwecke verfolgt werden. Der Einnahmezweck darf nur nicht völlig entfallen.

b) Zum Zollbegriff des Grundgesetzes

Zu den Abgaben, die der Bundesgesetzgebung nach Art. 105 des Grundgesetzes unterliegen, gehören die Zölle. Da der Steuerbegriff des traditionellen deutschen Steuerrechts nach Inkrafttreten des Grundgesetzes Verfassungsrang erhalten hat, und da die Unterscheidung der verschiedenen Steuerarten, die das Grundgesetz erwähnt, nach den im traditionellen deutschen Steuerrecht für die einzelnen Steuern herausgebildeten Merkmalen erfolgt[1], wäre dasselbe für den Zollbegriff zu

---

[76] BVerfG E 7, 244 (252): Die Qualifizierung der badischen Weinabgabe als Steuer ist nicht dadurch ausgeschlossen, daß die Abgabe von den Landwirtschaftsbehörden verwaltet wird; *Götz*, AöR 85, 200 (212).

[1] BVerfG E 3, 407 (438); 7, 244 (252); 14, 76 (91); *Schmidt - Bleibtreu - Klein*, S. 53; *Piduch*, AöR 86, 459 (462); *Wacke*, Finanzwesen, S. 62 f.; *Klein*, Finanzarchiv, Bd. 20 n.F. S. 122; *Maunz - Dürig*, Art. 105 RdN 6.

erwarten, zumal Zölle nach § 1 RAO zu den Steuern gehören. Ein einheitlicher Zollbegriff ist jedoch gerade in letzter Zeit in Frage gestellt worden.

Zölle sollen einmal nur diejenigen Abgaben sein, die nach Maßgabe des Zolltarifs von der Warenbewegung über die Zollgrenze erhoben werden[2].

Daneben wird der Begriff der zollgleichen Abgaben gebildet und dem Zollbegriff aus Art. 105 Abs. 1 GG gleichgestellt[3]. Gegen diese Unterscheidung spricht, daß das Zollgesetz für alle Abgaben, die von der Warenbewegung über die Grenze erhoben werden, den Begriff der Eingangsabgaben geprägt hat. Eingangsabgaben im Sinne des Zollgesetzes sind der Zoll, die Umsatzausgleichsteuer und die anderen für eingeführte Waren zu erhebenden Verbrauchsteuern[4].

Zu diesen Eingangabgaben sind später[5] die Abschöpfungen des EWG-Marktordnungsrechts hinzugetreten[6]. Diese und die Helgoländer Gemeinde-Einfuhr-Steuer weisen bezüglich des verfassungsrechtlichen Zollbegriffs ähnliche Probleme auf, die sich auf den Rechtsweg auswirken können.

α) Die Helgoländer Gemeinde-Einfuhr-Steuer

Die Diskussion um den Zollbegriff des Grundgesetzes wurde ausgelöst durch das Urteil des Bundesverfassungsgerichts über die Helgoländer Gemeinde-Einfuhr-Steuer[7]. Das Land Schleswig-Holstein hatte durch Gesetz vom 8. Juli 1953[8] vorgesehen, daß die Gemeinde Helgoland eine Steuer auf die Einfuhr von Trinkalkohol, Tabak, Tee und Kaffee erhebt. Die Steuer sollte nach Maßgabe einer Steuerordnung erhoben werden, die vom Innenminister im Einvernehmen mit dem Finanzminister zu erlassen war[9]. Diese legte erst die Steuersätze fest. Das Bundesverfassungsgericht erklärte diese Regelung für nichtig, da das Land Schleswig-Holstein für die Regelung nicht kompetent sei.

---

[2] BVerfG E 8, 260 (269); FG Rheinland-Pfalz, ZfZ 1964, 82 (89) und 1966, 52 (53).

[3] *Schwarz - Wockenfoth,* § 1 ZollG Anm. 28 c; *Bail - Schädel - Hutter,* § 1 ZollG Anm. 4 c; *Schwarz,* ZfZ 1965, 291 (292, N. 17); *Rudolf,* AöR 85, 457 (468); FG Nürnberg, ZfZ 1963, 241 (243); *Lenkewitz,* ZfZ 1962, 260; ablehnend *List,* FR 1964, 207 (210); *Brändel,* AWD 1963, 316 (317).

[4] § 1 Abs. 3 Zollgesetz.

[5] das Zollgesetz 1961 ist vom 21. 6. 1961, BGBl. I, 737.

[6] *Bail - Schädel - Hutter,* Einf. 6 vor § 1 ZollG und § 1 Anm. 4.

[7] BVerfG E 8, 260.

[8] GVBl. S. 75.

[9] Vgl. BVerfG E 8, 260 (264 f.).

Das Bundesverfassungsgericht betont in der Helgoland-Entscheidung[10], daß mit der Hervorhebung der Zölle in Art. 105 Abs. 1 GG die abgabenrechtliche Seite der ausschließlichen Bundeskompetenz aus Art. 73 Nr. 5 GG nicht vollständig umschrieben sei. Die Länder[11] seien durch Art. 105 nicht nur gehindert, Zölle einzuführen, sie könnten auch keine anderen Abgaben vom Warenverkehr über eine Grenze regeln, sofern sie dadurch in die ausschließliche Gesetzgebungskompetenz des Bundes über das Zollwesen einbrechen würden. Das Gericht traf diese Unterscheidung, da sich Zölle wesensmäßig nicht von gewissen Steuern unterscheiden und nur formal bestimmen lassen als die Abgaben, die nach Maßgabe des Zolltarifs von der Warenbewegung über die Zollgrenze erhoben werden. Die Helgoländer Gemeindesteuer sei kein Zoll in diesem Sinn, da die Gemeindegrenze in bezug auf das deutsche Abgabenrecht keine Zollgrenze sei[12], und da die Abgabe nicht nach dem Zolltarif erhoben werde. Die Abgabe sei aber einem Zoll gleichartig, da sie zugunsten einer öffentlichen Körperschaft von der Einfuhr bestimmter Waren über die Hoheitsgrenze dieser Körperschaft erhoben wird[13]. Der rechtliche Zusammenhang dieser Abgabe mit dem Zollwesen des Staates berühre die Zollhoheit des Bundes unmittelbar[14].

Ob aus dieser Entscheidung entnommen werden kann, das Bundesverfassungsgericht habe für die Auslegung des Art. 105 Abs. 1 GG einen weiteren Zollbegriff gebildet, als er dem Zollgesetz zugrunde liegt, erscheint zweifelhaft[15]. Dagegen spricht, daß der Zollbegriff des Art. 105 GG erst durch das herkömmliche Zollrecht ausgefüllt wird[16].

Richtig erscheint, daß das Gericht die Kompetenz über das Zollwesen des Art. 73 Nr. 5 GG weiter faßt als die Kompetenz über die Abgabe „Zoll" aus Art. 105 GG[17]. „Die Länder sind nicht nur durch Art. 105 GG gehindert, ‚Zölle' einzuführen, sondern sie können auch nicht andere Abgaben vom Warenverkehr über die Grenze regeln, sofern sie da-

---

10 BVerfG E 8, 260 (268).

11 Schleswig-Holstein hatte die Helgoländer Gemeindesteuer durch Gesetz vom 8. 7. 1953, GVBl. 75, eingeführt.

12 BVerfG E 8, 260 (269).

13 a.a.O. S. 271.

14 a.a.O. S. 272.

15 Diese Ansicht vertreten jedoch: *Bail - Schädel - Hutter*, § 1 ZollG Anm. 4 c, 2. Abs.: „Die Abschöpfungen sind zwar nicht Zölle im Sinne des Zollgesetzes, aber sie sind Zölle in dem weiter gespannten Sinne des X. Abschnittes des Grundgesetzes." *Schwarz - Wockenfoth*, Anm. 28 c zu § 1 ZollG; FG Nürnberg, ZfZ 1964, 241 = AWD 1963, 315; *Schwarz*, ZfZ 1965, 291 (292 N. 17); VG Frankfurt, ZfZ 1964, 337 (338).

16 *Piduch*, AöR 86, 459 (463).

17 BVerfG E 8, 260 (268 letzter Absatz); gl. Ansicht *Spanner*, DStZ 1962/63, 423.

durch in die ausschließliche Gesetzgebungskompetenz des Bundes über das Zollwesen einbrechen würden[18]." Art. 105 GG ist beschränkt auf die Abgabe „Zoll". Darunter fallen nur Abgaben, die nach Maßgabe des Zolltarifs von der Warenbewegung über die Zollgrenze erhoben werden[19]. Die aus Art. 73 Nr. 5 GG hergeleitete Kompetenz über das Zollwesen ist weiter als die Kompetenz über die Abgabe „Zoll". Die Länder sind allein durch Art. 73 Nr. 5 GG gehindert, eine Abgabe vom Warenverkehr über eine Hoheitsgrenze zu regeln. Eine derartige Abgabe, die nicht unter die Bundeskompetenz aus Art. 105 GG fällt, ist die Helgoländer-Gemeinde-Einfuhrsteuer.

Nachdem das Bundesverfassungsgericht die landesrechtliche Regelung der Steuer für nichtig erklärt hatte, erließ der Bund ein Gesetz vom 17. November 1959, in dem das Land Schleswig-Holstein ermächtigt wurde, durch Landesgesetz auf verbrauchsteuerbare Waren, die nach Helgoland eingeführt werden, eine Steuer zu erheben[20]. Die Zweifel über die Verfassungsmäßigkeit der Steuer sind damit jedoch nicht behoben. Die Steuer stellt eine echte Ausnahme von dem sonst einhellig vertretenen Grundsatz dar, die Steuergesetzgebungsbefugnis des Bundes sei in Art. 105 GG abschließend geregelt[21]. Die Bundeskompetenz ergibt sich allein aus Art. 73 Nr. 5 GG, da die Steuer das Zollwesen des Bundes berührt. Stellt man allein auf Art. 105 GG ab, so müßte die Steuer der Gesetzgebung des Landes unterliegen, da sie als Verbrauchsteuer mit örtlich bedingtem Wirkungskreis angesehen wird[22].

Kennzeichen dieser Steuern soll allein die Verfahrensübereinstimmung bei der Steuererhebung sein[23], die von der Rechtsprechung durch den Satz ausgedrückt wird, die Steuerschuld entstehe beim Übergang der zu versteuernden Ware aus der steuerlichen Bindung (Nexus) in

---

[18] E S. 269 erster Absatz.

[19] so auch BVerfG E 19, 17 (28).

[20] BGBl. I, 685.

[21] Das Bundesverfassungsgericht hat die Bundeskompetenz gerade *nicht* auf Art. 105 *und* Art. 73 Nr. 5 GG gestützt, wie *Friauf*, Verfassungsrechtliche Grenzen, S. 13 N. 30, meint. Es hat die Steuer ausdrücklich *nicht* als Zoll angesehen, da sie nicht nach Maßgabe des Zolltarifs von der Warenbewegung über die Zollgrenze erhoben wird; darauf machten *Piduch*, AöR 86, 459 (464) und *Rudolf*, AöR 86, 479 (482 N. 6) aufmerksam.

[22] Begründung zum Entwurf der Bundesregierung für das Helgolandsteuergesetz, Bundestagsdrucksache 3. Wahlperiode, Bd. 62 DrSNr. III/1210, S. 3; § 1 Abs. 1 Gesetz vom 17. 11. 1959, BGBl. I, 685; *Piduch*, AöR 86, 459 (470); a.A. aber *Rudolf*, AöR 85, 463 (468); zum Problem der Verfassungsmäßigkeit der neuen Regelung s. a.: *Spanner*, DStR 1962/63, 423; *Patzig*, DVBl. 1961, 389; *List*, FR 1964, 207; *Maunz - Dürig*, Art. 105 RdN 16; *Gönnenwein*, Gemeinderecht, S. 112 N. 8 und *Zeidler*, DVBl. 1960, 573 (578).

[23] *Senckpiehl*, S. 14.

den freien Verkehr[24]. Die Bindung kann dabei sowohl an den Vorgang der Einfuhr aus dem Ausland als auch an die Herstellung im Erhebungsgebiet geknüpft sein. Tatbestandsmäßige Voraussetzung der Steuer ist das „In den Verkehr Bringen"[25]. Die Tatsache, daß manche Verbrauchsteuern nur auf der Einfuhr liegen, ist darin begründet, daß die betreffenden Waren in Deutschland nicht hergestellt werden. Das Wesen dieser Steuern als Verbrauchsteuern wird jedoch durch die tatbestandsmäßig verschiedenen Voraussetzungen für die Entstehung der Steuerschuld nicht berührt.

Die Helgoland-Steuer erfüllt alle Merkmale einer Steuer mit örtlich bedingtem Wirkungskreis[26], da ihr Tatbestand auf ein örtlich bestimmtes Objekt und auf rein örtliche Verhältnisse abgestellt ist: Sie wird nur auf die Einfuhr bestimmter verbrauchsteuerpflichtiger Waren in die Gemeinde Helgoland erhoben. Die unmittelbare steuerliche Belastungswirkung führt nicht zu einem Steuergefälle gegenüber Gebieten, die außerhalb des Geltungsbereiches dieses Steuergesetzes liegen: Da Zölle und bundesrechtliche Verbrauchsteuern in Helgoland nicht erhoben werden, wird durch die Helgoland-Steuer ein Steuergefälle gegenüber dem Zollgebiet und Erhebungsgebiet der bundesrechtlichen Verbrauchsteuern ausgeglichen. Ein neues Gefälle kann nicht entstehen, da die Gemeindesteuer in ihrer Höhe begrenzt ist durch die auf vergleichbaren Waren liegenden Verbrauchsteuern[27]. Die Steuer wird schließlich nicht einheitlich für ein ganzes Land, sondern nur in der Gemeinde erhoben[28].

Die nach Art. 105 GG für Steuern mit örtlich bedingtem Wirkungskreis gegebene Gesetzgebungsbefugnis der Länder kommt dann nicht zur Wirkung, wenn die Steuer in das Zollwesen des Bundes eingreifen würde, da der Bund hierüber ausschließlich zur Regelung befugt ist. Das Zollwesen im Sinne von Art. 73 Nr. 5 GG wird nicht nur durch die Zölle[29], sondern auch durch die zollgleichen Grenzverkehrsabgaben berührt[30].

Weitere verfassungsrechtliche Bedenken werden gegen die Steuer erhoben, weil die Abgabe durch Landesrecht Bundesfinanzbehörden

---

[24] BFH E 57, 473 (489); BVerwG E 6, 247 (256); OVG Münster E 13, 104 (107); *Kruse*, Steuerrecht, § 4 IV 2 c.

[25] *Piduch*, AöR 86, 459 (468).

[26] dazu siehe *Blendermann*, S. 6 ff.

[27] § 1 Gesetz vom 17. 11. 1959, BGBl. I, 685.

[28] Diese Bedingung wurde durch BVerfG E 7, 244 (258) an eine Steuer mit örtlich bedingtem Wirkungskreis gestellt.

[29] Art. 105 GG.

[30] BVerfG E 8, 260 (269).

zur Verwaltung übertragen ist. Die Steuer wird durch das Hauptzollamt Hamburg-Jonas und das Zollamt Helgoland unter Aufsicht der Oberfinanzdirektion Hamburg verwaltet[31].

Die verfassungsrechtlichen Bedenken gegen eine Abgabe sind bei der Prüfung der Zulässigkeit des Rechtsweges vorerst nicht zu berücksichtigen. Soll die für die Rechtsschutzgewährung kompetente Gerichtsbarkeit ermittelt werden, so ist von der gesetzlichen Regelung ungeachtet der gegen sie erhobenen verfassungsrechtlichen Bedenken auszugehen.

Zur Entscheidung des Bundesverfassungsgerichts über die Helgoland-Steuer kam es durch Vorlagebeschluß des Finanzgerichts Hamburg. Dieses Gericht muß die Zulässigkeit des zu ihm eingeschlagenen Rechtsweges bejaht haben. Zumindest nach der Entscheidung des Bundesverfassungsgerichts könnte die Zulässigkeit des Finanzrechtsweges für Streitigkeiten über die Steuer zweifelhaft werden, wenn man § 33 Abs. 1 Nr. 1 FGO auf den in § 3 RAO geregelten Anwendungsbereich der Abgabenordnung begrenzt. Die Abgabenordnung gilt unmittelbar nur für die Abgaben, die der Bundesgesetzgebung nach Art. 105 GG unterliegen. Dazu rechnet die Helgolandsteuer nicht. Der Landesgesetzgeber hat den Finanzrechtsweg für die Helgoland-Steuer nicht eröffnet, da § 5 des schleswig-holsteinischen Ausführungsgesetzes zur Finanzgerichtsordnung[32] den Finanzrechtsweg nur für öffentlich-rechtliche Streitigkeiten über Abgabenangelegenheiten eröffnet, soweit die Abgaben der Landesgesetzgebung unterliegen und von Landesfinanzbehörden verwaltet werden. Der gleiche Rechtszustand bestand vor Inkrafttreten der Finanzgerichtsordnung, wenn man in den Gesetzen der Länder über

---

[31] §§ 5 und 14 Nr. 6 schleswig-holstein. Landesgesetz v. 7. 12. 1959, GVBl. 213, in Verb. m. § 1 Steuerordnung v. 8. 12. 1959, GVBl. 215; wegen dieser Regelung halten *Zeidler*, DVBl. 1960, 573 (578) und *Rudolf*, AöR 85, 463 (N. 30) die Steuer immer noch für verfassungswidrig. Für den Vollzug von Landesgesetzen durch Bundesbehörden bedürfe es einer Landesverfassungsänderung. *Zeidler* hält aus der Konzeption des Bundesstaates heraus, die von abschließender Kompetenzverteilung zwischen Bund und Gliedstaaten ausgehe, den Bundesvollzug von Landesgesetzen auch dann für verfassungswidrig, wenn ein Landesgesetz dies vorsehe, S. 579. Es sei ein verfassungsänderndes Gesetz erforderlich. Das BVerfG hält die Ausführung von Landesgesetzen durch Bundesbehörden nach dem GG schlechthin für ausgeschlossen (NJW 1967, 1956 [1958, 4]). Für die Rechtswegbestimmung ist dieser Frage nicht nachzugehen, da die Zulässigkeit des Rechtsweges logisch vorrangig ist vor der Prüfung der Verfassungsmäßigkeit der anzuwendenden Norm, und deshalb auch von der für verfassungswidrig angesehenen Regelung auszugehen ist. Aus diesem Grund bejahten sowohl das Finanzgericht Hamburg (siehe dazu BVerfG E 8, 260 [265]) im Helgolandfall als auch das Finanzgericht Rheinland-Pfalz, ZfZ 1964, 82 bei dem Beschluß, mit dem es die Abschöpfungsregelung dem Bundesverfassungsgericht vorlegte, zumindest inzident die Zulässigkeit des Finanzrechtsweges.

[32] vom 20. 12. 1965, GVBl. 189.

den Anwendungsbereich der Abgabenordnung auch eine Regelung über die Zulässigkeit des Finanzrechtsweges erblickt.

Zweifel könnten bereits hinsichtlich der Frage entstehen, ob die Steuer der Gesetzgebung des Landes unterliegt. § 33 Abs. 1 Nr. 4 FGO ist mit der Beschränkung des § 40 Abs. 1 Satz 2 VwGO auszulegen. Der Landesgesetzgeber kann den Finanzrechtsweg nur für Streitigkeiten auf dem Gebiet des Landesrechts eröffnen. Das Land ist nach Erlaß des entsprechenden Bundesgesetzes zur Regelung der Helgolandsteuer befugt nach Art. 71 GG. Streitigkeiten über die Steuer dürften daher solche auf dem Gebiet des Landesrechts sein. Da die Abgabe auf Grund der bundesrechtlichen Ermächtigung nunmehr der Gesetzgebung des Landes Schleswig-Holstein unterliegt, dürfte diese Voraussetzung des § 5 AG FGO Schleswig-Holstein gegeben sein. Die weitere Voraussetzung fehlt jedoch: Die Steuer wird nicht durch Landes-, sondern durch Bundesfinanzbehörden verwaltet[33].

Die Zulässigkeit des Finanzrechtsweges für Streitigkeiten über die Helgoländer Gemeinde-Einfuhr-Steuer ist also nur dann gegeben, wenn man § 33 Abs. 1 Nr. 1 FGO über den Geltungsbereich des § 3 RAO hinaus auslegt. Solange der Finanzrechtsweg nur über die Anwendung der Abgabenordnung eröffnet war, bot § 39 Abs. 1 FVG diese Möglichkeit. Das Finanzgericht Hamburg muß diese Ansicht geteilt haben, da es andernfalls nicht die Frage der Verfassungsmäßigkeit der Steuer hätte prüfen können. Da § 39 Abs. 1 FVG bis zum Inkrafttreten der Finanzgerichtsordnung den Finanzrechtsweg eröffnete, indem es die Abgabenordnung für anwendbar erklärte für alle Abgaben, die durch Bundes- oder Landesfinanzbehörden verwaltet werden, und da durch die Neufassung der Rechtswegbestimmungen der bestehende Zustand nicht geändert werden sollte, ist § 33 Abs. 1 Nr. 1 FGO nicht mit den ungeschriebenen Tatbestandsmerkmalen des § 3 RAO, Art. 105 GG auszulegen, sondern gilt im vollen Rahmen seines Wortlautes. Für Streitigkeiten über Abgaben, die der Gesetzgebung des Bundes unterliegen, ist also auch dann der Finanzrechtsweg zulässig, wenn der Bund seine Kompetenz zur Gesetzgebung nicht auf Art. 105, sondern

---

[33] § 8 der vom schleswig-holsteinischen Innenminister erlassenen Steuerordnung — GVOBl. 1959, S. 215 — ist keine wirksame Kompetenzregelung, da die Steuerordnung kein Gesetz ist. Die §§ 2 der Ausführungsgesetze Hamburgs und Schleswig-Holsteins zur FGO in Verbindung mit dem Staatsvertrag über die Bildung eines gemeinsamen Senats für Zoll- und Verbrauchsteuersachen beim FG Hamburg regeln nicht die Kompetenz, sondern die örtliche Zuständigkeit. Auch § 5 Abs. 2 des Hamburger Ausführungsgesetzes zur FGO eröffnet den Finanzrechtsweg nicht. Hamburg eröffnet zwar als einziges Land der Bundesrepublik den Finanzrechtsweg auch für Streitigkeiten über Steuern, die von anderen Verwaltungsbehörden der Freien und Hansestadt als den Landesfinanzbehörden verwaltet werden. Die Zollämter sind nach § 1 FVG jedoch keine Landes-, sondern Bundesbehörden.

auf andere Vorschriften des Grundgesetzes stützt. Voraussetzung ist jedoch, daß die weiteren Merkmale des § 33 Abs. 1 Nr. 1 FGO erfüllt sind[34].

Festzuhalten ist:

Zölle sind nur diejenigen Abgaben, die nach Maßgabe des Zolltarifs von der Warenbewegung über die Zollgrenze erhoben werden.

Für Streitigkeiten über die Helgoländer Gemeinde-Einfuhr-Steuer ist der Finanzrechtsweg zulässig nach § 33 Abs. 1 Nr. 1 FGO.

§ 33 Abs. 1 Nr. 1 FGO ist nicht in Anlehnung an § 3 RAO auszulegen. Er gilt auch für Abgaben, die der Bundesgesetzgebung auf Grund anderer Vorschriften als Art. 105 GG unterliegen.

β) Abschöpfungen des Rechts der Europäischen Wirtschaftsgemeinschaft

Schwierigkeiten bei der Abgrenzung des Zolltarifs ergeben sich auch bei den Abschöpfungen des Rechts der Europäischen Wirtschaftsgemeinschaft[35]. Über die Frage, ob diese Abschöpfungen Zölle sind, besteht Streit, der durch die unterschiedlichen Zollbegriffe verursacht wird.

Für die Zulässigkeit des Finanzrechtsweges in Streitigkeiten über Abschöpfungen des EWG-Marktordnungsrechts sind verschiedene Begründungen gegeben worden, die Widerspruch herausfordern, wenn man den Finanzrechtsweg beschränkt auf die in § 3 RAO genannten Abgaben und zu den Zöllen nur Abgaben rechnet, die nach Maßgabe des Zolltarifs vom Warenverkehr über die Zollgrenze erhoben werden[36].

Die Zulässigkeit des Finanzrechtsweges soll sich aus § 2 Abschöpfungserhebungsgesetz vom 25. Juli 1962 (AbEG)[37] ergeben, der für Abschöpfungen vorbehaltlich besonderer Bestimmungen die für Zölle und Zollvergehen geltenden Vorschriften für anwendbar erklärt[38]. Für Zölle

---

[34] Ob diese Regel uneingeschränkt für alle Abgaben gilt oder nur für die Abgaben, die in § 1 RAO erwähnt sind, ist bei den wirtschaftsverwaltungsrechtlichen Abgaben näher zu prüfen.

[35] in diesem Abschnitt kurz Abschöpfungen genannt, jedoch nicht zu verwechseln mit den Abschöpfungen des nationalen Marktordnungsrechts; diese sind behandelt in Abschnitt B I 2 c.

[36] formeller Zollbegriff, BVerfG E 8, 260 (269).

[37] BGBl. I, 453.

[38] *Tipke - Kruse*, § 3 RAO Anm. 1; *Ziemer* in der 132. Sitzung des Rechtsausschusses des Deutschen Bundestages am 12. 5. 1965: Dt. BT, 4. Wahlperiode, 12. Ausschuß, Protokoll Nr. 132, S. 46; *Ziemer - Birkholz*, § 33 FGO Anm. 57 und S. 765; *Ziemer - Haarmann*, RdN 1639 i.V.m. 129; *Jaenicke*, ZaöRV 23 (1963), 485 (507).

gelte auch die Abgabenordnung. Da die Abschöpfungen durch Bundesfinanzbehörden[39] nach der Abgabenordnung zu verwalten seien, sei auch der Finanzrechtsweg gegeben[40].

Die Zulässigkeit des Finanzrechtsweges wird allein durch § 33 FGO geregelt. In Anlehnung an die §§ 3 und 228 RAO a. F., die vor Inkrafttreten der Finanzgerichtsordnung den Finanzrechtsweg eröffneten, soll § 33 Abs. 1 Nr. 1 FGO beschränkt sein auf Abgaben, die der Bundesgesetzgebung nach Art. 105 GG unterliegen[41]. Ist diese Ansicht richtig, so ist für Abgaben, die nicht unter Art. 105 GG fallen, auch dann eine besondere Zuweisung erforderlich, um den Finanzrechtsweg zu eröffnen, wenn es sich um bundesrechtlich geregelte Abgaben handelt.

Rechtswegzuweisungen müssen eine Sache ausdrücklich einem bestimmten Rechtsweg zuweisen[42]. Unter Berufung auf den Willen des Gesetzgebers lassen sich die Rechtswegfragen der Abschöpfung nicht lösen. Dieser Wille ist für die Auslegung nur dann maßgeblich, wenn er im Gesetz Ausdruck gefunden hat[43]. Inwieweit das bei Abschöpfungen der Fall ist, erscheint zumindest dann fraglich, wenn man sich der Ansicht anschließt, der Finanzrechtsweg sei durch § 33 Abs. 1 Nr. 1 FGO nur für diejenigen Abgaben eröffnet, die der Bundesgesetzgebung nach Art. 105 GG unterliegen. Aus der Bestimmung, auf Abschöpfungen seien die für Zölle geltenden Vorschriften anzuwenden, kann eine Rechtswegzuweisung nur kraft Sachzusammenhangs mit der zollrechtlichen Rechtswegregelung gefolgert werden. Der Sachzusammenhang wird aber seit Einführung der Verwaltungsgerichtsordnung nicht mehr als gültige Rechtswegregelung angesehen, da nur noch klare gesetzliche Zuweisungen die Rechtswege voneinander abgrenzen sollen[44]. Aus § 2 AbEG eine Rechtswegregelung entnehmen hieße, § 40 Abs. 1 Satz 1 VwGO mißachten, wonach Zuweisungen auf andere Rechtswege als den Verwaltungsrechtsweg ausdrücklich erfolgen müssen.

---

39 § 2 Abs. 2 AbEG.

40 FG Nürnberg, EFG 1964, 282 (283).

41 *Tipke - Kruse*, Anm. 7; *Kühn*, Anm. 3; *v. Wallis - List - Hübschmann, Hepp - Spitaler*, Anm. 44—47; nicht eindeutig *Ziemer - Birkholz*, Anm. 56 ff. alle zu § 33 FGO.

42 § 40 Abs. 1 Satz 2 VwGO; das tun die bei *Ziemer - Birkholz*, Anm. 91 und *Tipke - Kruse*, Anm. 14, zu § 33 FGO aufgeführten Beispiele.

43 BVerfG E 1, 299 (312); 11, 126 (130); BStBl. 1962 I, 486 (487); FG Rheinland-Pfalz, ZfZ 1964, 82 (90) = EFG 1964, 22 (24).

44 § 40 Abs. 1 Satz 1 VwGO; *Ule*, Anm. IV, 2 b; *Schunck - de Clerc*, Anm. 10 b; *Klinger*, B II 1 alle zu § 40 VwGO; *Bettermann*, Die Grundrechte III, 2, 816; *Hohlfeld*, BB 1960, 773; *Ziemer - Haarmann*, RdN 1647; a.A. unter Berufung auf BFH BStBl. 1951 III, 107: *Eyermann - Fröhler*, § 40 VwGO RdN 104; *Messmer*, BB 1960, 1345 (1349); der durch § 40 VwGO entstandene Streit über die Zuständigkeit der Finanzgerichte kraft Sachzusammenhang wurde bereits durch § 228 RAO i.d.F. des Steueränderungsgesetzes 1961 in dem hier vertretenen Sinn gelöst.

Eine derartige Zuweisung enthält § 33 Abs. 1 Nr. 1 FGO. § 2 AbEG kann nicht zur Auslegung des Begriffs der Abgaben, die der Gesetzgebung des Bundes unterliegen, herangezogen werden, da er sich nicht mit der Gesetzgebung des Bundes befaßt.

Noch weniger kann der Ansicht zugestimmt werden, die Zulässigkeit des Finanzrechtsweges ergebe sich aus § 7 AbEG in der Fassung von § 176 FGO[45]. Diese Vorschrift regelt die Frage der Beiladung im Verfahren vor den Finanzgerichten. Sie setzt die Zulässigkeit des Finanzrechtsweges voraus, regelt diese Frage aber nicht selbst.

Abschöpfungsstreitigkeiten gehören somit nur dann in den Finanzrechtsweg, wenn die Abschöpfungen entweder Abgaben sind, die der Gesetzgebung des Bundes nach Art. 105 GG unterliegen, oder wenn § 33 Abs. 1 Nr. 1 FGO nicht auf die in Art. 105 GG geregelte Gesetzgebung beschränkt ist.

Rechtsgrundlagen: Die EWG-Marktordnungen

Seit Mitte des Jahres 1962 baut die Europäische Wirtschaftsgemeinschaft für landwirtschaftliche Erzeugnisse einen gemeinsamen Markt der Mitgliedsländer auf. Die Gemeinschaft will einen einheitlichen Binnenmarkt der Mitgliedsstaaten ohne Zollschranken und andere Beschränkungen im Handel der Mitglieder untereinander sowie einen gemeinsamen Preis für gleiche Erzeugnisse erreichen. Nach außen soll der Markt durch einen gemeinsamen Zolltarif abgesichert werden. Um wirtschaftliche Schäden in den Mitgliedsländern zu vermeiden, kann dieses Ziel nur mit mehreren Zwischenstufen erreicht werden, die eine schrittweise Anpassung der nationalen Volkswirtschaften ermöglichen sollen. Mittel zur Anpassung sind u. a. Abgaben, die auf den Import von landwirtschaftlichen Erzeugnissen erhoben werden, für die bereits eine gemeinsame Marktorganisation geschaffen wurde. Auf System und Rechtscharakter dieser Maktordnungen des EWG-Rechts ist hier näher einzugehen, da seit dem Beschluß des FG Rheinland-Pfalz vom 14. 11. 1963[46] Bedenken gegen diese Abgaben gehegt werden, die sich auch auf die Rechtswegfrage auswirken können. In erster Linie werden die Abschöpfungen, daneben Ausgleichsabgaben in Form von Angleichungszöllen zu behandeln sein.

Abschöpfungen des EWG-Rechts sind eingeführt durch die Verordnungen von 1962 über die schrittweise Errichtung einer gemeinsamen Marktorganisation für Getreide, Schweinefleisch, Eier, Geflügelfleisch, Obst und Gemüse und Wein vom 4. 4. 1962[47] sowie die Verord-

---

45 *Schwarz - Wockenfoth*, § 1 ZollG Anm. 28 b.

46 ZfZ 1964, 82, gekürzt im EFG 1964, 22.

47 VO Nr. 19, ABl. 1962, 933, vom 4. 4. 1962; VO Nr. 20, ABl. 1962, 945; VO

nungen von 1964 über die Marktorganisationen für Reis, Rindfleisch sowie Milch und Milcherzeugnisse[48]. Diese Verordnungen haben allgemeine Geltung. Sie sind in allen ihren Teilen verbindlich und gelten in jedem Mitgliedstaat[49]. Somit bedarf es für die Geltung der einzelnen Verordnungen keiner weiteren Transformation durch den nationalen Gesetzgeber. Auf ihre unmittelbare Geltung weisen die Verordnungen selbst hin[50]. Sie ist in Rechtsprechung und Schrifttum anerkannt[51]. Lediglich über die juristische Konstruktion, mit der dieses Ergebnis erreicht wird, bestehen unterschiedliche Auffassungen, auf die noch einzugehen ist.

Abschöpfen in diesem Sinne bedeutet, die Preisunterschiede zum Ausland durch Zahlungen an der Grenze auszugleichen[52]. Die Abschöpfungen sind als preisrechtliche Abgabe an die Stelle von Zöllen, Abgaben gleicher Wirkung, von mengenmäßigen Beschränkungen und Maßnahmen gleicher Wirkung sowie von nationalen Mindestpreissystemen getreten[53]. Sie zählen zu den Maßnahmen der Preisstandserhaltung im Sinne des Art. 40 Abs. 3 EWG-Vertrag[54] und werden in der Übergangsperiode auch bei Einfuhren aus anderen Mitgliedstaaten der Gemeinschaft, danach nur noch gegenüber Drittländern erhoben[55]. Die Marktorganisationen bestehen überwiegend aus Preisrecht[56].

Nr. 21, ABl. 1962, 953; VO Nr. 22, ABl. 1962, 959; VO Nr. 23, ABl. 1962, 965; VO Nr. 24, ABl. 1962, 989, alle abgedruckt in BGBl. 1962, II, 709 ff.

48 VO Nr. 16/64 vom 5. 2. 1964, ABl. S. 574; VO Nr 14/64 vom 5. 2. 1964, ABl. S. 562; VO Nr. 13/64 vom 5. 2. 1964, ABl. S. 549, abgedruckt bei *Rohr - Cordts.*

49 Art. 189 Abs. 2 EWG-Vertrag, BGBl. 1957 II, 766.

50 Art. 29 VO Nr. 19; Art. 23 III VO Nr. 20; Art. 20 III VO Nr. 21 und 22, Art. 32 IV VO Nr. 13/64.

51 EGH ZfZ 1966, 243; FG Münster, ZfZ 1966, 177; FG Nürnberg, EFG 1964, 282 (284); *Schwarz*, ZfZ 1965, 291 (293); *Groeben - Boeckh*, Handbuch Bd. 7, Art. 189 EWG-V. Anm. 8; *Wohlfarth - Everling - Glaesner - Sprung*, Vorbem. 1 zu Art. 189; *Furler*, NJW 1965, 1401 (1404); *Frowein*, AWD 1964, 233 (234); *Rabe*, S. 28; *Siburg*, S. 29; *Bail - Schädel - Hutter*, Einf. S. 7; *Tipke - Kruse*, § 2 AO RdN 33; *Schwarz - Wockenfoth*, § 80 a ZollG Anm. 4; *Graef*, AWD 1962, 168; zweifelnd allerdings der BFH in Frage 1 a seines Vorlagebeschlusses an den EuGH, BFH E 88, 266; in der zu diesem Vorlagebeschluß ergangenen Entscheidung bestätigt der EuGH jedoch die unmittelbare Geltung der Abschöpfungsregelungen; ob die Abschöpfungen ihrem Wesen nach Zölle oder Steuern sind, bleibt dahingestellt, HFR 1968, 86.

52 *Rohr - Cordts*, ZfZ 1962, 292; *Graef*, AWD 1962, 168.

53 Art. 18 Abs. 1 VO Nr. 19; *Stobbe*, ZfZ 1965, 261 (262); *Götz*, JZ 1963, 157 (160); *Megow*, Das Deutsche Bundesrecht IV G 99, S. 5, *Schwarz - Wockenfoth*, § 21 ZollG Anm. 4; *Schwarz*, ZfZ 1965, 291 (292); *Cordts*, ZfZ 1965, 225.

54 *Götz*, JZ 1963, 157 (158).

55 *Götz* a.a.O. S. 161.

56 *Götz*, JZ 1963, 157 (158) für die Getreideorganisation.

Auf Ein- und Ausfuhr von Waren, für die eine europäische Marktorganisation besteht[57], finden mit Inkrafttreten der EWG-Verordnungen die bisherigen Marktordnungsvorschriften insoweit keine Anwendung mehr, als die EWG-Verordnungen neue Regelungen enthalten[58]. Dagegen bleiben für Marktordnungswaren, die nicht Abschöpfungswaren sind, die nationalen Marktordnungsvorschriften weiter in Kraft[59].

Die supranationalen Vorschriften werden in der Bundesrepublik ergänzt durch Gesetze zur Durchführung der Verordnungen der Europäischen Wirtschaftsgemeinschaft[60] sowie durch ein Abschöpfungserhebungsgesetz[61]. Diese Gesetze sind keine Transformationsgesetze für die EWG-Verordnungen, sondern bringen lediglich ergänzende Regelungen[62]. Der abgabenrechtliche Tatbestand wird bereits in den Verordnungen schematisch festgelegt[63].

Im folgenden wird die Abschöpfungsregelung der Verordnung Nr. 19 (Getreide) dargestellt. Sie war das Modell für die anderen Regelungen. Auf Abweichungen im Einzelfall kann hier nicht näher eingegangen werden. Sie besitzen keine Bedeutung für die Rechtsnatur der Abschöpfung.

Der innergemeinschaftliche Abschöpfungsbetrag[64] entspricht dem Unterschied zwischen dem von der Kommission festzusetzenden Frei-Grenze-Preis und dem vom nationalen Gesetz- oder Verordnungsgeber festzusetzenden Schwellenpreis; der Unterschiedsbetrag verringert sich um einen festgesetzten Pauschbetrag[65]. Frei-Grenze-Preis ist

---

[57] Abschöpfungswaren.

[58] *Cordts*, ZfZ 1965, 225; *Siburg*, S. 30; *Megow*, Das Deutsche Bundesrecht, IV G 99, S. 6.

[59] z. B. Hammelfleisch, EGH NJW 1966, 1627 (1628); Zucker, *Lamberth*, ZfZ 1964, 296.

[60] Gesetz zur Durchführung der Verordnung Nr. 19 (Getreide) des Rates der Europäischen Wirtschaftsgemeinschaft vom 26. 7. 1962, BGBl. I, 455; Gesetz zur Durchführung der Verordnungen Nr. 20, 21 und 22 vom 26. 7. 1962, BGBl. I, 465; Gesetz zur Durchführung der VO Nr. 16/64 v. 13. 8. 1964, BGBl. I, 633; Gesetz zur Durchführung der VO Nr. 14/64 v. 3. 11. 1964, BGBl. I, 829; Gesetz zur Durchführung der VO Nr. 13/64 v. 28. 10. 1964, BGBl. I, 821.

[61] Gesetz über die Erhebung der Abschöpfungen nach Maßgabe der Verordnungen der Europäischen Wirtschaftsgemeinschaft über die schrittweise Errichtung gemeinsamer Marktorganisationen für die landwirtschaftlichen Erzeugnisse vom 25. 7. 1962 — Abschöpfungserhebungsgesetz —, BGBl. 1962 I, 453.

[62] Fraglich ist dagegen, ob die Verordnungen kraft eigener Gesetzgebungsgewalt des EWG-Verordnungsgebers in den Mitgliedstaaten gelten oder ob die Geltung nur durch vorweggenommene Transformation erreicht werden kann; der innerstaatliche Anwendungsbefehl für die Verordnungen wäre dann durch die Zustimmungsgesetze zum EWG-Vertrag erteilt. Dazu siehe *Schlochauer*, Archiv des Völkerrechts, Bd. 11, S. 1 (22 ff.).

[63] Vgl. Art. 2 Abs. 1 und Art. 10 Abs. 2 VO Nr. 19, BGBl. 1962 II, S. 710.

[64] der bei Einfuhren aus Mitgliedstaaten der EWG gilt.

[65] Art. 2 Abs. 1 VO Nr. 19.

der Preis des aus dem ausführenden Mitgliedstaat stammenden Erzeugnisses frei Grenze des einführenden Mitgliedstaates[66]. Der Schwellenpreis wird von den Mitgliedstaaten jährlich in Anlehnung an einen Grundrichtpreis festgesetzt[67]. Die Unterschiede in den Grundrichtpreisen der einzelnen Mitgliedstaaten sind während der Übergangszeit schrittweise so zu verringern, daß am Ende der Übergangszeit ein gemeinsamer Richtpreis besteht[68]. Über den gemeinsamen Richtpreis wird der gemeinsame Marktpreis herbeigeführt.

Der Abschöpfungsbetrag gegenüber dritten Ländern entspricht dem Unterschied zwischen dem unter Zugrundelegung der günstigsten Einkaufsmöglichkeiten auf dem Weltmarkt ermittelten cif-Preis[69] und dem vom einführenden Mitgliedstaat festgesetzten Schwellenpreis[70].

Die Errechnung der Abschöpfungssätze wurde in der Literatur zutreffend als mathematischer Vollzug des europäischen Rechts bezeichnet[71]. Die Abschöpfungssätze werden von der jeweils zuständigen Einfuhr- und Vorratsstelle errechnet[72], soweit eine solche für Abschöpfungswaren besteht, im übrigen von den Organen der EWG. Gegen die Errechnung der Abschöpfungssätze durch die Einfuhr- und Vorratsstelle ist ein besonderes Rechtsmittel nicht zulässig. Die Errechnung ist kein Verwaltungsakt, sondern bloße Bekanntmachung[73]. Die Unrichtigkeit des errechneten Abschöpfungssatzes kann jedoch im Verfahren gegen den Abschöpfungsbescheid des Hauptzollamtes gerügt werden. Zu dem Verfahren kann die betreffende Einfuhr- und Vorratsstelle beigeladen werden[74].

Rechtsnatur der Abschöpfungen

Die Abschöpfung wurde und wird von einem großen Teil der Rechtsprechung und der Lehre als Zoll angesehen, da die Abgabe auf der

---

66 Art. 3 VO Nr. 19.

67 Art. 4 VO Nr. 19; für Schwellenpreise 1962/63 vgl. Zweite VO zur Durchführung des Gesetzes zur Durchführung der Verordnung Nr. 19 (Getreide) vom 30. Juli 1962, BGBl. 1962 I, 473.

68 Art. 6 Abs. 4 VO Nr. 19.

69 cif ist eine im internationalen Handelsrecht übliche Vertragsbedingung; die Abkürzung steht für: cost, insurance, freight; die Ausfüllung dieser Klauseln erfolgt durch die von der Internationalen Handelskammer herausgegebenen Incoterms.

70 Art. 10 Abs. 2 VO Nr. 19.

71 *Cordts*, ZfZ 1964, 353 (354); *Götz*, JZ 1963, 265 (266); *List*, FR 1964, 207 (210 f.); *Stobbe*, ZfZ 1965, 261 (275).

72 *Megow*, Das Deutsche Bundesrecht IV G 99 S. 7 zu § 3 AbEG; § 6 DurchfG VO Nr. 19; § 3 DurchfG VO Nr. 13/64; § 3 DurchfG VO Nr. 14/64.

73 *Rohr - Cordts*, § 7 AbEG Anm. II, 3.

74 § 7 AbEG i.d.F. von § 176 FGO.

Warenbewegung über die Grenze ruht[75]. Der Bundesgesetzgeber ging vom Zollcharakter der Abgabe aus und richtete die Bestimmungen des Abschöpfungserhebungsgesetzes an den einschlägigen Vorschriften des Grundgesetzes aus. Er stützte seine Gesetzgebungskompetenz auf Art. 105 Abs. 1 GG, seine Ertragshoheit auf Art. 106 Abs. 1 Nr. 1 GG und übertrug die Verwaltung der Abgabe durch § 2 Abs. 2 Abschöpfungserhebungsgesetz in vermeintlicher Übereinstimmung mit Art. 108 Abs. 1 Satz 1 GG den Bundesfinanzbehörden. Der Gesetzgeber fühlte sich in seiner Ansicht bestärkt durch das Urteil des Bundesverfassungsgerichts über die Helgoländer Gemeindesteuer[76], in der das Gericht die Gesetzgebungskompetenz des Bundes für diese Steuer auf Art. 73 Nr. 5 GG gestützt hatte, weil die Einheit des Zoll- und Handelsgebietes durch die Steuer betroffen werde[77].

Für Zollstreitigkeiten ist der Finanzrechtsweg zweifellos eröffnet, weil Zölle der Gesetzgebung des Bundes nach Art. 105 Abs. 1 GG unterliegen und durch Bundesfinanzbehörden verwaltet werden.

Für Abschöpfungsstreitigkeiten könnte die Zulässigkeit des Finanzrechtsweges aber aus mehreren Gründen zweifelhaft sein. Abschöpfungen werden zwar durch Bundesfinanzbehörden verwaltet[78]; unklar ist jedoch, ob die Abgaben der Gesetzgebung des Bundes im Sinne von § 33 Abs. 1 Nr. 1 FGO unterliegen. Dabei soll der Begriff zunächst noch nicht einmal beschränkt werden auf die Gesetzgebungskompetenz des Art. 105 GG, sondern zunächst in weitestem Sinne verstanden sein.

Die Grundlagen für die Erhebung der Abschöpfungen sind nicht im nationalen Recht der Bundesrepublik, sondern in den supranationalen Normen des EWG-Rechts enthalten. Art. 189 Abs. 2 des EWG-Vertrages bestimmt, daß die vom Rat und der Kommission erlassenen Verordnungen allgemeine Geltung haben. Sie sind in allen ihren Teilen verbindlich und gelten unmittelbar in jedem Mitgliedstaat. Trotz dieses scheinbar eindeutigen Wortlautes bestehen über den Geltungsgrund des supranationalen Rechts unterschiedliche Ansichten.

Die traditionelle Rechtslehre unterscheidet zwischen den Normen des Völkerrechts und denen des Landesrechts[79]. Unmittelbare Geltung für

---

[75] *Lenkewitz*, ZfZ 1962,, 260 (261); *Rohr - Cordts*, AbEG § 1 Anm. 4 b; *Götz*, JZ 1963, 265 (267); *Becker - Riewald - Koch*, § 1 AO Anm. 7 a; *Stobbe*, ZfZ 1965, 261 (276 ff.); *Kühn*, AO § 1 Anm. 3 a, dd; *Lamberth*, ZfZ 1964, 296 (298 N. 10); *Schwarz - Wockenfoth*, § 1 ZollG Anm. 28 c; *Graef*, AWD 1962, 168 (169); FG Nürnberg, EFG 1963, S. 241 u. 326; 1964, S. 282 (283).

[76] BVerfG E 8, 260.

[77] Vgl. Berichterstatter des Finanzausschusses im Deutschen Bundestag, Stenogr. Ber. Bd. 51, S. 1498 A/B.

[78] § 2 Abs. 2 Abschöpfungserhebungsgesetz.

[79] Vgl. zum folgenden *Schlochauer*, Archiv des Völkerrechts, Bd. 11, S. 1 ff. und *Hoffmann*, DÖV 1967, 433.

die Bürger einzelner Staaten haben nur die Normen des jeweiligen staatlichen Rechts[80]. Völkerrecht wird für die Bürger nur durch Transformation des nationalen Gesetzgebers wirksam. Eine derartige Transformation befindet sich für die Bundesrepublik beispielsweise in Art. 25 des Grundgesetzes. Zusätzlich besteht die Möglichkeit, dem Völkerrecht durch Transformationsgesetz einen innerstaatlichen Geltungsbefehl zu geben (Art. 59 Abs. 2 GG)[81].

Wird das supranationale Recht, zu dem die Normen der Europäischen Gemeinschaft für Kohle und Stahl, der Wirtschaftsgemeinschaft und der Atomgemeinschaft gehören, hinsichtlich seiner Geltungskraft wie Völkerrecht beurteilt[82], so erhalten die durch supranationale Organe gesetzten Normen erst durch das Transformationsgesetz ihren innerstaatlichen Anwendungsbefehl[83]. Die Legalisierung der Rechtsetzungsbefugnis der Gemeinschaftsorgane erfolgt durch das deutsche Zustimmungsgesetz zum Vertrag über die Europäische Wirtschaftsgemeinschaft und die Atomgemeinschaft vom 27. 7. 1957[84]. Die Geltung der einzelnen Verordnungen der Gemeinschaften ließe sich dann mit einer vorweggenommenen Transformation begründen. Werden durch eine Verordnung Abgabepflichten für den einzelnen Staatsbürger begründet, so beruht diese doch immer auf einer Tätigkeit des Bundesgesetzgebers, mag diese auch auf das Jahr 1957 zurückdatieren. Folgt man daher dieser Konstruktion, so wäre das Merkmal der „Abgaben, die der Gesetzgebung des Bundes unterliegen“[85] erfüllt, weil der Bund an der Einführung der Abgabepflicht durch sein vorweggenommenes Transformationsgesetz mitgewirkt, die Verordnung erst durch diese Mitwirkung Geltung erlangt hat.

Daneben wird jedoch die Ansicht vertreten, die supranationalen Normen seien eine eigene Rechtsmasse, die von einem selbständigen Normgeber gesetzt würden. Nachdem dieser einmal Rechtsetzungsbefugnisse erlangt habe, bedürfe es keiner weiteren Transformation des Verordnungsrechts mehr in das nationale Recht[86]. Die Verordnungen gelten deshalb unmittelbar in jedem Mitgliedstaat[87, 88]. Die unmittelbare

---

80 *Berber*, Lehrbuch Bd. I, S. 92.

81 *Schwarz*, ZfZ 1965, 291 (293).

82 *Schlochauer*, Archiv des Völkerrechts, Bd. 11, 1 (22).

83 *Schlochauer*, a.a.O. S. 25 f.

84 BGBl. II, 753.

85 § 33 Abs. 1 Nr. 1 FGO.

86 *Schwarz - Wockenfoth*, § 80 a ZollG Anm. 4; *Schwarz*, ZfZ 1965, 291 (293); *Furler*, NJW 1965, 1401 (1404); *Wohlfahrt - Everling - Glaesner - Sprung*, Vorbem. 1 zu Art. 189 EWG-V.; *Frowein*, AWD 1964, 233; *Rabe*, Verordnungsrecht, S. 28 f.; BFH E 88, 266 (272).

87 Art. 189 Abs. 2 EWG-Vertrag.

88 Dies betont der überwiegende Teil der Lehre und des Schrifttums;

Geltung der Verordnungen wird für das deutsche Verfassungsrecht über Art. 59 Abs. 2 GG hinaus durch Art. 24 Abs. 1 GG gerechtfertigt[89]. Der Vertrag über die Gründung der Europäischen Wirtschaftsgemeinschaft habe eine eigene Hoheitsgewalt der Gemeinschaft gegenüber den Mitgliedstaaten und deren Angehörigen begründet. Besitzt der nationale Gesetzgeber auf Gebieten, die der Zuständigkeit von Gemeinschaftsorganen unterliegen, keine Kompetenz mehr[90] und gelten die EWG-Verordnungen aus eigener Gewalt der Gemeinschaftsorgane, so steht damit fest, daß der Bund eine Gesetzgebungskompetenz für Abschöpfungen, die durch EWG-Verordnungen geregelt sind, nicht mehr besitzt.

Aus den Durchführungsgesetzen des Bundes zu den EWG-Verordnungen kann dabei nichts gegenteiliges geschlossen werden, da sie nur ergänzende Vorschriften enthalten. Der Abgabentatbestand ist in den Verordnungen geregelt. Diese Rechtslage berücksichtigt § 1 des Abschöpfungserhebungsgesetzes: „Die Einfuhr von Waren unterliegt einer Abgabe (Abschöpfung), wenn die Erhebung einer solchen Abgabe in den Verordnungen vorgeschrieben oder zugelassen ist, die der Rat der Europäischen Wirtschaftsgemeinschaft auf Grund der Artikel 42 oder 43 des Vertrages zur Gründung der Europäischen Wirtschaftsgemeinschaft vom 25. März 1957 (BGBl. II, S. 753) erläßt[91]." Ist der Bund daher für die Gesetzgebung über Abschöpfungen der EWG-Marktordnungen nicht mehr zuständig, so entfällt bei wörtlicher Auslegung des § 33 FGO für Streitigkeiten über diese Abgaben die Zulässigkeit des Finanzrechtsweges. Diese Ansicht wurde bisher jedoch nur einmal vertreten mit der Begründung, auch die Abschöpfungen des EWG-Rechts seien wirtschaftslenkende, preisrechtliche Abgaben[92]. Auf die hier erörterten Bedenken wurde dabei jedoch nicht eingegangen. Bei fortschreitender Integration und entsprechender Kompetenzerweiterung der supranationalen Organe würde diese Ansicht zum Wegfall der Zuständigkeit

---

meist wird aber im finanzrechtlichen Schrifttum auf den Geltungsgrund nicht eingegangen. Nachweise siehe EGH ZfZ 1966, 243; FG Münster, ZfZ 1966, 177; FG Nürnberg, EFG 1964, 282 (284); *Schwarz*, ZfZ 1965, 291 (293); *Groeben - Boeckh*, Handbuch Bd. 7, Art. 189 EWG-V. Anm. 8; *Wohlfarth - Everling - Glaesner - Sprung*, Vorbem. 1 zu Art. 189; *Furler*, NJW 1965, 1401 (1404); *Frowein*, AWD 1964, 233 (234); *Rabe*, S. 28; *Siburg*, S. 29; *Bail - Schädel - Hutter*, Einf. S. 7; *Tipke - Kruse*, § 2 AO RdN 33; *Schwarz - Wockenfoth*, § 80 a ZollG Anm. 4; *Graef*, AWD 1962, 168.

89 *Rabe*, Verordnungsrecht, S. 29 N. 47; *Jaenicke*, ZaöRV 23, 485 (525).

90 *Furler*, NJW 1965, 1401 (1404); *Ipsen - Nicolaysen*, NJW 1964, 339 (341 a.E.); FG Nürnberg, EFG 1964, 282 (284); VG Frankfurt, ZfZ 1964, 91 (94); a.A. jedoch *Jaenicke*, ZaöRV 23, 485 (524); *Hoffmann*, DÖV 1967, 433 (440).

91 Vertritt man die Ansicht, supranationale Verordnungen bedürfen stets der Transformation, so kann sie auch in dieser Vorschrift gesehen werden.

92 VG Frankfurt, ZfZ 1964, 50; de lege ferenda auch *Graef*, AWD 1962, 168 (169).

der Finanzgerichte für die betreffenden Abgaben und zu einer Verlagerung auf den Verwaltungsrechtsweg führen. Sie wird dem Sinn der Rechtswegbestimmung wohl nicht gerecht.

§ 33 Abs. 1 Nr. 1 FGO stellt ab auf den Gegensatz zwischen Bundes- und Landeskompetenz, der die Grundlage der Zuständigkeitsregelung des Grundgesetzes ist. Die Rechtswegbestimmungen gehören zum gerichtlichen Verfahren, über das der Bund die konkurrierende, bei der Finanzgerichtsbarkeit sogar die ausschließliche Gesetzgebungsbefugnis hat[93, 94]. Im Bereich der ausschließlichen und der konkurrierenden Bundesgesetzgebung kennt das Grundgesetz die Landesgesetzgebung[95]. Im Bereich der ausschließlichen Gesetzgebung des Bundes haben die Länder die Gesetzgebung, wenn und soweit sie hierzu in einem Bundesgesetz ausdrücklich ermächtigt werden. Diese Ermächtigung befindet sich für die Zulässigkeit des Finanzrechtsweges in § 33 Abs. 1 Nr. 4 FGO. Machen die Länder von dieser Ermächtigung Gebrauch, so haben sie außerdem § 40 Abs. 1 Satz 2 VwGO zu beachten, daß heißt, sie dürfen nur landesrechtliche Streitigkeiten auf den Finanzrechtsweg verweisen.

Liegt den Rechtswegbestimmungen der Finanzgerichtsordnung die bundesverfassungsrechtliche Zweiteilung der Gesetzgebungskompetenz zwischen Bund und Ländern zugrunde, so ist der Ausschluß der Abgabenangelegenheiten, deren Gesetzgebung einem dritten, außerstaatlichen Gesetzgeber unterliegt, aus dem Begriff der Bundesgesetzgebung nicht mehr zwingend. Andererseits muß der Rechtsweg für diese Abgaben durch Bundesrecht geregelt sein, da dem Landesgesetzgeber nur die Regelung landesrechtlicher Streitigkeiten gestattet ist[96]. Als Ausweg bietet sich die Möglichkeit, den Begriff der Bundesgesetzgebung so auszulegen, daß darunter die Materien fallen, über die der Bund nach der Zweiteilung des Grundgesetzes zur Gesetzgebung zuständig ist. Diese Auslegung stützt sich allein auf das Grundgesetz und ignoriert die supranationale Rechtsentwicklung. Sie ist deshalb vertretbar, weil die Abgrenzung nationaler Rechtswege voneinander allein nach nationalem Recht vorzunehmen ist. Durch supranationale Vorschriften eingeführte Abgaben unterliegen der Gesetzgebung des Bundes im Sinne von § 33 FGO dann, wenn der Bund für eine gleichartige Regelung nach dem Grundgesetz zuständig wäre. In diesem Zusammenhang gewinnt die Bemerkung in der Begründung zum Entwurf der Finanzgerichtsordnung Bedeutung, bei § 33 Abs. 1 Nr. 1 FGO komme es auf die Zu-

---

[93] Art. 74 Nr. 1; 108 Abs. 5 GG

[94] *v. Mangoldt*, Art. 108 Anm. 7; *Maunz - Dürig*, Art. 72 RdN 17; *Messmer*, BB 1960, 1345 (1348).

[95] Art. 71, 72 Abs. 1 GG.

[96] *Ule*, § 40 VwGO Anm. IV, 1; *Naumann*, DVBl. 1966, 1 (4).

ständigkeit des Bundesgesetzgebers an, ohne daß er von seiner Kompetenz Gebrauch gemacht haben muß[97]. Dies sollte unmittelbar wohl nur Fälle der konkurrierenden Gesetzgebung betreffen, in denen eine bundesrechtliche Regelung noch nicht vorliegt; es läßt sich aber auch auf die Fälle ausdehnen, in denen eine Bundeskompetenz dadurch fraglich wird, daß die Zuständigkeit auf ein supranationales Organ übergeht[98].

Ist klargestellt, daß der Begriff der „Abgaben, die der Gesetzgebung des Bundes unterliegen“, nicht schon deshalb ausgeschlossen ist, weil die Abschöpfungen möglicherweise nicht durch Bundesgesetz, sondern durch direkt, unmittelbar wirkende Normen supranationaler Organe eingeführt sind, so bleibt doch noch zu klären, ob Abschöpfungen Abgaben sind, die zu den in Art. 105 GG erwähnten Steuern und Zöllen gehören. Ist dies nicht der Fall, so wäre der Finanzrechtsweg nur zulässig, wenn in § 33 Abs. 1 Nr. 1 FGO die Gesetzgebung des Bundes nicht in dem engen Sinn des Art. 105 GG zu verstehen ist, sondern auch andere nach dem Grundgesetz dem Bund zustehende Kompetenzen darunter fallen[99] oder der Finanzrechtsweg zulässig ist für alle Abgaben, die durch Bundes- oder Landesfinanzbehörden verwaltet werden.

Abschöpfungen als Zölle

Will man für die Rechtswegabgrenzung nicht von vornherein auf jede Klassifizierung der Abgabe verzichten und als einzige Voraussetzung auf die Abgabenverwaltung durch Bundes- oder Landesfinanzbehörden abstellen, so muß versucht werden, die Abschöpfungen einer der in Art. 105 GG erwähnten Steuerarten zuzurechnen. Zölle gelten dabei als Steuern (§ 1 RAO). Der Zollbegriff ist durch das Bundesverfassungsgericht jedoch so definiert worden, daß Abschöpfungen nicht darunter fallen können.

Auf den formellen Zollbegriff des Bundesverfassungsgerichtes[100] berufen sich die Vertreter der Ansicht, die den Abschöpfungen den Zollcharakter absprechen[101]. Auch das Finanzgericht Rheinland-Pfalz

---

[97] Bundestagsdrucksache IV/1446, S. 43; ebenso *Scholler*, Bay. Verwaltungsblätter 1966, 114 (115).

[98] Das Problem, ob die Zuständigkeit des nationalen Gesetzgebers auf dem Agrarsektor entfällt, ist noch ungeklärt; *Jaenicke*, ZaöRV 23, 485 (524) ist der Ansicht, der nationale Gesetzgeber behalte seine Zuständigkeit; die Gegenansicht vertreten *Furler, Ipsen, Nicolaysen*, VG Frankfurt, FG Nürnberg (Nachweise siehe Fußnote 90).

[99] Auf die Abgaben des Art. 105 GG beschränkt das VG Frankfurt, ZfZ 1964, 337, die Zulässigkeit des Finanzrechtsweges.

[100] Zölle sind Abgaben, die nach Maßgabe des Zolltarifs von der Warenbewegung über die Zollgrenze erhoben werden, BVerfG E 8, 260 (269).

[101] *List*, FR 1964, 207 (210); *Brändel*, AWD 1963, 315; *Bail - Schädel - Hutter*, ZollG, Einf. Nr. 6 Abs. 1.

teilt diese Ansicht in seinem Vorlagebeschluß an das Bundesverfassungsgericht vom 14. 11. 1963[102].

Das Finanzgericht Rheinland-Pfalz bringt folgende Argumente gegen den Zollcharakter der Abschöpfungen vor: Das Abschöpfungserhebungsgesetz knüpfe an die EWG-Verordnungen Nr. 19 bis 22 an. Die Verordnungen behandeln die Abschöpfung als eine Maßnahme, die zur Erhebung von Zöllen und Abgaben gleicher Wirkung im Gegensatz stehe. Das Abschöpfungserhebungsgesetz könne also nur eine Steuer regeln, die nicht zu den Zöllen gehöre. Das ergebe sich auch deutlich aus § 2 AbEG. Danach finden auf Abschöpfungen die Vorschriften über Zölle und Zollvergehen Anwendung; die Erhebung durch Bundesfinanzbehörden wird ausdrücklich angeordnet. Wäre die Abschöpfung ein Zoll, so hätte es dieser Regelung nicht bedurft[103]. Der herkömmliche Begriff der Zölle decke sich nicht mit der Abschöpfungsabgabe, da diese nicht nach dem Zolltarif, sondern nach einem besonderen Abschöpfungstarif erhoben werde. Im deutschen Recht seien Zölle bisher auch als solche bezeichnet gewesen. Die Tatsache, daß die Einfuhr von Waren Besteuerungstatbestand mehrerer Gesetze sei, könne nicht zu einer doppelten Begriffsbildung der Zölle im formellen oder technischen Sinn und im weiteren oder materiellen Sinn führen. Der Gesetzgeber habe bisher bei den an die Einfuhr geknüpften Abgaben ausdrücklich unterschieden zwischen Zöllen und Verbrauchsteuern und erst durch § 1 Abs. 3 Zollgesetz 1961 den Oberbegriff Eingangsabgaben geschaffen.

Das vom Gericht außerdem angeführte Argument, auch der Bundesfinanzminister behandle die Abschöpfung nicht wie einen Zoll, da er die Anweisung gegeben habe, bei der Bemessung der Umsatzausgleichsteuer den auf die Ware entfallenden Betrag der Abschöpfung dem Wert der Ware nicht hinzuzurechnen[104] ist durch den Gesetzgeber entkräftet worden. Durch Art. 1 Nr. 10 des 16. Umsatzsteueränderungsgesetzes[105] wurde in § 6 Abs. 1 Satz 4 UStG hinter dem Wort Zoll der Klammerzusatz „einschließlich der Abschöpfung" eingefügt. Damit ist klargestellt, daß für die Wertberechnung zum Zweck der Ausgleichversteuerung Zoll und Abschöpfung gleichermaßen dem Warenwert hinzugerechnet werden.

---

[102] ZfZ 1964, 82; gekürzt auch EFG 1964, 22; die Vorlage war unzulässig: BVerfG E 22, 134.

[103] anders *Lenkewitz*, ZfZ 1962, 260 (262), der § 2 Abs. 2 AbEG nur deklaratorische Bedeutung gibt.

[104] Ausführungsanweisung zur Durchführung der VO Nr. 19—22 des Rates der EWG vom 17. 7. 1962, BZBl. 1962, 652, Nr. 5.

[105] BGBl. 1965 I, 156; vgl. jetzt § 11 Satz 3 UStG 1968 (Mehrwertsteuergesetz).

Das Gericht ließ offen, ob die Abschöpfung eine Verkehrsteuer oder eine Eingangsabgabe besonderer Art sei, da sie in beiden Fällen gegen die Art. 106 Abs. 1 und 108 Abs. 1 GG verstoße, weil dem Bund weder Ertragshoheit noch Verwaltungshoheit zustünden; für den Fall, daß eine Eingangsabgabe eigener Art vorliege, sei außerdem auch Art. 105 GG verletzt, da dieser die Schaffung einer neuartigen Abgabe durch den Bund nicht zulasse.

Obwohl die Ansicht des Gerichts in Literatur und Rechtsprechung abgelehnt wurde[106], verblieb es auch später dabei[107].

Soll die Unterscheidung der verschiedenen Steuerarten in Art. 105 GG überhaupt einen Sinn haben, so muß sie auch strikt durchgeführt werden. Von ihr hängt ab, ob der Bund überhaupt, ob ausschließlich oder konkurrierend mit den Ländern zur Gesetzgebung zuständig ist. Läßt sich eine Abgrenzung nur mit formellen Mitteln treffen, so kann man dagegen nicht den Vorwurf des Formalismus erheben[108].

Zölle sind Steuern, die an den Tatbestand des Verbringens bestimmter Waren über die Grenze des Zollgebietes anknüpfen[109]. Für die Begriffsbildung ist diese Aussage jedoch zu ungenau, da unter diesen Begriff sämtliche Grenzverkehrsabgaben fallen, insbesondere die Verbrauchsteuern einschließlich der Umsatzausgleichsteuer[110]. Die nahe materielle Verwandtschaft zwischen Zöllen und anderen Grenzverkehrsabgaben zeigt sich in den Zweifeln, die darüber bestanden, ob die Umsatzausgleichsteuer wegen ihres behaupteten Zollcharakters gegen das in den EWG-Normen festgelegte Verbot der Erhebung von Zöllen verstößt[111]. Der Europäische Gerichtshof[112] hat Eingangsabgaben auf Waren aus anderen Mitgliedstaaten, die unmittelbar oder mittelbar Abgaben auf gleichartige inländische Waren ausgleichen, als nichtzollgleiche Abgaben angesehen. Sie widersprechen daher nicht dem EWG-Vertrag und unterliegen uneingeschränkt der nationalen Steuer-

---

[106] *Ophüls*, AWD 1964, 65; *Stobbe*, ZfZ 1965, 261; FG Nürnberg, EFG 1964, 282 (283); FG Münster, ZfZ 1966, 56 und 177; EFG 1966, 75.

[107] ZfZ 1966 52; das BVerfG nahm zur Rechtsnatur der Abschöpfung in BVerfG E 22, 134 (152 ff.) nicht Stellung; auch der EuGH läßt die Frage offen, HFR 1968, 86.

[108] Dies tut *Stobbe*, ZfZ 1965, 261 (275 f.).

[109] *Giese - Schunck*, GG-Kommentar 7. Aufl. Art. 105 Anm. II, 2; *Hamann*, Art. 105 Anm. B 2; *Wacke*, Finanzwesen S. 18; BVerfG E 8, 260 (269); *Piduch*, AöR 86, 459 (462).

[110] § 15 Abs. 1 UStG; jetzt § 21 Abs. 1 UStG 1968.

[111] Siehe dazu FG Nürnberg, ZfZ 1963, 241 (242); FG Bremen ZfZ 1963, 246 (248); FG Rheinland-Pfalz, ZfZ 1964, 82 (84).

[112] Urteil vom 14. 12. 1962, AWD 1963, 91; Urteil vom 16. 6. 1966, NJW 1966, 1630 (1631).

hoheit[113]. Das Bundesverfassungsgericht folgt dieser Ansicht[114]. Nach Meinung des Gerichts fällt die Umsatzausgleichsteuer als inländische Abgabe unter Art. 95 ff. EWG-Vertrag. Sie ist keine Abgabe zollgleicher Wirkung nach Art. 12 ff. EWG-Vertrag. Die Erhebung der Umsatzausgleichsteuer neben der Abschöpfung verletzt daher nicht das Verbot der Erhebung von Zöllen oder Abgaben gleicher Wirkung (Art. 18 Abs. 1 VO Nr. 19).

Der allein auf das Merkmal Grenzverkehrsabgabe abstellende materielle Zollbegriff ist abzulehnen, da er eine Abgrenzung zwischen Zöllen und Verbrauchsteuern nicht ermöglicht. Der materielle Zollbegriff wird ausgerichtet an der Schutzfunktion des Zolls gegenüber Störungen der Wirtschaft durch Importe[115]. Die allein auf Einnahmeerzielung gerichteten Finanzzölle bildeten so geringe Ausnahmen, daß sie unberücksichtigt bleiben könnten. Die Abgrenzung des Zollbegriffs soll funktionell vorgenommen werden. Zu den Zöllen gehörten dann alle Abgaben, die der Bund unter Berufung auf Art. 73 Nr. 5 GG regeln könne[116]. Schon daraus ergibt sich, daß der materielle Zollbegriff für Zwecke der Abgrenzung der Gesetzgebungskompetenz unbrauchbar ist. Er würde zu einer Tautologie führen, da die Fragestellung ja dahin geht, welche Abgaben unter die Gesetzgebungsbefugnis des Bundes über die Zölle und über das Zollwesen fallen. Die These setzt die Gesetzgebungskompetenz über die Zölle[117] der Kompetenz über das Zollwesen[118] gleich. Sie übersieht, daß das Bundesverfassungsgericht diese Gleichsetzung ausdrücklich abgelehnt und betont hat, daß die Gesetzgebung über das Zollwesen[119] über den Umfang der Gesetzgebung über die Zölle[120] hinausgeht[121]. Gegen diese Begriffsbildung spricht, daß Finanzzölle aus dem Begriff herausfallen. Ob sie wirklich so unbedeutend sind, wie Stobbe behauptet, muß angezweifelt werden. Der Zweck einer Steuer und eines Zolls läßt sich oft überhaupt nicht bestimmen; ebenso oft werden mit einer Abgabe außer dem Einnahmezweck zugleich andere Zwecke mitverfolgt[122]. Eine Unterscheidung

---

113 Die Finanzgerichte Rheinland-Pfalz, ZfZ 1964, 82 (84) und Bremen, ZfZ 1963, 246, folgen dem nur insoweit, als im Einzelfall eine inländische Steuerbelastung vergleichbarer Waren besteht; fehle diese, so entfalle die Ausgleichsfunktion und die Ausgleichsteuer entfalte zollgleiche Wirkung.

114 NJW 1967, 1707 (1708).

115 *Stobbe*, ZfZ 1965, 261 (265 f.).

116 *Stobbe* a.a.O. S. 266; *Rudolf* AöR 85, 457 (469).

117 in Art. 105 GG.

118 in Art. 73 Nr. 5 GG.

119 Art. 73 Nr. 5.

120 Art. 105.

121 BVerfG E 8, 260 (269); *Spanner*, DStZ 1962, 63, 423; *List*, FR 1964, 207 (210).

122 Siehe dazu Abschnitt B I 1 a γ.

zwischen Zoll im technischen Sinn des Zollgesetzes und Zoll im Sinn des Grundgesetzes, wie sie der materielle Begriff voraussetzt, gibt es nicht, da gerade das herkömmliche Zollrecht den Zollbegriff des Grundgesetzes bestimmt und festlegt[123]. Auch das Bundesverfassungsgericht geht vom herkömmlichen Zollbegriff aus und rechnet nicht alle Grenzverkehrsabgaben zu den Zöllen.

Gegen die Bildung eines materiellen Zollbegriffs im Rahmen des Art. 73 Nr. 5 GG, auf den der Bund eine Gesetzgebungskompetenz stützen kann, spricht aber vor allem, daß die Steuergesetzgebung des Bundes bisher als in Art. 105 GG ausschließlich geregelt angesehen wurde. Würde dem Bund nunmehr eine Abgabenkompetenz zuerkannt, so würde dies die bisher herrschende Meinung über die Rolle des Art. 105 GG umwerfen. Der Kompetenz aus Art. 73 Nr. 5 GG könnten weitere folgen[124].

Da mit Steuergesetzen, zu denen die Zollgesetze gehören, nicht nur und nicht einmal hauptsächlich Einnahmezwecke verfolgt werden können, würde die bisherige Beschränkung der Steuergesetzgebungsbefugnis des Bundes auf Art. 105 GG aufgegeben werden, wenn der Bund Steuergesetze, die vielleicht den Einnahmezweck nur als Nebenziel verfolgen, auf andere Kompetenzvorschriften als Art. 105 GG stützen könnte. Die Bildung eines materiellen Zollbegriffs würde zu dieser Entwicklung beitragen. Auf die sich aus dieser Entwicklung ergebenden Gefahren für die bundesstaatliche Kompetenzaufteilung weist Friauf eindringlich hin[125]. Durch Steuergesetze dürfe die im Grundgesetz vorgesehene Ordnung der allgemeinen Zuständigkeiten zur Gesetzgebung nicht ausgehöhlt werden. Die Kompetenz zur Gesetzgebung über eine bestimmte Steuerart schließe grundsätzlich nicht die Befugnis ein, durch steuerliche Vorschriften mittelbar Sachgebiete zu regulieren, die der Zuständigkeit des jeweiligen Gesetzgebers nicht unterliegen[126].

Aus der Helgoland-Entscheidung des Bundesverfassungsgerichts sollten keine allgemeinen Folgerungen gezogen werden, da diese Entscheidung bisher alleinsteht.

Der materielle Zollbegriff, wie er von Stobbe vertreten wird[127] macht eine Abgrenzung zwischen Zöllen und anderen Eingangsabgaben wie Umsatzausgleichsteuer, Kaffee-, Teesteuer, Helgolandsteuer unmöglich. Der materielle Begriff verwischt die notwendige Grenze

---

[123] *Piduch*, AöR 86, 459 (463).

[124] etwa aus Art. 74 Nr. 11 und Nr. 17 GG.

[125] Grenzen, S. 25 ff., insbes. S. 29—32.

[126] a.a.O. S. 30 a E.

[127] ZfZ 1965, 261 (266).

zwischen Art. 105 Abs. 1 und Abs. 2 Grundgesetz[128]. Der materielle Zollbegriff ist eine andere Bezeichnung für den Oberbegriff „Eingangsabgaben". Da dieser Begriff nicht im Grundgesetz enthalten ist, kann er nicht zu Folgerungen über die Gesetzgebungsbefugnis des Bundes führen. Die Abgaben mit zollähnlicher Wirkung ließen sich bisher alle unter die in Art. 105 GG vertretenen Begriffe einordnen. Das gilt auch für die Helgolandsteuer als Verbrauchsteuer mit örtlich bedingtem Wirkungskreis.

Der gegen die Beschränkung der Zölle auf den formellen Begriff erhobene Vorwurf des Formalismus[129] ist unbegründet. Der Versuch, den Abschöpfungstarif dem Zolltarif gleichzustellen, übersieht wesentliche Unterschiede. Beide Tarife weisen zwar äußerlich die gleiche Systematik auf. Der Zolltarif wird jedoch durch Gesetz[130], der Abschöpfungstarif durch Rechtsverordnung aufgestellt. Aus dem Zolltarif ergeben sich feste Zollsätze, aus dem Abschöpfungstarif jedoch keine Abschöpfungssätze[131]. Das hat seinen Grund darin, daß die Zollsätze dem nationalen Gesetzgeber unterliegen, während die Abschöpfungssätze sich unmittelbar aus den EWG-Verordnungen ergeben. Die Abschöpfungssätze werden von den Einfuhr- und Vorratsstellen nach dem oben beschriebenen System errechnet und bekanntgegeben. Die Abschöpfungssätze sind bei innergemeinschaftlicher Abschöpfung unmittelbar vom Marktpreis des ausführenden Mitgliedstaates, bei Drittlandabschöpfungen unmittelbar vom Weltmarktpreis abhängig. Sie unterliegen daher dem Marktgesetz von Angebot und Nachfrage und können mit den gesetzlich festgelegten Zollsätzen nicht verglichen werden. Die Errechnung der Abschöpfungssätze wird daher zu Recht lediglich als Vollzug des europäischen Rechts bezeichnet[132]. Demgegenüber gibt der Zolltarif Auskunft darüber, wie hoch eine Ware zu verzollen ist. Der Zolltarif ist ein Warenkatalog, der nach Möglichkeit jede im Handel vorkommende Ware erfaßt und für sie einen bestimmten Zollsatz ausweist[133].

Die Schwierigkeit der Abgrenzung der Zölle gegenüber den anderen Eingangsabgaben liegt in der offenbaren Unmöglichkeit einer klaren materiellen Abgrenzung zwischen beiden Kategorien[134]. Kann man die Zölle nur formell bestimmen als Abgaben, die nach dem Zolltarif er-

---

[128] *Spanner*, DStR 1962/63, 423 (425).

[129] *Stobbe*, ZfZ 1965, 261 (275 f.).

[130] Zolltarifgesetz v. 23. 12. 1960, BGBl. II, 2425, jetzt in der Fassung der Zolltarif VO v. 10. 12. 1965, BGBl. II, 1605.

[131] § 9 Abs. 2 AbEG; FG Rheinland-Pfalz, ZfZ 1966, 53.

[132] *Götz*, JZ 1963, 265 (266); *List*, FR 1964, 207 (210/11); *Cordts*, ZfZ 1964, 353 (354); *Stobbe*, ZfZ 1965, 261 (275).

[133] BVerfG E 19, 17 (28).

[134] *Spanner*, DStZ 1962/63, 423 (425).

hoben werden von der Warenbewegung über die Grenze, so gehören die Abschöpfungen nicht zu den Zöllen, da sie nach Maßgabe des Abschöpfungstarifs erhoben werden[135].

Gegen den Zollcharakter der Abschöpfungen spricht auch ein Vergleich der EWG-Verordnungen, die Regelungen über Abschöpfungen und Zölle enthalten. Zur Errichtung einer gemeinsamen Marktorganisation für Rindfleisch werden durch Art. 1 VO Nr. 14/64 eine Zollregelung und zusätzliche Preisstützungsmaßnahmen in Form von Abschöpfungen für Rindfleisch eingeführt[136]. Da die Rindfleisch-Verordnung selbst eine Zollregelung enthält, erklärt sie die Erhebung von Zöllen oder Abgaben gleicher Wirkung, *soweit sie nicht in der Verordnung vorgesehen sind*, für unvereinbar mit den Zielen der Verordnung[137]. Der klarstellende Zusatz „Zölle, die nicht in dieser Verordnung vorgesehen sind“, fehlt bei den Verordnungen, die nur eine Abschöpfungsregelung enthalten[138]; im übrigen wird jedoch die Erhebung von Zöllen oder Abgaben gleicher Wirkung für unvereinbar mit der Abschöpfungsregelung erklärt. Der Schluß ist daher gerechtfertigt, daß der EWG-Verordnungsgeber die Abschöpfung nicht als Zoll oder Abgabe gleicher Wirkung angesehen hat, da es andernfalls nahegelegen hätte, auch in den anderen Verordnungen einen entsprechenden Zusatz aufzunehmen.

Als Ergebnis der bisherigen Untersuchung ist festzuhalten, daß die Abschöpfungen des EWG-Rechts nicht zu den Zöllen gehören. Somit bleibt zu prüfen, ob die Abschöpfungen Abgaben sind, für die der Bund nach Art. 105 Abs. 2 GG die Gesetzgebung hat. Voraussetzung dafür ist, daß die Abschöpfungen des EWG-Rechts Steuern sind.

Zweifel daran, ob die Abschöpfungen zu den Steuern gehören, könnten sich einmal daraus ergeben, daß das Bundesverwaltungsgericht der Einfuhr- und Vorratsstelle in ständiger Rechtsprechung die Befugnis aberkannt hat, mit den Abschöpfungen alten Rechts fiskalische Einnahmezwecke zu verfolgen[139]. Die Abschöpfungen des nationalen Marktordnungsrechts dienten allein der Wirtschaftslenkung. Sie waren die wirksamsten Mittel, mit denen die Einfuhr- und Vorratsstellen ihre Aufgabe als Preis- und Mengenschleuse für Importwaren erfüllten[140]. Hätten auch die Abschöpfungen des EWG-Rechts ausschließlich den Zweck der Wirtschaftslenkung, so wären es keine Steuern,

---

[135] *Bail - Schädel - Hutter*, Einf. Nr. 6 Abs. 1; mit anderer Begründung auch *Kruse*, Lehrbuch § 3 II 2 c, S. 17.

[136] *Gotschlich*, ZfZ 1965, 33, *Schwarz - Wockenfoth*, § 21 ZollG, Anm. 4.

[137] Art. 12 Abs. 1 VO Nr. 14/64.

[138] z. B. Art. 18 Abs. 1 VO Nr. 19.

[139] Siehe Abschnitt B I 2 c Fußnote 20.

[140] Daneben konnten sie z. B. Auflagen erteilen.

da ihnen das wesentliche Merkmal fehlen würde, daß sie zum Zweck der Einnahmeerzielung auferlegt sind. Die Einnahmeerzielung braucht zwar nicht Hauptzweck der Steuer zu sein. Steuergesetze sind zu einem der beliebtesten Mittel der Wirtschaftslenkung geworden[141]. Eine Steuer liegt aber dann nicht vor, wenn ein Einnahmezweck mit der Auferlegung der Geldleistungspflicht überhaupt nicht verbunden ist.

Die Abschöpfungen des EWG-Rechts dienen in erster Linie der Wirtschaftslenkung. In den Überschriften und Präambeln der Verordnungen Nr. 19 bis 22 und Nr. 13/64, 14/64, 16/64 ist ausgeführt, daß mit den Abschöpfungen ein einheitlicher Markt für Agrarerzeugnisse aufgebaut werden soll, auf dem für gleiche Produkte in allen Mitgliedstaaten gleiche Preise bestehen. Wer den Steuerbegriff so einengt, daß die Einnahmeerzielung Hauptzweck der Abgabe sein muß[142], kann die Abschöpfung nicht zu den Steuern zählen[143].

Dieser Steuerbegriff wird jedoch abgelehnt. Reicht es für den Steuerbegriff aus, daß die Abgabe die Erzielung von Einnahmen auch nur als Nebenzweck verfolgt, so sind die Abschöpfungen Steuern. Sie stellen keine Gegenleistung für eine besondere Leistung dar, sondern werden allen auferlegt, bei denen der Tatbestand der Einfuhr einer Marktordnungsware gegeben ist, und dienen vorerst den Mitgliedstaaten der Gemeinschaft, später der Gemeinschaft selbst, als Einnahme[144]. So wird in der Diskussion um die Rechtsnatur der Abschöpfung in erster Linie der Zollcharakter in Zweifel gezogen. Die Abschöpfung wird auch vom Finanzgericht Rheinland-Pfalz als Steuer angesehen, und zwar entweder als Verkehrsteuer oder als Abgabe eigener Art[145]. Zu den wirtschaftsverwaltungsrechtlichen Ausgleichsabgaben können die Abschöpfungen nicht gezählt werden, weil sie nicht dem Ausgleichsprinzip unterliegen. Friauf[146] meint, eine Steuer dürfe nur dort auferlegt werden, wo es sich tendenziell darum handele, einen finanziellen Bedarf der öffentlichen Verwaltung zu decken. Erst wenn diese Grundvoraussetzung gegeben sei, könne der Gesetzgeber bei der näheren Ausgestaltung der Tatbestände auch andere Zwecke berücksichtigen. Komme es dem Gesetzgeber nur auf die wirtschaftliche Lenkung an und sei der finanzielle Ertrag der Abgabe

---

141 Über die verfassungsmäßigen Grenzen dieser Praxis siehe: *Friauf*, Verfassungsrechtliche Grenzen; *Bellstedt*, Wirtschaftslenkung durch Steuern.

142 BVerwG E 7, 304 (308); Hildegard *Krüger*, StRK Anm. zu § 11 BefStG 1955 R. 11; *Kruse*, Steuerrecht § 3 II, 2 c; *Friauf*, Verfassungsrechtliche Grenzen, S. 16 N. 39, müßte wohl auch diese Ansicht vertreten.

143 so ausdrücklich Kruse a.a.O.

144 *Schwarz - Wockenfoth*, § 1 ZollG RdN 28 b.

145 ZfZ 1964, 82 (89).

146 Verfassungsrechtliche Grenzen, S. 15 f., insbes. S. 16 N 39.

nur ein zwangsläufiges, wenn auch nicht unwillkommenes „Abfallprodukt“, so wäre die Inanspruchnahme der Steuergesetzgebungskompetenz nicht gerechtfertigt[147]. Legt man diesen strengen Maßstab an die Abschöpfungen des EWG-Rechts an, so ergeben sich Zweifel, ob sie zu den Steuern gezählt werden können. Auf sie dürfte der Tatbestand zutreffen, daß es dem EWG-Verordnungsgeber ebenso wie den Mitgliedstaaten der Gemeinschaft nur auf die Herbeiführung des wirtschaftlichen Zieles eines gemeinsamen Marktes ankam. Der Ertrag der Abgabe ist „Abfallprodukt“. Friaufs Ansicht wird nicht geteilt. Zulässig wäre seiner Ansicht nach, daß die außerfiskalischen Motive die Hauptursache für die Einführung der Steuer sind[148]. Nicht zulässig soll dagegen sein, daß die fiskalischen Motive derart in den Hintergrund treten, daß die Einnahmen „ein zwangsläufiges, wenn auch nicht unerwünschtes Abfallprodukt“ ergeben. Die Grenze zwischen zulässiger und nichtzulässiger Steuer liegt danach im Bereich der Motivation des Gesetzgebers. Diese ist, wie alle inneren Vorgänge, schwer oder gar nicht nachprüfbar. Als Abgrenzungskriterium wird die Motivation abgelehnt und statt dessen vorgeschlagen, auf den sichtbaren Tatbestand der Einnahmeerzielung abzustellen und von ihm auf den vermuteten Willen des Einnahmezwecks zu schließen. Dieser Schluß darf jedoch dann nicht geführt werden, wenn die Einnahmeerzielung aus der Natur der Abgabe heraus ausscheidet, wie zum Beispiel bei Geldstrafen und Erzwingungsgeldern. Zweifelhaft erscheint, ob Friaufs Motivationsprüfung nicht im Ergebnis auf die hier vertretene Ansicht hinausläuft. Aus seinen Ausführungen ließe sich das entnehmen: Die verfassungsrechtliche Prüfung habe nicht zu erforschen, welches Motiv zuerst vorhanden war, wenn nur im Ergebnis beide Motive im Gesetz erkennbar werden[149]. Selbst die positive Feststellung, daß ordnungspolitische Vorstellungen den ersten Anstoß zum Erlaß eines Abgabengesetzes gegeben haben, stehe der Steuerqualität nicht entgegen, solange nur das schließlich erlassene Gesetz auch finanzielle Zwecke verfolge[150]. Wie soll die Grenze gezogen werden zwischen einem (noch zulässigen) Steuergesetz, das die Einnahmeerzielung als Nebenzweck verfolgt und einem (unzulässigen) Gesetz, das allein wirtschaftslenkende Zwecke verfolgt und Einnahmen nur

---

[147] gleicher Ansicht: *Tipke - Kruse*, § 1 Anm. 7; *Kruse*, Steuerrecht § 3 II 2 c.

[148] Verfassungsrechtliche Grenzen, S. 16.

[149] Deutlich auch auf S. 22: „Die Untersuchung hat von der Einsicht auszugehen, daß sich die verfassungsrechtliche Beurteilung nicht in erster Linie an den rein subjektiven Absichten orientieren kann, die das eine oder andere gesetzgebende Organ beim Erlaß des Gesetzes verfolgt hat. Denn die staatliche Intervention ergibt sich aus den tatbestandsmäßigen Ausprägungen der Steuergesetze, nicht aus den Motiven einzelner Abgeordneter.“

[150] Verfassungsrechtliche Grenzen, S. 16 N. 41.

als Nebenprodukt erzielt, wenn die Prüfung an Hand des Gesetzes erfolgt? Diese Art der Prüfung läuft Gefahr, mit Fiktionen und Unterstellungen zu arbeiten, um ein wahrscheinlich richtiges oder wünschenswertes Ergebnis zu begründen.

Das Bundesverfassungsgericht stellt in der Beförderungssteuer-Entscheidung[151] ab auf die objektiv aus dem Gesetz erkennbare Tendenz für die Feststellung des wirtschaftlichen Interventionszwecks. Das gleiche muß auch für die Feststellung des Einnahmezwecks gelten. Das Abstellen auf den im Gesetz objektivierten Willen des Gesetzgebers erkennt auch Friauf als gültiges Auslegungsprinzip an[152].

Abschöpfungen als Verbrauch- oder Verkehrsteuern

Abschöpfungen könnten Verbrauch- oder Verkehrsteuern sein. Für die Frage, wie die beiden Steuerarten sich voneinander unterscheiden, ist in erster Linie der Tatbestand maßgebend, an den das Gesetz die Entstehung der Steuerschuld knüpft[153].

Ursprünglich wurden unter Verbrauchsteuern Abgaben verstanden, die auf dem Massenverbrauch bestimmter Gegenstände inländischer Erzeugung lagen, sofern sie in den inländischen freien Verkehr übergingen. An dem Erfordernis inländischer Erzeugung wurde später nicht mehr festgehalten; dagegen wird die Abgabe nicht beim Absatz ins Ausland erhoben. Der Verbrauchsteuer ist wesentlich, daß das ihren Gegenstand bildende Erzeugnis während und mit der Einbringung ins Inland in einen steuerlichen Nexus tritt, was bei der Verkehrsteuer nicht der Fall ist[154]. Das Merkmal der Belastung des Verbrauchs bestimmter Gegenstände trat langsam in den Hintergrund, während die steuerliche Bindung den Verbrauchsteuern auch heute noch eigen ist. Die heute gängige Definition lautet: Eine Verbrauchsteuer liegt vor, wenn der Übergang einer Sache aus einer steuerlichen Bindung (Nexus) in den steuerlich nicht gebundenen Verkehr tatbestandsmäßige Voraussetzung für die Entstehung der Steuerschuld ist[155]. Schmölders wendet gegen diese Definition ein, sie stelle einseitig auf die Erhebungstechnik ab; der Gesetzgeber könne daher durch bloße Schaffung einer entsprechenden Bindung jede Steuer zur Verbrauchsteuer machen und durch die Gestaltung der Erhebungstechnik die Vorschriften über Gesetzgebung, Ertrag und Verwaltung

---

151 BVerfG E 16, 147 (162 a.E.) ebenso; E 13, 181 (186) Schankerlaubnissteuer.

152 zur Auslegungsmethode siehe S. 23—25, S. 22 N. 58.

153 BFH BStBl. 1953 III, 188; 1954 III, 123; *Piduch*, AöR 86, 459 (466).

154 RFH E 3, 160 (161); zur Geschichte der Verbrauchsteuern: *Senckpiehl*.

155 BFH E 57, 473 (489); BVerwG E 6, 247 (256); *Schmölders*, Handb. d. Finanzwissenschaft, Bd. II 639; *Kruse*, Steuerrecht, § 4 IV 2 c; *Piduch*, AöR

umgehen[156]. Schmölders schlägt selbst eine Betonung des ursprünglichen Merkmals der Besteuerung des Verbrauchs vor; unabdingbar für jede Verbrauchsteuer sei die Absicht, die Einkommensverwendung des Verbrauchers zu treffen; das gelte auch für diejenigen Steuern, die dieses Ziel nur durch Überwälzbarkeit erreichen könnten. Schmölders' Definition der Verbrauchsteuern lautet:

„Verbrauchsteuern sind allgemeine Steuern auf die in der Einkommensverwendung für den persönlichen Lebensbedarf zum Ausdruck kommende wirtschaftliche Leistungsfähigkeit; dies gilt auch dann, wenn sie aus erhebungstechnischen Gründen nicht unmittelbar vom Verbraucher, sondern vom Hersteller oder Lieferanten der besteuerten Erzeugnisse erhoben werden[157].“

Das Merkmal der Besteuerung der Einkommensverwendung wird auch vom Bundesverwaltungsgericht hervorgehoben[158]. Es stellt ab auf die ursprüngliche Zielrichtung der Besteuerung und findet seinen Gegenpol in den Steuern von der Einkommenserzielung. Da die Verbrauchsteuern dann, wenn sie nicht direkt beim Verbraucher erhoben werden, auf Überwälzbarkeit angelegt sein müssen[159], können gesetzliche Ausgestaltungen wie sie etwa bei der Mineralölsteuer anzutreffen sind, nicht gegen das Merkmal der Besteuerung der Einkommensverwendung sprechen. Soweit die Mineralölsteuer beim Unternehmer ertragsmindernd und daher als Steuer von der Einkommensgewinnung wirkt, tritt das Merkmal der Überwälzbarkeit hinzu. Die Steuer wird über den Preis auf den Verbraucher abgewälzt und wirkt auf diesem Weg als Steuer von der Einkommensverwendung.

Der Kontroverse, ob Kennzeichen der Verbrauchsteuern der Übergang von der steuerlichen Bindung in den Freien Verkehr oder die Besteuerung der Einkommensverwendung sei, braucht im Zusammenhang mit den Abschöpfungen nicht nachgegangen zu werden, da die Abschöpfungen beide Merkmale erfüllen. In der steuertechnischen Ausgestaltung sind die Abschöpfungen an die Zölle angelehnt. Auf Abschöpfungen sind die für Zölle geltenden Vorschriften anzuwenden[160]. Die Abschöpfungsware muß daher zum freien Verkehr oder

86, 459 (466); OVG Münster E 13, 104 (107); *Senckpiehl*, S. 14 sieht ebenfalls als einziges gemeinsames Merkmal die Verfahrensübereinstimmung bei der Erhebung an.

[156] Zur Begriffsbestimmung der Verbrauchsteuern, S. 12—19, insbes. 18.

[157] *Schmölders*, Begriffsbestimmung S. 93 und Handbuch der Finanzwissenschaft Bd. II, 652.

[158] BVerwG E 12, 171 (173).

[159] BVerwG E 6, 247 (256); *Welinder*, Handbuch d. Finanzwiss. Bd. II, 353; *Schmölders*, daselbst S. 649.

[160] § 2 Abs. 1 Abschöpfungserhebungsgesetz — AbEG —

zu einem besonderen Abschöpfungsverkehr abgefertigt werden[161]. Zollrechtliche Bindungen bestehen vor der Abfertigung im Abschöpfungsaufschublager[162], im aktiven Veredelungsverkehr[163], im Umwandlungsverkehr[164] und im Bevorratungsverkehr[165]. Soll auf das materielle Merkmal der Besteuerung von der Einkommensverwendung abgestellt werden, so ist dieses durch die Möglichkeit erfüllt, die beim Importeur erhobene Steuer mit dem Preis auf die jeweils nächste Handelsstufe abzuwälzen. Die Abschöpfung wird endgültig vom Verbraucher des Abschöpfungsgutes getragen.

Gegen den Verbrauchsteuercharakter der Abschöpfung wurde vom Finanzgericht Rheinland-Pfalz eingewendet, es fehle die ausdrückliche Anordnung, daß Abschöpfungen Verbrauchsteuern seien[166]. Der ausdrücklichen Anordnung bedürfe es, weil die Steuerschuld für verbrauchssteuerbare Waren aus technischen Gründen an Verkehrsvorgänge anknüpfe, nämlich an die Entfernung aus dem inländischen Herstellerbetrieb und an die Einfuhr aus dem Ausland; deshalb müsse die Möglichkeit ausgeschlossen werden, die Abgabe als Verkehrsteuer aufzufassen. Die Erklärung, daß es sich um eine Verbrauchsteuer handele, sei insbesondere dann unentbehrlich, wenn Waren verschiedenster Art durch die Steuer belastet werden[167], und es deshalb nicht möglich ist, von der Warenart her auf das Vorliegen einer Verbrauchsteuer zu schließen. Gerade bei der Abschöpfung treffe dieser Gesichtspunkt zu. Eine ausdrückliche Erklärung wäre auch wegen der kurzen Verjährung der Verbrauchsteuern erforderlich.

Wenn die Abschöpfungen Verbrauchsteuern wären, hätte es nach Ansicht des Gerichts auch nicht der Anordnung bedurft, daß die Abgabe durch Bundesfinanzbehörden zu verwalten ist[168], da die Verbrauchsteuergesetze entsprechende Vorschriften auch nicht enthalten. Die Verwaltungshoheit des Bundes ergebe sich unmittelbar aus Art. 108 Abs. 1 GG. Für die Behauptung, § 2 Abs. 2 AbEG habe nur deklaratorische Bedeutung[169], fehle ein überzeugender Beweis. Gegen sie spreche die Tatsache, daß sich der Gesetzgeber bei der Fassung des Abschöpfungserhebungsgesetzes offensichtlich bemüht habe, keine überflüssigen Vorschriften zu schaffen.

---

161 § 4 Abs. 2 AbEG.
162 § 4 Abs. 3 AbEG.
163 § 4 Abs. 4 AbEG, § 48 ZollG.
164 § 4 Abs. 4 AbEG, § 54 ZollG.
165 § 6 AbEG.
166 ZfZ 1964, 82 (90).
167 wie z. B. bei der Ausgleichsteuer, § 15 Abs. 1 UStG; im Mehrwertsteuergesetz (UStG 1968) enthält § 21 Abs. 1 die entsprechende Bestimmung für die Einfuhrumsatzsteuer.
168 § 2 Abs. 2 AbEG.
169 *Lenkewitz*, ZfZ 1960, 260 (262).

Gegen diese Ansicht läßt sich einwenden, daß die Abschöpfung offenbar nur deshalb nicht als Verbrauchsteuer angesehen wird, weil sie im Gesetz nicht als solche bezeichnet ist. Ist die Bezeichnung einer Abgabe durch den Gesetzgeber nicht maßgebend, da es ihm nicht möglich ist, durch die bloße Bezeichnung den Katalog der Zuständigkeitsnormen in den Art. 105, 106 und 108 GG zu durchbrechen[170], und kommt der Bezeichnung einer Abgabe nur in Zweifelsfällen Bedeutung zu, so kann man den Verbrauchsteuercharakter einer Abgabe jedenfalls nicht deshalb verneinen, weil die Steuer nicht als solche bezeichnet ist. Wenn die Abschöpfung daher die sonstigen Merkmale einer Verbrauchsteuer erfüllt, so könnte sie als solche angesehen werden. Die augenblickliche Regelung der Abschöpfung würde dann mit Art. 105, 106, 108 GG übereinstimmen. Nach Ansicht des Finanzgerichts Rheinland-Pfalz bliebe es dem Gesetzgeber vorbehalten, durch bloßes Einfügen des Satzes: „Diese Abgabe ist eine Verbrauchsteuer", die Bedenken gegen die Verfassungsmäßigkeit der Abschöpfung[171] zu beseitigen. Dieser Satz läßt sich auch durch ergänzende Auslegung gewinnen. Die Kennzeichnung der Verbrauchsteuergesetze durch Einfügung eines entsprechenden Zusatzes besagt zudem nichts über die Wesensart dieser Steuern, da diese Kennzeichnung erst seit 1920 üblich wurde, die entsprechenden Steuern aber schon vorher als Verbrauchsteuern behandelt wurden. Die Kennzeichnung ist daher nur eine Bestätigung des bestehenden Rechtszustandes[172]. Das Fehlen einer entsprechenden Vorschrift im Abschöpfungserhebungsgesetz erklärt sich daraus, daß der Gesetzgeber die Steuer als Zoll behandelte, weil er glaubte, das Bundesverfassungsgericht habe dem Helgoland-Urteil einen so weiten, materiellen Zollbegriff zugrunde gelegt. Das ist jedoch nicht der Fall. Da das herkömmliche Zollrecht den Zollbegriff des Grundgesetzes bestimmt, kann es eine Unterscheidung zwischen Zoll im technischen Sinn und Zoll im Sinn des Grundgesetzes nicht geben[173]. Daher ist auch die Ansicht des Finanzgerichts Nürnberg abzulehnen, das Abschöpfungen weder zu den Verbrauchsteuern, noch zu den Zöllen im Sinne des Zollgesetzes zählt, sie aber für Zölle im weiteren Sinn hält[174].

Das geltende Recht kennt den Zollbegriff nur in einem Sinn, dem des Zollgesetzes, und als Oberbegriff den der Eingangsabgaben.

Bedenken gegen den Begriff der Zölle in weiterem Sinn werden auch von Brändel geäußert[175]. Seiner Ansicht, die Abschöpfungen rech-

[170] BVerfG E 7, 244 (251); BFH StRK § 79 BranntweinMonG, R. 1 S. 8.
[171] jedenfalls, soweit sie auf die Art. 105, 106, 108 GG gestützt werden.
[172] *Schmölders*, Zur Begriffsbestimmung der Verbrauchsteuern, S. 11.
[173] *Piduch*, AöR 86, 459 (463).
[174] ZfZ 1964, 241 = AWD 1963, 315.
[175] AWD 1963, 316 (317).

neten zur Gruppe der Abgaben des Marktlenkungsrechts, kann deshalb nicht gefolgt werden, da er darunter die Abgaben versteht, die der Preisregulierung und dem Preisausgleich dienen. Die Abschöpfung kann schon deshalb nicht als preisausgleichende Abgabe angesehen werden, weil durch sie Mittel abgeschöpft werden, die nicht wieder ausgeschüttet werden. Brändels Ansicht, am Wesen der Abschöpfung habe sich durch die europäischen Marktordnungen nichts geändert, da diese Normen erkennbar das deutsche Abschöpfungssystem übernommen hätten, wird zwar im Ergebnis vom Verwaltungsgericht Frankfurt[176] geteilt. Diese Ansicht ignoriert aber den grundlegenden Wandel im System der Marktordnung überhaupt. Während früher die Einfuhr- und Vorratsstelle jede Importware aufkaufte und wieder abgab, wobei die Abschöpfung die Differenz zwischen den beiden Preisen war, lastet nunmehr auf der Importware eine Eingangsabgabe. Wirtschaftlich mag auch das frühere System einer Eingangsabgabe gleichgekommen sein, rechtlich war es davon zu unterscheiden.

Wenn die frühere und die heutige Regelung überhaupt gemeinsame Züge hatten — diese Ansicht ist vertretbar, weil die früheren Abschöpfungen tatsächlich Einnahmen der öffentlichen Hand erbrachten; bei Anwendung des objektiven Maßstabes für das Merkmal der Einnahmeerzielung als Zweck der Steuer könnte man die alten Abschöpfungen dann trotz gegenteiliger Ansicht der Rechtsprechung[177] als Steuern ansehen — so läge die Gemeinsamkeit auf dem Gebiet der Steuern, nicht auf dem der preisrechtlichen Abgaben[178].

Die gegen den Verbrauchsteuercharakter der Abschöpfungen vorgebrachten Bedenken halten somit einer Prüfung nicht stand. Die Abschöpfung kann daher als Verbrauchsteuer angesehen werden. Bedenken gegen dieses Ergebnis richten sich nur gegen die Ausdehnung des Steuerbegriffs an sich, nicht gegen die Klassifizierung. Zwar dienen die bisherigen Verbrauchsteuern in erster Linie der Einkommenserzielung des Staates. Akzeptiert man den weiten Steuerbegriff, der den Einnahmezweck auch zugunsten anderer Zwecke in den Hintergrund treten läßt, so kann man ihn bei den Verbrauchsteuern nicht wieder verengen. Sieht man die Abschöpfung als Verbrauchsteuer an, so steht damit die in der Literatur und Rechtsprechung vertretene Ansicht in Einklang, die Abschöpfung sei eine zollähnliche Abgabe[179]. Die Ähnlichkeit zum Zoll ergibt sich daraus, daß auch der Finanzzoll wie eine Verbrauchsteuer wirkt[180], beide Ähnlichkeiten in der Er-

---

[176] ZfZ 1964, 50.

[177] Siehe Abschnitt B I 2 c, Noten 15 und 20.

[178] Schutzzollwirkung der alten Abschöpfungen wird angenommen von *Schwarz*, ZfZ 1965, 291 (292 a.E.).

[179] *Jaenicke*, ZaöRV 23, 485 (487).

[180] *Schwarz - Wockenfoth*, § 21 ZollG Anm. 2.

hebung aufweisen, da beide die von ihnen betroffenen Waren einer steuerlichen Bindung unterwerfen und infolgedessen auch beide durch die gleichen Behörden erhoben werden[181].

Als Ergebnis ist festzustellen:

Abschöpfungen des EWG-Rechts sind keine Zölle im Sinne von Art. 105 GG. Der für die Eingangsabgaben geprägte materielle Zollbegriff, der auf Art. 73 Nr. 5 GG gestützt wird, ist für Abgrenzungszwecke auf dem Gebiet des Abgabenrechts irreführend. Die Terminologie des Grundgesetzes unterscheidet zwischen der Gesetzgebungsbefugnis über das Zollwesen (Art. 73 Nr. 5 GG) und der über die Zölle (Art. 105 Abs. 1 GG). Die Abschöpfungen des EWG-Rechts sind Steuern im Sinne des Grundgesetzes. Die Abschöpfungen fallen unter den Begriff der Verbrauchsteuern, über die der Bund nach Art. 105 Abs. 2 Nr. 1 GG die konkurrierende Gesetzgebung hat.

Folgt man dieser Ansicht vom Rechtscharakter der Abschöpfungen nicht, so bleibt die Möglichkeit, die Abschöpfung als Verkehrsteuer anzusehen[182]. Bei einer Verkehrsteuer ist die Entstehung der Steuerpflicht an ein Rechtsgeschäft oder an einen ähnlichen wirtschaftlichen Vorgang geknüpft[183]. Zur Entstehung der Steuerschuld gehören in der Regel zwei Personen, wenn auch nur einer als Schuldner in Betracht kommt. Verkehrsteuern liegen in erster Linie auf dem Rechtsverkehr, daneben allerdings auch auf dem wirtschaftlichen Warenverkehr. Abschöpfungen würden im Streitfall auch dann im Finanzrechtsweg zu behandeln sein, wenn man sie als Verkehrsteuern ansieht.

Zweifelhaft würde die Zulässigkeit des Finanzrechtsweges für Abschöpfungsstreitigkeiten werden, wenn die Abschöpfungen nicht zu den in Art. 105 GG erwähnten Steuern gehören. Für die Abschöpfungen ergeben sich dann ähnliche Probleme wie für die bereits erwähnte Helgoländer Gemeinde-Einfuhr-Steuer. Beide Abgaben unterliegen der Bundesgesetzgebung; beide fielen nicht unter Art. 105 GG; als zollähnliche Eingangsabgaben unterliegen sie der ausschließlichen Bundeskompetenz über das Zollwesen[184]. Die Rechtswegabgrenzung ließe sich auch bei den Abschöpfungen einfach vornehmen, wenn § 33 Abs. 1 Nr. 1 FGO und die landesrechtlichen Regelungen in Anlehnung an § 39 Abs. 1 FVG und § 1 Satz 2 BFHG ausgelegt würden: Für die Sicherheit

---

181 Art. 108 Abs. 1 Satz 1 GG: Bundesfinanzbehörden.

182 Das Finanzgericht Rheinland-Pfalz, ZfZ 1964, 82, erwägt diese Möglichkeit, ohne sie zu entscheiden.

183 BFH E 57, 473 (489); Friedrich *Klein*, Handbuch der Finanzwiss. Bd. II, 616 ff.; OVG Münster E 13, 104 (107); *Tipke - Kruse*, § 1 Anm. 19.

184 Art. 73 Nr. 5 GG.

des Rechtsschutzes wäre diese einfache Regelung sehr empfehlenswert[185].

Da die EWG-Abschöpfungen und die Helgoland-Steuer einerseits alle Merkmale des geltenden Steuerbegriffs erfüllen, sich andererseits aber nicht unter den Zollbegriff des Art. 105 Abs. 1 GG einordnen lassen, ergibt sich das Problem, ob der Satz, die Steuergesetzgebung des Bundes sei ausschließlich durch Art. 105 GG geregelt, noch aufrechterhalten läßt. Das Bundesverfassungsgericht hat die Helgoland-Steuer einerseits als Steuer angesehen, andererseits die Bundesgesetzgebungskompetenz auf Art. 73 Nr. 5 GG gestützt[186]. Ähnliche Schwierigkeiten würden die Abschöpfungen als „zollähnliche Abgaben" machen, wenn die hier vertretene Ansicht nicht geteilt wird.

Bedenken bestehen allerdings gegen die von Piduch vertretene Methode der erweiternden Auslegung der Kompetenz des Bundes nach Art. 105 GG. Piduch erweitert die in Art. 105 GG geregelten Befugnisse des Bundes, indem er sie nicht beschränkt auf die ausdrücklich genannten, sondern die Gesetzgebung des Bundes aus einer negativen Abgrenzung der Landeskompetenzen folgert[187]. Die Grenzverkehrsabgaben nähmen insofern eine verfassungsrechtliche Sonderstellung ein, als sie zwar Verbrauchsteuern seien im Sinne des Art. 105 Abs. 2 Nr. 1 GG, für die der Bund nur eine konkurrierende Gesetzgebungsbefugnis habe[188], bzw. Steuern mit örtlich bedingtem Wirkungskreis, für die an sich eine ausschließliche Landeskompetenz gegeben sei. Da sie aber zugleich Grenzverkehrsabgaben seien, wären die Länder an der Wahrnehmung ihrer Befugnisse durch Art. 73 Nr. 5 GG gehindert. Die ausschließliche Bundeskompetenz gehe der Landeskompetenz vor. Daraus folgert Piduch[189]: „Die ausschließlichen Bundeskompetenzen auf dem Gebiet der Steuern ergeben sich nicht kraft positiver grundgesetzlicher Regelung in Art. 105 Abs. 1 GG, sondern infolge negativer Begrenzung der Länderkompetenzen in Art. 105 Abs. 2 Ziff. 1 in Verbindung mit Art. 73 Ziff. 5 GG."

Der Geltung dieses Satzes steht jedoch Art. 70 Abs. 1 GG entgegen, der auch auf dem Gebiet des Steuerrechts gilt. Es scheint daher angebracht, den Satz, der Bund könne eine Befugnis zur Steuergesetzgebung allein aus Art. 105 GG herleiten, dahin zu ergänzen, daß ein

---

[185] Die durch den Entwurf zum AOStrafÄndG vorgesehene Änderung von § 3 Abs. 1 RAO bestätigt die Richtigkeit dieser Ansicht, näheres siehe Abschnitt A II Fußnote 40.

[186] Auf diesen Widerspruch macht *Piduch* aufmerksam: AöR 86, 459 (464); siehe auch *Rudolf*, AöR 86, 479 (482 N. 6).

[187] AöR 86, 459 (474).

[188] Kaffee-, Teesteuer.

[189] AöR 86, 459 (474).

Steuergesetz des Bundes auch auf Art. 73 Nr. 5 GG gestützt werden kann, wenn eine Abgabe die Einheit des Zoll- und Handelsgebietes und damit das Zollwesen berührt. Allerdings müßte der Satz dahin eingeschränkt werden, daß der Bund mit Hilfe dieser Kompetenz keine beliebigen Steuerquellen neu erschließen kann, sondern auf sie nur in Sonderfällen zurückgreifen darf. Ein derartiger Sonderfall ist die Aufrechterhaltung der historischen Steuerquelle der Gemeinde Helgoland, aber auch die Notwendigkeit, die zum Aufbau eines Gemeinsamen Marktes erforderlichen Maßnahmen zu treffen.

Der verfassungsrechtlichen Problematik dieser beiden Abgaben kann hier nicht weiter nachgegangen werden. Die Erörterung hat jedoch gezeigt, daß es Abgaben gibt, die alle Merkmale des geltenden Steuerbegriffs erfüllen und durch Bundesgesetz geregelt sind oder zu regeln wären, ohne daß der Bund seine Kompetenz auf Art. 105 GG stützen könnte.

Schwierigkeiten bei der Rechtswegabgrenzung beeinträchtigen in jedem Fall die Effektivität des Rechtsschutzes. Das gilt in besonderem Maße im Abgabenrecht, da Rechtsbehelf und Klage keinen Suspensiveffekt besitzen (§ 69 FGO; § 242 RAO; § 80 Abs. 2 Nr. 1 VwGO). Wird die Zulässigkeit des Finanzrechtsweges beschränkt auf die Abgaben, die der Bundesgesetzgebung nach Art. 105 GG unterliegen, so wird hier eine Voraussetzung eingeführt, die die Landesgesetzgebung als Gegenstück aufzufassen scheint; für Abgaben, die der Landesgesetzgebung unterliegen, müßte der Finanzrechtsweg dann verschlossen sein. Das ist jedoch nicht der Fall, wie die übereinstimmenden Landesgesetze zeigen. Abgesehen von dieser unsystematischen Zergliederung der Rechtswegregelung gibt es jedoch auch bundesrechtlich geregelte Abgaben, die zu den Steuern in dem hier vertretenen weiten Sinn zu rechnen sind, bei denen zumindest zweifelhaft ist, auf welche Vorschrift des Grundgesetzes der Bund seine Gesetzgebungsbefugnis stützen kann. Die historisch gebotene, auf § 39 Abs. 1 FVG und § 1 Satz 2 BFHG gestützte Auslegung bietet sich deshalb auch für § 33 Abs. 1 Nr. 1 FGO und die auf Grund von § 33 Abs. 1 Nr. 4 FGO ergangenen Landesgesetze an: Der Finanzrechtsweg ist danach zulässig für alle Abgabenstreitigkeiten mit Bundesfinanzbehörden oder Landesfinanzbehörden. Auf dem Gebiet des Bundesrechts rechtfertigt sich dieser Satz durch eine Auslegung des § 33 Abs. 1 Nr. 1 FGO, die den vollen Wortlaut der Vorschrift umfaßt. Eine einschränkende Auslegung im Rahmen des § 3 RAO und des Art. 105 GG ist weder historisch noch systematisch geboten. Auf dem Gebiet des Landesrechts gilt dieser Satz, da die Länder das Steuererfindungs- und -gesetzgebungsmonopol haben nach Art. 70 Abs. 1 GG, und da sie übereinstimmend den Finanzrechtsweg eröffnet haben in öffentlich-rechtlichen Streitigkeiten über Steuern und andere Abgaben, die der Ländergesetzgebung unterliegen und durch Landesfinanzbehörden verwaltet werden.

Die Gesetzgebung des Bundes in der bundesrechtlichen, die der Länder in den landesrechtlichen Regelungen sind daher überflüssige Tatbestandsmerkmale in der Regelung über die Zulässigkeit des Finanzrechtsweges[190].

Ergebnis:

Der Finanzrechtsweg ist zulässig für alle öffentlich-rechtlichen Streitigkeiten über Abgaben, soweit die Abgaben durch Bundesfinanzbehörden oder Landesfinanzbehörden verwaltet werden. Bundesrechtlich ist der Finanzrechtsweg nicht beschränkt auf Abgaben, die der Bundesgesetzgebung nach Art. 105 GG unterliegen.

γ) Angleichungszölle

Im Gegensatz zu den Abschöpfungen sind die Angleichungszölle des EWG-Rechts echte Zölle. Sie erfüllen die Merkmale des formellen Zollbegriffs, da sie nach dem Zollgesetz erhoben werden. § 21 Abs. 2 Nr. 4 ZollG bestimmt, daß die Bundesregierung durch Rechtsverordnung die Erhebung von Ausgleichsabgaben in der Form von Angleichungszöllen anordnen kann. Ausgleichsabgaben können durch den Rat oder die Kommission der Europäischen Wirtschaftsgemeinschaft auf Grund der Art. 46 Abs. 2, 115 Abs. 1, 226 Abs. 2 oder 235 EWG-Vertrag festgesetzt werden, um schwerwiegende Störungen zu beseitigen, die sich in der innerstaatlichen Wirtschaft durch die fortschreitende Integration der Märkte einstellen[191].

Es besteht keine Einigkeit darüber, ob die Ausgleichsabgaben materiell Zölle sind. Anläßlich der Behandlung der 2. und 3. Änderungsverordnung zum Zolltarif 1962 vom 28. 12. 1961, die Angleichungszölle für Vollmilchpulver und Fondantmasse betrifft, vertrat der Bundesrat die Ansicht, der Angleichungszoll sei ein echter Zoll. Die Erhebung des Angleichungszolls auf Einfuhren aus Frankreich in das Saargebiet verstoße daher gegen Art. 63 Abs. 2 des Saarvertrages[192]. Demgegenüber vertrat der Außenhandelsausschuß des Bundestages die Ansicht,

---

[190] Dafür ein Beispiel aus der Rechtsprechung: Obwohl das BVerwG § 3 EinfGRealStG zunächst als Landesrecht (KStZ 1959, 53), später aber als Bundesrecht ansah (BVerwG E 15, 149 (151), hat es zutreffend in beiden Fällen sachlich entschieden, da in Nordrhein-Westfalen und Niedersachsen die Grundsteuermehrbelastung durch die Gemeinden erhoben wird. Die Bundes- oder Landesrechtsqualität von § 3 EinfGRealStG ist für die Frage der Zulässigkeit des Rechtsweges unerheblich.

[191] *Bail - Schädel - Hutter*, § 21 ZollG Anm. 8; *Schwarz - Wockenfoth*, § 21 ZollG Anm. 19.

[192] Bundestagsdrucksache IV/182, Bd. 77.

daß der Angleichungszoll zwar formell ein Zoll, materiell jedoch eine Ausgleichsabgabe sei, die nur aus verwaltungsökonomischen Gründen im Rahmen des Zollverfahrens erhoben werde[193]. Die Abgabe sei zum Ausgleich der durch das Zusammentreffen verschiedener Marktregelungen für Waren der Agrarwirtschaft verursachten Wettbewerbsverzerrungen bestimmt und durch die EWG-Kommission gebilligt[194]. Die Kommission habe die Erhebung der Abgabe daher auch in erster Linie dem Exportland und erst subsidiär, wenn dieses auf die Erhebung verzichte, dem Importland zugebilligt. Die Ausgleichsabgabe könne daher materiell keinesfalls als Schutzzoll angesehen werden.

Nach der Begründung zum Gesetzentwurf zur Änderung des Zollgesetzes vom 13. 6. 1962[195] sollte durch die Änderung von § 21 Abs. 2 Nr. 4 ZollG zum Ausdruck gebracht werden, daß die Ausgleichsabgaben nach den Bestimmungen des EWG-Vertrages materiell keine Zölle seien, sondern nur aus verwaltungstechnischen Gründen in Form von Zöllen erhoben wurden[196]. Das Gesetz wurde in der Fassung des Entwurfes verabschiedet[197]. Die Bestimmung des § 21 Abs. 2 Nr. 4 ZollG bildet die innerstaatliche Rechtsgrundlage, um von der Kommission getroffene Entscheidungen über die Anwendung von Ausgleichsabgaben in nationales Recht umzusetzen[198]. Im Gegensatz zu den Verordnungen über Abschöpfungen bedürfen die Entscheidungen einer Transformation durch den staatlichen Gesetzgeber, weil die Bundesregierung durch die Entscheidung lediglich ermächtigt, aber nicht verpflichtet wird, Angleichungszölle festzusetzen[199]. Lediglich in der Höhe der Ausgleichsabgabe ist die Bundesregierung durch die Entscheidung der Kommission nach oben gebunden. In dringenden Fällen, in denen die Durchführung handelspolitischer Maßnahmen durch Verkehrsverlagerungen verhindert wird, kann die Bundesregierung auf Grund von Art. 115 Abs. 2 EWG-Vertrag und § 21 Abs. 2 Nr. 4 c ZollG von sich aus Angleichungszölle festsetzen. Die Bundesregierung besitzt hier noch unstreitig autonome zollpolitische Befugnisse[200].

---

[193] Bundestagsdrucksache IV/266, Bd. 77.

[194] Der Begriff der Ausgleichsabgabe ist hier nicht in demselben Sinn verwendet wie im Wirtschaftsverwaltungsrecht. Diese Abgaben sind echte Steuern und unterliegen nicht dem Ausgleichsprinzip. Ausgleich der Wettbewerbsverzerrungen erfolgt nicht durch Ausgleichszahlungen an die Benachteiligten, sondern durch Belastung der Begünstigten.

[195] Bundestagsdrucksache IV/466, Bd. 79.

[196] Ebenso der Sprecher des Finanzausschusses, Abg. *Koch*, Sitzungsberichte des Deutschen Bundestages, 4. Wahlperiode, 36. Sitzung vom 27. 6. 1962, S. 1503.

[197] Sitzungsberichte, 38. Sitzung vom 29. 6. 1962, S. 1608.

[198] *Schwarz - Wockenfoth*, § 21 ZollG Anm. 20.

[199] *Rogalla*, ZfZ 1962, 299.

[200] *Schwarz - Wockenfoth*, § 21 ZollG Anm. 21; *Laubereau*, ZfZ 1961, 7; *Rogalla*, ZfZ 1962, 299.

Bereits vor Inkrafttreten der Finanzgerichtsordnung wurde die Zulässigkeit des Finanzrechtsweges für Streitigkeiten über Angleichungszölle allgemein angenommen[201]. Dabei sollte dahinstehen, ob die Abgaben materiell Zölle oder Marktlenkungsabgaben seien. Sollte es sich um Zölle handeln, so sei der Finanzrechtsweg gegeben, weil § 3 RAO anwendbar sei. Verneine man den Zollcharakter der Abgabe, so lasse sich nicht bestreiten, daß die Abgabe „als Zoll, d. h. nach Maßgabe des Zolltarifs und der zugrunde liegenden Ermächtigung des § 21 Abs. 2 Nr. 4 ZollG erhoben" werde[202]. Sollte sich der Finanzrechtsweg daher nicht aus einer direkten Anwendung der Abgabenordnung nach § 3 RAO rechtfertigen, so sei sie doch über § 39 FVG anwendbar, da die Abgabe durch die Zollbehörden erhoben werde. Die Anwendung von § 39 FVG in diesem Fall ist überflüssig, da auch das Finanzgericht Hamburg die Frage, ob ein Zoll vorliegt, nach formellen Gesichtspunkten entscheidet. Das ergibt sich aus seinem Hinweis auf das Helgoland-Urteil des Bundesverfassungsgerichts[203]. Ist eine Abgabe formell als Zoll anzusehen, so fällt sie unter die Gesetzgebungsbefugnis des Bundes nach Art. 105 Abs. 1 GG und damit sowohl unter die Bestimmungen über den Finanzrechtsweg als auch unter § 3 der Reichsabgabenordnung. Bemerkenswert ist die Ansicht des Finanzgerichts Hamburg aber insoweit, als es § 39 FVG noch als geltende Bestimmung mit Einfluß auf den Finanzrechtsweg ansieht[204].

c) Zur konkurrierenden Steuergesetzgebungsbefugnis des Bundes (Art. 105 Abs. 2 GG)

Nach Art. 105 Abs. 2 GG hat der Bund die konkurrierende Gesetzgebung über die Verbrauch- und Verkehrsteuern mit Ausnahme der Steuern mit örtlich bedingtem Wirkungskreis, der Grunderwerbsteuer, der Wertzuwachssteuer und der Feuerschutzsteuer. Diese Steuern unterliegen der Landesgesetzgebung. Der Bund hat die Gesetzgebung über die Steuern vom Einkommen, Vermögen, von Erbschaften und Schenkungen, sowie über die Realsteuern mit Ausnahme der Festsetzung der Hebesätze. Die konkurrierende Bundesgesetzgebung steht

---

[201] FG Hamburg, EFG 1964, S. 259 Nr. 328 = ZfZ 1964, 151; VG Frankfurt, ZfZ 1964, 337; *Stobbe*, ZfZ 1965, 261 (279); *Bail - Schädel - Hutter*, § 21 ZollG Anm. 8; *Schwarz - Wockenfoth*, § 21 ZollG Anm. 22.

[202] FG Hamburg, EFG 1964, S. 259; Das VG Frankfurt, ZfZ 1964, 337, beschränkt dagegen den Finanzrechtsweg auf Abgaben, die der Gesetzgebung des Bundes nach Art. 105 GG unterliegen.

[203] BVerfG E 8, 260 (269).

[204] in Übereinstimmung mit *Becker - Riewald - Koch*, § 3 RAO Anm. 6 (4) und *Hübschmann - Hepp - Spitaler*, §§ 3—8 a Anm. 2; *Becker - Riewald - Koch* begrenzen ihre Ansicht über die Fortgeltung des § 39 FVG auf bundesrechtlich geregelte Abgaben; die Problematik, ob die Vorschrift bezüglich der Rechtswegregelung auch für landesrechtlich geregelte Abgaben gilt, wird von ihnen nicht behandelt.

unter der Voraussetzung, daß der Bund die Steuern ganz oder zum Teil zur Deckung der Bundesausgaben in Anspruch nimmt oder die Voraussetzungen des Artikels 72 Abs. 2 GG vorliegen.

Die wirtschaftlich wichtigen und einschneidenden Steuergesetze unterliegen danach der konkurrierenden Bundesgesetzgebung. Besondere Abgrenzungsschwierigkeiten bestehen in der Praxis bei dem Begriff der Verbrauch- und Verkehrsteuern mit örtlich bedingtem Wirkungskreis[1]. Das Bundesverfassungsgericht zählt zu den Verbrauch- und Verkehrsteuern mit örtlich bedingtem Wirkungskreis diejenigen Gemeindesteuern, „die an örtliche Gegebenheiten, vor allem an die Belegenheit einer Sache oder an einen Vorgang im Gebiet der steuererhebenden Gemeinde anknüpfen und wegen der Begrenzung ihrer unmittelbaren Wirkungen auf das Gemeindegebiet nicht zu einem die Wirtschaftseinheit berührenden Steuergefälle führen können“[2]. Für die Rechtswegabgrenzung haben diese Abgrenzungsprobleme keine Bedeutung, da für Streitigkeiten über Steuern, die durch Bundes- oder Landesfinanzbehörden verwaltet sind, auf jeden Fall der Finanzrechtsweg eröffnet ist, unabhängig davon, ob die Steuer bundes- oder landesrechtlich geregelt ist. Für die Bestimmung des zulässigen Rechtsweges ist auch von der bestehenden gesetzlichen Regelung auszugehen, ungeachtet etwaiger verfassungsrechtlicher Bedenken, die auf Grund von Art. 105 GG gegen die Regelung geltend gemacht werden.

Lastenausgleichsabgaben

Ist der Finanzrechtsweg eröffnet für die Abgaben, die nach Art. 105 GG der Gesetzgebung des Bundes unterliegen, so fallen darunter in erster Linie die in dieser Vorschrift erwähnten Steuern. Eindeutig in den Finanzrechtsweg gehören auch Streitigkeiten über die Abgaben des Lastenausgleichsrechts (Vermögensabgabe, Hypothekengewinnabgabe, Kreditgewinnabgabe). Die Verwaltung der Lastenausgleichsabgaben ist den Landesfinanzbehörden durch § 204 LAG als Auftragsverwaltung übertragen. Historisch läßt sich die Zulässigkeit des Finanzrechtsweges durch die Geltung der Reichsabgabenordnung erklären (§ 203 Abs. 1 LAG): Soweit die Abgabenordnung galt, konnten auch die von ihr vorgesehenen Rechtsbehelfe ergriffen werden. Ob die Lastenausgleichsabgabe jedoch eine echte Steuer ist, erscheint zweifelhaft. Die Ausgleichsabgaben dienen nicht der Erzielung von Einnahmen, die der freien Verfügung des Bundes unterliegen, sondern einem Ausgleich zwischen Abgabepflichtigen und Geschädigten[3]. In Art. 105 GG sind die

---

[1] Siehe dazu *Blendermann*, Steuern mit örtlich bedingtem Wirkungskreis.

[2] BVerfG E 16, 306.

[3] *Harmening*, § 203 LAG Anm. 1; desgl. *Harmening - Weber*, § 203 LAG Anm. 1.

Lastenausgleichsabgaben nicht besonders erwähnt. Als Steuern vom Vermögen (Art. 105 Abs. 1 Nr. 2 GG) könnte in engerem Sinn nur die Vermögensabgabe angesehen werden. Die beiden anderen Abgaben besteuern nicht das Vermögen im eigentlichen Sinn, sondern schöpfen Schuldnergewinne ab. Gegen die Zuordnung zu den Vermögenssteuern spricht auch Art. 106 GG, der in Abs. 1 Nr. 5 die Lastenausgleichsabgaben den sonstigen einmaligen Vermögensabgaben und der Vermögensteuer (Abs. 2 Nr. 1) gegenüberstellt. Von Bühler-Strickrodt[4] wird die Abgabe „Neunzehntelsteuer" genannt. Die Zweifel, ob die Abgaben zu den Steuern des Grundgesetzes zu rechnen sind, werden dadurch treffend ausgedrückt.

Sinn dieser Ausführungen ist nicht, die Zulässigkeit des Finanzrechtsweges in Streitigkeiten über Lastenausgleichsabgaben anzuzweifeln. Es soll vielmehr gezeigt werden, daß es Abgaben gibt, für die sicherlich der Finanzrechtsweg eröffnet ist, deren Einordnung unter eine der Steuern des Art. 105 GG aber Schwierigkeiten bereitet. Da die Abgaben bundesrechtlich geregelt sind und Streitigkeiten über sie seit jeher im Finanzrechtsweg ausgetragen werden, soll diese Tatsache als Indiz für die hier aufgestellte These gewertet werden, die Gesetzgebung des Bundes auf Grund von Art. 105 GG sei im Rahmen des § 33 Abs. 1 Nr. 1 FGO kein notwendiges Tatbestandsmerkmal.

2. Sonstige Abgaben, die der Gesetzgebung des Bundes unterliegen

a) Ausgleichsabgaben des Wirtschaftsverwaltungsrechts

Legt man § 33 Abs. 1 Nr. 1 FGO in Anlehnung an die §§ 3 und 228 RAO (a. F.) aus, so ist für Abgabestreitigkeiten der Finanzrechtsweg nur insoweit zulässig, als es sich um Zölle, Finanzmonopole und diejenigen Steuern handelt, für die der Bund nach Art. 105 GG die konkurrierende Gesetzgebung hat. Unter Abgaben wären dann in § 33 FGO nur die Abgaben des traditionellen Finanzrechts zu verstehen. Daneben besteht aber die Möglichkeit, unter Abgabengesetzgebung des Bundes jede dem Bund durch das Grundgesetz eingeräumte Kompetenz zu verstehen. Der Begriff der Abgabe ist nicht auf Steuern, Gebühren und Beiträge beschränkt, sondern wird auch in weitergehender Bedeutung verwendet. In Betracht kommen dabei abgabenrechtliche Kompetenzen des Bundes aus Art. 73 Nr. 5 GG[1] und aus Art. 74 Nr. 11

---

[4] Lehrbuch § 24 I 2; *Meilicke*, Festschrift für *Bühler*, S. 91 (100 f.) hält die Abgaben für Steuern; vom Grundgesetz gedeckt sei jedoch nur die Vermögensabgabe.

[1] Helgoländer Gemeinde-Einfuhr-Steuer, BVerfG E 8, 260.

und Nr. 17 GG[2]. Auch in der neuen Kommentarliteratur zur Finanzgerichtsordnung wird der Abgabenbegriff nicht einheitlich verwendet. Einerseits wird als Kompetenzvorschrift für die Abgabengesetzgebung nur Art. 105 GG erwähnt[3], andererseits werden Gebühren und Beiträge zu den Abgaben gezählt. Für Gebühren und Beiträge kann der Bund im allgemeinen seine Gesetzgebungsbefugnis aber nicht auf Art. 105 GG stützen.

In diesem Zusammenhang ist der Frage nachzugehen, ob der Finanzrechtsweg beschränkt ist auf den traditionellen Begriff der Abgaben, der nur die Dreiteilung Steuern, Gebühren, Beiträge kennt, oder ob der Begriff einer neuen Vierteilung zu weichen hat, die die wirtschaftsverwaltungsrechtlichen Abgaben als neuen Typ mitumfaßt[4]. So wurde vorgeschlagen, den Begriff der Abgaben auf alle öffentlich-rechtlichen Geldleistungspflichten zu erweitern[5].

Unter den Begriff fielen dann u. a. Zölle[6], Abschöpfungen alten und neuen Rechts und wirtschaftsverwaltungsrechtliche Ausgleichsabgaben[7]. Unter den Begriff fallen aber auch Geldstrafen, Ungehorsamsfolgen und Sozialversicherungsbeiträge. Ein derart erweiterter Abgabenbegriff ist für Abgrenzungszwecke untauglich. Er kann nur benutzt werden, um eine öffentlich-rechtliche Geldleistungspflicht schlechthin zu kennzeichnen. Soll mit dem Inkrafttreten der Finanzgerichtsordnung die Zulässigkeit des Finanzrechtsweges nicht wesentlich verändert werden, so gehören die echten Ausgleichsabgaben des Wirtschaftsverwaltungsrechts nicht zu den Abgaben, denen der Finanzrechtsweg eröffnet ist. Streitigkeiten über Ausgleichsabgaben wurden bisher von den Verwaltungsgerichten entschieden[8].

Abgrenzungsschwierigkeiten ergeben sich dabei zwischen Zwecksteuern und Ausgleichsabgaben. Auch bei den Ausgleichsabgaben werden zweckgebundene Einkünfte erzielt auf Grund einer öffentlich-rechtlichen Geldzahlungspflicht[9]. Die Ausgleichsabgabe ist daher der Zweck-

---

[2] Aus Art. 74 Nr. 17 GG leitet der Bund seine Kompetenz her zur Gesetzgebung über Ausgleichsabgaben des Landwirtschaftsrechts, z. B. § 12 Milch- und Fettgesetz: BVerfG E 18, 315 (328 f.).

[3] *Ziemer - Birkholz,* § 33 Anm. 56—65; *Görg - Müller,* § 33 Anm. 8.

[4] Die Frage wird von *Stobbe,* ZfZ 1965, 261 (274) aufgeworfen, jedoch nicht beantwortet.

[5] *Stobbe,* a.a.O. S. 277 N. 198.

[6] Zölle sind Steuern kraft ausdrücklicher Bestimmung: § 1 RAO; ohne diese Vorschrift wäre der Steuercharakter der Schutzzölle zweifelhaft, da sie nicht der Einnahmeerzielung dienen.

[7] *Stobbe,* a.a.O. 277 r. Sp.

[8] BVerwG E 6, 134; 6, 282; OVG Münster, E 12, 314; die Ausgleichsabgabe auf Frischfleisch wird besonders zu prüfen sein.

[9] *Götz,* AöR 85, 200 (212).

steuer ähnlich. Eindeutig dem Steuerrecht zugewiesen werden die Abgaben, deren Aufkommen zur Finanzierung allgemeiner Verwaltungsaufgaben verwandt wird[10]. Wenn durch die Erhebung einer Abgabe Mittel zwar abgeschöpft, jedoch nicht wieder ausgekehrt werden, so ist die Abgabe eine Steuer, selbst wenn sie außerdem oder gar vorwiegend der Wirtschaftslenkung dient. Der Steuercharakter kann jedenfalls nicht mit dem Argument verneint werden, die Abgabe diene nicht der Erzielung von Einkünften, da sie in erster Linie auf Zwecke der Wirtschaftslenkung gerichtet sei[11].

Abgrenzungsschwierigkeiten bestehen jedoch nicht, wenn mit den aufkommenden Mitteln ausschließlich Zuwendungen an Wirtschaftsunternehmen finanziert werden. Die Unterscheidung zwischen Finanzabgaben und Marktlenkungsabgaben könnte eine Möglichkeit der Abgrenzung des Finanzrechtsweges vom Verwaltungsrechtsweg sein, da diese Unterscheidung in Literatur und Rechtsprechung anerkannt ist[12]. Die Unterscheidung geht zurück auf die Notwendigkeit, die Gesetzgebungskompetenz des Bundes aus Art. 105 GG abzugrenzen. Ihre Verwendung bei der Rechtswegabgrenzung wäre insofern gerechtfertigt, als die Zulässigkeit des Finanzrechtsweges ebenfalls auf die Gesetzgebungskompetenz des Bundes abgestellt ist.

Das Bundesverwaltungsgericht hat sich zum ersten Mal in einer Entscheidung vom 17. 1. 1958, die Ausgleichsabgaben nach § 12 Milch- und Fettgesetz[13] betraf, für die verfassungsrechtliche Zuständigkeitsabgrenzung zwischen Art. 105 und Art. 74 Nr. 17 GG auf die Unterscheidung von Rechtsinstitutionen des Finanzrechts und des Wirtschaftslenkungsrechts berufen[14]. Das Bundesverfassungsgericht ist dieser Unterscheidung gefolgt bei der Beurteilung der nach § 2 des Preisgesetzes[15] eingeführten preisausgleichenden Regelungen[16]. Es hat den Preisausgleich nicht als ein Institut des Finanzrechts, sondern als besondere Art der Ausgleichsmaßnahmen bezeichnet, die dem Recht der Wirtschaftslenkung in mannigfacher Form geläufig seien. Ausgleichsabgaben dieser Art sind vorgesehen bei den Frachtausgleichen nach

---

10 *Götz*, a.a.O. S. 211.

11 *Götz*, a.a.O., S. 214; näheres siehe Abschnitt B I 1 a γ dieser Arbeit.

12 *Götz*, AöR 85, 200 (223); *Stobbe*, ZfZ 1965, 261; BVerfG E 18, 315 (328); VG Frankfurt, ZfZ 1964, 337 (338); *Rinck*, Wirtschaftsrecht, RdN 451 ff.; Werner *Weber*, Rechtsfragen, S. 14.

13 vom 28. 2. 1951, BGBl. I, 135, i.d.F. v. 10. 12. 1952, BGBl. I, 807; § 12 Abs. 2 ist durch Gesetz vom 4. 8. 1960, BGBl. I, 649, geändert, nachdem die vorhergehende Fassung für unvereinbar mit Art. 80 Abs. 1 S. 1 GG erklärt wurde durch BVerfG E 11, 77.

14 BVerwG E 6, 134 (138).

15 vom 10. 4. 1948, WiG Bl. S. 27.

16 BVerfG E 8, 274 (317).

§ 11 des Getreidegesetzes[17], nach § 5 Abs. 3 des Zuckergesetzes[18] und bei der Stillegungsprämie nach § 7 des Mühlengesetzes[19].

In der gewerblichen Wirtschaft gibt es Preisausgleiche für die Eisen verbrauchende Wirtschaft in Berlin (West), für die Lieferung von Walzwerkfertigerzeugnissen in revierferne Gebiete und die Lieferung von Gießereiroheisen in frachtungünstig gelegene Gebiete[20]. Inzwischen wieder außer Kraft getreten sind Regelungen über einen Preisausgleich für Natur- und Kunstkautschuk und einen Ausgleich für Zigarren- und Stumpenhersteller.

Der Preisausgleich wird in der Weise durchgeführt, daß bestimmte wirtschaftliche Vorgänge mit Ausgleichsbeträgen, Umlagen oder Zuschlägen zum Preis belastet werden, die an eine Ausgleichskasse abzuführen sind. Die Ausgleichskasse zahlt Ausgleichsbeträge zugunsten bestimmter anderer wirtschaftlicher Vorgänge[21].

Der durch die Ausgleichsabgaben des Marktordnungsrechts erstrebte Preisausgleich wird in der gleichen Weise wie im Preisrecht durchgeführt[22].

Allgemein gültig für die Ausgleichsabgaben sind Feststellungen, die das Bundesverfassungsgericht im Urteil vom 27. 1. 1965[23] zur Ausgleichsabgabe nach § 12 des Milch- und Fettgesetzes getroffen hat: Die Ausgleichsabgaben dienen nicht der Befriedigung des öffentlichen Finanzbedarfs, sondern einem Ertragsausgleich innerhalb der privaten Wirtschaft. Die Kompetenz des Bundesgesetzgebers zur Einführung von Ausgleichsabgaben beruht nicht auf Art. 105 GG, sondern auf Art. 74 Nr. 17 GG bei den landwirtschaftlichen, auf Art. 74 Nr. 11 GG bei

---

17 i.d.F. vom 24. 11. 1961, BGBl. I, 901; nach *Kunze, Reuss*, Wirtschaftsverwaltungsrecht, S. 821, spielt dieser Frachtausgleich keine Rolle, da die Einfuhr- und Vorratsstellen die Standortnachteile auf andere Weise ausgleichen.

18 vom 5. 1. 1951, BGBl. I, 47, i.d.F. v. 30. 10. 1951, BGBl. I, 825 und vom 9. 8. 1954, BGBl. I, 255.

19 v. 9. 6. 1959, BGBl. I, 282, i.d.F. v. 3. 7. 1961, BGBl. I, 685.

20 Nachweise bei *Götz*, AöR 85, 200 (208 f.) und *Stobbe*, ZfZ 1965, 261 (262 N. 12).

21 *Stobbe*, ZfZ 1965, 261 (267) mit Nachweisen.

22 *Stobbe*, a.a.O. Dies gilt für die Ausgleichsabgaben nach § 12 Milch- und Fettgesetz, die Ausgleichsabgaben für den Ölmühlenpreisausgleich (BVerwG E 6, 282 [288 f.]), die Abgabe nach § 5 Abs. 3 Zuckergesetz in Verbindung mit der Verordnung Z Nr. 4/58 vom 30. 7. 1958, BAnz. 1958 Nr. 146, geändert durch VO Z Nr. 2/60 vom 18. 7. 1960, BAnz. Nr. 139 und durch VO Z Nr. 2/61 vom 10. 8. 1961, BAnz. Nr. 155, und die Ausgleichsabgaben nach § 4 Abs. 1 des Fischgesetzes vom 31. 8. 1955 (BGBl. I, 567)) in Verbindung mit der Verordnung vom 8. 11. 1955, BAnz. Nr. 219, geändert durch VO vom 30. 1. 1958, BAnz. Nr. 24.

23 BVerfG E 18, 315 (328 f.) = ZfZ 1965, 141; ebenso BVerwG E 14, 279 (280).

den gewerblichen Abgaben. Die Ausgleichsabgaben sind eine erzwungene Selbsthilfe der Wirtschaft; sie bezwecken einen annäherungsweisen Ausgleich der Erträge und fließen nicht in die Staatskasse. Derartige Abgaben sind zwar öffentlich-rechtliche Geldleistungspflichten, aber keine Abgaben des Finanzrechts[24]. Für die Frage der Kompetenz komme es auch nicht darauf an, ob die Einzelausgestaltung der Ausgleichsabgabe sich immer im Rahmen des Ausgleichssystems mit der ihm eigenen Wechselbeziehung zwischen Begünstigung und Belastung hält. Eine systemwidrige Belastung einzelner Produkte mit der Ausgleichsabgabe könne zwar den Gleichheitzssatz verletzen und wäre dann verfassungswidrig; sie würde die Abgabe aber auch insoweit nicht zur Steuer machen, da das Aufkommen auch in diesem Fall nicht der Befriedigung des öffentlichen Finanzbedarfs, sondern einem Ertragsausgleich innerhalb der Privatwirtschaft dienen würde.

Gemeinsames Merkmal dieser Ausgleichsabgaben ist das Ausgleichsprinzip, das auf einen Ertragsausgleich zwischen Einzelwirtschaften gerichtet ist, deren Ungleichheit bezüglich der Ertragschancen in unmittelbarem wirtschaftlichem Zusammenhang steht[25]. Die Abgaben bringen der öffentlichen Hand keine Finanzeinnahmen und sind deshalb keine Steuern.

Im Widerspruch zu diesem Begriff der Ausgleichsabgabe benutzt das Bundesverfassungsgericht den Begriff allerdings auch für Abgaben, die der Einnahmeerzielung dienen. In einer Entscheidung vom 17. 10. 1961[26] wird die Feuerwehrabgabe des baden-württembergischen Rechts[27] als Ausgleichsabgabe eigener Art bezeichnet, die sich der herkömmlichen Einteilung in Steuern, Gebühren und Beiträge nicht einfüge. Durch das Gesetz werden alle gesundheitlich tauglichen Männer vom 18. bis zum 50. Lebensjahr zum Feuerwehrdienst verpflichtet. Nach Wahl der Gemeinde ist die Dienstpflicht im Einzelfall durch tatsächliche Dienstleistung in der Feuerwehr oder durch Zahlung der Ausgleichsabgabe abzuleisten. Die Abgabe wird, im Gegensatz zu anderen Entscheidungen, deshalb nicht als Steuer angesehen, weil die Mittelbeschaffung nicht ihr primärer Zweck sei[28]. Gegen diese Einengung des

---

24 Ebenso *Götz*, AöR 85, 200 ff.; Werner *Weber*, Rechtsfragen, S. 14; *Rinck*, Wirtschaftsrecht RdN 451 ff.; *Stobbe*, ZfZ 1965, 261 (268).

25 *Götz*, a.a.O. S. 215; Beispiele sind die unterschiedlichen Ertragschancen der Milchproduzenten je nach Entfernung zu den Trinkmilchmärkten und die Frachtausgleiche der §§ 11 Getreidegesetz und 5 Abs. 3 Zuckergesetz, welche die aus dem Standort entstehenden unterschiedlichen Kosten einander angleichen sollen.

26 BayVBl. 1962, 18 (19).

27 Gesetz vom 9. 2. 1960, Ges. Bl. S. 12.

28 BVerfG BayVBl. 1962, 18 (19 l. Sp. Nr. 3 a), zustimmend Bayer. VGHE n.F. 15, 34 (40).

Steuerbegriffs bestehen Bedenken, da die Entscheidung im Widerspruch zu anderen Entscheidungen des Gerichts steht[29]. Auch die Verwendung des Begriffs der Ausgleichsabgabe weicht ab von der sonst in Literatur und Rechtsprechung üblichen Beschränkung auf Abgaben, die dem Ausgleichsprinzip gehorchen. Nach der hier vertretenen Auffassung vom Steuerbegriff ist die Feuerwehrabgabe eine Steuer. Die vom Bundesverfassungsgericht vorgenommene Einschränkung des Steuerbegriffs war für die Entscheidung nicht erforderlich. Mit ihr sollte dargelegt werden, daß das Landesgesetz über die Feuerwehrabgabe nicht gegen Art. 105 Abs. 2 GG verstößt. Das ist jedoch auch dann nicht der Fall, wenn die Abgabe eine Steuer ist, da sie jedenfalls nicht zu den Steuern gehört, für die der Bund die Gesetzgebung hat.

Für Rechtsstreitigkeiten über die Feuerwehrabgabe ist der Verwaltungsrechtsweg gegeben, da die Abgabe durch die Gemeindebehörden erhoben wird[30]. Die Abgabe ist keine Ausgleichsabgabe im technischen Sinn, da ihr Ertrag in die Gemeindekasse fließt.

Als Ergebnis ist festzuhalten:

Der Finanzrechtsweg ist nicht eröffnet für Streitigkeiten über wirtschaftsverwaltungsrechtliche Ausgleichsabgaben.

Ausgleichsabgaben in diesem Sinn sind jedoch nur Abgaben, die nicht der Befriedigung eines öffentlichen Finanzbedarfs dienen, sondern die einen Ertragsausgleich innerhalb der privaten Wirtschaft bezwecken. Ausgleichsabgaben zählen nicht zu den Abgaben des Finanzrechts.

b) *Die Ausgleichsabgabe auf Frischfleisch*

Steht fest, daß die Einnahmeerzielung nicht Hauptzweck eines Steuergesetzes sein muß, so läßt sich von diesem Ausgangspunkt auch die umstrittene Rechtsnatur der Ausgleichsabgabe auf frisches Fleisch klären.

Rechtsgrundlagen für die Erhebung der Ausgleichsabgabe auf frisches Fleisch sind ein reichsrechtliches Gebührengesetz und eine Ausgleichsabgabenverordnung[1]. Beide gelten auch nach Inkrafttreten des Grund-

---

29 Auf diesen Widerspruch macht *Friauf* aufmerksam: Verfassungsrechtliche Grenzen, S. 26 f.

30 Bay VGH E n.F. 6, 75; 15, 34 und 51.

1 Die Ausgleichsabgabe auf frisches Fleisch beruht auf § 1 Abs. 10 des Gesetzes über die Gebühren der Schlachtviehmärkte, Schlachthäuser und Fleischgroßmärkte (Fleischhallen) vom 5. 5. 1933 (RGBl. I S. 242) i.d.F. der Verordnung zur Regelung des Verkehrs mit Schlachtvieh vom 27. Februar 1935 (RGBl. I S. 301), des Gesetzes zur Änderung des Gesetzes über die Gebühren der Schlachtviehmärkte, Schlachthäuser und Fleischgroßmärkte (Fleischmarkthallen) vom 2. Juli 1936 (RGBl. I S. 535) und der Zweiten

gesetzes fort, wobei allerdings strittig ist, ob als Bundes- oder Landesrecht[2]. Wäre die Abgabenregelung nunmehr als Bundesrecht anzusehen, so könnte auch der Finanzrechtsweg nur bundesrechtlich eröffnet werden. Das ergibt sich deutlich aus § 40 Abs. 1 Satz 2 VwGO: Nur öffentlich-rechtliche Streitigkeiten auf dem Gebiet des Landesrechts können einem anderen Gericht (als dem Verwaltungsgericht) auch durch Landesgesetz zugewiesen werden. Da § 33 Abs. 1 Nr. 1 FGO nicht anwendbar ist, würde mit der Bundesrechtsqualität der Rechtsgrundlagen für die Erhebung der Abgabe gleichzeitig der Verwaltungsrechtsweg feststehen.

Gelten die Rechtsgrundlagen für die Erhebung der Abgabe dagegen als Landesrecht fort, so könnte der Finanzrechtsweg auch durch Landesgesetz eröffnet werden. Die Länder haben von der Möglichkeit, in landesrechtlichen Streitigkeiten des öffentlichen Rechts den Finanzrechtsweg zu eröffnen, in den Ausführungsgesetzen zur Finanzgerichtsordnung Gebrauch gemacht[3]. Mit Ausnahme Hamburgs haben dabei alle den Finanzrechtsweg nur für öffentlich-rechtliche Streitigkeiten über Abgaben, die der Gesetzgebung des Bundes nicht unterliegen, eröffnet, soweit die Abgaben durch Landesfinanzbehörden verwaltet werden. In Hamburg ist darüber hinaus der Finanzrechtsweg zulässig für Streitigkeiten über Steuern, und zwar auch dann, wenn sie durch andere Verwaltungsbehörden der Freien und Hansestadt Hamburg als die Landesfinanzbehörden verwaltet werden. Der Steuercharakter einer Abgabe könnte daher dort über den Rechtsweg entscheiden.

Das Bundesverwaltungsgericht betrachtet die Ausgleichsabgabe auf frisches Fleisch als Abgabe des Wirtschaftslenkungsrechts; es vergleicht sie mit den Abgaben des Milchausgleichs nach § 12 Milch- und Fettgesetz (MFG) mit der Begründung, die Ausgleichsabgabe auf frisches Fleisch diene nicht vorwiegend der Erzielung von Einkünften und

---

Verordnung zur Änderung schlachtviehrechtlicher Vorschriften vom 2. November 1941 (RGBl. I S. 683) — Gebührengesetz — und der Verordnung über die Erhebung einer Ausgleichsabgabe auf frisches Fleisch, das einer Gemeinde aus einer Schlachtung außerhalb des Gemeindebezirkes zugeführt wird, vom 18. Dezember 1937 (RGBl. I S. 1389) in der Fassung der Zweiten Verordnung zur Änderung schlachtviehrechtlicher Vorschriften vom 2. November 1941 (RGBl. I S. 683) — Ausgleichsabgabenverordnung —. Für die Erhebung der Abgabe sind die landesrechtlichen Bestimmungen über Gemeindeabgaben anwendbar: § 5 Abs. 5 Ausgleichsabgaben VO; vgl. BVerwG E 7, 304 (305 f.); 15, 240 (241).

[2] Bundesrecht wird angenommen von: BVerwG E 7, 304 (306); 15, 240 (242); 16, 87 (90); KStZ 1960, 214.
Für Landesrechtsqualität treten ein: *Hurst* und *Dahmen*, DÖV 1957, 139.

[3] Vgl. AGFGO Baden-Württemberg § 4; Bayern Art. 5; Berlin § 3; Bremen Art. 6; Hamburg § 5; Hessen § 4; Niedersachsen § 6; Nordrhein-Westfalen § 5; Rheinland-Pfalz § 4; Saarland § 5; Schleswig-Holstein § 5.

könne aus diesem Grund keine Steuer sein[4]. Die Bedeutung des Gebührengesetzes bestehe nicht darin, daß es eine Rechtsgrundlage für die Erhebung von Schlachthof- und Viehmarktgebühren geschaffen habe. Eine derartige Rechtsgrundlage sei in den landesrechtlichen Kommunalabgabengesetzen schon vorhanden gewesen. Das Gebührengesetz habe die Finanzierung der Schlachthöfe auf eine neue Grundlage gestellt, indem es die Höhe der Gebühren begrenzt und neue Einnahmequellen in Gestalt der Ausgleichsabgabe und des Ausgleichszuschlags erschlossen habe. Das Gesetz sei daher als Teilmaßnahme auf dem Gebiet der Wirtschaftslenkung, nicht als Finanzgesetz anzusehen[5]. Da die Ausgleichsabgabe in erster Linie nicht finanzielle, sondern wirtschaftslenkende Zwecke verfolge, sei sie keine Steuer[6]. Die Ausgleichsabgabe wurde eingeführt, um den Gemeinden den Einnahmeausfall zu ersetzen, der sich aus der verringerten Ausnutzung der Schlachthausanlagen ergibt[7].

Folgt man der hier vertretenen Ansicht vom Begriff der Steuer, so ist die Begründung des Bundesverwaltungsgerichts nicht stichhaltig. Für die Ausgleichsabgabe nach § 12 Milch- und Fettgesetz steht fest, daß es sich nicht um eine Steuer handelt[8]. Der Ausgleichsabgabe auf Frischfleisch fehlt im Gegensatz zu den Milchabgaben die Ertragsausgleichsfunktion[9]. Die Abgabe wird nicht für den privaten Ertragsausgleich verwendet, sondern fließt in den Stadtstaaten in den Staatshaushalt, in den Ländern in den Gemeindehaushalt der erhebenden Gemeinde. Sie ist im Rahmen des Gemeindehaushalts zweckgebunden zu verwenden: § 1 Abs. 9 Satz 2 des Gebührengesetzes bestimmt, daß die Einnahmen zur Senkung der Schlachthofbenutzungsgebühren zu verwenden sind. Die Zweckbindung spricht nicht gegen den Steuercharakter der Abgabe. Für den Steuercharakter spricht, daß das Abgabeaufkommen nicht wieder ausgeschüttet wird. Da dies als untrügliches Merkmal einer Steuer angesehen wird, ist die Fleischausgleichsabgabe entgegen ihrer Bezeichnung eine Steuer[10].

---

[4] BVerwG E 7, 304 (308); s. a. KStZ 1963, 247; ebenso OVG Münster, DGStZ 1967, 73 (74); anders aber OVG Münster E 11, 190 (191).

[5] BVerwG E 7, 304 (307).

[6] BVerwG a.a.O. S. 308; OVG Münster DGStZ 1967, 73 (74).

[7] *Suren*, Das Preußische Kommunalabgabengesetz, S. 114.

[8] BVerfG E 18, 315 (328); *Götz*, AöR 85, 200 (204/211); BVerwG E 6, 134 (138); W. *Weber*, Rechtsfragen, S. 14; *Rinck*, Wirtschaftsrecht, RdN 451 ff.

[9] *Götz*, a.a.O., S. 215.

[10] So schon: Preuß. OVG E 99, 39; BGHZ 10, 312 (314); OVG Münster E 9, 58 (59 f.); BFH Betrieb 1958, 758; *Hurst* und *Dahmen*, DÖV 1957, 139 (140); *Gönnenwein*, Gemeinderecht S. 114 N. 18; *Schiefer*, HKWP Bd. III, 343; *Suren*, Preuß. Kommunalabgabengesetz, S. 114; H. J. *Wolff*, Verwaltungsrecht II, 158; *Götz*, AöR 85, 200 (214); anderer Ansicht jedoch BVerwG E 7, 304 (308); 15, 240 (244); BayVGH KStZ 1958, 111; *Kruse*, Steuerrecht § 3 II 2 c.

Für Streitigkeiten über die Fleischausgleichsabgabe könnte daher in Hamburg der Finanzrechtsweg eröffnet sein. Dabei ist aber folgendes zu bedenken:

Steht es dem Landesgesetzgeber frei, den Finanzrechtsweg über die bundesrechtliche Regelung hinaus auch in anderen Fällen zu eröffnen, so kann er auch einzelne Abgaben von seiner generellen Regelung ausnehmen. Das ist in Hamburg bezüglich der Fleischabgabe geschehen. Sie wurde zwar nicht ausdrücklich aus dem Finanzrechtsweg herausgenommen. Der Landesgesetzgeber sah sie jedoch nicht als Steuer an, und schloß sie daher stillschweigend von der Vorschrift des § 5 Abs. 2 AGFGO aus. Bereits der Gesetzgeber des Hamburgischen Abgabengesetzes (AbgG)[11] zählte die Ausgleichsabgabe auf Frischfleisch nicht zu den Steuern. Während in § 2 AbgG für Steuern, die von anderen Verwaltungsbehörden als den Landesfinanzbehörden verwaltet werden, allgemein die Geltung einiger Vorschriften der Reichsabgabenordnung, des Steueranpassungsgesetzes, des Steuersäumnisgesetzes und der Finanzgerichtsordnung angeordnet wird, regelt § 4 AbgG die auf die Ausgleichszuschläge und -abgaben für Frischfleisch anwendbaren Vorschriften besonders. Die Finanzgerichtsordnung wird nicht für anwendbar erklärt. Hieraus und aus der Tatsache, daß die Ausgleichsabgabe überhaupt besonders geregelt ist, ergibt sich, daß der Gesetzgeber für sie nicht den Finanzrechtsweg eröffnen wollte, weil er sie nicht als Steuer ansah. Da die Rechtswegregelung mit hinreichender Deutlichkeit im Gesetz zum Ausdruck kommt, bindet sie auch dann, wenn sich die Ansichten über die der Regelung zugrunde liegende Qualifikation einer Abgabe später ändern.

Die Unterscheidung zwischen finanzrechtlichen oder fiskalischen und wirtschaftsverwaltungsrechtlichen Abgaben scheint sich bisher der Rechtswegaufteilung anzupassen. Dem Sonderfall der Ausgleichsabgabe auf Frischfleisch in Hamburg sollte schon deshalb kein besonderes Gewicht beigemessen werden, weil der Hamburger Gesetzgeber eine von allen anderen Bundesländern abweichende Rechtswegregelung schuf und weil seine Rechtsansicht nicht mehr der heute überwiegenden Meinung entspricht.

c) Abschöpfungen der nationalen Marktordnungsgesetze

Als Folge einer drohenden Versorgungskrise, die durch den Koreakrieg heraufbeschworen wurde[1], wurden vom Bundesgesetzgeber vier

---

[11] vom 13. 4. 1962, GVBl. 105, jetzt in der Fassung des AGFGO vom 17. 12. 1965, GVBl. 225.

[1] Siehe dazu *Siburg*, Die Anbietungspflicht in der landwirtschaftlichen Marktordnung, Diss. jur. Göttingen 1963, S. 25 f.

Marktordnungsgesetze erlassen[2], durch die für die betreffenden Güter Einfuhr- und Vorratsstellen[3] geschaffen und eine Anbietungspflicht für Importwaren zu ihren Gunsten begründet wurde. Dabei waren die Einfuhr- und Vorratsstellen (EVSt) zur Übernahme der angebotenen Güter berechtigt, aber nicht verpflichtet. Bei Ablehnung der Übernahme durften die betreffenden Erzeugnisse im Inland nicht verwertet werden[4]. Die EVSt setzte bei der Übernahme der Ware den Übernahmepreis, bei dem folgenden Rückkauf, zu dem der Anbietungspflichtige verpflichtet war, den Abgabepreis fest[5]. Die Preisfestsetzung erfolgte durch Verwaltungsakt[6]. Das Verfahren diente der Preisstabilisierung. War der Abgabepreis höher als der Übernahmepreis, so kam es praktisch zu einer Abgabepflicht des Importeurs. Ihr Gegenstück war eine Subvention für den Fall, daß der Abgabepreis unter dem Übernahmepreis lag. Den Preisen kam dabei, soweit die Ware nicht in die Vorratshaltung aufgenommen wurde, die Bedeutung von Rechnungsposten zu, aus deren Gegenüberstellung sich der entweder vom Anbietungspflichtigen oder von der EVSt zu zahlende Unterschiedsbetrag ergab[7]. Die Festsetzung eines höheren Abgabepreises sollte der Abschöpfung eines „ungerechtfertigten"[8] Gewinns dienen[9], und damit den inländischen Markt vor Importschwemmen und Preiszusammenbrüchen schützen. Hinter der Konstruktion der Übernahme und Abgabe verbarg sich die Erteilung einer Einfuhrlizenz in Verbindung mit der Anordnung eines Preisausgleichs zwischen Weltmarkt- und Inlandspreisen[10]. Neben der preisregulierenden Funktion hatte die Einfuhr- und Vorratsstelle die Aufgabe, nur soviel Importwaren auf den Binnenmarkt hereinzulassen, wie der Markt ohne Erschütterung des Preisniveaus aufnehmen konnte. Preis- und Mengenschleuse sollten dem inländischen Erzeuger einen wirtschaftlich interessanten Getreidepreis für seine Erzeugnisse garantieren und dadurch verhindern, daß der inländische Getreide-

---

[2] Gesetz über den Verkehr mit Getreide vom 4. 11. 1950 i.d.F. vom 2. 8. 1961 (BGBl. 61, I, 1168),
Gesetz über den Verkehr mit Zucker vom 5. 1. 1951 i.d.F. vom 9. 8. 1954 (BGBl. 54, I, 255),
Gesetz über den Verkehr mit Vieh und Fleisch vom 24. 4. 1951 (BGBl. 51, I, 272),
Gesetz über den Verkehr mit Milch, Milcherzeugnissen und Fetten vom 10. 12. 1952, i.d.F. vom 27. 7. 1961 (BGBl. 61, I, 1104).

[3] für Zucker: Einfuhrstelle

[4] z. B. § 8 Abs. III S. 2 GetreideG.

[5] Vgl. die beispielhafte Regelung in § 8 Abs. 1 und 3 GetreideG.

[6] *Kunze* bei *Reuss*, Wirtschaftsverwaltungsrecht I, § 8 GetreideG. Anm. V, 2; E. R. *Huber*, DÖV 1956, 355.

[7] *Siburg*, S. 123, BVerwG E 6, 244, E. R. *Huber*, DÖV 56, 355 (357).

[8] gemeint ist wohl ein wirtschaftlich unerwünschter, weil zu übergroßen Importen verleitender Gewinn.

[9] *Kunze* bei *Reuss* a.a.O.; BVerwG NJW 1960, 1875 (1876).

[10] E. R. *Huber*, DÖV 56, 355 (357).

anbau (bzw. die Erzeugung der anderen Marktordnungswaren) zu stark zurückging. Daher wurde auch von einer Schutzzollwirkung der Abschöpfungen gesprochen[11].

Die Preisfestsetzung wurde von der Rechtsprechung übereinstimmend als Verwaltungsakt angesehen[12]. Während das Bundesverwaltungsgericht für Streitigkeiten über die Zahlung der Preisdifferenz die Zulässigkeit des Verwaltungsrechtsweges annahm, sah der Bundesgerichtshof lediglich die Preisfestsetzung als Verwaltungsakt, die durch die Festsetzung begründeten Rechtsbeziehungen dagegen als solche des Zivilrechts an. Für den Anspruch auf Zahlung des Unterschiedsbetrages sollte daher der Rechtsweg zu den ordentlichen Gerichten gegeben sein[13].

Später setzte sich die Ansicht immer mehr durch, daß Streitigkeiten über die Abschöpfung nach nationalem Marktordnungsrecht dem öffentlichen Recht zuzurechnen sind und in den Verwaltungsrechtsweg gehören. Daher blieb die Entscheidung des Bundesgerichtshofes auf diesem Gebiet allein, während vom Bundesverwaltungsgericht zu den Abschöpfungen des alten Rechts eine ganze Reihe von Erkenntnissen vorliegen[14].

Die Abschöpfungen wurden dabei nicht als Abgaben des Finanzrechts angesehen, sondern als solche des Wirtschaftslenkungsrechts[15]. Ihre Verwandtschaft mit fiskalischen Abgaben mag auch deshalb nicht aufgefallen sein, weil sie nicht von Finanzbehörden, sondern von den Einfuhr- und Vorratsstellen erhoben wurden, die als Anstalten des öffentlichen Rechts errichtet wurden[16]. Die Haushalts- und Wirtschaftsfüh-

---

[11] *Schwarz*, ZfZ 1965, 291 (292 a.E.); *Stobbe*, ZfZ 1965, 261 (269) rechnet die Abschöpfungen zu den Zöllen im Sinne des von ihm vertretenen materiellen Zollbegriffs. Da Zölle zu den Steuern gehören und zum Zweck der Einnahmeerzielung erhoben werden (§ 1 RAO), kann die Ansicht nur bestehen, wenn der Einnahmezweck allein aus der Tatsache geschlossen wird, daß die Abschöpfungen dem Bundeshaushalt Einnahmen brachten: Das war 1963 in Höhe von 740 Millionen DM der Fall (Bundeshaushaltsplan 1965, Kap. 1003, Tit. 67). Dieser Schluß wird von *Stobbe* gezogen, S. 274, erscheint aber sehr zweifelhaft. *Stobbes* Behauptung, die Ausgleichsabgaben würden einen neuen Typ öffentlicher Abgaben bilden, ist entgegenzuhalten, daß die fiskalischen Abgaben als gemeinsames Merkmal den Zweck der Einnahmeerzielung aufweisen müssen. Dies fehlt völlig bei den Ausgleichsabgaben und ist bei den alten Abschöpfungen äußerst bestritten. Ein Verzicht auf das Merkmal ist nicht möglich, da andernfalls auch Geldstrafen, Bußen etc. den Abgabenbegriff erfüllen würden und dieser zu Abgrenzungszwecken dann unbrauchbar wäre.

[12] BVerwG E 3, 205; 6, 244; 9, 1; BGHZ 20, 77 (80).

[13] dazu E. R. *Huber*, DÖV 56, 355.

[14] BVerwG E 3, 205; 6, 244; 9,1; 11, 187; 16,176; 16, 181; 18, 329; NJW 1960, 1875 und 1876; 1961, 42 und 2322.

[15] VG Frankfurt, ZfZ 1964, 50; *Schwarz - Wockenfoth*, ZollG § 1 RdN 28 a; a.A. *Stobbe*, ZfZ 1965, 261 (269).

rung sowie die Rechnungslegung der Einfuhr- und Vorratsstellen erfolgte nach den für die Verwaltung des Bundes geltenden gesetzlichen Bestimmungen[17]. Über die Verwendung der Überschüsse entschieden der Bundesminister für Ernährung, Landwirtschaft und Forsten und der Bundesminister der Finanzen[18]. Der Bund vereinnahmte die Überschüsse unmittelbar in seinem Haushalt[19]. Die Verwandtschaft der Abschöpfung mit fiskalischen Abgaben wird hier deutlich, da die Einnahme wie eine Steuer in den Staatshaushalt floß.

Trotzdem ist zweifelhaft, ob die Abschöpfung alten Rechts als Steuer anzusehen ist, da die Einnahmeerzielung nicht Zweck der Abgabe war. Mit den alten Abschöpfungen durften die Einfuhr- und Vorratsstellen nur Zwecke verfolgen, die sich aus ihrer Funktion als Preis- und Mengenschleuse für Importwaren ergaben. Ein fiskalischer Gesichtspunkt der Einnahmeerzielung wurde ihnen nicht zugebilligt[20]. Das Bundesverwaltungsgericht hat aus diesem Grund die sogenannte generelle Abrechnungsmethode bei Getreideimporten nicht anerkannt, wenn ihr ein Abgabepreis zugrunde gelegt wurde, der in Wirklichkeit nicht zu erzielen war, da die Ware auf dem Transport beschädigt wurde[21]. Es hat der Einfuhr- und Vorratsstelle auch das Recht aberkannt, durch sogenannte Prohibitivpreisfestsetzung (Festsetzung eines überhöhten Abgabepreises mit der Maßgabe, daß der Abgabepreis ermäßigt wird, wenn der Abnehmer die Ware in der gewünschten Weise verwendet) Zahlungen nach Art einer Vertragsstrafe zu fordern, da diese Art der fiskalischen Einnahme vom Zweck des Getreidegesetzes nicht gedeckt sei[22].

Aus der Tatsache, daß im Bundeshaushalt Einnahmen aus den Abschöpfungen verzeichnet waren, wird allerdings auch geschlossen, daß die Einnahmeerzielung zum Zweck der Abschöpfungen gehörte und diese Steuercharakter hatten, da eine Steuer immer dann vorliege, wenn durch die Erhebung einer Abgabe Mittel zwar abgeschöpft, aber nicht wieder ausgeschüttet werden[23].

Diesem Schluß ist aber entgegenzuhalten, daß die These, Steuern lägen immer dann vor, wenn durch die Erhebung einer Abgabe Mittel

---

16 Siehe § 7 Getreide-, § 8 Zucker-, § 15 Milch- und Fett- und § 16 Vieh- und Fleischgesetz.

17 Siehe z. B. § 18 Satzung der EVSt für Getreide- und Futtermittel, BGBl. 1951 I, S. 83.

18 § 21 Abs. 5 Satzung.

19 Siehe Haushaltsplan 1961 S. 982, Kap. 1002 Titel 67: 400 Millionen DM; 1962 S. 1026: 400 Millionen DM.

20 BVerwG E 9, 1 (3); 11, 187 (188 und 191).

21 NJW 1961, 42 (43 r. Sp.).

22 BVerwG NJW 1960, 1875 (1876).

23 *Stobbe*, ZfZ 1965, 261 (274) unter Berufung auf *Götz*, AöR 85, 200 (214).

zwar abgeschöpft, aber nicht wieder ausgeschüttet werden, im Zusammenhang mit der Abgrenzung der Zwecksteuern von den wirtschaftsverwaltungsrechtlichen Ausgleichsabgaben aufgestellt wurde[24]. Abschöpfungen sind mit den Ausgleichsabgaben nicht zu vergleichen. Ob die These allgemein gilt für alle Steuern erscheint zweifelhaft. Jede öffentlich-rechtliche Geldleistungspflicht, der keine Gegenleistung gegenübersteht, müßte dann als Steuer angesehen werden. Gegen den Steuercharakter der Abschöpfungen spricht auch die ständige Rechtsprechung des Bundesverwaltungsgerichts, die den Einfuhr- und Vorratsstellen das Recht fiskalischer Einnahmeerzielung absprach. Die Frage nach der Steuerqualität braucht für die Abschöpfungen des nationalen Rechts jedoch nicht entschieden zu werden, da die Abgaben nicht von Finanzbehörden verwaltet werden. Die von Stobbe[25] geforderte Auseinandersetzung der Verwaltungsgerichte mit der Zulässigkeit des zu ihnen beschrittenen Rechtsweges war deshalb nicht erforderlich.

Stobbe vertritt die Ansicht, die Abschöpfungen des nationalen Rechts seien materiell Zölle. Zu den Zöllen rechnet er alle Abgaben, die auf der Einfuhr von Waren liegen und dem Schutz der Wirtschaft dienen[26]. Da Zölle nach Art. 108 Abs. 1 Satz 1 GG durch Bundesfinanzbehörden zu verwalten sind, müßten auch die Einfuhr- und Vorratsstellen materiell Bundesfinanzverwaltung betreiben[27].

Um nicht mit der Ansicht des Bundesverfassungsgerichts in Konflikt zu geraten, das zu den Zöllen nur die Abgaben zählt, die nach Maßgabe des Zolltarifs auf der Warenbewegung über die Grenze lasten[28], vertritt Stobbe im Gegensatz zu dieser auf das formelle Kriterium des Zolltarifs abstellenden Definition einen materiellen Begriff, in dem auf das formelle Merkmal der Erhebung nach Maßgabe des Zolltarifs verzichtet wird[29]. Zoll im materiellen Sinn sei „die kraft hoheitlicher Gewalt auf die Einfuhr von Waren ohne unmittelbare Gegenleistung gelegte einmalige Geldleistung, die zum Schutz des Wirtschaftsgefüges gegenüber anderen Volkswirtschaften“ erhoben werde.

Eine Auseinandersetzung mit diesem Zollbegriff ist hier nicht erforderlich. Der Finanzrechtsweg ist für Abschöpfungen schon deshalb nicht gegeben, weil die Einfuhr- und Vorratsstellen keine Bundesfinanzbehörden sind. Bundesfinanzbehörden sind nur die in § 1 FVG

---

[24] *Götz* a.a.O.

[25] ZfZ 1965, 261 (271 r. Sp.).

[26] a.a.O. S. 266 r. Sp.

[27] S. 272 r. Sp. 2. Abs.

[28] BVerfG E 8, 260 (269); FG Rheinland-Pfalz, ZfZ 1966, 52 (53).

[29] ZfZ 1965, 261 (265).

genannten Behörden[30]. Sollte die Abschöpfungserhebung wirklich materiell Zollverwaltung gewesen sein, so würde allenfalls die Regelung, die die Verwaltung auf die Einfuhr- und Vorratsstellen übertrug, gegen Art. 108 GG verstoßen. Der von Stobbe beschrittene Weg würde jedoch dazu führen, Art. 108 GG überhaupt wirkungslos werden zu lassen, da jeder Behörde Aufgaben der Bundesfinanzverwaltung übertragen werden könnten mit der Begründung, durch die Übertragung werde sie zur Bundesfinanzbehörde. Streitigkeiten über Abschöpfungen nach den deutschen Marktordnungsgesetzen sind daher im Verwaltungsrechtsweg auszutragen.

Zusammenfassung

Die Rechtsnatur der Abschöpfungen der nationalen Marktordnungsgesetze kann hier dahinstehen. Für Streitigkeiten über diese Abschöpfungen ist nicht der Finanzrechtsweg, sondern der Verwaltungsrechtsweg zulässig, da die Abschöpfungen nicht durch Finanzbehörden verwaltet werden.

II. Verwaltung durch Bundesfinanzbehörden oder Landesfinanzbehörden

Voraussetzung für die Zulässigkeit des Finanzrechtsweges nach § 33 Abs. 1 Nr. 1 FGO ist, daß die Abgaben durch Bundesfinanzbehörden oder Landesfinanzbehörden verwaltet werden. Dadurch sollte in erster Linie die schon vor Inkrafttreten der Finanzgerichtsordnung bestehende Zuständigkeit der Verwaltungsgerichte für kommunale Abgabestreitigkeiten erhalten bleiben. Durch Art. 108 Abs. 1 Satz 1 GG ist die Verwaltung der Zölle, Finanzmonopole, der bundesrechtlichen Verbrauchsteuern, der Beförderungssteuer, der Umsatzsteuer und der einmaligen Vermögensabgaben den Bundesfinanzbehörden übertragen. Die Verwaltung der einmaligen Vermögensabgaben kann den Landesfinanzbehörden als Auftragsverwaltung übertragen werden[1]. Das ist durch § 204 LAG für die Lastenausgleichsabgaben geschehen. Die Vorschriften für die Ausgleichsabgaben des Lastenausgleichs gelten als Steuergesetze (§ 203 Abs. 1 LAG); für die Ausgleichsabgaben gelten die Vorschriften der Reichsabgabenordnung. In Streitigkeiten über die Vermögensabgabe, Hypothekengewinnabgabe und Kreditgewinnabgabe ist daher der Finanzrechtsweg zulässig. Streitigkeiten über Leistungen, die nach dem Lastenausgleichsrecht gewährt werden, sind dagegen im Verwaltungsrechtsweg auszutragen.

---

[30] *Maunz - Dürig,* Art. 108 RdN 30.
[1] Art. 108 Abs. 1 Satz 4 GG.

Die übrigen Steuern werden durch Landesfinanzbehörden verwaltet[2]. Zwar ist zweifelhaft, ob mit den „übrigen" Steuern hier nur die bundesrechtlich geregelten, oder auch die landesrechtlich geregelten Steuern gemeint sind[3]. Die Frage spielt jedoch für die Zulässigkeit des Finanzrechtsweges nach § 33 Abs. 1 Nr. 1 FGO keine Rolle, da diese Vorschrift nur für Steuern des Bundesrechts gilt. Für den Finanzrechtsweg entscheidend ist jedoch Art. 108 Abs. 3 Satz 4 GG. Die Verwaltung der den Gemeinden zufließenden bundesrechtlich geregelten Steuern kann danach durch die Länder ganz oder teilweise den Gemeinden übertragen werden. Den Gemeinden sind die Gemeindeverbände gleichgestellt; soweit eine Übertragung durch die Länder nicht vorgenommen wurde, steht auch die Verwaltung der Steuern, deren Aufkommen den Gemeinden grundgesetzlich garantiert ist, den Landesfinanzbehörden zu[4]. Die Gemeinden und Gemeindeverbände sind keine Finanzbehörden.

1. Gliederung der Finanzbehörden

Bundesfinanzbehörden sind der Bundesminister der Finanzen, die Oberfinanzdirektionen und, als örtliche Behörden, die Hauptzollämter einschließlich ihrer Dienststellen sowie die Zollfahndungsstellen[5]. Als Hilfsstellen der Hauptzollämter führte das Finanzverwaltungsgesetz bis zum Inkrafttreten des AOStrafÄndG die Zollämter, Bezirkszollkommissare und die Zollaufsichtsstellen auf. Der Begriff Hilfsstelle wurde durch Dienststelle ersetzt[6].

Landesfinanzbehörden sind die für die Finanzverwaltung zuständige Oberste Landesbehörde[7], die Oberfinanzdirektionen als Mittelbehörden und die Finanzämter als örtliche Landesbehörden[8]. In § 2 FVG wurde der Begriff „Hilfsstelle des Finanzamtes" gestrichen. In § 165 a Abs. 1 RAO wurde seine Existenz anscheinend übersehen. Auch § 188 Abs. 3

---

[2] Art. 108 Abs. 3 Satz 1 GG.

[3] Siehe dazu *Maunz - Dürig*, Art. 108 RdN. 38.

[4] *Maunz - Dürig*, Art. 108 RdN 43; BFH BStBl. 1957 III, 421 (422).

[5] § 1 Finanzverwaltungsgesetz — FVG — i.d.F. des AOStrafÄndG vom 10. 8. 1967, BGBl. I, 877.

[6] Durch die Änderung soll der gesetzliche Sprachgebrauch bereinigt werden. Der Begriff „Hilfsstelle eines Finanzamtes — Hauptzollamts" wurde bis zur Änderung in unterschiedlichem Sinn verwendet. Soweit darunter nur rechtlich unselbständige Untergliederungen eines Finanzamtes verstanden wurden, ist die Änderung nur von redaktioneller Bedeutung: Begründung zum Entwurf des AOStrafÄndG, BTDrS V/1812, S. 40 (Art. 6 Nr. 1—4).

[7] Senatoren in Berlin, Hamburg, Bremen; Minister in den übrigen Bundesländern.

[8] § 2 FVG; für Berlin jetzt § 39 a Nr. 2, 3 FVG i.d.F. des AOStrafÄndG.

RAO erwähnt noch die Zollhilfsorgane. Verwaltung durch Bundes- oder Landesfinanzbehörden ist Tatbestandsmerkmal in § 33 Abs. 1 Nr. 1 FGO. Ob eine Behörde in concreto Bundes- oder Landesfinanzbehörde ist, entscheidet daher im Streitfall über die Kompetenz der Finanzgerichte. Die Streichung des Begriffs „Hilfsstelle eines Finanzamtes“ wurde damit begründet, der Begriff sei irreführend, soweit darunter selbständige Behörden wie Gemeindebehörden, Ortspolizeibehörden und sonstige Ortsbehörden verstanden werden[9]. Aus der Änderung der §§ 1, 2 FVG wäre daher zu schließen, daß es keine Hilfsstellen eines Finanzamtes mehr gibt, mit der Folge, daß für Streitigkeiten mit den Ortsbehörden auch dann der Verwaltungsrechtsweg zulässig ist, wenn sie Geschäfte der Finanzämter erledigen. Diese Veränderung der Kompetenzabgrenzung war jedoch nicht beabsichtigt. Ob sie sich als notwendige Folge der Änderungen in den §§ 1, 2 FVG ergibt, bleibt zu prüfen.

Sowohl auf Bundes- als auch auf Landesebene waren die Hilfsstellen der Hauptzollämter und der Finanzämter Finanzverwaltungsbehörden, wenn sie in ihrer Eigenschaft als Hilfsstelle tätig wurden. Ungeklärt war lediglich, wann eine andere Behörde als Hilfsstelle tätig wurde und wann sie Amtshilfe leistete. Art. 35 GG verpflichtet alle Behörden des Bundes und der Länder zu gegenseitiger Rechts- und Amtshilfe. Soweit eine Finanzbehörde Amtshilfe für eine andere Behörde leistet, ist der Finanzrechtsweg nicht gegeben, weil keine Abgabenangelegenheit im Streit ist. Die Unterscheidung zwischen Amtshilfe und Steueraufsicht ist entscheidend dafür, daß Streitigkeiten über die Tätigkeiten der Zollbehörden bei der Einfuhr von Wein im Verwaltungsrechtsweg zu behandeln sind[10]. Leistet dagegen eine andere Behörde in Abgabenangelegenheiten einer Finanzbehörde Amtshilfe, so ist der Finanzrechtsweg deshalb nicht gegeben, weil die Behörde durch die Amtshilfe nicht zur Finanzbehörde wird[11].

---

[9] Begründung zum Entwurf des AOStrafÄndG a.a.O.

[10] § 182 FGO; BFH BStBl. 1958 III, 8; BVerwG NJW 1958, 1599 (1600); OVG Münster, MDR 1957, 189. Der Hessische Verwaltungsgerichtshof, ZfZ 1964, 149 (151), rechnete auch die Einfuhrüberwachung zu den Amtshilfemaßnahmen und hat die Zulässigkeit des Verwaltungsrechtsweges angenommen. Das Bundesverwaltungsgericht, NJW 1965, 1618, sah die Einfuhrüberwachung als Steueraufsicht an, bestätigte aber gleichzeitig die Ansicht, daß Amtshilfeakte der Finanzbehörden im Verwaltungsrechtsweg anzufechten sind (1619, l. Sp. m.)

[11] a.A. aber offenbar *Stobbe*, ZfZ 1965, 261 (272 r. Sp. 2. Abs.), der den Begriff der Bundesfinanzbehörde funktionell abgrenzen will. Die Abschöpfungserhebung alten Rechts durch die Einfuhr- und Vorratsstellen hält er für „eine aus Art. 108 GG fließende, übertragene Aufgabe der Bundesfinanzverwaltung“, da er die alten Abschöpfungen bereits zu den Zöllen rechnet; deshalb hält er ab 1961 für Streitigkeiten über Abschöpfungen mit den EV

a) § 188 Reichsabgabenordnung

Rechtsgrundlagen für beide Formen der Hilfstätigkeit sind die §§ 188 RAO; 15 bis 18 a FVG; 75 ZollG. § 188 Abs. 1 RAO[12] verpflichtet Bundes-, Landes- und Gemeindebehörden und einige einzeln aufgezählte andere Personen, den Finanzbehörden jede erforderliche Hilfe zu leisten. Die Hilfe leistende Behörde wird dabei nicht zur Finanzbehörde, da sie der ersuchenden Behörde nicht untergeordnet ist; das Finanzamt erhält keine Befehlsgewalt über die ersuchte Behörde[13]. Dagegen soll die Finanzbehörde Weisungsbefugnis erlangen, wenn die Gemeindebehörde nach § 15 FVG zur Hilfsstelle bestellt ist[14]. Die einfache Beistandspflicht nach § 188 RAO kann von Behörden nicht durch das Finanzamt durch Festsetzung eines Erzwingungsgeldes erzwungen werden[15], wohl aber von den sonstigen in § 188 RAO aufgeführten Personen und Stellen. Hat das Finanzamt eine Person oder Stelle als hilfepflichtig in Anspruch genommen und vertritt diese die Ansicht, daß sie keine Behörde sei, so ist gegen die Inanspruchnahme der Finanzrechtsweg eröffnet[16].

Im allgemeinen ist die Amtshilfehandlung kostenfrei durchzuführen[17]. Die persönliche Kostenfreiheit, die die Finanzbehörden genießen, befreit jedoch nicht von der Zahlung von Schreibgebühren für Ausfertigungen und Abschriften. Im Falle der Meinungsverschiedenheit darüber, ob die ersuchte Behörde von der ersuchenden eine Zahlung fordern kann, ist die Entscheidung in dem Verfahren herbeizuführen, das für Gebühren- und Auslagenforderungen der ersuchten Behörde vorgesehen ist[18]. Der Finanzrechtsweg scheidet für die Entscheidung daher aus.

Die gewöhnliche Hilfeleistungspflicht des § 188 Abs. 1 RAO macht die helfende Behörde nicht zur Hilfsstelle einer Finanzbehörde. Rechtsschutz gegen Maßnahmen der Hilfe leistenden Behörden wird daher im Verwaltungsrechtsweg gewährt, wenn die Hilfeleistung nach § 188 Abs. 1 RAO erfolgt.

Stellen den Finanzrechtsweg für zulässig, S. 271 r. Sp. Dem ist nicht zu folgen. Der Begriff der Bundes- und Landesfinanzbehörden ergibt sich nur aus den §§ 1, 2 FVG.

12 § 188 Abs. 3 RAO gehört sachlich zu § 75 ZollG und wird dort behandelt.

13 *Becker - Riewald - Koch* § 188 RAO Anm. 5 c (3); *Hübschmann - Hepp - Spitaler,* § 188 RAO Anm. 11.

14 *Becker - Riewald - Koch* a.a.O.

15 § 202 Abs. 8 RAO; *Becker - Riewald - Koch* § 188 Anm. 6 (2); *Hübschmann - Hepp - Spitaler,* § 188 Anm. 11; *Kühn,* § 188 Anm. 6 und § 15 FVG.

16 *Becker - Riewald - Koch* § 188 RAO Anm. 6 (6) unter Berufung auf RFH E 28, 70; *Kühn,* § 188 RAO Anm. 6.

17 *Becker - Riewald - Koch* Anm. 7 (5); *Hübschmann - Hepp - Spitaler,* Anm. 13; *Tipke - Kruse,* Anm. 8, alle zu § 188 RAO.

18 *Becker - Riewald - Koch,* § 188 Anm. 7 (8).

b) *§ 15 Finanzverwaltungsgesetz und § 75 Zollgesetz*

Besondere Hilfspflichten werden durch die §§ 15 FVG und 75 ZollG normiert. Ob diese Vorschriften die allgemeine Pflicht zur Amtshilfe konkretisieren[19] oder ob sie dahin auszulegen sind, daß die Hilfe leistenden Stellen zu Hilfsstellen der Finanzbehörden werden, ist nicht eindeutig geklärt. Beide Vorschriften verweisen jedoch auf § 188 RAO. § 15 FVG, der über § 21 Abs. 3 FVG auch für Finanzämter gilt, spricht ausdrücklich von einer Hilfeleistungspflicht der Gemeinde-, Ortspolizei- und sonstigen Ortsbehörden. Er ist dahin auszulegen, daß die helfende Behörde nicht zur Hilfsstelle der Finanzbehörde wird. Die Beistandpflicht konkretisiert das allgemeine Amtshilfegebot des Art. 35 GG. Rechtsschutz gegen Maßnahmen, die im Rahmen des § 15 FVG getroffen werden, ist im Verwaltungsrechtsweg zu suchen.

§ 75 Abs. 1 ZollG bestimmt, daß den nach § 188 Abs. 1 RAO zum Beistand verpflichteten Verkehrsverwaltungen des Bundes[20] mit ihrem Einverständnis Hoheitsaufgaben übertragen werden dürfen, soweit sie die Aufgaben durch Bundesbeamte wahrnehmen. Ausgenommen davon ist der Erlaß von Verwaltungsakten. Den Bediensteten der Bundesbahn ist zum Beispiel die zollamtliche Überwachung der Warenausfuhr übertragen, wenn diese durch die Bahn geschieht, ferner die Abfertigung von Reisegepäck[21]. Da der Rechtsschutz weder im Verwaltungs- noch im Finanzrechtsweg auf die Anfechtung von Verwaltungsakten beschränkt ist, kann auch in Streitfällen über sonstige Maßnahmen der Rechtsweg beschritten werden. Durch den Hinweis auf § 188 Abs. 1 RAO in § 75 Abs. 1 ZollG ist klargestellt, daß es sich bei der Ausübung von Hoheitsaufgaben durch Bahn- und Postbeamte um Amtshilfe handelt. Für den Rechtsschutz ist der Verwaltungsrechtsweg zulässig.

§ 75 Abs. 1 ZollG regelt die Übertragung von Hoheitsaufgaben und stellt dadurch klar, daß eventuelle Streitigkeiten zwischen den Verkehrsverwaltungen und Dritten öffentlich-rechtliche Streitigkeiten sind. Die Vorschrift hat daher unmittelbaren Einfluß auf das Außenverhältnis der Verkehrsverwaltung zu ihren Benutzern. § 75 Abs. 2 und 3 ZollG

---

[19] § 15 FVG wird als Hilfeleistungspflicht aufgefaßt von *Maunz - Dürig*, Art. 108 GG RdN 34; *Kühn*, § 188 AO Anm. 3, *Tipke - Kruse*, § 188 AO Anm. 1, *Becker - Riewald - Koch*, § 188 Anm. 6 (2), *Bail - Schädel - Hutter*, §§ 74—76 ZollG, S. 473; dagegen wird die nach § 15 FVG zu Hilfe verpflichtete Gemeindebehörde als Hilfsstelle des Finanzamts, über welche das Finanzamt Befehlsgewalt habe, von *Becker - Riewald - Koch*, § 188 AO Anm. 5 c (3), bezeichnet.

[20] Bundesbahn und Bundespost: *Bail - Schädel - Hutter*, §§ 74—76 ZollG S. 474; *Schwarz - Wockenfoth*, § 75 RdN 2.

[21] Siehe dazu Verwaltungsvereinbarung zwischen dem BdF und der Bundesbahn vom 14./21. 12. 1961, BAnz. 1962, Nr. 16, S. 1; *Schwarz - Wockenfoth*, § 75 ZollG RdN 2; *Bail - Schädel - Hutter*, §§ 74—76 ZollG S. 474 — 1.

regelt dagegen das Innenverhältnis zwischen Zollverwaltung und den Bundesverkehrsverwaltungen sowie den nach § 188 Abs. 3 RAO zu Zollhilfsorganen bestellten Unternehmen. Generell bestellt sind die nicht bundeseigenen Eisenbahnen, im Zollgebiet tätig werdende ausländische Eisenbahnen und die Deutsche Lufthansa AG[22]. Einzeln bestellt sind bestimmte Hafen- und Flughafenverwaltungen. Die Bestellung zum Zollhilfsorgan erfolgt durch Verwaltungsakt der Bundesfinanzbehörden, der im Finanzrechtsweg anfechtbar ist[23].

Obwohl § 188 Abs. 3 RAO und § 75 Abs. 2 ZollG die Bestellung zu Zollhilfsorganen vorsehen, wird darunter nicht die Bestellung zu Hilfsstellen der Hauptzollämter im Sinne des früheren § 1 Abs. 1 Nr. 2 FVG zu verstehen sein. Durch die Bestellung entsteht nur eine besondere Beistandspflicht[24]. Wären die Hilfsorgane Hilfsstellen in technischem Sinn, so hätte es der Vorschriften des § 75 Abs. 2 und 3 ZollG nicht bedurft, da die vorgesetzte Behörde gegenüber ihren nachgeordneten Dienststellen ein allgemeines Weisungsrecht hat[25], aus dem die Rechte des § 75 Abs. 2 und 3 ZollG herzuleiten wären[26]. Trotzdem ist für Streitigkeiten, die sich aus § 75 Abs. 2 und 3 ZollG ergeben, der Finanzrechtsweg gegeben, weil eine Bundesfinanzbehörde an dem Rechtsverhältnis beteiligt ist und die Vorschriften nur das Innenverhältnis zwischen Zollverwaltung und Zollhilfsorgan betreffen.

c) *§ 16 ff. Finanzverwaltungsgesetz*

Über allgemeine und besondere Hilfspflichten hinaus geht die Stellung der Gemeindebehörden (§ 16 FVG) und des Freihafenamtes Hamburg (§ 18 a FVG), wenn ihnen Aufgaben der Hauptzollämter oder der Finanzämter (s. § 21 Abs. 3 FVG) übertragen werden. Im Rahmen des § 16 FVG wirken die Katasterämter zum Beispiel bei der Einheitsbewertung von Grundstücken mit. Für das Freihafenamt Hamburg bestimmt § 18 a Abs. 2 FVG, daß es die Stellung eines Hauptzollamtes hat, soweit es die ihm übertragenen Aufgaben wahrnimmt. Das Freihafenamt ist Bundesfinanzbehörde bei der Erfüllung dieser Aufgaben.

Das gleiche gilt für die Gemeindebehörden im Rahmen des § 16 FVG[27]. Die Gleichsetzung der §§ 16 und 18 a FVG ergibt sich schon aus

---

[22] *Schwarz - Wockenfoth,* § 75 ZollG RdN 2.

[23] *Bail - Schädel - Hutter,* §§ 74—76 ZollG, S. 475 (zu Abs. 2).

[24] *Schwarz - Wockenfoth* § 75 ZollG RdN 2.

[25] *Tipke - Kruse,* § 165 a AO, *Hübschmann - Hepp - Spitaler,* § 165 a Anm. 2 für die Gemeinde als Hilfsstelle des Finanzamtes.

[26] Ein derart allgemeines Weisungsrecht der Bundesfinanzbehörden gegenüber den Gemeindebehörden statuiert § 17 FVG.

[27] Das ist jedoch nicht allgemein anerkannt: *Tipke - Kruse,* § 188 AO Anm.

der Entstehungsgeschichte des 18 a FVG: Die Vorschrift wurde durch Gesetz vom 23. 4. 1963[28] eingefügt. Schon vorher waren dem Freihafenamt die in § 18 a vorgesehenen Befugnisse auf Grund des § 16 FVG übertragen worden[29]. Bereits § 39 Abs. 5 des Zollgesetzes von 1939 hatte diesen Zustand in der Form normiert, daß das Freihafenamt, eine Hamburger Behörde, bestimmte Befugnisse eines Hauptzollamtes ausübt. Die Vorschrift wurde nicht in das Zollgesetz von 1961 übernommen, weil sie gegen Art. 108 Abs. 1 Satz 1 GG verstieß. Die Übertragung nach § 16 FVG soll jedoch grundgesetzkonform sein[30]. Die

---

1 sieht auch § 16 FVG als Sonderfall der Beistandspflicht aus § 188 AO an; *Kühn,* § 17 FVG bezeichnet die Gemeinden dagegen als Hilfsstellen der Finanzbehörden.

28 BGBl. I, 197.

29 Bekanntmachung zweier Verwaltungsvereinbarungen zwischen dem BdF und der Freien und Hansestadt Hamburg über Befugnisse des Freihafenamtes Hamburg in Zollsachen vom 31. 1. 1961, BAnz. Nr. 26 vom 7. 2. 1961, S. 1; *Bail - Schädel - Hutter,* §§ 74—76 ZollG S. 473.

30 Dieser Ansicht sind *Bail - Schädel - Hutter,* §§ 74—76 ZollG S. 473. Ob diese Ansicht zutrifft, ist sehr zweifelhaft. Ihr kann jedoch im Rahmen dieser Arbeit nicht nachgegangen werden. Die Problematik sei lediglich angedeutet:

Behördenaufbau und Verfahren der Finanzbehörden unterstehen dem Gesetzesvorbehalt: Art. 108 Abs. 1 S. 2, Abs. 3 S. 2 GG, *Maunz - Dürig,* Art. 108 RdN 28; a.A. *Bettermann,* VVDStRL 17, S. 153 N. 102.

Maunz - Dürig rechnen die Zuständigkeitsregelung zum Begriff der Errichtung der Behörden, Art. 84 RdN 20, und unterstellen sie dem Gesetzesvorbehalt (Art. 108 RdN 28).

Zuständigkeitsänderungen durch Verwaltungsvorschrift sind in der Eingriffsverwaltung unzulässig, BVerfG E 8, 155 (167); BVerwG JZ 1963, 365; *Spanner,* DÖV 1962, 342. Stellt die Verletzung der Zuständigkeitsregelung eine Rechtsverletzung dar, so muß die Zuständigkeitsregelung in einem Rechtssatz, d. h. Gesetz im materiellen Sinn, enthalten sein, *Jesch,* AöR 84, 74 (86). Zuständigkeitsverschiebungen und Delegation von Verwaltungsbefugnissen bedürfen der gesetzlich ermächtigten Rechtsverordnungsform, *Jesch,* JZ 1963, 366 (367); ders. Gesetz und Verwaltung S. 155; *Obermayer,* Verwaltungsakt u. innerdienstlicher Rechtsakt, S. 121; ders. DVBl. 1959, 354 (356); Hess. VGH Verw. Rspr. 4, 565; OVG Münster, DÖV 1955, 314; *Gönnenwein,* Gemeinderecht, S. 94 N. 46.

Noch weiter geht *Forsthoff,* Lehrbuch, 9. Aufl. S. 403—405, der Gesetzesform für die Übertragung von Hoheitsbefugnissen auf nicht unmittelbare Träger der Staatsgewalt verlangt; dazu rechnet er die Gemeinden. Erich *Becker,* Artikel „Verwaltungsaufgaben" in Verwaltung, S. 186 (212) sieht die Organisationsgewalt als ausreichend an. Zur Organisationsgewalt s. a. *Ermacora* und *Köttgen,* VVDStRL Heft 16. *Bettermann,* VVDStRL 17, 130 ff. unterstellt die Zuständigkeitsnormen der Organisationsgewalt.

Die Gerichte der allgemeinen und besonderen Verwaltungsgerichtsbarkeit sind zur Feststellung der Verfassungswidrigkeit einer derartigen Regelung jedoch nicht befugt, sondern müssen die Frage dem Bundesverfassungsgericht nach Art. 100 Abs. 1 GG vorlegen (BVerfG E 18, 52 [59]; *Jesch,* JZ 1963, 367).

Für die Rechtswegfrage kann die verfassungsrechtliche Problematik daher unerörtert bleiben.

Rechtsstellung des Freihafenamtes hat sich durch die Einfügung des § 18 a FVG nicht verändert. § 16 FVG kann daher ebenso ausgelegt werden.

Die Stellung der Gemeindebehörden als Finanzbehörden ergibt sich auch daraus, daß die Behörde, deren Aufgaben der Gemeindebehörde übertragen sind, ein allgemeines Weisungs- und Nachprüfungsrecht in den übertragenen Aufgaben hat (§ 17 FVG). Diese Feststellung steht nicht im Widerspruch zu den obigen Untersuchungen zu § 75 Abs. 2 und 3 ZollG. Die der Zollverwaltung eingeräumten Sonderrechte sprechen gegen ein allgemeines Weisungsrecht. Das allgemeine Weisungs- und Prüfungsrecht der Bundesfinanzbehörden ist jedoch Indiz für die Eingliederung der Gemeinde in den Aufbau der Finanzbehörde hinsichtlich der übertragenen Verwaltungsgeschäfte. Schließlich ergibt sich die Stellung der Gemeindebehörde als Bundes- oder Landesfinanzbehörde und die daraus zu ziehende Folgerung, daß in diesem Rahmen der Finanzrechtsweg eröffnet ist, aus der Anordnung, daß die Verwaltung der Steuern nach der Abgabenordnung zu erfolgen hat (§ 18 Satz 1 FVG)[31].

Ist jedoch für die Beitreibung die Anwendung der Kommunalabgabengesetze zugelassen (§ 18 Satz 2 FVG), so tritt die Gemeindebehörde nicht als Finanzbehörde, sondern als Gemeindebehörde auf. Sie vollstreckt nach dem für die Beitreibung eigener Steuern geltenden Recht. Streitigkeiten aus der Vollstreckung sind in diesen Fällen im Verwaltungsrechtsweg zu behandeln.

d) § 165 a Reichsabgabenordnung

Ein gesetzlich geregelter Sonderfall der Tätigkeit der Gemeinden für die Finanzämter ist die Personenstands- und Betriebsaufnahme. Die Gemeindebehörden werden dabei als Hilfsstellen der Finanzämter tätig (§ 165 a Abs. 1 RAO). Die Ergebnisse der Personenstandsaufnahme werden in den Urlisten zusammengestellt. Auf Grund dieser Urlisten werden von den Gemeindebehörden für alle im Bezirk der Gemeinde wohnenden Arbeitnehmer Lohnsteuerkarten ausgeschrieben[32]. Ändern sich die in den Lohnsteuerkarten angegebenen Verhältnisse, wie Familienstand, Zahl der Kinder, Kirchenzugehörigkeit, oder fallen die Vor-

---

[31] Hier wird die Abgrenzung zweifelhaft; wenn die Gemeinde nicht mehr als Hilfsstelle des Finanzamtes angesehen werden kann, so hätte die vorgesetzte Finanzbehörde nach § 17 FVG zwar ein Weisungs- u. Prüfungsrecht und die Gemeinde nach § 18 FVG die RAO anzuwenden; ihre Verwaltungsakte müßten jedoch bei den Verwaltungsgerichten angefochten werden, wenn man §§ 1, 2 FVG wörtlich auslegt: Die Gemeinde ist keine Finanzbehörde.

[32] § 38 Abs. 2 EStG; § 7 Abs. 1 LStDV.

aussetzungen für eingetragene Freibeträge weg, so hat der Arbeitnehmer die Lohnsteuerkarte zwecks Berichtigung der Gemeindebehörde vorzulegen[33]. Ändern sich die rechtlich und tatsächlich schwieriger zu beurteilenden Voraussetzungen der Kinderfreibeträge für Kinder über 18 Jahren, so nimmt die Änderung das Finanzamt vor[34].

Auch bei der Ausschreibung und Berichtigung der Lohnsteuerkarten werden die Gemeindebehörden als Landesfinanzbehörden tätig. Zwar ist weder in § 38 Abs. 2 EStG, der die Pflicht der Gemeinden zur Ausschreibung der Lohnsteuerkarten bestimmt, noch in § 7 LStDV, der das Verfahren bei der Ausschreibung regelt, ausdrücklich angeordnet, daß die Gemeinde insoweit als Hilfsstelle des Finanzamtes tätig wird. Was für die Personenstandsaufnahme auf Grund des § 165 a Abs. 1 Satz 2 RAO gilt, muß auch für die Ausschreibung der Lohnsteuerkarten gelten, weil die Ausschreibung auf dem Ergebnis der Personenstandsaufnahme beruht. Die Ausschreibung dient nicht gemeindlichen Zwecken, sondern ausschließlich der Lohnsteuerberechnung. § 15 Abs. 2 LStDV verpflichtet die Gemeinden, den Anweisungen des Finanzamtes zur Durchführung der Lohnsteuer nachzukommen und berechtigt das Finanzamt, erforderlichenfalls Handlungen im Sinne dieser Anweisungen selbst vorzunehmen. Die Vorschrift begründet die Weisungsgebundenheit allerdings nicht, sondern stellt die schon auf Grund der Eigenschaft der Gemeindebehörde als Hilfsstelle des Finanzamtes bestehende Gehorsamspflicht klar. Da die Gemeindebehörden bei Ausschreibung und Berichtigung der Lohnsteuerkarten als Landesfinanzbehörden tätig werden, ist für Streitigkeiten der Finanzrechtsweg gegeben[35].

Soweit die Gemeinden dagegen mit der Personenstands- und Betriebsaufnahme besondere Erhebungen verbinden, die gemeindlichen Zwecken dienen, zum Beispiel Erhebungen über die Hundesteuer, werden sie nicht als Landesfinanzbehörden tätig (§ 165 a Abs. 2 Satz 2 RAO). In diesen Fällen ist für Streitigkeiten der Verwaltungsrechtsweg zulässig.

Ergebnis:

Der Finanzrechtsweg ist zulässig in öffentlich-rechtlichen Streitigkeiten über Abgabenangelegenheiten, soweit die Abgaben durch Bundes- oder Landesfinanzbehörden verwaltet werden.

---

33 §§ 7 Abs. 11, 18 Abs. 1 LStDV; die bloße Änderung der Voraussetzungen verpflichtet nicht zur Vorlage: FG Nürnberg, EFG 1964, 403.

34 § 18 a Abs. 2 LStDV.

35 OVG Münster, DVBl. 1963, 561 = DÖV 1964, 139, FG Hannover, EFG 1965, 80; *Tipke - Kruse*, § 165 AO; *Hübschmann - Hepp - Spitaler*, § 165 Anm. 2 a.E.

Finanzbehörden sind die in den §§ 1 und 2 FVG aufgezählten Behörden.

Soweit ein Verwaltungsträger auf dem Gebiet der Abgabenverwaltung Amtshilfe leistet, ist der Verwaltungsrechtsweg zulässig. Der Finanzrechtsweg ist zulässig, soweit er als Hilfsstelle einer Finanzbehörde tätig wird.

2. Realsteuerverwaltung

a) Allgemeines

Wie bereits erwähnt, kann die Verwaltung der den Gemeinden zufließenden Steuern durch die Länder ganz oder teilweise den Gemeinden übertragen werden. Den Gemeinden ist durch Art. 106 Abs. 6 Satz 1 GG das Realsteueraufkommen garantiert. Bestehen in einem Land keine Gemeinden, so steht das Realsteueraufkommen dem Land zu. Das ist in Berlin und Hamburg der Fall. Im Land Bremen existieren die Gemeinden Bremen und Bremerhaven[36]. Das Land Bremen hat eine Übertragung der Realsteuerverwaltung auf seine Gemeinden nicht vorgenommen. In den drei genannten Bundesländern werden die Realsteuern durch Landesfinanzbehörden verwaltet[37]. Da der Bund für die Realsteuern mit Ausnahme der Festsetzung der Hebesätze die konkurrierende Gesetzgebung hat (Art. 105 Abs. 2 Nr. 3 GG), ist in diesen Ländern in Realsteuerstreitigkeiten der Finanzrechtsweg eröffnet, soweit der Streit nicht allein die Hebesatzfestsetzung betrifft[38, 39].

In den übrigen Bundesländern ist der Finanzrechtsweg nur insoweit eröffnet, als die Verwaltung der Realsteuern in der Hand der Landesfinanzbehörden liegt. Den Finanzämtern ist bundeseinheitlich durch § 212 a Abs. 1 RAO die Festsetzung der Realsteuermeßbeträge übertragen[40, 41]. Der Meßbetrag kann daher bundeseinheitlich im Finanzrechtsweg angefochten werden. Ebenso ist der Finanzrechtsweg zu-

---

36 Art. 143 Landesverfassung der Freien Hansestadt Bremen vom 21. 10. 1947, GBl. 251.

37 *Blümich - Boyens - Steinbring - Klein*, § 1 GewStG Anm. 7 (4—6); *Müthling*, § 16 GewStG Anm. 2; für Hamburg besonders: *Tipke - Kruse*, § 33 FGO Anm. 7.

38 *v. Wallis - List* bei *Hübschmann - Hepp - Spitaler*, § 33 FGO RdN 49; für Hamburg: BFH BStBl. 1957 III, 421 (422).

39 Die Hebesatzfestsetzung wird weiter unten behandelt.

40 *Müthling*, § 1 GewStG Anm. 3; *Renfert*, DStR 1962/63, 191; *Koss*, KStZ 1961, 4 (5).

41 Die Frage, ob § 212 a Abs. 1 RAO etwa deshalb dem Grundgesetz widerspricht, weil er den Landesgesetzgeber daran hindert, die Realsteuerverwaltung vollständig auf die Gemeinden zu übertragen, wie es Art. 108 Abs. 3 S. 4 GG vorsieht, ist bisher, soweit ersichtlich, noch nicht gestellt.

lässig für alle Streitigkeiten mit den Finanzämtern, die sich im Meßbetragsverfahren ergeben oder, wie die Aussetzung der Vollziehung des Meßbescheides, an dieses anschließen[42].

Soweit die Festsetzung der Realsteuerschuld und die Steuererhebung den Gemeinden übertragen ist, sind Streitigkeiten mit den Gemeinden im Verwaltungsrechtsweg auszutragen[43]. Der Bundesgesetzgeber hatte durch Art. III § 5 Abs. 1 Satz 1 des Gesetzes zur Änderung des Gewerbesteuerrechts vom 27. 12. 1951[44] Festsetzung und Erhebung der Realsteuern bundeseinheitlich den Gemeinden übertragen. Diese Vorschrift wurde als verfassungswidrig angesehen, da die Übertragung den Ländern vorbehalten sei[45]. Die Länder haben die Übertragung teils durch Gesetz[46], teils durch Verordnung vorgenommen. Gegen die Übertragung im Verordnungswege bestehen ebenfalls verfassungsrechtliche Bedenken, da es sich um eine Zuständigkeitsregelung im Bereich der Eingriffsverwaltung handelt, die stets in den Vorbehalt des Gesetzes fallen soll[47].

Vollstreckt die Gemeinde aus einem Realsteuerbescheid, obwohl die Vollziehung des zugrunde liegenden Meßbescheides ausgesetzt war, so wird gegenüber den Vollstreckungsmaßnahmen Rechtsschutz im Verwaltungsrechtsweg gewährt[48]. Die Finanzämter sind dagegen nicht für die Aussetzung der Vollziehung der Realsteuerbescheide zuständig. Für die Entscheidung über die Rechtmäßigkeit der Realsteuerbescheide und die Aussetzung der Vollziehung ist daher der Verwaltungsrechtsweg zulässig[49].

Im Verwaltungsrechtsweg kann der Realsteuerpflichtige auch seinen Anspruch gegen die Gemeinde auf Erlaß eines Steuerbescheides durchsetzen. Dieser Anspruch besteht jedenfalls dann, wenn der Gemeinde der Meßbescheid vom Finanzamt bekanntgemacht wurde und der

---

[42] FG Stuttgart EFG 1959, 422; FG Düsseldorf, KStZ 1964, 40; *Renfert*, DStZ 1962/63, 191 (193); *Voss*, BB 1959, 1302 (1303); a.A.: *Nake*, BB 1959, 882 (883); *Nake* hielt die Gemeinde allein für befugt, die Vollziehung des Meßbescheides auszusetzen. Eindeutig können jetzt nach § 69 Abs. 2 Satz 3 FGO auch Meßbescheide ausgesetzt werden durch Finanzamt oder Finanzgericht.

[43] BVerwG E 19, 68; *Müthling*, § 16 GewStG, Anm. 2; *Schiefer*, KStZ 1958, 117 (118).

[44] BGBl. I, 996.

[45] *Flume*, StbJb 1953/54, S. 93; *Maunz - Dürig*, Art. 108 RdN 43; a.A.: anscheinend *Müthling*, § 16 GewStG Anm. 2.

[46] Bayern, Hessen, Niedersachsen, Nordrhein-Westfalen, Schleswig-Holstein; Nachweise bei *Lenski - Steinberg*, Einl. S. 4 zum GewStG.

[47] *Maunz - Dürig*, Art. 108 RdN 43, s. a. oben Fußnote 30.

[48] OVG Münster, DStZ (E) 1959, 111.

[49] OVG Münster a.a.O. und KStZ 1957, 222; 1958, 54; *Voss*, BB 1959, 1302 (1303).

Steuerpflichtige auf Grund dieses Meßbescheides Rückzahlungen verlangen kann, weil seine Vorauszahlungen höher sind als seine Steuerschuld[50].

Für Streitigkeiten über die Hebesatzfestsetzung ist in den Ländern mit geteilter Realsteuerverwaltung der Verwaltungsrechtsweg zulässig. Der Hebesatz ist der Faktor, mit dem der aus Gewerbeertrag und Gewerbekapital bzw. aus der Lohnsumme ermittelte Steuermeßbetrag vervielfältigt wird[51]. Das Ergebnis dieser Rechenoperation ist die Gewerbesteuerschuld. Die Festsetzung der Hebesätze erfolgt nach den einheitlichen Vorschriften der Gemeindeordnungen in den Gemeindehaushaltssatzungen[52]. Die Hebesätze für alle Formen der Gewerbesteuer werden für jedes Rechnungsjahr neu festgesetzt[53]. Mit der Festsetzung der Hebesätze in den Haushaltssatzungen wird durch die Gemeinden materielles Steuerrecht gesetzt[54]. Die Ermächtigung zu dieser Rechtsetzung wird vom Bundesverfassungsgericht und in der Literatur in § 16 GewStG gesehen[55]. Meinungsverschiedenheiten über diese Frage ergeben sich aus Art. 105 Abs. 2 Nr. 3 GG. Dieser Vorschrift zufolge hat der Bund die Gesetzgebung über die Realsteuern mit Ausnahme der Festsetzung der Hebesätze. Da § 16 GewStG die Hebesätze nicht selbst festsetzt, sondern nur bestimmt, daß die Steuer auf Grund des einheitlichen Meßbetrages nach dem Hebesatz festgesetzt und erhoben wird, der von der hebeberechtigten Gemeinde für das dem Erhebungszeitraum entsprechende Rechnungsjahr festgesetzt wird, hat das Bundesverfassungsgericht keine Bedenken dagegen, daß der Bundesgesetzgeber befugt ist, die Gemeinden zur Hebesatzfestsetzung zu ermächtigen, obwohl durch die ausdrückliche Herausnahme der Festsetzung der Hebesätze in Art. 105 GG grundsätzlich nach Art. 70 Abs. 1 GG der Landesgesetzgeber ausschließlich zuständig wäre[56]. Das Gericht erklärt diese Ausnahme mit der überlieferten Regelung des Gewerbesteuerrechts, die dem Grundgesetzgeber bekannt und von seinem Gesetzgebungswillen gedeckt sei. In der Literatur wird dagegen

---

[50] OVG Münster, DStZ (E) 1964, 143.

[51] BVerfG NJW 1967, 545.

[52] Vgl. § 83 DGO; Art. 89 Bay GO; Art. 85 GO Nordrhein-Westf.; BVerfG NJW 1967, 545 (546); HessVGH KStZ 1964, 103; *Mühling*, § 16 GewStG Anm. 1; *Blümich - Boyens - Steinbring - Klein*, § 16 Anm. 1 (1).

[53] § 2 Einführungsgesetz zum Realsteuergesetz v. 1. 12. 1936, RGBl. I, 961, i.d.F. des Ges. v. 27. 12. 1951, BGBl. I, 996.

[54] BVerfG a.a.O.; OVG Lüneburg NJW 1953, 160; KStZ 1954, 103; OVG Münster KStZ 1956, 83 (84); HessVGH KStZ 1964, 103; *Mühling* a.a.O.; *Schäfers*, S. 35 ff.

[55] BVerfG NJW 1967, 545; *Schäfers*, S. 58; keine Einigkeit besteht lediglich darüber, ob diese Ermächtigung als Bundes- oder Landesrecht gilt.

[56] BVerfG NJW 1967, 545.

angenommen, die Ermächtigung des § 16 GewStG gelte als Landesrecht fort[57].

Da die Hebesatzfestsetzung ein Akt der Rechtsetzung ist, kann sie nicht für sich allein mit der Anfechtungsklage angegriffen werden. Einwendungen, mit denen Mängel der Hebesatzfestsetzung gerügt werden, können jedoch im Verfahren gegen den Steuerbescheid vorgebracht werden[58].

In Berlin, Hamburg und Bremen sind bei Angriffen auf die Hebesätze die Besonderheiten dieser Länder zu beachten. In Berlin und Hamburg werden die Realsteuerhebesätze durch Landesgesetz für jedes Rechnungsjahr neu festgesetzt[59]. Da in diesen beiden Ländern die Realsteuerverwaltung allein bei den Landesfinanzbehörden liegt, ist der Finanzrechtsweg auch für die Anfechtung des Realsteuerbescheides zulässig[60]. Soweit Einwendungen gegen die Hebesatzfestsetzung zulässig sind, müssen sie in diesem Verfahren vorgebracht werden. In Bremen werden die Realsteuerhebesätze nach Art. 131 Abs. 2 Nr. 2 der Verfassung durch Haushaltsgesetz festgesetzt. Ob dieses Gesetz jedoch Landesgesetz ist, erscheint zweifelhaft: Das Land Bremen besteht aus zwei Gemeinden (Art. 143 Verfassung). Das Haushaltsgesetz der Gemeinde Bremen gilt nur in der Stadtgemeinde Bremen[61]. Entsprechendes gilt für Bremerhaven. Obwohl die Verfassung (Art. 131 und 146) für den Gemeindehaushalt die Gesetzesform vorschreibt, gilt dieses „Gesetz" nur im räumlichen Bereich der Gemeinde. In seiner Funktion entspricht es der Haushaltssatzung. Es wird nicht vom Landtag, sondern von der Stadtbürgerschaft, also der Gemeindevertretung, beschlossen[62]. Die Haushaltsgesetze Bremens und Bremerhavens stehen daher, ebenso wie die Haushaltssatzungen der Gemeinden aller übrigen Länder, im Rang unter dem Landesgesetz. Aus dieser Tatsache ergibt sich die Frage, ob die Haushaltssatzungen dem Normenkontrollverfahren nach § 47 VwGO unterliegen.

Normenkontrollverfahren nach § 47 VwGO

Das abstrakte Normenkontrollverfahren findet nur in den Ländern statt, in denen die Landesgesetzgebung eine entsprechende Möglichkeit

---

[57] *Schäfers*, S. 61; zur parallelen Problematik der Grundsteuermehrbelastung nach § 3 EinfGRealStG vgl. Abschnitt B I 1 a α (Beiträge).

[58] OVG Lüneburg, NJW 1953, 160; KStZ 1954, 103; OVG Münster, KStZ 1956, 83 (84); HessVGH KStZ 1964, 103.

[59] Vgl. für Berlin: § 32 Abs. 1 Nr. 1 Landeshaushaltsordnung (LHO) vom 29. 7. 1966, GVBl. 1966, 1148; § 2 Haushaltsgesetz 1967, GVBl. 1966, 175; für Hamburg: Gesetz über die Festsetzung der Hebesätze für die Realsteuern für das Jahr 1966 vom 2. 12. 1965, GVBl. 219.

[60] für Hamburg so ausdrücklich BFH BStBl. 1957 III, 421.

[61] Vgl. Gesetz vom 23. 12. 1965, GVBl. 155.

[62] Vgl. Haushaltsgesetz 1965 a.a.O.

vorgesehen hat. Dies ist in Baden-Württemberg, Bayern, Bremen, Hessen und Schleswig-Holstein der Fall[63]. Durch § 47 VwGO wird die Voraussetzung geschaffen, daß eine Normenkontrolle nur im Rahmen der Gerichtsbarkeit des Oberverwaltungsgerichts stattfindet. Eine Normenkontrolle nach § 47 VwGO findet also nur dann statt, wenn ein in Vollzug der angegriffenen Norm ergehender Verwaltungsakt in die Kompetenz der allgemeinen Verwaltungsgerichte fallen würde. Die Oberverwaltungsgerichte können die Normenkontrolle also nur im Rahmen der Zulässigkeit des Verwaltungsrechtsweges durchführen. Diese ist dann gegeben, wenn sich aus der Rechtsvorschrift Streitigkeiten entwickeln können, für die der Verwaltungsrechtsweg zulässig ist[64].

Da in Bremen für Realsteuerstreitigkeiten der Finanzrechtsweg unbeschränkt zulässig ist, entfällt dort die Kompetenz des Oberverwaltungsgerichts für die Normenkontrolle der Hebesatzfestsetzung in den Haushaltssatzungen. Anders ist die Rechtslage in den übrigen Ländern. Streitigkeiten über die Realsteuererhebung fallen dort in die Kompetenz der Verwaltungsgerichte, da die Realsteuern durch die Gemeinden erhoben werden. So wie Entscheidungen, die im Meßbetragsverfahren getroffen werden, nur durch Anfechtung des Meßbescheides angegriffen werden können (§ 232 Abs. 2 RAO), so können Entscheidungen, die im Hebeverfahren getroffen werden, nur durch Anfechtung des Hebebescheides angegriffen werden. Der Realsteuerhebesatz ist in Verbindung mit dem Meßbescheid die Grundlage des Steuerbescheides. Die Anwendung des Hebesatzes auf den Meßbescheid ist die im Hebeverfahren getroffene Entscheidung. Da für ihre Anfechtung der Verwaltungsrechtsweg zulässig ist, fällt die Normenkontrolle nach § 47 VwGO in den Rahmen der Gerichtsbarkeit der Oberverwaltungsgerichte[65]. Prüfungsmaßstab darf nur das Landesrecht sein. Dazu gehören die Bestimmungen über Erlaß der Haushaltssatzung, die Genehmigung der Aufsichtsbehörde oder das Verhältnis der verschiedenen Hebesätze zueinander. Soll die Hebesatzfestsetzung auf ihre Vereinbarkeit mit Bundesverfassungsrecht geprüft werden, so liegt eine verfassungsrechtliche Streitigkeit vor[66].

---

[63] AG VwGO Bad.-Württ. § 5; Bayern Art. 10; Bremen Art. 7; Hessen § 11; Schleswig-Holstein § 5 a; Gesetzestext mit Fundstellen siehe *Koehler*, Verwaltungsgerichtsordnung, Ergänzungsband.

[64] BayVGH E n.F. 1, 38 (40); Württ.-Bad.VGH, DÖV 1950, 57; VGH Bremen, DÖV 1955, 673 (674); VGH Mannheim, DVBl. 1960, 808 (809); *Schunck-de Clerck*, § 47 VwGO Anm. 2 d; *Klinger*, § 47 VwGO Anm. B 2; *Ule*, Verwaltungsprozeßrecht § 32 III 2; *Wolfram*, S. 50.

[65] VGH Bad.-Württ. DÖV 1967, 175.

[66] BVerfG DGStZ 1956, 21; a.A. OVG Lüneburg, DÖV 1967, 203 (204), welches im Rahmen eines Verfahrens nach § 47 VwGO die angegriffene Rechtsvorschrift auch am Maßstab der Grundrechte prüft.

Zusammenfassung

In den Ländern mit geteilter Realsteuerverwaltung fällt die Kontrolle der Hebesatzfestsetzung in den Haushaltssatzungen in die Kompetenz der Verwaltungsgerichtsbarkeit.

Die Haushaltssatzungen können hinsichtlich der Hebesatzfestsetzung mit Ausnahme von Bremen in *den* Ländern der Normenkontrolle nach § 47 VwGO unterzogen werden, die ein entsprechendes Verfahren vorgesehen haben.

b) Lohnsummensteuer

Neben dem Gewerbeertrag und dem Gewerbekapital kann die Lohnsumme als Besteuerungsgrundlage für die Gewerbesteuer gewählt werden (§ 6 Abs. 2 GewStG). Bei der Lohnsummensteuer ergeben sich Abgrenzungsschwierigkeiten zwischen Finanz- und Verwaltungsrechtsweg aus den Besonderheiten des Verwaltungsverfahrens.

Im Gegensatz zur Gewerbesteuer nach Kapital und Ertrag, bei der die Gemeinde in ihrer Steuerfestsetzung abhängig ist vom Meßbescheid des Finanzamtes, wird die Lohnsummensteuer in der Regel durch den Steuerschuldner selbst veranlagt[67]. Im Normalfall gibt der Steuerschuldner seine Lohnsummensteuererklärung für den abgelaufenen Monat oder das abgelaufene Quartal (§ 23 Abs. 1 GewStG) ab und zahlt zugleich seine Steuerschuld (§ 26 GewStG). Ein Steuermeßbetrag nach der Lohnsumme wird nur auf Antrag des Steuerschuldners oder einer beteiligten Gemeinde und nur beim Vorliegen eines berechtigten Interesses festgesetzt (§ 27 Abs. 1 GewStG). Gegen den Bescheid, durch den das Finanzamt die Meßbetragsfestsetzung ablehnt, ist die Klage im Finanzrechtsweg zulässig[68]. Gegen den festgesetzten Meßbetrag ist ebenfalls Klage im Finanzrechtsweg zulässig[69]. Will die Gemeinde den festgesetzten Lohnsummensteuermeßbetrag angreifen, so ist ihre Klagebefugnis jedoch nur in den Fällen des § 40 Abs. 3 FGO gegeben[70].

Ohne Meßbetragsfestsetzung kann das Lohnsummensteuerverfahren nur zu Ende geführt werden, wenn zwischen Gemeinde und Steuerpflichtigem Übereinstimmung über den Steuermeßbetrag besteht[71]. Eine Änderung des vom Steuerpflichtigen errechneten Meßbetrages kann im Einvernehmen zwischen diesem und der Gemeinde[72] oder im

---

67 BVerwG NJW 1965, 65; BFH BStBl. 1964 III, 47; 1956 III, 386 (387); HFR 1963, 227; *Loberg*, KStZ 1963, 184.

68 BFH BStBl. 1956 III, 44 und 1963 III, 48.

69 OVG Münster, KStZ 1956, 248 (250).

70 Vgl. BFH BStBl. 1956 III, 44.

71 BVerwG NJW 1964, 2266; OVG Münster, E 11, 27; VG Oldenburg, KStZ 1964, 98.

72 OVG Münster, KStZ 1956, 248 (250); *Schiefer*, KStZ 1958, 117 (119).

Verfahren nach § 27 Gewerbesteuergesetz vorgenommen werden. Die Gemeinde kann dagegen nicht einseitig von dem vom Steuerpflichtigen erklärten Meßbetrag abweichen[73]. Besteht zwischen Steuerpflichtigem und Gemeinde Streit über den in der Selbstberechnungserklärung enthaltenen Meßbetrag, so ist für diesen Streit der Finanzrechtsweg zulässig, da die Meßbetragsfestsetzung auch bei der Lohnsummensteuer von den Finanzämtern vorgenommen wird, sofern die besonderen Voraussetzungen des § 27 GewStG vorliegen. Voraussetzung für eine Klage im Finanzrechtsweg ist jedoch, daß ein Antrag innerhalb der in § 27 Abs. 2 und 3 GewStG vorgesehenen Frist gestellt wurde. Diese Frist ist eine Ausschlußfrist[74]. Bezieht sich der Streit dagegen auf den Teil der Selbsterrechnungserklärung, der der Steuerfestsetzung entspricht oder auf die Steuererhebung, so ist der Finanzrechtsweg nicht zulässig, weil die Finanzämter an diesem Teil des Besteuerungsverfahrens nicht beteiligt sind.

Im Zusammenhang mit den gegen die Lohnsummensteuer erhobenen verfassungsrechtlichen Bedenken[75] tauchte auch die Frage auf, in welchem Rechtsweg die behauptete Verfassungswidrigkeit der Steuer geltend zu machen sei. Einige Verwaltungsgerichte lehnten die Prüfung der Verfassungsmäßigkeit der Lohnsummensteuer im Verwaltungsrechtsweg ab[76]. Als Begründung wurde dabei angegeben, daß sich das Einverständnis zwischen dem Herangezogenen[77] und der Gemeinde auch auf die Gültigkeit des Steuergesetzes beziehen müsse. Durch die Klage sei erwiesen, daß ein Einverständnis nicht oder nicht mehr bestehe. Der vom Herangezogenen rechnerisch richtig angegebene Meßbetrag reiche in diesem Fall als Heranziehungsgrundlage nicht aus. Zur rechtmäßigen Heranziehung müsse die Gemeinde auch in diesem Fall beim Finanzamt einen Antrag nach § 27 GewStG auf Festsetzung eines Meßbetrages stellen. Die ohne den Meßbescheid des Finanzamtes vorgenommene Heranziehung sei daher schon aus diesem Grunde

---

[73] *Müthling*, § 27 GewStG Anm. 3 a.E. (S. 7); OVG Münster, DGStZ 1957, 27 (28) und E 11, 27.

[74] BVerwG NJW 1965, 65.

[75] Die verfassungsrechtlichen Probleme werden besonders erörtert von R. *Thiel*, DB 1964, 380; J. *Thiel*, DB 1963, 1163; *Leibrecht*, StuW 1963, Sp. 413 (432 ff.); sie sind durch BVerfG NJW 1967, 545 jetzt überholt.

[76] OVG Münster, KStZ 1964, 18; VG Oldenburg, KStZ 1964, 98. *Loberg*, BB 1963, 727 und *Possehl*, Staats- u. Komm. Verw. 1964, 38 (42) hielten dagegen nur den Verwaltungsrechtsweg für zulässig; dagegen *Beyer*, StuF 1963, 175 (176) und BFH NJW 1964, 693.

[77] Heranziehung ist die öffentlich-rechtliche Geltendmachung einer bestimmten Steuerforderung gegenüber dem Herangezogenen als dem angeblichen Schuldner: *Surén*, Sachregister, „Heranziehung" in Entscheidungen des Preuß. OVG, Kurzausgabe, Gruppe IV, Abgabenrecht, Band 3; Preuß. OVG E 73, 144 (146 f.); OVG Münster, E 11, 101 (103).

rechtswidrig. Da es zur Entscheidung somit nicht auf die Verfassungsmäßigkeit der gesetzlichen Grundlage ankomme, könne das Verwaltungsgericht die Verfassungsmäßigkeit nicht prüfen[78]. Für den Ausgang des Prozesses stellt diese Ansicht entscheidend darauf ab, daß bei gleichzeitiger Einlegung des Widerspruchs und Abgabe der Steuererklärung ein Einverständnis über den Meßbetrag nicht besteht und deshalb die Heranziehung rechtswidrig ist, weil vom Finanzamt kein Meßbescheid festgesetzt wurde. Die Frage der Verfassungswidrigkeit ist dieser Ansicht nach im Finanzrechtsweg zu prüfen, da sie allein die sachliche und persönliche Steuerpflicht betreffe[79], über die im Meßbetragsverfahren entschieden wird (§ 212 a Abs. 3 RAO)[80].

Im Gegensatz zu dieser Ansicht prüfte auch das Bundesverwaltungsgericht die Verfassungsmäßigkeit der Steuer und bejahte sie[81]. Die Heranziehung zur Steuer sah das Gericht in der widerspruchslosen Annahme der Steuererklärung durch die Gemeinde. Im Gegensatz zum Oberverwaltungsgericht Münster hielt das Bundesverwaltungsgericht das Einverständnis des Steuerschuldners mit der Gemeinde über den Meßbetrag auch dann noch für gegeben, wenn der Steuerschuldner gleichzeitig Widerspruch einlegt[82], denn ohne dieses Einverständnis könne der Schuldner sich nicht gegen die ihm andernfalls drohenden Zwangsmittel schützen, die die Gemeinde nach den Vorschriften der §§ 26 Satz 4 GewStGes, 3 Abs. 3 Nr. 4 und 202 RAO ergreifen könne. Diese Ansicht führte zwar dazu, daß die Frage der Verfassungsmäßigkeit der Lohnsummensteuer im Verwaltungs- und im Finanzrechtsweg geprüft werden konnte. Dieses Ergebnis ist jedoch nur die unumgängliche Folge der Aufteilung des Realsteuerverfahrens in das vom Finanzamt durchgeführte Meßbetragsverfahren und das Heranziehungsverfahren der Gemeinde (vom Bundesverwaltungsgericht Steuerbescheidverfahren genannt).

Der Ansicht des Bundesverwaltungsgerichts ist voll zuzustimmen. Wird generell die Verfassungswidrigkeit einer Steuer behauptet, so ist davon das gesamte Verfahren betroffen. Würde der Meßbetrag als Grundlage der Steuererhebung entfallen, so könnte auch das Heran-

---

[78] OVG Münster, KStZ 1964, 18; VG Hannover, Kammer Osnabrück, NJW 1965, 649; VG Arnsberg, KStZ 1963, 182.

[79] VG Oldenburg, Kammer Aurich, KStZ 1964, 98; *Hillebrecht*, BB 1963, 549 (552).

[80] BFH NJW 1964, 693 sieht die Lohnsummensteuer als verfassungsmäßig an, dagegen hält *Loberg*, BB 1963, 727 und KStZ 1963, 184 nur den Verwaltungsrechtsweg für zulässig zur Prüfung der Verfassungsmäßigkeit; ebenso Städtebrief Nordrhein-Westfalen (ohne Verfasser), KStZ 1963, 89 (90); in KStZ 1964, 100 hält *Loberg* dagegen beide Rechtswege für zulässig.

[81] BVerwG NJW 1964, 2266; KStZ 1967, 246.

[82] BVerwG NJW 1964, 2266 (2267).

ziehungsverfahren nicht mehr als verfassungsmäßig angesehen werden. Die Verfassungsmäßigkeit der gesetzlichen Grundlage der Steuererhebung muß in jeder Lage des Verfahrens von Amts wegen geprüft werden[83]. Wird das Verwaltungsverfahren von zwei verschiedenen Verwaltungsträgern durchgeführt und schließt an jedes dieser Verfahren ein anderer Rechtsweg an, so kann die Verfassungswidrigkeit der Steuer in beiden Rechtswegen gerügt werden. Bedenken gegen diese Doppelspurigkeit des Rechtsweges bestehen nicht, da allein das Bundesverfassungsgericht die Verfassungswidrigkeit eines nachkonstitutionellen Gesetzes feststellen kann[84].

Bundesverfassungsgericht, Bundesverwaltungsgericht und Bundesfinanzhof haben die Verfassungsmäßigkeit der Lohnsummensteuer bejaht[85]. Die Frage, in welchem Rechtsweg die Verfassungsmäßigkeit zu prüfen ist, hat ihre Bedeutung damit verloren. Weiterhin Beachtung verdienen jedoch die Ansichten, die über das Lohnsummensteuerverfahren allgemein geäußert wurden:

Auch im Lohnsummensteuerverfahren ist die Gemeinde an den Meßbetrag gebunden. Dieser wird vom Steuerpflichtigen selbst errechnet. Der Steuerpflichtige hat nämlich die Erklärung über die *Berechnung* der Lohnsummensteuer abzugeben (§ 26 Satz 3 GewStG). Diese Erklärung ist die erzwingbare Steuererklärung im Sinne des § 26 Satz 4 GewStG. Gegen die Erzwingungsmaßnahmen der Gemeinde ist der Verwaltungsrechtsweg eröffnet[86]. Abzulehnen ist daher die Ansicht, der Steuerpflichtige habe schon mit der Angabe der Lohnsumme seiner Erklärungspflicht genügt[87]. Die Erklärung muß vielmehr auch die Berechnung von Meßbetrag und Steuerschuld enthalten.

Offen geblieben ist jedoch, welche Wirkung ein gleichzeitig mit der Abgabe der Steuererklärung eingelegter Widerspruch hat. Das Bundesverwaltungsgericht ist der Ansicht, er beseitige nicht das Einverständnis zwischen Steuerpflichtigem und Gemeinde über Steuerschuldnerschaft und Besteuerungsgrundlagen[88]. Folge dieser Ansicht ist, daß die Gemeinde von dem erklärten Meßbetrag des Steuerschuldners aus-

---

[83] BFH BStBl. 1964, III, 47 (48); J. *Thiel*, DB 1963, 1164; *Beyer*, StuF 1963, 176.

[84] BFH BStBl. 1964, III, 47 (48 r. Sp.).

[85] BVerfG NJW 1967, 545; incident auch schon E 13, 279; BVerwG NJW 1964, 2266; BFH BStBl. 1964, III, 47 = NJW 1964, 693; ebenso VG Münster, KStZ 1963, 181; VG Gelsenkirchen, DStZ (E) 1963, 462.

[86] *Müthling*, § 26 GewStG Anm. 2 (S. 5); Hess.VGH E 8, 200; BVerwG KStZ 1967, 246.

[87] *Kanter*, KStZ 1963, 179; *Hillebrecht*, BB 1963, 549 (554) meinte sogar, die Gemeinde könne die Lohnsummensteuererklärung überhaupt nicht erzwingen.

[88] NJW 1964, 2266 (2267).

gehen und diesen ihrer Heranziehung zugrunde legen kann. Will der Steuerpflichtige die im Meßbetrag enthaltenen Feststellungen angreifen, so muß er den Antrag nach § 27 GewStG stellen. Solange das Finanzamt keinen Meßbetrag festgesetzt hat, beruht die Heranziehung auf dem vom Steuerpflichtigen selbst errechneten Meßbetrag[89]. Sollte der vom Finanzamt festgesetzte Meßbetrag von dem selbst errechneten des Steuerpflichtigen abweichen, so ist die Gemeinde nach der in § 3 Abs. 3 Nr. 6 RAO vorgeschriebenen sinngemäßen Anwendung des § 212 b Abs. 3 RAO gehalten, der Änderung Rechnung zu tragen[90].

Dagegen war das Oberverwaltungsgericht Münster der Ansicht, durch den Widerspruch werde deutlich, daß ein Einverständnis zwischen Gemeinde und Pflichtigem über den Meßbetrag nicht bestehe. Da die Gemeinde die Steuer nur auf der Grundlage des Meßbetrages erheben könne, sei die Heranziehung rechtswidrig, solange nicht die Gemeinde einen Antrag nach § 27 GewStG gestellt und das Finanzamt den Meßbetrag festgesetzt habe[91]. Diese Ansicht überläßt die Initiative nach eingelegtem Widerspruch der Gemeinde. Der Steuerpflichtige kann die Heranziehung zur Lohnsummensteuer durch die Einlegung des Widerspruchs daher hinauszögern. Gegen die Ansicht wurde deshalb vorgebracht, sie sei abzulehnen, weil sie dem Rechtsbehelf des Steuerpflichtigen zu einem Suspensiveffekt verhelfe, dieser aber im Abgabenrecht allgemein ausgeschlossen sei (§§ 80 Abs. 2 Nr. 1 VwGO; 69 FGO; 242 RAO n. F.)[92].

Die Lösung des durch die unterschiedlichen Ansichten aufgeworfenen Problems ergibt sich aus der gesetzlichen Konzeption, nach der die Lohnsummensteuer erhoben wird. Nach § 26 Satz 1 GewStG ist die Steuer unmittelbar nach Ablauf des Kalendermonats zu entrichten. Der Gesetzgeber ist von der Selbsterrechnung als Normalfall ausgegangen. Die Festsetzung des Steuermeßbetrages nach § 27 GewStG bildet die Ausnahme. Der Steuerpflichtige hat die Erklärung über die Berechnung der Lohnsummensteuer bis zu dem gleichen Zeitpunkt abzugeben, bis zu dem er die Steuer zu zahlen hat (§ 26 Satz 3 GewStG). Die Festsetzung des Lohnsummensteuermeßbetrages schließt daran nur dann an, wenn Steuerschuldner oder Gemeinde einen entsprechenden Antrag stellen. Bis zur Festsetzung des Meßbetrages durch das Finanz-

---

89 R. *Thiel*, DB 1964, 380 (382); J. *Thiel*, DB 1963, 1163 (1172); *Hoven*, DGStZ 1966, 148 (149).

90 BVerwG NJW 1964, 2266 (2267); *Müthling*, § 26 GewStG Anm. 1 a.E.; R. *Thiel*, DB 1964, 380 (384).

91 OVG Münster, KStZ 1964, 18; ebenso VG Arnsberg, KStZ 1963, 182 (183) und unter ausdrücklicher Ablehnung der Ansicht des BVerwG: VG Hannover, Kammer Osnabrück, NJW 1965, 649; *Schröer*, KStZ 1966, 21; anders nun aber OVG Münster, KStZ 1967, 247.

92 VG Oldenburg, Kammer Aurich, KStZ 1964, 98; *Loberg*, KStZ 1963, 184; *Müthling*, § 26 GewStG Anm. 1.

amt ist die Erklärung des Steuerpflichtigen daher auch Grundlage seiner Zahlung[93]. Legt man auch der Lohnsummensteuer die Zweiteilung des Verfahrens in Meßbetrags- und Erhebungsverfahren zugrunde, so ergibt sich daraus, daß allein durch die Einlegung des Widerspruches der vom Steuerpflichtigen errechnete Meßbetrag nicht entfällt. Der Widerspruch richtet sich gegen das Erhebungsverfahren. Einwendungen, die das Meßbetragsverfahren betreffen, kann der Steuerpflichtige nur dadurch vorbringen, daß er den Antrag nach § 27 GewStG stellt. Stellt er diesen Antrag und wird vom Finanzamt ein neuer Meßbetrag festgesetzt, so ist die Gemeinde verpflichtet, den Heranziehungsbescheid zu berichtigen, wenn der neue Meßbetrag vom alten abweicht[94]. Auch bei der Lohnsummensteuer gilt § 232 Abs. 2 RAO, wonach Entscheidungen, die in einem Steuermeßbescheid getroffen werden, nur durch Anfechtung dieses Bescheides angegriffen werden können. Daraus ergibt sich, daß die Einwendungen, die der Steuerpflichtige im Widerspruchsverfahren und anschließend im Verwaltungsrechtsweg vorbringen kann, beschränkt sind auf die im Erhebungs- oder Heranziehungsverfahren getroffenen Entscheidungen. Mit dem Einspruch und anschließend im Finanzrechtsweg kann der Steuerpflichtige alle Entscheidungen angreifen, die im Meßbetragsverfahren getroffen sind[95]. Der Einspruch kann aber nur gegen den vom Finanzamt festgesetzten, nicht gegen den selbsterrechneten Meßbescheid eingelegt werden. Im Ergebnis wird daher der Ansicht des Bundesverwaltungsgerichts über die Wirkung eines gleichzeitig mit der Abgabe der Steuererklärung eingelegten Widerspruchs zugestimmt.

Durch die Einlegung des Widerspruchs entfällt nicht die Grundlage des Heranziehungsverfahrens, der selbst errechnete Meßbescheid. Dieser kann vom Steuerpflichtigen nur durch einen Antrag an das Finanzamt beseitigt werden, an den sich Rechtsschutz im Finanzrechtsweg anschließt. Der Widerspruch allein bewirkt nur den Wegfall des stillschweigenden Heranziehungsbescheides, der in der Annahme der Selbstberechnung durch die Gemeinde gesehen wird[96]. Der Widerspruch des Steuerpflichtigen kann als der in der Verwaltungsgerichtsordnung geregelte außergerichtliche Rechtsbehelf nur zu einem verwaltungsgerichteten Prozeß führen. Er wirkt nicht auf das Meßbetragsverfahren ein, indem er etwa die Gemeinde zwingt, ihrerseits eine Meßbetragsfestsetzung beim Finanzamt zu beantragen.

---

[93] *Müthling*, § 26 GewStG Anm. 1 a.E.; R. *Thiel*, DB 1964, 380 (382).

[94] OVG Münster, KStZ 1967, 247, Gemeindehaushalt 1961, 211 und E 14, 212; BVerwG KStZ 1960, 152 = DVBl. 1960, 602; BVerwG NJW 1964, 2266.

[95] OVG Münster, KStZ 1967, 247 (248).

[96] BVerwG NJW 1964, 2266; *Possehl*, Staats- u. Komm. Verw. 1964, 38 (40).

c) *Gewerbemindeststeuer*

Nach § 17 a GewStG ist die Gemeinde ermächtigt, mit Zustimmung der nach Landesrecht zuständigen Behörde[97] eine Gewerbemindeststeuer zu erheben. Dieser Steuer unterliegen alle Gewerbebetriebe des Gemeindebezirks, für die nach § 16 GewStG keine oder eine geringere als die Mindeststeuer festzusetzen wäre. Die Mindeststeuer wird ausschließlich von der Gemeinde ohne Mitwirkung des Finanzamtes festgesetzt[98]. Sie ist daher im Verwaltungsrechtsweg anzufechten. Hat dagegen das Finanzamt einen Meßbetrag festgesetzt, ist jedoch die Mindeststeuer zu erheben, weil sie höher ist als die nach dem Meßbetrag berechnete Gewerbesteuer, so beschränkt sich die Wirksamkeit des Meßbetrages auf die Frage der Steuerpflicht[99]. Einwendungen gegen die sachliche und persönliche Steuerpflicht sind in diesem Fall im Verfahren gegen den Meßbescheid, das heißt im Finanzrechtsweg, andere Einwendungen dagegen im Verwaltungsrechtsweg gegen den Mindeststeuerbescheid zu erheben.

d) *Streitentscheidung durch das Finanzamt nach § 212 c RAO*

Da in Realsteuerstreitigkeiten der Finanzrechtsweg nur insoweit zulässig ist, als die Steuern durch Landesfinanzbehörden verwaltet werden, bereiten diejenigen Fälle Abgrenzungsschwierigkeiten, in denen Gemeinde und Finanzbehörde an der Verwaltung eines einheitlichen Vorganges beteiligt sind. Eine Vorschrift, die ein derartiges Zusammenwirken beider Verwaltungsträger vorsieht, ist § 212 c RAO.

α) Bisherige Rechtslage

Besteht Streit darüber, ob und inwieweit eine Person oder eine Sache für eine Realsteuer haftet, so hat auf Antrag der haftpflichtigen Person oder des Eigentümers oder Besitzers der haftpflichtigen Sache oder auf Antrag der Gemeinde das Finanzamt durch schriftlichen Bescheid zu entscheiden (§ 212 c Abs. 1 RAO).

Die Haftung ist von der Gemeinde geltend zu machen. Bei der Frage, ob gegebene Haftungstatbestände geltend gemacht werden und wer von mehreren Haftpflichtigen in Anspruch genommen werden soll,

---

[97] Die Zustimmung wird in der Regel bei der Genehmigung der Haushaltssatzung durch die Gemeindeaufsichtsbehörde erteilt, OVG Münster, KStZ 1956, 245.

[98] Abschnitt 96 Abs. 1 GewStRi 1964; *Blümich - Boyens - Steinbring - Klein*, § 17 a GewStG; *Schiefer*, KStZ 1958, 117 (118); OVG Münster, KStZ 1956, 245; Hess FG, DGStZ 1967, 23; a.A. Hess VGH, DGStZ 1965, 6.

[99] § 212 a Abs. 3 RAO; Abschnitt 96 Abs. 2 GewStRi 1964.

steht der Gemeinde eine Ermessensentscheidung zu[100]. Erläßt die Gemeinde einen Haftungsbescheid, so kann der in Anspruch Genommene beim Finanzamt den Antrag auf Erlaß eines streitentscheidenden Bescheides nach § 212 c Abs. 1 RAO stellen. § 235 Nr. 2 RAO a. F. ließ gegen diesen Bescheid die Rechtsmittel des Berufungsverfahrens zu, die in den Finanzrechtsweg führten. Aus dieser Tatsache wurde gefolgert, daß die Finanzämter im Rahmen des § 212 c RAO in erster Instanz entscheiden[101]. Da § 235 Nr. 2 RAO a. F. ausdrücklich für die Haftungsbescheide nach § 212 c Abs. 1 RAO das Berufungsverfahren vorschreibt, bestanden an der Zulässigkeit des Finanzrechtsweges in diesen Fällen keine Zweifel[102]. Da im Streitfall über den gemeindlichen Haftungsbescheid zunächst das Finanzamt entscheiden soll und an diese Entscheidung die Klage im Finanzrechtsweg anschließt, wurde § 212 c RAO als Sonderregelung zu § 40 VwGO angesehen[103]. § 212 c RAO wird, obwohl nicht in § 3 Abs. 3 RAO erwähnt, zu Recht auf das Realsteuerverfahren auch dann angewendet, wenn die Steuererhebung den Gemeinden übertragen ist[104]. Das ergibt sich einmal aus der Berechtigung der Gemeinde, selbst einen Antrag nach § 212 c RAO zu stellen. Zum anderen gebietet gerade der Sinn dieser Vorschrift, ihr Hauptanwendungsgebiet in den Fällen zu sehen, in denen die Gemeinde die Realsteuer erhebt: Durch § 212 c RAO soll vermieden werden, daß bei Steuern, die dasselbe Grundstück oder denselben Gewerbebetrieb betreffen, eine unterschiedliche Beurteilung der Haftung durch das Finanzamt und die Gemeinde Platz greift[105].

Auch in den Fällen, in denen die Gemeinde einen Haftungsbescheid erlassen hat, soll die Zulässigkeit des Verwaltungsrechtsweges nicht völlig ausgeschlossen sein. Die gemeindliche Steueranforderung sollte

---

[100] *Müthling*, GewStG § 5 Anm. 5, unter Hinweis auf das Preuß. OVG, RVBl. 51, 595; 54, 35; Regeln für die Ermessensausübung stellt auf FG Hamburg, KStZ 1953, 54.

[101] *Becker - Riewald - Koch*, § 212 c RAO Anm. 1 (4); *Spitaler - Felix* in *Hübschmann - Hepp - Spitaler*, 212 c Anm. 2 (S. 3); *Hillebrecht*, BB 1963, 552.

[102] *Blümich - Boyens - Steinbring - Klein*, GewStG § 5 Anm. 12 (4), *Müthling*, § 5 GewStG Anm. 3 S. 7; *Troll* § 8 GrStG Anm. 6, zu § 212 c RAO; *Kühn*, § 212 c RAO Anm. 2; *Tipke - Kruse*, § 118 Anm. 7; *Freudling*, StuW 1937 I, 1135 (1143); *Schiefer*, KStZ 1958, 117 (119); *Renfert*, DStZ 1962/63, 191 (192); RFH E 20, 75; 23, 116; Bay VGH E n.F. 7, 89 (96); 9, 15 (18); OVG Münster KStZ 1954, 62; OVG Koblenz, KStZ 1955, 233; FG Kassel, DGStZ 1963, 167; *Gast*, StuW 1967, Sp. 41 (45); FG Hannover, EFG 1954, 234; vgl. auch GewStRi 1964, BStBl. 1965 I, 235; Abschnitt 38 Abs. 2.

[103] Abschnitt 38 Abs. 2 GewStRi 1964 vom 15. Mai 1965, BStBl. I, 234; *Müthling*, § 5 GewStG Anm. 3 (S. 7).

[104] OVG Münster, KStZ 1954, 62; Bay VGH E 7, 89 (96); 9, 15 (18); *Schiefer*, KStZ 1958, 117 (119).

[105] OVG Münster a.a.O.

nämlich im Verwaltungsrechtsweg angefochten werden[106]. Nach dieser Ansicht findet die Prüfung der bei den Haftungsbescheiden zu beurteilenden Fragen in zwei Rechtswegen statt: Die Finanzgerichte sollen auf die Prüfung der Rechtsfragen der materiellen Haftung beschränkt sein. Die Verwaltungsgerichte sollen dagegen die Ermessensausübung der Gemeinde bei der Geltendmachung der Haftung und die Frage prüfen, ob überhaupt ein gültiger Haftungsbescheid der Gemeinde vorliege[107]. Da das Finanzamt nur über Rechtsgrund und Umfang der Haftung zu entscheiden habe, sei es nicht berechtigt, die Ermessensausübung der Gemeinde auf diesem Gebiet zu kontrollieren[108]. Die Gegenansicht sprach sich einheitlich für die Zulässigkeit des Finanzrechtsweges zur Prüfung der Rechts- und Ermessensfragen der Haftung aus[109]. Trotz der von ihm vertretenen Ansicht, Rechts- und Ermessensfragen seien in einem Rechtsweg zu prüfen, hat aber auch das Oberverwaltungsgericht Münster die Zulässigkeit des Verwaltungsrechtsweges für die Aussetzung der Vollziehung eines Haftungsbescheides angenommen, weil Rechtsschutz gegen Vollstreckungsakte der Gemeinde im Verwaltungsrechtsweg gewährt wird[110]. Eine ähnliche Kompetenzaufteilung der Behörden mit anschließender Rechtswegaufteilung zwischen den Verwaltungs- und den Finanzgerichten sollte sich aus § 212 c Abs. 2 RAO ergeben. Diese Vorschrift bestimmt, daß das Finanzamt im Streitfall entscheidet, ob eine Betriebsstätte ganz oder zu einem Teil (gegebenenfalls zu welchem Teil) der Zweigstellensteuer unterliegt.

Als Zweigstellensteuer wurde die Befugnis der Gemeinde bezeichnet, für Wareneinzelhandesunternehmen und für Bank- und Kreditunternehmen, die in einer Gemeinde eine Betriebsstätte unterhalten ohne dort ihre Geschäftsleitung zu haben, den Hebesatz für die Gewerbesteuer nach dem Ertrag und dem Kapital bis zu drei Zehnteln höher festzusetzen als für die übrigen Gewerbebetriebe (§ 17 GewStG). Ein Streit über die Voraussetzungen des § 17 GewStG sollte vom Finanzamt entschieden werden. Gegen den Bescheid des Finanzamtes war der Finanzrechtsweg eröffnet[111].

---

106 *Freudling*, StuW 1937, Sp. 1144.

107 *Rogoschick*, FR 1958, 299 (301);*Mattern - Messmer*, RdN 1517; FG Nürnberg, EFG 1960, 198. Bay VGH E n.F. 9, 15 (18).

108 *Mattern - Messmer* a.a.O.

109 *Becker - Riewald - Koch*, § 212 c RAO Anm. 1 (2); *Spitaler - Felix* bei *Hübschmann - Hepp - Spitaler* § 212 c Anm. 7; *Tipke - Kruse* § 212 c Anm. 1; FG Hamburg KStZ 1953, 54; OVG Münster KStZ 1954, 62; Bay VGH KStZ 1955, 112 (115); OVG Koblenz, KStZ 1955, 233 (235).

110 KStZ 1957, 222.

111 § 235 Nr. 3 RAO a.F.; nach Inkrafttreten der FGO sollte ebenfalls der Finanzrechtsweg zulässig und im Vorverfahren der Einspruch nach § 229 Nr. 2 RAO n.F. gegeben sein: *Mühling*, § 17 GewStG Anm. 3.

Die Prüfungsbefugnis des Finanzamtes sollte sich jedoch nicht auf die Frage erstrecken, ob die Erhöhung des Hebesatzes durch die Gemeinde gültig beschlossen worden war[112], da dies eine Frage des Gemeindeverfassungsrechts sei, über welches die Verwaltungsgerichte entscheiden. Nachdem zunächst die Zweigstellensteuer für Wareneinzelhandelsunternehmen[113] und dann auch die für Bank- und Kreditunternehmen für verfassungswidrig erklärt wurde[114], dürfte § 212 c Abs. 2 RAO keine praktische Bedeutung mehr zukommen. Unveränderte Bedeutung hat jedoch § 212 c Abs. 1 RAO.

Durch die mit der Finanzgerichtsordnung in Kraft getretene Neufassung des Dritten Abschnitts der Reichsabgabenordnung wurde § 235 RAO a. F. aufgehoben. An seine Stelle trat § 229 RAO n. F. Der Einspruch ist nunmehr u. a. gegen alle Bescheide, die für die Festsetzung von Abgaben verbindlich sind (Nr. 2) und gegen Haftungsbescheide (Nr. 5) gegeben. Unter die letzte Gruppe fallen jedoch nicht nur Haftungsbescheide im Realsteuerrecht, sondern allgemein alle Haftungsbescheide. Ob die Realsteuerhaftungsbescheide, die nach § 212 c Abs. 1 RAO ergehen, hierunter fallen, ist zweifelhaft und wird in der neuen Literatur unterschiedlich beurteilt[115]. Voraussetzung der Anwendung der Vorschriften über die außergerichtlichen Rechtsbehelfe der Abgabenordnung ist jedoch, daß der Finanzrechtsweg zulässig ist. Das kann bei den Entscheidungen des Finanzamtes nach § 212 c RAO zumindest dann zweifelhaft sein, wenn vorher Entscheidungen der Gemeinde ergingen. Die Gemeinde soll zwar im Streitfall den Erlaß eines Haftungsbescheides vermeiden[116]. Ob jedoch, wenn ein gemeindlicher Haftungsbescheid erging und dann Streit darüber entsteht, die Finanzämter bei der Streitschlichtung „in erster Instanz" tätig werden[117], erscheint zweifelhaft. Schließlich hat in derselben Sache die Gemeinde bereits vorher eine Entscheidung getroffen. Eine Aufspaltung des Rechtsweges nach Rechts- und Ermessensfragen verbietet sich schon deshalb, weil die Rechtmäßigkeit eines Verwaltungsaktes nur nach allen auf den Sachverhalt anwendbaren Normen beurteilt werden kann. Rechts- und Ermessensfragen lassen sich nicht voneinander trennen, da sie in Anwendung derselben gesetzlichen Vorschriften zu ent-

---

112 *Mattern - Messmer*, RdN 1518.

113 BVerfG BGBl. 1965 I, 774.

114 BVerfG NJW 1967, 819.

115 *Kühn* verweist für den Rechtsbehelf auf § 229 Nr. 2 (§ 212 c Anm. 2), *Tipke - Kruse* dagegen auf § 229 Nr. 5 (§ 118 N. 7, Lieferung Dezember 1965).

116 *Tipke - Kruse* § 212 c Anm. 1.

117 wie *Spitaler - Felix* bei *Hübschmann - Hepp - Spitaler*, § 212 c Anm. 2, S. 3 a.E., *Becker - Riewald - Koch*, § 212 c Anm. 1 (4) und *Hillebrecht* BB 1963, 552, behaupten.

scheiden sind[118]. Zwar läßt sich hiergegen formell einwenden, es lägen zwei verschiedene Verwaltungsakte vor, daher seien auch zwei Rechtswege gerechtfertigt. Dieser Ansicht ist jedoch entgegenzuhalten, daß beide Verwaltungsträger über denselben Sachverhalt und in derselben Sache entscheiden: Über die Realsteuerhaftung. Die Regelung zeigt daher Parallelen zum Widerspruch der Verwaltungsgerichtsordnung.

Die Entscheidung des Finanzamtes wird insofern nicht in erster Instanz getroffen, als ihr immer die Ermessensentscheidung der Gemeinde vorausgehen muß. Dies bedeutet nicht, daß die Gemeinde schon einen Haftungsbescheid erlassen muß. Zur Entscheidung genügt der Entschluß, die Haftung geltend zu machen und die Äußerung dieses Entschlusses. Das Finanzamt kann jedoch nicht von sich aus einen Haftungsbescheid erlassen, ehe die Gemeinde ihr Ermessen ausgeübt hat, ob sie einen Haftpflichtigen in Anspruch nehmen will.

Offen bleibt zunächst aber, welcher Rechtsweg für die Kontrolle der Entscheidungen des § 212 c RAO zulässig ist. Gegen die herrschende Ansicht, die den Finanzrechtsweg für gegeben hält, weil das Finanzamt in erster Instanz entscheide, spricht immerhin, daß die Gemeinde schon vorher eine Entscheidung getroffen und meist wohl auch einen Verwaltungsakt erlassen haben wird.

In diesem Zusammenhang ist auf zwei Urteile des Bundesverwaltungsgerichts hinzuweisen, in denen das Gericht die Verfassungsmäßigkeit der Zweigstellensteuer prüfte und im Gegensatz zur späteren Entscheidung des Bundesverfassungsgerichtes bejahte[119]. Dabei führte das Gericht aus, daß sich auch bei der Zweigstellensteuer das „Rechtsmittelverfahren" nach Gewerbesteuerrecht richte[120]. Nach der damals gebräuchlichen Terminologie ist damit auch die Zulässigkeit des Rechtsweges gemeint. Obwohl das Gericht an der gleichen Stelle betont, daß über die Steuerschuldnerschaft im Streitfall das Finanzamt entscheidet und nach allgemeinen Regeln eine Entscheidung des Finanzamtes im Gewerbesteuerrecht zur Zulässigkeit des Finanzrechtsweges führt, begründet das Gericht in dieser Entscheidung seine Kompetenz nicht. In der folgenden Entscheidung[121] setzte es sich dagegen mit der Rechtswegfrage auseinander. Es erklärte, § 212 c Abs. 2 RAO sei eine Ergänzung zu § 212 a Abs. 3 RAO. § 212 c Abs. 2 RAO betreffe nur die Steuerschuldnerschaft bei der Zweigstellensteuer, setze jedoch die Zulässigkeit dieser Steuer voraus. Werde die Zulässigkeit der Zweig-

---

[118] *Riewald* in *Becker - Riewald - Koch,* § 212 c Anm. 1; *Spitaler - Felix* in *Hübschmann - Hepp - Spitaler,* § 212 c Anm. 7.

[119] BVerwG E 12, 140 und 171.

[120] a.a.O. S. 145.

[121] E 12, 171.

stellensteuer bestritten, so sei für die Anwendung des § 212 c Abs. 2 RAO kein Raum. Gegen diese Unterscheidung zwischen Steuerschuldnerschaft und Zulässigkeit der Steuer bei der Anfechtung eines Steuerverwaltungsaktes bestehen Bedenken. Diese hat das Gericht selbst gehabt, denn im unmittelbar folgenden Satz heißt es: „Zumindest schließt dann § 212 c Abs. 2 RAO nicht aus, daß, wenn ein Gewerbesteuerbescheid mit der Begründung angefochten wird, die Erhebung einer Zweigstellensteuer sei verfassungswidrig, über die Anfechtung in dem Verfahren entschieden werden kann, in dem gemeinhin über die Anfechtung von Gewerbesteuerbescheiden entschieden wird. Dieses Verfahren aber ist das Verwaltungsstreitverfahren[122].“

β) Zulässigkeit des Verwaltungsrechtsweges in den Fällen des § 212 c RAO

§ 212 c RAO kann nicht als Sonderregelung zu § 40 VwGO angesehen werden. Finanz- und Verwaltungsrechtsweg sind auf dem Gebiet der Realsteuerverwaltung allein durch die §§ 40 VwGO und 33 Abs. 1 Nr. 1 FGO, sowie die landesrechtlichen Erweiterungen des Finanzrechtsweges voneinander getrennt. § 212 c RAO ist schon deshalb keine ausgesprochene Rechtswegregelung, weil § 40 Abs. 1 VwGO ausdrückliche Zuweisungen fordert und § 212 c RAO sich überhaupt nicht mit dem Rechtsweg beschäftigt. Er könnte nur dadurch auf die Zulässigkeit des Rechtsweges Einfluß nehmen, weil er bestimmte Entscheidungen dem Kompetenzbereich der Gemeinde entzieht und dem Finanzamt zuweist und weil die Zulässigkeit des Rechtsweges sich in Realsteuerstreitigkeiten danach richtet, welcher Verwaltungsträger tätig wurde. Für die Haftungsbescheide gilt dabei allgemein § 33 Abs. 1 Nr. 1 FGO, weil die Haftungstatbestände Bundesrecht sind. Sie sind in der Abgabenordnung normiert. Entscheidend für die Abgrenzung der Rechtswege ist, ob Gemeinde oder Finanzamt tätig geworden ist. Für die Zulässigkeit des Verwaltungsrechtsweges spricht dabei, daß die Gemeinde in den Fällen des § 212 c RAO zuerst tätig wurde.

Erst wenn feststeht, welcher Rechtsweg zulässig ist, kann entschieden werden, welche Verfahrensordnung anwendbar ist; danach richtet sich auch, ob das Widerspruchsverfahren nach der Verwaltungsgerichtsordnung oder die außergerichtlichen Rechtsbehelfe der Reichsabgaben-

---

[122] Bedenken erregt der anschließende Hinweis auf *Hübschmann - Hepp - Spitaler,* § 212 c Anm. VII, da dort nichts über die Zulässigkeit des Verwaltungsrechtsweges bei der Kontrolle der Verfassungsmäßigkeit der Zweigstellensteuer ausgeführt wird und da in Anm. IX a.a.O. auf das Rechtsmittelverfahren der Abgabenordnung allgemein verwiesen wird. Bedenklich ist auch der Hinweis, die Kommentarliteratur erkenne die Zulässigkeit des Verwaltungsrechtsweges in dieser Frage dadurch an, daß sie sie überhaupt nicht erwähne (S. 173 oben).

ordnung zur Anwendung kommen. Die Zulässigkeit des Finanzrechtsweges kann daher heute nicht mehr damit begründet werden, die Abgabenordnung sehe für bestimmte Entscheidungen Einspruch oder Beschwerde vor. Die Frage nach der Zulässigkeit des Rechtsweges genießt logischen Vorrang und ist daher unabhängig von der logisch nachrangigen Frage zu entscheiden.

Stellt man für die Zulässigkeit des Rechtsweges allein darauf ab, welcher Verwaltungsträger den streitigen Verwaltungsakt erlassen hat, so ist der Verwaltungsrechtsweg in den Fällen des § 212 c RAO zulässig. Der Gewerbesteuerbescheid, mit dem früher die erhöhte Zweigstellensteuer gefordert wurde, war von der Gemeinde erlassen. Die Zulässigkeit des Rechtsweges zur Anfechtung dieses Verwaltungsaktes richtet sich danach, wer diesen Akt erlassen hat, nicht danach, welche Stelle als nächstes zu entscheiden hat. Das gleiche gilt zumindest dann, wenn die Gemeinde in den Fällen des § 212 c RAO bereits einen Haftungsbescheid erlassen hat.

Gegen diese Theorie kann zumindest nicht eingewendet werden, der Finanzrechtsweg ergebe sich für Streitigkeiten in den Fällen des § 212 c RAO aus der Tatsache, daß § 235 Nr. 2 und 3 RAO a.F. in diesen Fällen das Berufungsverfahren vor den Finanzgerichten eröffnete. Die jetzt geltenden Vorschriften über das Vorverfahren nehmen nicht mehr besonders auf § 212 c RAO Bezug. Ob sie anwendbar sind, hängt gerade von der vorrangigen Frage der Zulässigkeit des Finanzrechtsweges ab.

Für den hier eingenommenen Standpunkt spricht einmal, daß das Finanzamt bei seiner nachfolgenden Entscheidung nicht alle Gesichtspunkte zu prüfen hat. Bisher sind sowohl in Fällen, in denen die Gemeinde einen Haftungsbescheid erlassen hat, als auch in Fällen, in denen Streit um die Zweigstellensteuer bestand, die Verwaltungsgerichte ebenfalls tätig geworden. Eine Aufspaltung des Rechtsweges erscheint jedoch unzulässig, da es um die Beurteilung eines einheitlichen Sachverhaltes geht. Das Finanzamt entscheidet außerdem über die Rechtmäßigkeit des gemeindlichen Verwaltungsaktes.

§ 212 c RAO sollte nach bisheriger Ansicht das Verfahren in den Finanzrechtsweg überleiten. Davon kann nach der strikten Trennung des Verwaltungs- und Gerichtsverfahrens nicht mehr gesprochen werden. Eine Überleitung des Verwaltungsverfahrens in das gerichtliche Verfahren findet jetzt auch im Prozeß vor den Finanzgerichten nicht mehr statt. Wie bei allen anderen echten Gerichtsverfahren wird das Verfahren jetzt auch vor den Finanzgerichten durch Klageerhebung eröffnet. Ist der Verwaltungsrechtsweg zulässig in Streitigkeiten mit der Gemeinde, so könnte die Vorschrift nicht mehr als Abänderung der Rechtswegregelung, sondern nur noch als Änderung des durch die Verwaltungsgerichtsordnung vorgesehenen Vorverfahrens angesehen werden. Mag die Gemeinde auch gehindert sein, aus dem von ihr erlassenen Verwaltungsakt zu vollstrecken[123], sobald die Sache streitig geworden ist, so kann der Ansicht doch nicht zugestimmt werden, das Finanzamt werde allein durch den Streitausbruch zur zuständigen Behörde erster Instanz[124]. Gegen diese Ansicht spricht, daß die Gemeinde weiterhin befugt ist, den Haftungsbescheid nach Gegenvorstellungen zurückzunehmen[125].

Ist in Streitigkeiten mit der Gemeinde über Realsteuerhaftungsbescheide der Verwaltungsrechtsweg zulässig, so verliert dadurch § 212 c RAO nicht seine Bedeutung. Er könnte eine von § 73 VwGO abweichende Regelung des Vorverfahrens sein. Nach § 73 Abs. 1 Nr. 3 VwGO erläßt in Selbstverwaltungsangelegenheiten die Selbstverwaltungsbehörde den Widerspruchsbescheid, soweit nicht durch Gesetz etwas anderes bestimmt ist. Zwar wird im Schrifttum für § 73 Abs. 1 Nr. 3 VwGO ein Gesetz gefordert, das jünger ist als die Verwaltungsgerichtsordnung[126]. Dies folge aus der Fassung des Gesetzes „... soweit nicht durch Gesetz anderes bestimmt *wird*". Dieser Ansicht wird nicht zugestimmt, da die Begründung nicht überzeugt.

Die Anwendung des § 73 Abs. 1 Nr. 3 VwGO auf die Fälle des § 212 c RAO setzt jedoch voraus, daß die Realsteuererhebung zumindest in diesen Fällen eine Selbstverwaltungsangelegenheit ist.

Realsteuererhebung als Selbstverwaltungsangelegenheit der Gemeinden

Gemeindliche Selbstverwaltung ist das Recht der Gemeinde, alle Angelegenheiten der örtlichen Gemeinschaft im Rahmen der Gesetze eigenverantwortlich, mit eigenen Mitteln und unter Beteiligung einer demokratisch gewählten Volksvertretung zu regeln[127]. Aus der Selbstverwaltungsbefugnis ergibt sich die gemeindliche Allzuständigkeit in ihrem Gebiet[128] und im Rahmen der geltenden Gesetze[129]. Ausdruck der gemeindlichen Selbstverwaltung ist die Entscheidung darüber, ob Realsteuern erhoben werden sollen, Ausdruck der Autonomie die Festsetzung der Hebesätze in der Haushaltssatzung.

---

[123] die Frage ist streitig: *Becker - Riewald - Koch* § 118 Anm. 2 (4) verneinen, *Tipke - Kruse*, § 118 Anm. 6 (S. 323) bejahen Vollstreckungsbefugnis der Gemeinde nach einem Antrag an das Finanzamt.

[124] so aber *Spitaler - Felix*, *Hübschmann - Hepp - Spitaler*, § 212 c Anm. 2 (3); *Becker - Riewald - Koch*, § 212 c Anm. 1 (4).

[125] *Blümich - Boyens - Steinbring - Klein*, § 5 GewStG Anm. 12 (4).

[126] *Eyermann - Fröhler*, § 73 Anm. 3; *Kratzer*, BayVBl. 1960, 165 (167).

[127] H. J. *Wolff*, Verwaltungsrecht II, § 86 VII.

[128] das erklärt die Zerlegung des Meßbetrages in den Fällen, in denen sich der Steuergegenstand über die Grenzen einer Gemeinde erstreckt.

[129] Erich *Becker*, Staatslexikon Bd. 3 Sp. 693.

Rechtslehre und Rechtsprechung sind sich im Grundsatz darüber einig, daß zu der verfassungsrechtlichen Gewährleistung des Selbstverwaltungsrechts auch eine angemessene Finanzausstattung der Gemeinden gehört[130]. Ungeklärt ist dabei noch das Verhältnis der gemeindlichen Finanzhoheit zur Garantie der gemeindlichen Selbstverwaltung in Art. 28 Abs. 2 GG. Insbesondere ist strittig, ob zum Wesensgehalt der Selbstverwaltungsgarantie das Recht gehört, im Rahmen des von den Abgabengesetzen eingeräumten Spielraumes über das Ob der Erhebung und die Bemessung der Abgaben zu disponieren[131] oder ob die angemessene Finanzausstattung, die durch die Realsteuergarantie gewährleistet werden soll, nicht bedingt, daß diese Steuern auch durch die Gemeinde selbst eingehoben werden[132]. Die Frage ist hier nicht zu entscheiden. Für die letzte Ansicht könnte lediglich sprechen, daß Art. 108 Abs. 3 Satz 2 GG den Ländern anheimstellt, die Realsteuerverwaltung den Gemeinden zu übertragen, sie aber nicht dazu zwingt. Die Realsteuerverwaltung kann deshalb auch in staatlicher Hand liegen[133]. Daher bestehen gegen die Bremer Regelung, die die Realsteuerverwaltung den Finanzbehörden ganz überlassen hat, aus diesem Gesichtspunkt keine verfassungsrechtlichen Bedenken.

Hier ist jedoch nicht zu entscheiden, ob die gemeindliche Realsteuerverwaltung unter die Wesensgehaltsgarantie des Art. 28 Abs. 2 GG fällt, sondern ob die Realsteuerverwaltung dann, wenn sie den Gemeinden übertragen ist, zu den Selbstverwaltungsangelegenheiten gehört. Die Realsteuerverwaltung ist allgemein nicht zu den Auftragsangelegenheiten zu rechnen, da die Gemeinden zwar berechtigt, aber nicht verpflichtet sind zur Steuererhebung[134]. In der Rechtsprechung ist denn auch anerkannt, daß den Gemeinden die Realsteuern zur eigenen Erhebung und Verwaltung übertragen sind[135]. Diese Übertragung zur eigenen Angelegenheit ist gleichbedeutend mit Selbstverwaltungsangelegenheit[136].

Gehört die Finanzhoheit zum essentiellen Kern der gemeindlichen Selbstverwaltung, der durch die Selbstverwaltungsgarantie der Ver-

---

130 *Hettlage*, AfK 1964, 1 (9); *Stern*, Bonner Kommentar, Art. 28 Abs. 2 GG RdN 76; Bay VerfGH, Verw.Rspr. Bd. 12 Nr. 36.

131 *Stern* a.a.O. RdN 157.

132 *Hettlage* a.a.O. S. 14; *Sasse*, AöR 85, 454; *Kleinrahm* bei *Loschelder - Salzwedel*, S. 87.

133 *Thieme*, AfK 1963, 185 (188); *Hettlage*, AfK 1964, 1 (14).

134 § 1 Abs. 1 GrStG; § 1 GewStG; BVerfG NJW 1967, 545 (547).

135 BayVerfGH, Verw.Rspr. 12, Nr. 36 (S. 139); F. *Klein*, wiedergegeben vom BFH, BStBl. 1962 III, 145 (146, These 5, 2. Abs.); *Spitaler* bei *Hübschmann - Hepp - Spitaler*, § 212 a Anm. 5, S. 11 oben.

136 Erich *Becker*, HBKWP Bd. I, 113 (129).

fassung geschützt ist[137], so wird man unter den Begriff der Finanzhoheit nicht nur die Rechtsetzungsbefugnis, sondern auch die anderen von der Gemeinde bei der Steuererhebung zu treffenden Entscheidungen und auch die Steuererhebung selbst einzuordnen haben. Die Bindung an die Realsteuergesetze spricht nicht gegen die Zurechnung der Steuererhebung zu den Selbstverwaltungsangelegenheiten, da diese der Gemeinde nur im Rahmen der geltenden Gesetze zur Regelung übertragen sind. Kann der Bundesgesetzgeber den Gemeinden zugewiesene Aufgaben zu Selbstverwaltungsangelegenheiten erklären[138], so ist auch die Realsteuerverwaltung als Selbstverwaltungsangelegenheit anzusehen, obwohl dies nicht ausdrücklich bestimmt ist und die Steuererhebung nur auf der Grundlage der Bundesrealsteuergesetze erfolgen kann.

Maunz-Düring behaupten zwar, daß Art. 108 Abs. 3 Satz 4 GG nicht abschließend bestimme, ob die Verwaltung der Realsteuern den Gemeinden als Auftrags- oder Selbstverwaltungsangelegenheit zu übertragen sei, falls eine Übertragung erfolge[139]. Für die Zugehörigkeit der Realsteuererhebung zu den Selbstverwaltungsangelegenheiten spricht jedoch, daß den Gemeinden das Recht zur Erhebung eigener Steuern teils durch die Landesverfassungen, teils durch die Gemeindeordnungen garantiert oder zugestanden ist[140].

Für die Zugehörigkeit der Realsteuererhebung und damit auch des Haftungsverfahrens zum Recht der gemeindlichen Selbstverwaltung spricht, daß die Gemeinde selbständig entscheidet, ob Realsteuern erhoben werden[141]. Auch die Frage, ob die Gemeinde einen Haftungstatbestand geltend macht, unterliegt ihrer freien Entscheidung[142].

Für die Zurechnung der im Rahmen des § 212 c RAO von den Gemeinden zu treffenden Entscheidungen zu den Selbstverwaltungsangelegenheiten spricht insbesondere, daß die Gemeinden in beiden

---

137 VerfGH Nordrhein-Westfalen für Art. 78 Verf. N.W. OVG E 11, 149 (150); *Gönnenwein*, Gemeinderecht, S. 111; *Sattler*, HBKWP Bd. III, 10; *Kleinrahm* bei *Loschelder - Salzwedel*, S. 87; *Wixforth*, S. 37; *Sasse*, AöR 85, 423 (454) entnimmt Art. 106 Abs. VI in Verbindung mit Art. 28 Abs. 2 GG sogar eine gegen den Bundesgesetzgeber gerichtete Garantie des Realsteueraufkommens im jetzigen Umfang als Essentiale der Selbstverwaltungsgarantie; er lehnt dagegen eine Bestandsgarantie des Realsteuerrechts in seiner jetzigen Form ab.

138 *Maunz - Dürig*, Art. 84, RdN 25; *Stern*, Bonner Kommentar, Art. 28 Abs. 2 RdN 117.

139 Art. 108 RdN 43.

140 Vgl. BayGO Art. 22 Abs. 2; Art. 49 Abs. 5 Satz 2 Verf. Rheinland-Pfalz; Art. 137 Abs. 5 Verf. Hessen.

141 *Gönnenwein*, S. 116.

142 *Müthling*, § 5 Anm. 3 S. 7; *Blümich - Boyens - Steinbring - Klein*, § 1 Anm. 6 a.

Fällen Ermessensentscheidungen treffen. Die Haftungstatbestände sind zwar bundesrechtlich geregelt; ob die Gemeinde einen Haftungstatbestand geltend macht, ist aber, im Gegensatz zur Frage der Steuererhebung beim Steuerschuldner, in ihr Ermessen gestellt. Früher oblag auch die Entscheidung darüber, ob sie Zweigstellensteuer erheben will, ihrem Ermessen. Die in beiden Fällen zu treffenden Ermessensentscheidungen sind allerdings rechtlich gebunden. Die Finanzbehörden sind auf die Rechtskontrolle der Streitigkeiten beschränkt. Diese Rechtsaufsicht durch die Finanzbehörde spricht dafür, daß eine Selbstverwaltungsangelegenheit vorliegt. Aus ihr kann allerdings nicht geschlossen werden, daß die Gemeinde bei der Realsteuerverwaltung allgemein der Rechtsaufsicht des Finanzamtes unterliegt. Lediglich § 212 c RAO ordnet die Aufsicht in den von der Vorschrift betroffenen Fällen an.

Die institutionelle Selbstverwaltungsgarantie beinhaltet zwar nicht die Garantie der selbständigen Steuererhebung und -festsetzung[143]. Die Gemeinde ist also gegen Veränderungen auf diesem Gebiet nicht durch einen Satz der Bundesverfassung geschützt. Haben die Gemeinden aber das Recht der selbständigen Steuererhebung, so gehört es zur Selbstverwaltung.

Die Zugehörigkeit des Rechtes, eigene Einnahmequellen zu erschließen und selbst Steuern zu erheben zu den Selbstverwaltungsangelegenheiten kommt in den Landesverfassungen zum Ausdruck[144]. Besonders in den Verfassungen der Länder Hessen und Rheinland-Pfalz wird schon durch den Wortlaut des Verfassungstextes darauf hingewiesen, daß Selbstverwaltung vorliegt: Unter der Überschrift „Selbstverwaltung der Gemeinden und Gemeindeverbände" ist in Art. 49 Abs. 3 der Verfassung von Rheinland-Pfalz das Selbstverwaltungsrecht garantiert, während in Abs. 5 S. 1 ein Lasten- und Finanzausgleich für die Durchführung der eigenen und der übertragenen Aufgaben vorgesehen ist und in Abs. 5 S. 2 in eigener Verantwortung zu verwaltende Einnahmequellen garantiert werden[145].

Da die hoheitlichen Einnahmen der Gemeinden heute im wesentlichen aus den Realsteuern bestehen[146], muß dieser Teil der gemeindlichen Einnahmen von der Garantie der betreffenden Landesverfassungen erfaßt werden, soll die Finanzhoheitsgarantie nicht zu einer leeren

---

[143] *Sattler*, HBKWP Bd. 3, 11.

[144] Baden-Württemberg, Art. 73; Bayern, Art. 83 Abs. 2; Hessen Art. 137 Abs. 5 S. 2; Niedersachsen, Art. 45; Nordrhein-Westfalen Art. 79 S. 1; Rheinland-Pfalz, Art. 49 Abs. 5; Saarland, Art. 125; Schleswig-Holstein, Art. 41.

[145] gleichlautend Art. 137 Abs. 3 und 5 Verf. Hessen.

[146] *Gönnenwein*, S. 112.

Phrase werden. Zählt man zur Finanzhoheit einmal das beinahe leerlaufende[147] Steuererfindungsrecht[148] der Gemeinden, so zählt andererseits auch die Entscheidungsbefugnis der Gemeinde hierher, Realsteuern zu erheben auf der Grundlage der Bundesgesetzgebung. Je mehr die Gemeinde von eigenen, kraft ihrer Autonomie zu erhebenden Steuern ausgeschlossen ist, desto bedeutsamer wird die Befugnis zur Entscheidung über die Realsteuererhebung und Hebesatzfestsetzung. Im Hinblick auf den geringen Spielraum der Gemeinde in bezug auf das Steuererfindungsrecht und das Einzwängen des Steuererhebungsrechtes in Bundes- und Landesrecht wird bereits vorgeschlagen[149], statt auf Finanzhoheit auf die Ertragshoheit als Merkmal der Selbstverwaltung abzustellen. Nach einer anderen Ansicht umfaßt das Recht der Erschließung eigener Steuerquellen nicht einmal mehr die Autonomie, d. h. das Recht, Steuern erfinden und erheben zu können, sondern nur die Befugnis, von den durch Landesrecht eingeräumten Steuerquellen Gebrauch zu machen[150]. Wenn man dieses Merkmal heranzieht, ändert sich die Zugehörigkeit der Realsteuererhebung zu den Selbstverwaltungsangelegenheiten nicht. Art. 106 Abs. 6 GG bedeutet nicht nur die Stärkung der Selbstverwaltungsgarantie[151] durch Bereitstellung der erforderlichen Mittel. Da Selbstverwaltung nicht ohne die dazu erforderlichen Mittel möglich ist[152], erscheint es gerechtfertigt, die Realsteuererhebung zumindest insoweit zur gemeindlichen Selbstverwaltung zu zählen, als die Gemeinde dabei eigene Entscheidungen trifft, die über den reinen Gesetzesvollzug hinausgehen.

Die Tätigkeit der Gemeinden im Realsteuerverfahren ist daher gemeindliche Selbstverwaltung[153]. Ist die Erhebung der Realsteuern durch die Gemeinden eine Selbstverwaltungsangelegenheit, und ist auch für Streitigkeiten mit der Gemeinde über Haftungsbescheide der Verwaltungsrechtsweg zulässig, so richtet sich das Widerspruchsverfahren nach der Verwaltungsgerichtsordnung. Da die Realsteuererhebung zu den Selbstverwaltungsangelegenheiten gehört, würde über den Wider-

---

[147] *Gönnenwein,* S. 113.

[148] Art. 79 Verf. N.W. hebt das Recht der Gem. zur Erschließung eigener Steuerquellen hervor *(Kleinrahm* in *Loschelder - Salzwedel,* S. 86).

[149] *Gönnenwein,* S. 114.

[150] OVG Münster, E 12, 99; *Wolff,* Verw.R. Bd. II § 86 VII d; *Kleinrahm* in *Loschelder - Salzwedel,* S. 87 und *Salzwedel* daselbst S. 233; *Wixforth,* S. 41, 45 und 119 mit weiteren Nachweisen.

[151] *Gönnenwein,* S. 116 N. 34; *Sasse,* AöR 85, 423 (454).

[152] *Gönnenwein,* S. 119; Erich *Becker,* Der Finanzausgleich, der Verwaltungsverbund und die Selbstverwaltungsgarantie, S. 20 ff.; *Korte,* Verfassung und Verwaltung des Landes Niedersachsen, S. 253 ff.; *Sattler,* HBKWP Bd. III, 8; *Kleinrahm* bei *Loschelder - Salzwedel,* S. 87.

[153] *Spitaler* in *Hübschmann - Hepp - Spitaler,* § 212 a AO Anm. 5 (S. 11); *Müller - Uri,* Diss. S. 98.

spruch die Gemeinde entscheiden, wenn keine abweichende gesetzliche Regelung besteht. Diese abweichende Regelung ist § 212 c RAO. Das Finanzamt ist in diesem Sonderfall Widerspruchsbehörde. Es darf bei seiner Entscheidung jedoch nur die Rechtsfragen des gemeindlichen Haftungsbescheides nachprüfen. Die von der Gemeinde getroffenen Ermessensentscheidungen können vom Finanzamt nicht geändert werden[154].

γ) Zulässigkeit der Einwendungen im Verfahren gegen den Haftungsbescheid

Wird die hier vertretene Meinung geteilt, für die Klage gegen einen Haftungsbescheid der Gemeinde nach § 212 c Abs. 1 RAO sei der Verwaltungsrechtsweg zulässig, so spielt die Frage, welche Einwendungen im Verfahren gegen den Haftungsbescheid zulässig sind, eine untergeordnete Rolle. Folgt man dagegen der herrschenden Meinung, so sind die gegen den Haftungsbescheid zulässigen Einwendungen im Finanzrechtsweg soweit vorzubringen, als das Finanzamt über sie entscheiden kann. Gegen den Haftungsbescheid sind generell Einwendungen gegen den zugrunde liegenden Steuerbescheid, gegen den Haftungsbescheid selbst, sowie gegen das Fortbestehen der Haftung denkbar.

§ 210 a Abs. 2 RAO beschränkt die generell zulässigen Einwendungen, indem er anordnet, daß bei Realsteuern der Haftende den gegen den Steuerschuldner ergangenen Steuerbescheid gegen sich gelten lassen muß, auch wenn er nicht Rechtsnachfolger des Steuerschuldners ist[155].

Bei unanfechtbarem Steuerbescheid sind alle Einwendungen gegen diesen im Verfahren gegen den Haftungsbescheid ausgeschlossen. Ob dies allerdings auch gilt, wenn der Steuerbescheid noch nicht unanfechtbar ist, erscheint zweifelhaft[156]. Aus dem Grundsatz der Akzessorietät der Haftung, dem zufolge die Haftungsschuld nicht höher sein kann als die Steuerschuld des Erstschuldners[157], ließe sich beispielsweise der Einwand des Haftenden herleiten, die Steuerschuld sei nachträglich durch Urteil herabgesetzt. Obwohl die Steuerschuld für die Höhe der Haftung wesentlich ist, steht dem nicht unter § 119 RAO fallenden Haftenden gegen den an den Steuerschuldner gerichteten Be-

---

154 Allgemein, ohne Bezug auf die Realsteuerverwaltung äußern diese Ansicht: *Ule*, §§ 69—73 VwGO Anm. III, 1 (S. 256 unten); *Kratzer*, BayVBl. 1960, 165 (167); *Becker*, HBKWP Bd. I, S. 135.

155 Bei anderen Steuern werden Einwendungen des Haftenden gegen den zugrunde liegenden Steuerbescheid nur in den Fällen des § 119 Abs. 2 RAO ausgeschlossen: *Rogoschik*, FR 1958, 299 (301).

156 Bejahend *Rogoschik*, FR 1958, 299 (301); *Becker - Riewald - Koch*, § 210 a Anm. 3 (2 a.E.).

157 *Becker - Riewald - Koch* a.a.O.

scheid kein Rechtsmittel zu[158]. Das gilt auch für Realsteuern[159]. Unklarheit besteht darüber, ob das Finanzamt zu entscheiden hat, ob die Haftung noch besteht, oder durch Zahlung, Aufrechnung oder Verjährung untergegangen ist. So wird die Ansicht vertreten, daß das Finanzamt auch diese Punkte entscheide[160], während die Gegenansicht meint, Zahlung etc. nach Erlaß des gemeindlichen Haftungsbescheides sei unerheblich[161]. Der Haftende könne außerhalb des Verfahrens nach § 212 c AO bei der Gemeinde einen Antrag auf Erteilung eines Abrechnungsbescheides stellen und Überzahltes durch einen Erstattungsanspruch gegen die Gemeinde zurückfordern[162]. Dieser wäre im Verwaltungsrechtsweg geltend zu machen, da er sich gegen die Gemeinde richtet. Andererseits bewirke eine Leistung vor Erteilung des Haftungsbescheides eine Löschung der Steuer- und daher auch der Haftungsschuld und sei daher im Verfahren vor dem Finanzamt zu berücksichtigen[163].

Vertreter und die übrigen in den §§ 103 bis 108 RAO bezeichneten Personen haften persönlich neben dem Steuerpflichtigen unter den Voraussetzungen des § 109 Abs. 1 RAO. Eine Privilegierung bei der Haftung genießen jedoch Rechtsanwälte, Notare und Angehörige der steuerberatenden Berufe nach § 109 Abs. 2 RAO n.F. Diese Personen sind nur bei Verletzung ihrer Berufspflicht haftbar, wenn sie die Verletzungshandlung bei der Berufsausübung begangen haben. Ob eine Verletzung der Berufspflicht vorliegt, ist in den in § 109 Abs. 2 AO genannten besonderen Verfahren, d. h. im ehrengerichtlichen Verfahren für Rechtsanwälte (§ 92 BRAO), im berufsgerichtlichen Verfahren des ordentlichen Rechtsweges für Angehörige der steuerberatenden Berufe (§ 51 Abs. 1 SteuerberatungsGes)[164] und im Disziplinarverfahren vor den ordentlichen Gerichten für Notare (§ 111 Abs. 3 BNotO) zu entscheiden.

Die Zuständigkeit der Finanzgerichte nach § 33 Abs. 1 Nr. 3 FGO erstreckt sich nur auf Streitigkeiten über Rechtsverhältnisse, die sich aus dem zweiten Teil des Steuerberatungsgesetzes ergeben, während das berufsgerichtliche Verfahren durch den fünften Teil des Steuer-

---

158 *Tipke - Kruse*, § 119 AO; BFH BStBl. 1963 III, 371.

159 § 3 Abs. 3 Nr. 1 RAO.

160 *Freudling*, StuW 1937, Sp. 1144 und 1145 N. 8; für die Verjährung ebenso: *Rogoschik*, FR 1958, 301 r.

161 *Becker - Riewald - Koch*, § 119 Anm. 3 (2) S. 370; *Rogoschik*, S. 302; RFH 26, 309 (310).

162 BFH Betrieb 1960, 1443; HFR 1961, 217; RFH RStBl. 1937, 1102.

163 *Becker - Riewald - Koch*, § 119 Anm. 3 (3) und 212 c Anm. 1 (3); *Fichtelmann*, FR 1965, 108.

164 v. 16. August 1961 (BGBl. I 1201).

beratungsgesetzes den ordentlichen Gerichten zugewiesen wird. Die Finanzgerichte sind für die Entscheidung dieser Streitigkeiten daher nicht zuständig[165]. In den berufsrechtlichen Verfahren geht es noch nicht unmittelbar um den Anspruch des Steuerfiskus auf Mithaftung des Bevollmächtigten, sondern zunächst um die Feststellung, ob eine Verletzung der Berufspflicht gegeben ist[166]. Ist die Berufspflichtverletzung festgestellt, so kann gegen den Haftungsbescheid der übliche Rechtsweg beschritten werden. Die mit der hier vertretenen Theorie der Zulässigkeit des Verwaltungsrechtsweges gegen Haftungsbescheide der Gemeinde vermiedene Aufspaltung des Rechtsweges läßt sich in diesem Fall nicht umgehen, da eine Vorfrage in einem besonderen Verfahren zu klären ist.

δ) Abgrenzung zur Vollstreckung

Besondere Abgrenzungsschwierigkeiten ergeben sich für die Rechtswegfragen im Fall des § 120 a AO. Danach kann bei einer öffentlichrechtlichen Abgabe, die als öffentliche Last auf einem Grundstück ruht, die dingliche Haftung gegen den jeweiligen Grundstückseigentümer geltend gemacht werden, und zwar auch dann, wenn der Eigentümer nicht persönlicher Schuldner der Abgabe ist. Die dingliche Haftung gibt ein öffentliches Recht auf Verwertung. Sie wird nicht durch Steuerbescheid geltend gemacht, sondern durch Leistungsgebot (Aufforderung bei Meidung der Zwangsvollstreckung zu leisten, § 326 Abs. 2 und Abs. 3 Nr. 1 AO) oder durch eine Vollstreckungsmaßnahme. Ist zum Beispiel ein Grundstück bei der Feststellung des Einheitswertes einem anderen als dem Eigentümer zugerechnet worden, so ist dieser andere Schuldner der Grundsteuer[167]. Der Eigentümer haftet jedoch nach § 120 a AO, da die Grundsteuer auf dem Grundstück als öffentliche Last ruht[168]. Zur Geltendmachung der dinglichen Haftung wird gegen den Eigentümer ein Duldungsbescheid erlassen, da ein abgabenrechtlicher Titel erforderlich ist[169]. Nach Erhalt des Haftungsbescheides der Gemeinde kann der Eigentümer den Antrag nach § 212 c RAO an das Finanzamt stellen[170] und sich gegen den Duldungsbescheid wenden. Gegen die Entscheidung des Finanzamtes ist nach herrschender Lehre die Klage beim Finanzgericht gegeben. Vollstreckt die Gemeinde,

---

165 Siehe dazu BStBl. 1957, III, 453.

166 Abgeordneter Dr. *Arndt*, SPD, in der 135. Sitzung des Rechtsausschusses des deutschen Bundestages, 4. Wahlperiode — 12. Ausschuß-Protokoll Nr. 135, S. 35.

167 § 7 Abs. 3 GrStGes.

168 § 9 GrStGes.; *Troll*, § 9 Anm. 2.

169 RFH RStBl. 1936, 952; *Troll*, § 9 Anm. 2 (S. 130 a.E.).

170 *Troll*, GrSt § 8 Anm. 6.

da Rechtsbehelfe in Abgabensachen keinen Suspensiveffekt haben[171], vor oder nach Erlaß der Entscheidung des Finanzamtes, so muß sich der Eigentümer gleichzeitig gegen eine Vollstreckungsmaßnahme wenden. Gegen gemeindliche Vollstreckungsakte wird Rechtsschutz im allgemeinen im Verwaltungsrechtsweg gewährt[172]. Die Vollstreckung in das unbewegliche Vermögen erfolgt nach den Vorschriften für gerichtliche Zwangsvollstreckungen[173], die im ZVG enthalten sind. Zuständig sind hierfür die ordentlichen Gerichte[174].

Die Vollstreckbarkeit der Forderung und die Zulässigkeit der Zwangsvollstreckung nach dem § 372 Abs. 2 und 3 AO unterliegt nicht der Beurteilung des ordentlichen Gerichts (§ 372 Abs. 4 AO). Insoweit ist Rechtsschutz durch die Verwaltungsgerichte erforderlich. Soweit der Antrag nach § 212 c AO an das Finanzamt gestellt wird, ist nach herrschender Lehre der Finanzrechtsweg gegeben. War bisher noch kein Antrag nach § 212 c AO gestellt, so kann der Eigentümer aber auch jetzt noch den Antrag an das Finanzamt stellen. Die Entscheidung des Finanzamtes nach § 212 c AO kann die Aufhebung der Zwangsmaßnahme erfordern[175]. Dabei tauchen dann wieder die schon behandelten Streitfragen auf, was das Finanzamt zu beurteilen hat in seiner Entscheidung (Ermessen usw.). Ein einheitlicher Rechtsweg scheint in diesen Fällen besonders dringend erforderlich, um wirksamen Rechtsschutz zu gewährleisten. Nach der hier entwickelten Theorie bietet sich der Verwaltungsrechtsweg dafür an, da zu den bereits aufgeführten Argumenten hinzu kommt, daß Rechtsschutz gegen Vollstreckungsmaßnahmen der Gemeinden nach Landesrecht in demselben Rechtsweg gewährt wird.

Gegen die Zulässigkeit des Verwaltungsrechtsweges gegen Entscheidungen des Finanzamtes nach § 212 c AO, die das Verwaltungszwangsverfahren betreffen, könnte allerdings die Ansicht sprechen, die das Recht des Verwaltungszwanges nicht den Selbstverwaltungs-, sondern den Auftragsangelegenheiten zurechnet[176]. Voraussetzung der Zulässigkeit des Verwaltungsrechtsweges war ja, wie oben dargelegt wurde, daß die Gemeinde in einer Selbstverwaltungsangelegenheit tätig wird. Die Zulässigkeit des Verwaltungszwanges in Selbstverwaltungsangelegenheiten wurde früher ganz geleugnet[177]. Der Gemeinde sollten

---

171 *Tipke - Kruse,* § 118 Anm. 6 S. 323.

172 OVG Münster, KStZ 1957, 222 r. Sp.; OVG Koblenz, KStZ 1955, 233.

173 § 372 Abs. 1 AO.

174 Siehe dazu LG Lübeck, DGStZ 1959, 172.

175 *Freudling,* StuW 1937, Sp. 1144.

176 OVG Koblenz, KStZ 1955, 233.

177 *Pünder,* Der Verwaltungszwang zur Durchsetzung von gemeindlichen Verwaltungsakten nach dem Verwaltungsvollstreckungsgesetz f. d. Land Nordrhein-Westfalen, Jur. Diss. Köln 1963, S. 117.

Zwangsrechte nur zustehen in Ausübung der unmittelbaren, obrigkeitlichen Staatsgewalt. Zur Durchsetzung von Verwaltungsakten in Selbstverwaltungsangelegenheiten war z. B. die Anwendung des § 132 preuß. LVG[178] nicht zulässig[179]. Die erste Ausnahme von dieser Regel fand sich im Preußischen Wohnungsgesetz[180], durch das die Wohnungsaufsicht den Gemeinden als Selbstverwaltungsangelegenheit übertragen wurde und das ihnen gleichzeitig Zwangsrechte einräumte[181].

Da die Zwangsgewalt im Vollstreckungsrecht Ausfluß der Staatsgewalt ist, ist die Anwendung des Verwaltungszwanges in Selbstverwaltungsangelegenheiten von der Rechtsnatur der Selbstverwaltung abhängig[182]. Die Selbstverwaltung der Gemeinden ist stets öffentliche Verwaltung. Jüngst wurde das Zwangsrecht der Gemeinde damit begründet, daß die Gemeinden neben dem Staat Gebietshoheit ausüben, ihnen daher hoheitlicher Charakter zukomme und sie deshalb Verwaltungsakte erlassen und mit hoheitlichen Mitteln durchsetzen können[183]. Da die Gemeinden hoheitliche Funktionen kraft ihrer Gebietskörperschaftsqualität ausüben, könnten sie Verwaltungszwang auch bei Erledigung der Aufgaben ausüben, die ihrer Natur am meisten entsprechen, den Selbstverwaltungsangelegenheiten[184]. Die Ansicht, das Recht des Verwaltungszwanges sei den Gemeinden als Auftragsangelegenheiten übertragen worden[185] folgert aus der Übertragung eines Rechtes seine Zugehörigkeit zu den Auftragsangelegenheiten. Diese Folgerung ist jedoch nicht schlüssig, da auch die Selbstverwaltungsangelegenheiten der Gemeinde auf staatlicher Übertragung beruhen[186]. Das zeigt bereits das geschichtliche Beispiel des preußischen Wohnungsgesetzes.

Die Ermächtigung zur Durchsetzung eines Verwaltungsaktes, der in einer Selbstverwaltungsangelegenheit ergeht, bedeutet nicht die Übertragung einer neuen Aufgabe als Auftragsangelegenheit, sondern stellt die Erweiterung der Befugnisse auf dem Gebiet der Selbstverwaltung

---

178 vom 30. Juli 1883, GS 195.

179 *Hatschek*, S. 427; Werner *Vogel*, Einl. I S. 70 zum VwVG NW; *Stier-Somlo* § 132 preuß. LVG, Anm. 4; *Pünder*, S. 118.

180 vom 28. März 1918 (GS 23).

181 Preuß. OVG 76, 470; *Pünder*, S. 118.

182 *Pünder*, 120.

183 *Pünder*, 120 f.

184 *Pünder*, S. 122, desgl. *Becker*, HBKWP Bd. I, 120.

185 OVG Koblenz, KStZ 1955, 233.

186 *Pünder*, S. 125; *Peters*, Wandlungen der öff. Verw. in der neuesten Zeit, Krefeld 1954, S. 32; *Becker*, HBKWP Bd. I, 118; nicht ganz eindeutig: *Salzwedel*, Verf. u. Verw. Recht des Landes Nordrhein-Westfalen, S. 223, da einmal originäre Hoheitsgewalt der Gemeinde angenommen wird, die jedoch andererseits vom staatlichen Gesetzgeber (also vom Staat) abgeleitet sei.

dar[187]. Der Vollzug eines Verwaltungsaktes der Selbstverwaltung bleibt seinerseits ein Akt der Selbstverwaltung[188].

Zusammenfassung

Zusammenfassend läßt sich feststellen, daß gegen die Haftungsbescheide der Gemeinde die Entscheidung des Finanzamtes nach § 212 c Abs. 1 AO beantragt werden kann. Gegen diese Entscheidung ist jedoch nicht, wie die einmütige Lehre und Rechtsprechung annimmt, der Rechtsweg zu den Finanzgerichten, sondern der zu den allgemeinen Verwaltungsgerichten gegeben. Rechtsschutz gegen den Haftungsbescheid wird somit, ebenso wie Rechtsschutz gegen die Vollstreckung des Haftungsbescheides, von den Verwaltungsgerichten gewährt.

Diese Auslegung bringt folgende Konsequenzen mit sich:

Für die Rechts- und Ermessensfragen des Haftungsbescheides wird eine einheitliche Zuständigkeit begründet; beide Fragen lassen sich nicht in getrennten Verfahren prüfen, da die gleichen Rechtsvorschriften auszulegen sind[189]. Da die Verwaltungsgerichte zur Entscheidung über Haftungsbescheid und Vollstreckungsmaßnahmen kompetent sind, kann nachträgliche Erfüllung im selben Rechtsweg geltend gemacht werden. Da auch der gemeindliche Steuerbescheid im Verwaltungsrechtsweg geprüft wird, können eventuell parallel laufende Verfahren des Steuerpflichtigen und des Haftenden zu gemeinschaftlicher Verhandlung und Entscheidung verbunden werden[190].

Da sich das Vorverfahren allein nach der Verwaltungsgerichtsordnung und § 212 c AO richtet, wird die doppelte Behandlung des Rechtsbehelfs durch das Finanzamt zunächst im Verfahren nach § 212 c AO und dann im Einspruchsverfahren nach § 229 AO n. F. vermieden[191]. Ist der an das Finanzamt nach 212 c Abs. 1 AO gerichtete Antrag als Widerspruch im Sinne der Verwaltungsgerichtsordnung anzusehen, so muß er nach § 70 Abs. 1 VwGO binnen eines Monats nach Bekanntgabe des Haftungsbescheides eingelegt werden[192].

---

[187] *Pünder*, S. 124.

[188] Da *Pünder* (S. 124) den vom OVG Koblenz (KStZ 1955, 233) behandelten Fall zu den Selbstverwaltungsangelegenheiten zählt und die Entscheidung zur Gewerbesteuer erging, teilt er die hier vertretene Ansicht, die Erhebung der Realsteuern sei Selbstverwaltung.

[189] *Spitaler - Felix* in *Hübschmann - Hepp - Spitaler*, § 212 c Anm. 7.

[190] §§ 173 VwGO; 147 ZPO.

[191] zur bisher herrschenden Lehre: FG Düsseldorf, Kammern in Köln, DStZ (B) 1958, 78.

[192] so *Becker - Riewald - Koch*, § 212 c Anm. 1 (6); *Messmer* in *Mattern - Messmer*, RdN 1519; Hess. VGH KStZ 1959, 16; *Rogoschik*, FR 1958, 299, jedoch nicht unter Hinweis auf § 70 Abs. 1 VwGO; anderer Ansicht jedoch *Tipke - Kruse*, § 212 c Anm. 1; *Spitaler - Felix* in *Hübschmann - Hepp - Spita-*

Die Gemeinde darf einen Haftungsbescheid erst erlassen, wenn das Finanzamt einen Meßbescheid erlassen hat[193], und wenn ein Versuch, die Steuerschuld vom Schuldner zu erlangen, erfolglos verlief[194]. Im Verfahren gegen den Heranziehungs- und den Haftungsbescheid vor dem Verwaltungsgericht sind alle Einwendungen unzulässig, die sich gegen die Bemessungsgrundlage richten, da über diese nur im Meßbetragsverfahren entschieden wird. Der Meßbescheid kann nur im Finanzrechtsweg angegriffen werden.

Für die Aussetzung der Vollziehung eines gemeindlichen Haftungsbescheides sind die Verwaltungsgerichte als Gerichte der Hauptsache einheitlich zuständig[195]. Sie können in den Haftungsfällen, wie auch sonst bei der Entscheidung über Aussetzungsanträge, das öffentliche Interesse an der sofortigen Vollziehung gegenüber dem privaten Interesse an der Aussetzung der Vollziehung abwägen. Maßstäbe für die Beurteilung der Interessenlage sind in § 80 Abs. 4 Satz 3 VwGO gegeben: Die Aussetzung soll unter anderem erfolgen, wenn ernstliche Zweifel an der Rechtmäßigkeit des angegriffenen Verwaltungsaktes bestehen[196].

e) Billigkeitsmaßnahmen im Realsteuerverfahren

Ist in Realsteuerstreitigkeiten die Kompetenz der Finanzgerichte nur insoweit gegeben, als die Steuer durch Landesfinanzbehörden verwaltet wird, so läßt sich nach dieser Regel die Rechtswegabgrenzung auch für die Fälle des in § 131 RAO geregelten Billigkeitserlasses treffen. Nach § 131 Abs. 1 Satz 1 RAO können Steuern und sonstige Geldleistungen im Einzelfall ganz oder zum Teil erlassen werden, wenn ihre Einziehung nach Lage des einzelnen Falles unbillig wäre. Die Befugnis zum Erlaß umfaßt bei Besitz- und Verkehrsteuern auch das Recht, zuzulassen, daß die Steuer niedriger festgesetzt wird oder daß Festsetzung der Steuer nicht berücksichtigt werden[197]. Die Vorschriften

---

ler § 212 c Anm. 4; FG Düsseldorf, Kammern Köln DStZ (B) 1958, 78, die Jahresfrist annehmen und danach das Antragsrecht als verwirkt ansehen; *Freudling,* StuW 1937, Sp. 1143 hielt den Antrag nach § 212 c AO an keine Frist gebunden.

193 *Tipke - Kruse,* § 118 Anm. 6; FG Hamburg, EFG 1958, 64, *Spitaler - Felix* in *Hübschmann - Hepp - Spitaler,* § 212 c Anm. 6.

194 *Mühling,* GewStGes. § 5 Anm. 3; FG Hamburg, KStZ 1953, 54, a.A. *Freudling,* StuW 1937, Sp. 1138.

195 *Rogoschik,* FR 1958, 299 (302); Bayer. VGH KStZ 1955, 112 (115); OVG Münster KStZ 1957, 222.

196 Nach der herrschenden Meinung war den Verwaltungsgerichten diese Prüfung versagt, da die Beurteilung der Rechtmäßigkeit des Verwaltungsaktes nicht in ihre, sondern in die Kompetenz der Finanzgerichte fiel: OVG Münster, KStZ 1957, 222 und E 9, 305 (309).

197 § 131 Abs. 1 Satz 2, 1. und 2. Alternative RAO.

über den Erlaß[198] gelten sinngemäß auch für die Realsteuern. Da die einzelne Besteuerungsgrundlagen, die die Steuer erhöhen, bei der Besteuerungsgrundlagen der Realsteuern von den Finanzämtern im Meßbetragsverfahren festgestellt werden, könnte aus § 131 Abs. 1 Satz 2, 2. Alternative RAO der Eindruck entstehen, die Finanzämter hätten im Meßbescheidverfahren die Befugnis, unter der Voraussetzung der Unbilligkeit voller Steuererhebung einzelne Besteuerungsgrundlagen bei der Festsetzung des Meßbetrages nicht zu berücksichtigen. Das ist jedoch nicht richtig. Die Befugnis zum Erlaß steht nach § 131 Abs. 3 RAO zwar der obersten Finanzbehörde der Körperschaft zu, die die Steuer verwaltet[199]. Die Finanzämter haben bei der Meßbetragfestsetzung jedoch weder eine Erlaßbefugnis, noch die Befugnis, den Meßbetrag dadurch zu kürzen, daß einzelne Besteuerungsgrundlagen nicht berücksichtigt werden.

Eine Verwaltungsanordnung der Bundesregierung aus dem Jahr 1958 hatte diese Befugnis jedoch vorgesehen. Gestützt auf Art. 108 Abs. 6 GG hatte die Bundesregierung am 21. Januar 1958 eine Verwaltungsanordnung, betreffend Teilerlaß der Gewerbesteuer bei Betrieben von Vertriebenen, Flüchtlingen und Verfolgten sowie von Kriegssachgeschädigten und Evakuierten erlassen[200]. Durch die Verwaltungsanordnung wurden die Finanzämter ermächtigt, Dauerschulden bei der Ermittlung des Gewerbekapitals (§ 12 Abs. 2 Nr. 1 GewStG) und Dauerschuldzinsen bei der Ermittlung des Gewerbeertrages (§ 8 Nr. 1 GewStG) bei Betrieben, die den genannten Personen gehören, nur in Höhe von 40 % zu berücksichtigen. Gewerbekapital und Gewerbeertrag gehören zu den Besteuerungsgrundlagen der Gewerbesteuer. Der einheitliche Gewerbesteuermeßbetrag wird durch Addition der Meßbeträge nach dem Gewerbeertrag und dem Gewerbekapital festgestellt (§ 14 Abs. 1 GewStG). Wird eine vom Realsteuerpflichtigen erstrebte Billigkeitsmaßnahme verweigert, so entscheidet die Frage, welche Verwaltungsstelle den Erlaß gewähren kann, auch über den Rechtsweg, den der Steuerpflichtige einzuschlagen hat, wenn seinem Antrag nicht entsprochen wird.

Soweit die Realsteuerverwaltung, wie in Hamburg und Berlin, den Landesfinanzbehörden in vollem Umfang obliegt, können diese Behörden auch die Erlaßbefugnis nach § 131 RAO ausüben. Berechtigte Belange des Steuergläubigers können durch den Erlaß nicht verletzt oder übergangen werden, da diesen Ländern selbst das Realsteueraufkommen zusteht (Art. 106 Abs. 6 Satz 2 GG). Anders jedoch in den

[198] § 131 RAO.
[199] so auch *Müller - Uri*, Diss. S. 106.
[200] BStBl. 1958, I, 24.

übrigen Ländern: Hier ist den Gemeinden das Realsteueraufkommen verfassungsrechtlich garantiert (Art. 106 Abs. 6 Satz 1 GG). Da der Erlaß die Schuld zum Erlöschen bringt, wird durch ihn die Stellung des Gläubigers beeinträchtigt. Das gleiche gilt für eine Nichtberücksichtigung von Besteuerungsgrundlagen, da sie die Höhe des Meßbetrages und damit die Steuerschuld direkt beeinflussen. Trotzdem ist fraglich, ob durch einen Erlaß die Realsteuergarantie des Art. 106 Abs. 6 GG verletzt wird. Die Garantie des Aufkommens besteht nur in dem Rahmen, den die Realsteuergesetze ziehen. Diesen gesetzlichen Rahmen bestimmt der Bund weitgehend, da er die konkurrierende Gesetzgebungsbefugnis über die Realsteuern mit Ausnahme der Festsetzung der Hebesätze hat (Art. 105 Abs. 2 Nr. 3 GG). Innerhalb dieses Rahmens besteht allerdings auch die Aufkommensgarantie[201]. Minderungen des Aufkommens durch Landesgesetze, die dem Staatshaushalt des Landes einen Teil der Realsteuern zuführen wollen, sind daher ebenso verfassungswidrig[202] wie Minderungen durch Verwaltungsanordnungen, die nicht gesetzlich gedeckt sind. Dies war bei der erwähnten Verwaltungsanordnung der Bundesregierung der Fall.

Da der Erlaß und die Nichtberücksichtigung von Besteuerungsgrundlagen die Stellung des Realsteuergläubigers beeinträchtigen, können sie mit Zustimmung der Gemeinden erfolgen[203]. Ohne Zustimmung der Gemeinde darf das Finanzamt keine Billigkeitsmaßnahmen vorsehen. § 131 RAO ermächtigt es dazu nicht. Dies ergibt sich aus einem Vergleich der Sätze 1 und 2 des § 131 Abs. 1 RAO. Das Recht zur Nichtberücksichtigung von Besteuerungsgrundlagen (Satz 2) setzt das Bestehen der Befugnis zum Erlaß (Satz 1) voraus. Nach Satz 2 *umfaßt* nämlich die Befugnis zum Erlaß der Steuer auch das Recht, zuzulassen, daß Besteuerungsgrundlagen bei der Festsetzung der Steuer nicht berücksichtigt werden. Die Befugnis zum Erlaß steht der Gemeinde jedenfalls dann zu, wenn ihr die Festsetzung und Erhebung der Realsteuer von dem betreffenden Land nach Art. 108 Abs. 3 Satz 4 GG übertragen wurde[204]. Da das Finanzamt, wenn ihm die Festsetzung und Erhebung der Steuer nicht obliegt, weder zum Erlaß noch zur Nichtberücksichtigung von Besteuerungsgrundlagen befugt ist, sind für die Entscheidung über Billigkeitsmaßnahmen nach § 131 RAO allein die

---

[201] *Sasse*, AöR 85, 423 (454 ff.) entnimmt Art. 106 Abs. 6 in Verbindung mit dem durch diese Vorschrift aktualisierten Art. 28 Abs. 2 GG sogar eine Garantie des Realsteueraufkommens im heutigen Umfang, die sich gegen den Bundesgesetzgeber richte, ohne ihn allerdings von Veränderungen des Realsteuerrechts abzuhalten; anders: *Müller - Uri*, Diss. S. 101.

[202] *Heckt*, DÖV 1957, 164.

[203] BFH BStBl. 1962 III, 238 (240, sub 2 c).

[204] BFH BStBl. 1962, III, 238 (239, sub II 1 c).

Gemeinden zuständig. Daran schließt sich Rechtsschutz im Verwaltungsrechtsweg an[205].

Das gleiche Ergebnis läßt sich auch auf den Wortlaut des § 131 Abs. 1 Satz 2 RAO stützen. Billigkeitsmaßnahmen gehören danach zur Festsetzung der Steuer. In den Ländern mit geteilter Realsteuerverwaltung erstreckt sich die Verwaltungshoheit der Finanzämter nicht auf die Festsetzung der Steuer, da diese den Gemeinden übertragen ist. Fehlt dem Finanzamt die Befugnis zur Festsetzung der Steuer, so kann es auch nicht „bei der Festsetzung" einzelne Besteuerungsgrundlagen nicht berücksichtigen[206].

Eine von den übrigen Ländern abweichende Situation besteht auch hinsichtlich der Erlaßbefugnis in Bremen. Das Land Bremen besteht aus zwei Gemeinden. Es hat den Gemeinden die Realsteuererhebung jedoch nicht übertragen. Die Realsteuerverwaltung findet in vollem Umfang durch die Finanzämter statt. Realsteuergläubiger sind dessen ungeachtet die Gemeinden: Art. 106 Abs. 6 Satz 1 GG. Hier könnte sich also die Frage erheben, ob die Finanzämter überhaupt aus Billigkeitsgründen die Steuer erlassen oder Besteuerungsgrundlagen nicht berücksichtigen dürfen (§ 131 RAO) oder ob sie durch die Realsteuergarantie des Grundgesetzes daran gehindert werden. Ein Steuererlaß darf nur in den gesetzlich geregelten Fällen gewährt werden. Jeder willkürliche Erlaß würde dem Grundsatz der Gleichmäßigkeit der Besteuerung und damit Art. 3 GG widersprechen. Ist der Erlaß jedoch bundesgesetzlich geregelt, so muß auch diese Regelung als Teil der Gesamtregelung der Realsteuern angesehen werden. Da die Vorschriften des § 131 RAO über den Erlaß sinngemäß auch auf die Realsteuern Anwendung finden (§ 3 Abs. 3 Nr. 2 RAO) und die Erlaßbefugnisse nach § 131 Abs. 1 und 2 RAO der obersten Finanzbehörde der Körperschaft zusteht, die die Steuer verwaltet, bzw. den von ihr bestimmten Stellen, ist der bundesrechtlichen Regelung zu entnehmen, daß die Erlaßbefugnis in Bremen den Finanzämtern zusteht, solange diese die Realsteuer festsetzen und erheben. Wielange dies der Fall ist, unterliegt der Disposition des Landesgesetzgebers, da dieser die Verwaltung der Realsteuern den Gemeinden übertragen kann (Art. 108 Abs. 3 Satz 4 GG). Eine derartige Erlaßbefugnis des Finanzamtes verletzt nicht die Realsteuergarantie des Art. 106 Abs. 6 Satz 1 GG, da das Aufkommen durch diese Vorschrift nur in dem Umfang garantiert wird, der sich aus der jeweiligen bundes- und landesrechtlichen Regelung

---

205 BFH BStBl. 1962, 238 (240); bestätigt durch BStBl. 1962 III, 497 (500); BStBl. 1963 III, 143 (144); 1966 III, 315 (316); HFR 1963, 339 (340); zustimmend BVerwG E 19, 125 und KStZ 1964, 203.

206 BFH BStBl. 1962, III, 238 (240).

ergibt[207]. Steht die Erlaßbefugnis in Bremen somit allein dem Finanzamt zu, so muß sich der Steuerpflichtige an das Finanzgericht wenden, wenn die Finanzbehörde einen beantragten Erlaß zu Unrecht verweigert.

In der schon erwähnten Entscheidung vom 9. 1. 1962[208] hatte der Bundesfinanzhof ausgeführt, er habe auch für die Fälle der geteilten Realsteuerverwaltung keine Bedenken gegen eine Nichtberücksichtigung von Besteuerungsgrundlagen im Meßbetragsverfahren durch das Finanzamt, wenn die Gemeinde dem zustimme. Der Bundesfinanzhof hatte die Zustimmung der Gemeinde als selbständigen Verwaltungsakt angesehen. Gegen die Versagung von Billigkeitsmaßnahmen der Gemeinde auf dem Gebiet der Gewerbesteuer sollte daher auch dann der Verwaltungsrechtsweg zulässig sein, wenn die Billigkeitsmaßnahme noch im Meßbetragsverfahren durch das Finanzamt getroffen werden soll[209]. Im Schrifttum und in der übrigen Rechtsprechung wurde die Zustimmung der Gemeinde zu Billigkeitsmaßnahmen des Finanzamtes im Meßbetragsverfahren teilweise als selbständiger Verwaltungsakt[210], teilweise jedoch auch als behördeninterner Vorgang angesehen[211]. Wäre die Zustimmung der Gemeinde zu Billigkeitsmaßnahmen des Finanzamtes ein behördeninterner Vorgang, so könnte das bedeuten, daß der Steuerpflichtige Rechtsschutz gegen eine unberechtigte Maßnahme der Gemeinde nicht im Verwaltungs-, sondern im Finanzrechtsweg erhält. Er hätte den Meßbescheid des Finanzamtes anzufechten, den das Finanzamt in voller Höhe, d. h. ohne Berücksichtigung von Billigkeitsmaßnahmen festzusetzen hätte, da es diese nur mit Zustimmung der Gemeinde gewähren dürfte. Bei der Überprüfung des Meßbescheides hätte das Finanzgericht auch zu prüfen, ob der Steuerpflichtige einen Rechtsanspruch auf Billigkeitsmaßnahmen hat und ob dieser Anspruch dadurch verletzt ist, daß die Gemeinde ihre Zustimmung zur niedrigeren Festsetzung des Meßbetrages verweigerte.

---

207 *Maunz - Dürig*, Art. 106, RdN 71; *Müller - Uri*, Diss. S. 106 sieht durch den Erlaß die Stellung der Gemeinde in Art. 106 Abs. 6 GG überhaupt nicht als verletzt an, da grundsätzlich alle Befugnisse des Steuergläubigers von der die Steuer verwaltenden Stelle ausgeübt werden. Die zu Billigkeitsmaßnahmen erforderliche Zustimmung der Gemeinde sei nicht Ausfluß ihrer Gläubigerstellung, sondern ihrer Beteiligung am Verwaltungsverfahren.

208 BStBl. 1962 III, 238.

209 BFH BStBl. 1962 III, 238 (240); bestätigt durch BStBl. 1962, III, 497 (500); BStBl. 1963 III, 143 (144); 1966 III, 315 (316); HFR 1963, 339 (340); zustimmend BVerwG E 19, 125 und KStZ 1964, 203.

210 *Becker - Riewald - Koch*, § 131 RAO Anm. 3 b (12); *Hartung*, DGStZ 1958, 65 (68); *Prütting*, DGStZ 1960, 148; *Scholl*, BB 1961, 365 (367); *Niggemeier*, Dissertation S. 128 f.; FG Stuttgart, DGStZ 1960, 94; FG Karlsruhe, EFG 1961, 80.

211 *Weisensee*, DVBl. 1961, 320; *Felix*, KStZ 1958, 173 (175); *Oswald*, StuW 1961, 106 (114); *Steinberg*, DStZ 1958, 1 (2); *Wilhelm*, KStZ 1960, 201; *Nöfer*, DB 1959, 443; VGH München, DVBl. 1962, 266.

Ist die Zustimmung der Gemeinde zur Billigkeitsmaßnahme des Finanzamtes dagegen ein selbständiger Verwaltungsakt, so würde dies bedeuten, daß der Steuerpflichtige eventuell zwei verschiedene Rechtswege einzuschlagen hat: Die Zustimmung der Gemeinde hat er vor den Verwaltungsgerichten zu erkämpfen. Hat er sie erhalten, so müßte er notfalls noch vor den Finanzgerichten die Berücksichtigung dieser Zustimmung im Meßbescheid durchsetzen. Die Frage, welche Gerichtsbarkeit kompetent ist für die Durchsetzung eines angeblichen Anspruchs auf eine Billigkeitsmaßnahme hängt also davon ab, ob die erforderliche Zustimmung der Gemeinde als Verwaltungsakt oder als behördeninterner Vorgang anzusehen ist. Diese Frage hat in anderem Zusammenhang eine unübersehbare Flut unterschiedlicher Ansichten in Literatur und Rechtsprechung hervorgerufen, die bisher jedoch ohne Auswirkung auf die Rechtswegfrage geblieben ist, da die Verwaltungsgerichte auch dann für die Entscheidung kompetent waren, wenn man den Mitwirkungsakt als selbständigen Verwaltungsakt ansieht[212]. Ist die Zustimmung zum Erlaß eines mitwirkungsbedürftigen Verwaltungsaktes dagegen ein behördeninterner Vorgang[213], so würde dies bedeuten, daß der Steuerpflichtige die gemeindliche Zustimmung nicht im Verwaltungsrechtsweg, sondern im Finanzrechtsweg zu erkämpfen hat, indem er den Meßbescheid angreift. Diese Ansicht wurde von der Rechtsprechung beider oberen Bundesgerichte bisher jedoch abgelehnt:

Gegen die Versagung von Billigkeitsmaßnahmen der Gemeinde auf dem Gebiet der Gewerbesteuer soll auch dann der Verwaltungsrechtsweg zulässig sein, wenn die Billigkeitsmaßnahme noch im Meßbetragsverfahren durch das Finanzamt getroffen werden soll[214]. In diese Linie

---

[212] Dies tun: OVG Hamburg, DÖV 1959, 546: OVG Rheinland-Pfalz, DÖV 1961, 117 (118); OVG Saarlouis, DVBl. 1960, 523 (525); OVG Berlin, DVBl. 1954, 743 (744); OVG Münster, NJW 1954, 526 (528) und DÖV 1962, 833; *Menger*, VA 1961, 108; *Böhm*, DÖV 1958, 72 (74); *Obermayer*, DVBl. 1958, 140 (141 f.); *Ule*, § 42 VwGO Anm. IV 1 g; *Redecker - v. Oertzen*, § 42 Anm. 37 f.; *Schunck - de Clerck*, § 42 Anm. 2 a, kk (S. 176); *Friauf*, DÖV 1961, 666 (674); *Schuegraf*, DVBl. 1961, 654 (655); *Clasen*, NJW 1959, 752 (754); *Mang*, BayVBl. 1959, 82.

[213] dies nehmen an: BVerwG NJW 1966, 513; NJW 1965, 166; E 16, 116; NJW 1959, 590; MDR 1961, 442; OVG Hamburg, DÖV 1961, 111; OVG Berlin DVBl. 1959, 514 (517); Bay VGH Bay VBl. 1955, 217; OVG Lüneburg, DVBl. 1958, 138; *Haug*, JuS 1965, 134; *Groebe*, DVBl. 1959, 757 (760 f.); *Eyermann - Fröhler* § 42 VwGO Anm. 57 f.; *Koehler*, § 42 Anm. A VII 13; *Kratzer*, Bay VBl. 1964, 254; *Marschall*, § 9 BFStrG Anm. 3; *Reiter*, Bay VBl. 1959, 247 (248); *Heinze* VA 1961, 275 (277 ff.). *Kost* hat das behördliche Zusammenwirken beim Erlaß verwaltungsgerichtlich anfechtbarer Verwaltungsakte in seiner gleichnamigen Dissertation untersucht und im Ergebnis den von ihm so genannten Beteiligungsakt nicht als Verwaltungsakt angesehen, S. 186; neuerdings s. a. *Heinze*, DÖV 1967, 33 (insbes. 37).

[214] BFH BStBl. 1962 III, 238 (240); bestätigt durch BStBl. 1962 III, 497

paßt auch ein weiteres Urteil des Bundesfinanzhofes, welches die nach § 1 Abs. 3 des 2. Finanzverwaltungsgesetzes[215] erforderliche Zustimmung des Bundesfinanzministers zu bestimmten Erlaßverfügungen der Landesfinanzbehörden ebenfalls als selbständigen Verwaltungsakt angesehen hat[216]. Festzuhalten ist daher, daß ein Anspruch des Steuerpflichtigen auf einen Billigkeitserlaß oder sonstige Billigkeitsmaßnahmen nach § 131 RAO gegen die Gemeinde im Verwaltungsrechtsweg durchzusetzen ist in allen Ländern, in denen den Gemeinden die Realsteuererhebung übertragen worden ist.

Auch die nach § 3 der Verordnung über die einkommensteuerliche Behandlung freier Erfinder vom 30. 5. 1951[217] erforderliche Bestätigung der obersten Wirtschaftsbehörde über den volkswirtschaftlichen Wert eines Versuches oder einer Erfindung wird als selbständiger Verwaltungsakt angesehen. Streitigkeiten über diese Bestätigung sollen in die Kompetenz der Verwaltungsgerichte fallen[218]. Streit über das zusätzlich erforderliche Anerkenntnis der obersten Finanzbehörde über eben diesen volkswirtschaftlichen Wert soll dagegen vor den Finanzgerichten ausgetragen werden. Zweifel erweckt allerdings die Begründung: Bestätigung der Wirtschaftsbehörde und Anerkennung der Finanzbehörde sollen einen zweistufigen Verwaltungsakt bilden, dessen Stufen selbständig anfechtbar seien. Hier liegt ein innerer Widerspruch vor: Bilden beide Behördenäußerungen *einen* Verwaltungsakt, den die Finanzbehörde im Einvernehmen mit der Wirtschaftsbehörde erläßt, so ist allein der Finanzrechtsweg zulässig. Erläßt dagegen jede Behörde einen gesondert anfechtbaren Bescheid, so liegt nicht *ein* Verwaltungsakt vor, sondern deren zwei.

Abzulehnen ist jedoch die Ansicht, die bei den Realsteuern nur § 131 Abs. 1 Satz 1 RAO für anwendbar hält[219]. Jede andere Billigkeitsmaßnahme ist dieser Ansicht zufolge unzulässig, da die Gemeinde allein zum Billigkeitserlaß oder zu sonstigen Billigkeitsmaßnahmen befugt sei. Die Gemeinde dürfe nicht in das Meßbetragsverfahren hineinwirken, das Finanzamt dürfe dagegen nicht von sich aus erlassen oder

---

(500); BStBl. 1963 III, 143 (144); 1966 III, 315 (316); HFR 1963, 339 (340); zustimmend BVerwG E 19, 125 und KStZ 1964, 203.

[215] vom 15. 5. 1952, BGBl. I, 293.

[216] BFH BB 1962, 215.

[217] BGBl. 1951 I, 387; Art. II Ziff. 2 Buchstabe e des Gesetzes zur Änderung des Einkommensteuergesetzes und des Körperschaftsteuergesetzes v. 29. April 1950 (BGBl. S. 95) war Rechtsgrundlage für den Erlaß der Verordnung über die einkommensteuerliche Behandlung der freien Erfinder v. 30. Mai 1951. Die Vorschrift verstieß gegen Art. 80 Abs. 1 Satz 2 GG und war deshalb nichtig: BVerfG, BStBl. 1968 II, 296.

[218] FG Berlin, EFG 1966, 569; VG Darmstadt, GRUR 1960, 79 (80).

[219] *Mattern - Messmer*, RdN 888; OVG Koblenz, KStZ 1960, 112.

andere Billigkeitsmaßnahmen treffen. Ein Zusammenwirken je für sich inkompetenter Hoheitsträger könne keine Kompetenz begründen[220]. Diese Ansicht erscheint zu formalistisch. Das Finanzamt besitzt die Kompetenz zur Feststellung des Meßbetrages. Wenn der zum Erlaß befugte Gläubiger zustimmt, kann das Finanzamt bei der Feststellung der Besteuerungsgrundlagen Billigkeitsmaßnahmen vornehmen. § 3 Abs. 3 Nr. 2 RAO erklärt nicht nur den ersten Satz des § 131 Abs. 1 RAO auf das Realsteuerverfahren für anwendbar, sondern die gesamte Vorschrift. Praktische Bedeutung dürfte der Billigkeitserlaß im Meßbetragsverfahren zur Zeit allerdings nicht haben:

Die Verwaltungsanordnung der Bundesregierung wurde auf Grund der Bedenken, die der Bundesfinanzhof gegen ihre Rechtsgültigkeit äußerte[221], am 22. Februar 1963 aufgehoben[222]. In einzelnen Ländern haben die Landesregierungen unverbindliche Richtlinien für die Ermessensausübung der Gemeinden erlassen[223]. Die Staatsverwaltung kann auf die Ermessensentscheidung der Gemeinde über den Erlaß aus Billigkeitsgründen keinen Einfluß nehmen, da die Gemeinde auch bei dieser Entscheidung in Ausübung ihres Selbstverwaltungsrechts handelt[224]. Der umstrittenen Frage, ob § 131 RAO neben dem unbestimmten Rechtsbegriff der Unbilligkeit[225] noch Platz läßt für eine Ermessensentscheidung[226], ist hier nicht weiter nachzugehen.

Ergebnis:

Zur Gewährung von Billigkeitsmaßnahmen nach § 131 RAO im Realsteuerverfahren sind in den Ländern mit geteilter Realsteuerverwaltung allein die Gemeinden zuständig.

In Berlin, Bremen und Hamburg fallen Billigkeitsmaßnahmen in die Zuständigkeit der Landesfinanzbehörden.

---

220 *Mattern - Messmer* a.a.O.; anders aber BFH BStBl. 1962 III, 238 und 497; 1963 III, 143.

221 BStBl. 1962 III, 238 (239 f.).

222 BStBl. 1963 I, 261.

223 Siehe Inhaltsangabe BB 1963, 1292 (ohne Verfasser) und *Oswald*, KStZ 1964, 202.

224 so ausdrücklich das Bayrische Staatsministerium des Innern in einem Schreiben vom 10. 5. 1963, auszugsweise abgedruckt BB 1963, 1293 (Nr. 4); VGH Baden-Württemberg, KStZ 1962, 37 (38).

225 BVerwG E 9, 238 (239) und KStZ 1958, 142; OVG Koblenz, KStZ 1960, 112; VGH Baden-Württemberg, KStZ 1962, 37; OVG Lüneburg, KStZ 1959, 34.

226 so *Becker - Riewald - Koch*, § 131 RAO Anm. 2 a (2 a); VGH Baden-Württemberg a.a.O.; *v. Wallis* bei *Hübschmann - Hepp - Spitaler*, § 131 AO, Anm. 3; FG Hamburg, EFG 1962, 218; anders *Kruse*, StuW 1962, 715 (724); zur Auslegung des § 131 RAO siehe neuerdings das eingehende Urteil des BFH BStBl. 1965 III, 206 (208) und List, StuW 1965, 617.

Streitigkeiten über die Gewährung von Billigkeitsmaßnahmen sind in den Stadtstaaten daher im Finanzrechtsweg, in allen anderen Ländern dagegen im Verwaltungsrechtsweg auszutragen.

III. Definition der Abgabenangelegenheiten

Abgabenangelegenheiten im Sinne der Finanzgerichtsordnung sind alle mit der Verwaltung der Abgaben oder sonst mit der Anwendung der abgabenrechtlichen Vorschriften durch die Finanzbehörden zusammenhängenden Angelegenheiten einschließlich der Maßnahmen der Bundesfinanzbehörden und der Finanzbehörden des Landes Berlin zur Beachtung der Verbote und Beschränkungen für den Warenverkehr über die Grenze; den Abgabenangelegenheiten stehen die Angelegenheiten der Verwaltung der Finanzmonopole gleich (§ 33 Abs. 2 Satz 1 FGO). Der Finanzrechtsweg ist nicht eröffnet für das Verwaltungssteuerstrafverfahren, und zwar auch dann nicht, wenn gegen Maßnahmen eines Steuerstrafverfahrens gerichtlicher Rechtsschutz begehrt wird. Abgabenangelegenheiten sind nicht auf Geldzahlungspflichten beschränkt. Bereits die Abgabenordnung sieht andere als Geldzahlungspflichten für den Steuerpflichtigen vor: Buchführungs-, Melde-, Hilfeleistungs-, Erklärungs-, Auskunfts-, Nachweispflichten sowie die Pflichten zur Vorlage von Urkunden oder Erstattung von Gutachten (§§ 160 bis 189 e RAO). Diese Pflichten dienen der Sicherung der Steuerzahlung; sie sind Abgabenangelegenheiten, ohne daß es einer besonderen Bestimmung bedurft hätte.

Die zur Kompetenz der Finanzgerichte gehörenden Abgabenangelegenheiten sind von sonstigen öffentlich-rechtlichen Streitigkeiten abzugrenzen, die lediglich Vorfrage für eine Abgabenangelegenheit sind. In der Regel entscheidet das für die Hauptfrage zuständige Gericht auch Vorfragen aus anderen Rechtsgebieten, von denen seine Entscheidung in der Hauptfrage abhängt. Der für Amtshaftungsansprüche kompetente Zivilrichter entscheidet zum Beispiel die öffentlich-rechtliche Vorfrage, ob der Beamte seine Amtspflicht verletzt hat und ob diese Pflicht dem Beamten gegenüber dem Kläger oblag. Hat der Kläger allerdings im vorangegangenen Anfechtungsprozeß bereits ein rechtskräftiges, obsiegendes Urteil erlangt, so steht für den Zivilrichter auf Grund der Rechtskraft dieses Urteils bereits fest, daß der Verwaltungsakt rechtswidrig war und den Kläger in seinen Rechten verletzte (§ 113 Abs. 1 Satz 1 VwGO). Hier tritt eine Bindung des Zivilrichters durch die Rechtskraft des verwaltungsgerichtlichen Urteils ein.

Von dieser auf die Beteiligten beschränkten Rechtskraft ist die weitergehende Vorfragenbindung zu unterscheiden, die als Tatbestandswirkung bezeichnet wird. Tatbestandswirkungen sind auch im Abgabenrecht bekannt.

Zur Förderung des Wohnungsbaus wurde sowohl mit direkten Zuwendungen als auch mit Abgabenvergünstigungen gearbeitet. Voraussetzung für eine Grundsteuervergünstigung ist zum Beispiel die Anerkennung neugeschaffenen Wohnraums als steuerbegünstigte Wohnung nach § 82 des II. Wohnungsbaugesetzes[1] oder die Förderung durch öffentliche Mittel nach § 92 Abs. 2 des gleichen Gesetzes. Über den Antrag auf Anerkennung einer Wohnung als steuerbegünstigt entscheidet die von der obersten Landesbehörde für das Siedlungs- und Wohnungswesen bestimmte Stelle (§ 83 Abs. 1 WoFamG). Voraussetzung der Grundsteuervergünstigung für öffentlich geförderte Wohnungen ist die Vorlage des Bescheids der Bewilligungsstelle über die Bewilligung öffentlicher Mittel, bei Wohnheimen auch eine Bescheinigung, daß das Heim nach baulicher Lage und Ausstattung für die Dauer zur Befriedigung von Wohnbedürfnissen bestimmt und geeignet ist (§ 93 Abs. 1 WoFamG). Diese Bescheide sind nach § 93 Abs. 2 WoFamG im Verfahren über die Gewährung der Grundsteuervergünstigung in tatsächlicher und rechtlicher Hinsicht verbindlich und unterliegen nicht der Nachprüfung durch die Finanzbehörden und Finanzgerichte. Für öffentlich-rechtliche Streitigkeiten, die aus dem II. Wohnungsbaugesetz entstehen, ist der Verwaltungsrechtsweg eröffnet (§ 102 Abs. 1 WoFamG). Das gleiche gilt von der Bescheinigung zum Nachweis der in § 7 c EStG bezeichneten Voraussetzungen für die Gewährung der Einkommensteuervergünstigung bei Darlehen, die zur Förderung des Wohnungsbaus gegeben wurden (§ 95 Abs. 3 WoFamG). Die Bescheinigung wird von der Wohnungsbehörde oder der von ihr bestimmten Stelle ausgestellt.

Auch auf dem Gebiet der Vertriebenenförderung arbeitet der Gesetzgeber mit Steuer- und Abgabenvergünstigungen. Nach § 37 Abs. 4 BVFG haben die zuständigen Behörden ohne weitere Nachprüfung die Vergünstigung zu gewähren, wenn die Siedlungsbehörde bescheinigt, daß die Voraussetzungen für die Gewährung der Vergünstigung vorliegen.

Die Bescheinigung ist für die Finanzbehörden bindend. Streitigkeiten über die Versagung einer begehrten Bescheinigung sind im Verwaltungsrechtsweg auszutragen, da die Siedlungsbehörde keine Finanzbehörde ist. Die Prüfung der Voraussetzungen der Steuervergünstigung wird in einem verselbständigten Verfahren vorgenommen, das nicht mehr zu den Abgabenangelegenheiten im Sinne von § 33 Abs. 2 FGO

---

[1] Wohnungsbau- und Familienheimgesetz — WoFamG — i.d.F.v. 1. 9. 1965, BGBl. I, 1617.

zu zählen ist, weil die abgabenrechtlichen Vorschriften der Förderungsgesetze nicht durch die Finanzbehörden, sondern durch die Behörden der allgemeinen Verwaltung angewendet werden.

Aus diesem Grund kann der Ansicht des Bayerischen Verwaltungsgerichtshofes[2] nicht zugestimmt werden, Streitigkeiten um eine von der Regierung[3] gegenüber dem Finanzamt auszustellende Bescheinigung über die Voraussetzungen der Grunderwerbsteuerfreiheit bei Aufstockung landwirtschaftlicher Kleinbetriebe[4] gehörten vor die Finanzgerichte. Die bayerischen Regierungen sind keine Finanzbehörden. Soweit sie abgabenrechtliche Vorschriften anwenden, liegen keine Abgabenangelegenheiten vor. Ebenso wie in den Fällen des Art. 1 Nr. 1 des erwähnten Gesetzes ist auch hier eine Verselbständigung des Verfahrens bei der Regierung über die Voraussetzungen der Steuerfreiheit geboten. Die Entscheidung der Regierung ist von der Finanzbehörde als bindend hinzunehmen; sie äußert Tatbestandswirkung für die Entscheidung des Finanzamtes in der Grunderwerbsteuersache.

1. Grenzüberschreitender Warenverkehr

Zweifel hinsichtlich der Zugehörigkeit zu den Abgabenangelegenheiten bestanden bei Verboten und Beschränkungen für den Warenverkehr über die Grenze[5], die zum Teil aus verbrauchsteuer- und monopolrechtlichen Gründen, zum Teil aber auch aus Gründen der landwirtschaftlichen Marktordnungen, der öffentlichen Sicherheit, des Schutzes der menschlichen Gesundheit, der Tier- und Pflanzenwelt, des Warenzeichenschutzes und des Schutzes von Kulturgut erlassen wurden[6]. Die Überwachung des Warenverkehrs über die Grenze ist den Zollbehörden übertragen (§§ 13 FVG; 1 ZollG). Sie soll die Erhebung der Eingangsabgaben und die Einhaltung der Verbote und Beschränkungen sichern und ist Steueraufsicht im Sinne der Reichsabgabenordnung (§ 1 Abs. 1 S. 1—3 ZollG)[7]. Steueraufsicht ist eine mit der Verwaltung der Abgaben zusammenhängende Angelegenheit. Dabei spielt es keine Rolle, ob die Verbote und Beschränkungen unmittelbar in Steuergesetzen oder in anderen Gesetzen enthalten sind.

---

[2] BayVBl. 1967, 322.

[3] Organ des Bezirks, Art. 21 bay. Bezirksordnung.

[4] Art. 1 Nr. 2 des bay. Ges. über die Grunderwerbssteuerfreiheit für die Eingliederung der Vertriebenen und Flüchtlinge in die Landwirtschaft u.f.d. Aufstockung landwirtschaftlicher Kleinbetriebe v. 10. 2. 1958, bay. GVBl. S. 22.

[5] Übersicht über die geltenden Verbote und Beschränkungen bei *Schwarz - Wockenfoth*, § 1 ZollG RdN 35—43.

[6] *Bail - Schädel - Hutter*, § 1 ZollG Anm. 5.

[7] vom 21. 6. 1961, BGBl. I, 737.

Die nationalen Marktordnungsgesetze bestimmten zum Beispiel, daß die Zollstellen die der Marktordnung unterliegenden Erzeugnisse nur abfertigen dürfen, wenn der Einführer einen Übernahmevertrag oder eine Zustimmungserklärung der Einfuhr- und Vorratsstelle vorlegt[8]. Die Zollstellen sind Bundesfinanzbehörden. Für Streitigkeiten über die Vorlagepflicht kommt der Finanzrechtsweg dann in Betracht, wenn eine Abgabenangelegenheit vorliegt, die der Gesetzgebung des Bundes unterliegt. Bis zum Inkrafttreten der Finanzgerichtsordnung war zweifelhaft, ob die Überwachung der Verbote und Beschränkungen für den Warenverkehr über die Grenze zu den Abgabenangelegenheiten zählen[9].

Die Frage scheint heute durch § 33 Abs. 2 S. 1 FGO gelöst. Nach dieser Vorschrift sind Abgabenangelegenheiten auch die Maßnahmen der Bundesfinanzbehörden und der Finanzbehörden des Landes Berlin zur Beachtung der Verbote und Beschränkungen für den Warenverkehr über die Grenze. Anlaß zu dieser Vorschrift gab folgender Fall: Einem Importeur von Cornflakes wurde die Grenzabfertigung der Ware mit der Begründung verweigert, die Ware unterliege der Anbietungspflicht; es fehle die Übernahme- oder Zustimmungserklärung der Einfuhr- und Vorratsstelle für Getreide und Futtermittel. Der Importeur erhob Anfechtungsklage, da die Ware nicht anbietungspflichtig sei.

Das Verwaltungsgericht Frankfurt[10] und der Hessische Verwaltungsgerichtshof[11] erklärten für den Rechtsstreit den Verwaltungsrechtsweg für zulässig. Der Finanzrechtsweg scheide im vorliegenden Fall aus, da keine Abgabenstreitigkeit im Sinne des damals noch geltenden § 228 Abs. 2 RAO a. F. vorliege. Abgabenangelegenheiten waren nach damaliger Vorschrift alle mit der Verwaltung der Abgaben zusammenhängenden Angelegenheiten. Abgaben im Sinne dieser Vorschrift seien zwar nicht nur Steuern, sondern auch andere Geldleistungen, die kraft öffentlicher Gewalt zur Erzielung von Einnahmen auferlegt werden. Die Aufgabe des Zollamtes, die Einhaltung der Verbote und Beschränkungen im Warengrenzverkehr zu überwachen, habe mit einer Abgabenangelegenheit nichts zu tun; sie diene der Verwirklichung der Ziele, die die jeweiligen Verbote und Beschränkungen anstreben. So sollte das Zollamt gem. § 9 Getreidegesetz und § 15 Abs. 1 Nr. 1 Zollgesetz die Erfassung der nach seiner Ansicht andienungspflichtigen Ware durch die Einfuhr- und Vorratsstelle sicherstellen. Eine Anwendung des § 228 Abs. 1 Nr. 1 und Abs. 2 RAO a. F. scheide aus, weil die

---

8 §§ 9 Getreidegesetz, 17 Milch- und Fettgesetz, 18 Vieh- und Fleischgesetz, 10 Zuckergesetz.

9 *Naumann*, DVBl. 1966, 1 (5).

10 ZfZ 1964, 50.

11 ZfZ 1964, 149.

Abschöpfungen nach dem Getreidegesetz keine Abgaben, insbesondere keine Schutzzölle seien, sondern wirtschaftslenkenden Charakter hätten[12].

Der Hessische Verwaltungsgerichtshof unterschied in zweiter Instanz genauer zwischen der hier nicht im Streit befindlichen Abgabepflicht und der Anbietungspflicht nach den Marktordnungsgesetzen[13]. Die Überwachung der Marktordnung sei weder selbst eine Abgabenangelegenheit, noch stehe sie mit einer solchen in so engem Zusammenhang, daß der Wille des Gesetzgebers erkennbar werde, eine Materie einem bestimmten Rechtsweg im ganzen zu übertragen[14]. Die Entscheidung des Zollamtes über die Abfertigung gehe der Entscheidung über die Erhebung von Abgaben zeitlich voraus und sei ohne Zusammenhang mit der Frage der Abgabenentrichtung. Beide Gerichte nahmen für den Streit die Zulässigkeit des Verwaltungsrechtsweges an.

Die beklagte Bundesrepublik hatte bereits gegen das erstinstanzliche Urteil eingewendet, die Überwachung des Warenverkehrs über die Grenze sei nach § 1 Abs. 1 Satz 3 Zollgesetz Steueraufsicht im Sinne der Reichsabgabenordnung[15]. Zu ihr gehöre auch die Entscheidung darüber, ob eine Ware der Anbietungspflicht nach dem Getreidegesetz unterliege. Die Beachtung der in § 9 Getreidegesetz den Zoll- und Grenzstellen erteilten Weisung liege daher im Rahmen der den Zollbehörden gem. § 1 Zollgesetz übertragenen und zur Steueraufsicht gehörenden Überwachungsaufgabe. Dieser Ansicht ist das Bundesverwaltungsgericht nicht gefolgt[16]. Zu den der Verwaltung der Abgabenangelegenheiten dienenden Maßnahmen gehören nach Ansicht des Gerichts auch solche, die von den Finanzbehörden im Rahmen der ihnen übertragenen Steueraufsicht getroffen werden. Diese Ansicht kann sich auf § 1 Abs. 1 Satz 2 Zollgesetz stützen. Danach hat die zollamtliche Überwachung vor allem zu sichern, daß der Zoll und die anderen Eingangsabgaben erhoben und die Verbote und Beschränkungen für den Warenverkehr über die Grenze beachtet werden. Die Zollbehörden haben jedoch nur die Einfuhrfähigkeit der Ware zu überwachen. Diese ist gegeben, wenn die Ware keinem Einfuhrverbot und keiner Beschränkung unterliegt; das ist der Fall, wenn es sich nicht um Marktordnungsware handelt oder, falls eine solche vorliegt, die Einfuhr- und Vorratsstelle die Ware übernimmt. Das Urteil des Bundesverwal-

[12] VG Frankfurt, ZfZ 1964, 50 (51).

[13] ZfZ 1964, 149 (150).

[14] Hess. VGH a.a.O. unter Berufung auf BVerwG E 15, 34 (35).

[15] wiedergegeben im Urteil des Hess. VGH, ZfZ 1964, 149.

[16] BVerwG E 21, 159 = NJW 1965, 1618 (1619 a.E.) gl. *A. Bail - Schädel - Hutter*, § 15 ZollG Anm. 1.

tungsgerichts hat dazu geführt, daß diese Rechtslage durch §§ 33 Abs. 2 Satz 1 FGO klargestellt wird[17].

Naumann kritisiert die Entscheidung des Gerichts und die darauf beruhende des Gesetzgebers[18]. Er wendet gegen die Regelung ein, die Kernfrage des Rechtsstreites, ob die Ware anbietungspflichtig sei, werde zur Vorfrage des Zollbescheides gemacht. Prozessual spiegele sich das in der Beiladung der Einfuhr- und Vorratsstelle im Prozeß gegen das Zollamt wider. Es bleibe abzuwarten, ob die gesetzliche Fiktion voll gelungen oder ob die Maßnahmen der Einfuhr- und Vorratsstelle vor den allgemeinen Verwaltungsgerichten angreifbar sind, falls der Zollbescheid vom Importeur vermieden werden kann und ein Verwaltungsakt der Einfuhr- und Vorratsstelle ergeht.

Die Kritik Naumanns ist berechtigt. Durch die gegenwärtige Regelung läßt sich eine Überschneidung beider Rechtswege nicht vermeiden. Das Zollamt entscheidet bei der Grenzabfertigung zwar nicht über die Anbietungspflicht, sondern über die Einfuhrfähigkeit der Ware[19]. Über die Anbietungspflicht ist dagegen mit der Einfuhr- und Vorratsstelle im Verwaltungsrechtsweg zu streiten. Solange die Einfuhrerlaubnis der Einfuhr- und Vorratsstelle fehlt, ist Marktordnungsware nicht einfuhrfähig. Die Frage der Einfuhrfähigkeit, und damit der Finanzrechtsweg, ist angesprochen, wenn die Zollbehörden die Abfertigung verweigern mit der Behauptung, die Ware sei nur mit Erlaubnis einfuhrfähig. Ist strittig, ob die Ware unter eine bestehende nationale Marktordnung fällt, so kann über diese Frage im Finanzrechtsweg gestritten werden, denn die Frage ist entscheidende Vorfrage dafür, ob die Ware einfuhrfähig ist, wenn eine Einfuhrerlaubnis fehlt. Über die Frage kann aber auch im Verwaltungsrechtsweg gestritten werden im Rahmen der Frage, ob die Einfuhr- und Vorratsstelle zu bescheinigen hat, daß die Ware nicht anbietungspflichtig ist, beziehungsweise ob sie die Ware übernimmt. Die Entscheidung des Verwaltungsgerichts präjudiziert in diesem Fall die des Finanzgerichts.

Keine Überschneidung beider Rechtswege ergibt sich, wenn die Einfuhrgenehmigung mit Auflagen oder Bedingungen versehen ist[20] und die Zollverwaltung die Abfertigung der Ware versagt, weil sie der Ansicht ist, die Auflagen oder Bedingungen seien nicht erfüllt. Über

---

[17] *Rümelin*, ZfZ 1965, 326 (330 N. 9).
[18] DVBl. 1966, 1 (5).
[19] BVerwG NJW 1965, 1618 (1619 a.E.).
[20] Dieser Fall wurde im Rechtsausschuß des Bundestages vom Vertreter des Innenministeriums zur Begründung der Ansicht vorgetragen, durch die Rechtswegregelung ergebe sich eine Verschiebung der Rechtsprechung von den Verwaltungsgerichten zu den Finanzgerichten: *Baumann*, BMI, Deutscher Bundestag, 4. Wahlperiode, 12. Ausschuß, Protokoll Nr. 132 vom 12. 5. 1965, S. 46.

die Erfüllung der Auflagen ist im Finanzrechtsweg zu streiten, über ihre Rechtmäßigkeit im Verwaltungsrechtsweg.

Eine klare Abgrenzung der Rechtswege voneinander ließe sich erreichen, wenn § 1 Abs. 1 Satz 3 ZollG geändert würde, der die Überwachung der Verbote und Beschränkungen des Warenverkehrs über die Grenze zur Steueraufsicht erklärt. Diese Vorschrift, und nicht erst § 33 Abs. 2 FGO hat die Abgrenzungsschwierigkeiten in das Verhältnis beider Rechtswege zueinander gebracht. § 33 Abs. 2 FGO zieht mit dem weiten Abgabenbegriff nur die Konsequenz aus § 1 Abs. 1 Satz 3 ZollG[21].

Eine andere Frage in diesem Zusammenhang ist die, ob ein Prozeß im Verwaltungsrechtsweg noch zulässig ist, wenn der Zollbescheid angefochten und die Einfuhr- und Vorratsstelle diesem Verfahren beigeladen wurde. Durch die Erhebung der Klage wird die Streitsache rechtshängig (§ 66 Abs. 1 FGO). Die Rechtshängigkeit verbietet die Erhebung einer neuen Klage über denselben Streitgegenstand. Dabei soll hier nicht auf den umstrittenen Begriff des Streitgegenstandes eingegangen werden[22], da allgemein anerkannt ist, daß die Entscheidung über Vorfragen nicht zum Streitgegenstand gehört und deshalb auch nicht der Rechtskraft unterliegt[23]. Die Frage, ob eine Ware der Anbietungspflicht unterliegt, ist im Prozeß um die Rechtmäßigkeit des Zollbescheides Vorfrage[24]. Die Beiladung der Einfuhr- und Vorratsstelle im finanzgerichtlichen Verfahren verhindert daher nicht einen weiteren Prozeß im Verwaltungsrechtsweg gegen die Beigeladene über die Frage, ob die Ware der Anbietungspflicht unterliegt. In der Praxis dürfte die Frage einen großen Teil ihrer Bedeutung verloren haben, da durch die Entwicklung des EWG-Landwirtschaftsrechts die Anbietungspflicht weitgehend weggefallen ist.

Keine Abgabenangelegenheiten und daher nicht im Finanzrechtsweg überprüfbar sind die Maßnahmen, die die Finanzbehörden im Wege der Amtshilfe treffen. Der Hessische Verwaltungsgerichtshof[25] hatte die Einfuhrüberwachung der Zollbehörde zu den Amtshilfemaßnahmen gerechnet, da die Überwachung miterledigt werde, wenn die Zollbehörden im Rahmen der Zollabfertigung bei der Wareneinfuhr aus dem Ausland tätig werden müssen. Das Bundesverwaltungsgericht hatte diese Ansicht insoweit abgelehnt, als die Überwachung der Ver-

---

21 Bericht des Rechtsausschusses zum Entwurf der Finanzgerichtsordnung *zu* BTDrS IV/3523, S. 5, zu § 31 FGO Entwurf.

22 Übersicht über die verschiedenen Ansichten bei *Ule*, Verwaltungsgerichtsbarkeit § 121 VwGO Anm. II 2 a; *Ziemer - Birkholz*, § 66 FGO Anm. 19.

23 *Ule*, § 121 VwGO Anm. II 2 a, S. 333.

24 *Naumann*, DVBl. 1966, 1 (5).

25 ZfZ 1964, 149 (151).

bote und Beschränkungen für den Warenverkehr über die Grenze Steueraufsicht ist[26].

Keine Steueraufsicht, sondern Amtshilfe ist die Tätigkeit der Zollbehörden bei der Einfuhr von Wein. § 182 FGO stellt dazu klar, daß in öffentlich-rechtlichen Streitigkeiten über die Zurückweisung von Wein von der Einfuhr der Verwaltungsrechtsweg gegeben ist. Zu derartigen Streitigkeiten kann es folgendermaßen kommen:

Nach Art. 10 Abs. 1 der Verordnung zur Ausführung des Weingesetzes vom 16. Juli 1932 — AVO —[27] dürfen Wein und einige ähnliche Erzeugnisse nur über bestimmte Zollstellen eingeführt werden. Die aus dem Ausland eingehenden Sendungen unterliegen bei der Einfuhr einer durch die Zollstelle zu veranlassenden amtlichen Untersuchung durch eine öffentliche Fachanstalt, die hierzu bestellt ist (Art. 10 Abs. 2 S. 1 AVO). Bei Beanstandungen ist der Wein von der Einfuhr zurückzuweisen (Art. 10 Abs. 3 S. 3 AVO). Gegen die Zurückweisung kann die Entscheidung des Landesfinanzamtes[28] beantragt werden (Art. 10 Abs. 3 S. 4 AVO). Die Amtshilfetätigkeit der Bundesfinanzbehörden wird in diesem Fall damit begründet, daß die sachlich maßgebliche Entscheidung über die Zulässigkeit der Einfuhr von der für die Untersuchung zuständigen Fachanstalt getroffen werde[29]. Die Zollbehörde ist bei ihrer Entscheidung an die Beurteilung der Fachanstalt gebunden. Ihre Amtshilfetätigkeit beschränkt sich auf die Entnahme einer Untersuchungsprobe bei Ankunft des Weines an der Grenze und auf die Bekanntgabe der Entscheidung der Fachanstalt[30].

Ergebnis:

In öffentlich-rechtlichen Streitigkeiten über die Zurückweisung von Wein von der Einfuhr ist der Verwaltungsrechtsweg gegeben.

2. Parteistreitigkeiten

Zweifelhaft ist, ob der Finanzrechtsweg nur für Streitigkeiten im Subordinationsverhältnis oder auch für Streitigkeiten unter gleichgeordneten Rechtsträgern zulässig ist. Der Bundesfinanzhof hat den Finanzrechtsweg für Parteistreitigkeiten ausdrücklich nicht für zulässig gehalten[31]. Bis zum Inkrafttreten des Grundgesetzes war der Rechts-

---

[26] BVerwG NJW 1965, 1618.

[27] RGBl. 1932, I, 358.

[28] jetzt Oberfinanzdirektion.

[29] § 10 Abs. 1 Weinzollordnung; BVerwG NJW 1965, 1618 (1619).

[30] BFH BStBl. 1958 III, 8; BVerwG NJW 1958, 1599 (1600); OVG Münster, MDR 1957, 189; *Ule*, § 40 VwGO Anm. IV 2 b, (S. 99 a.E.).

[31] BFH BStBl. 1966 III, 21 (22, r. Sp. sub. 3); dazu Anmerkung ohne eigene Stellungnahme von *Barske*, KStZ 1966, 56.

weg zu den Finanzgerichten auf enumerativ geregelte Fälle beschränkt. Seit dem Gutachten des Bundesfinanzhofes vom 17. April 1951[32] setzte sich allgemein die Ansicht durch, daß die enumerative Eröffnung des Finanzrechtsweges mit Art. 19 Abs. 4 GG nicht vereinbar ist. Auf Grund von Art. 19 Abs. 4 GG wurde der Finanzrechtsweg deshalb seither als durch eine Generalklausel eröffnet angesehen[33]. Art. 19 Abs. 4 GG will dem Bürger Rechtsschutz gegen hoheitliche Eingriffe gewähren. Auf Art. 19 Abs. 4 GG können sich daher nach überwiegender Ansicht Träger öffentlicher Gewalt in Parteistreitigkeiten nicht berufen[34].

Parteistreitigkeiten sind Streitigkeiten des öffentlichen Rechts unter gleichgeordneten Rechtsträgern[35]. Gleichordnung besteht, wenn weder die Geltendmachung noch die Ablehnung des Anspruches durch einen der beiden Rechtsträger eine verbindliche Entscheidung über den Anspruch enthält (§ 85 Süddeutsches Verwaltungsgerichtsgesetz). Parteistreitigkeiten sind also dadurch gekennzeichnet, daß keine Partei Zwangsgewalt über die andere hat[36].

Der Begriff der Parteistreitigkeit wird in der Lehre beschrieben als ursprüngliche, der Begriff der Anfechtungssache als nachträgliche Verwaltungsstreitigkeit[37]. Die Abgrenzung wird danach getroffen, ob in der Sache bereits eine potentiell verbindliche Entscheidung einer Behörde oder eines sonstigen Verwaltungsträgers vorliegt oder ob der Richter die Sache zum erstenmal verbindlich entscheidet[38]. Eine verbindliche Entscheidung eines Rechtsträgers gegenüber einem gleichgeordneten Rechtsträger ist nach § 85 VGG nicht möglich. Die Frage, ob zwischen den Beteiligten Gleichordnung oder Unterordnung besteht, stellt sich einmal im organisationsrechtlichen Verhältnis der verschiedenen Verwaltungsträger zueinander, zum anderen aber auch im Rahmen des Art. 19 Abs. 4 GG bei der Beurteilung der konkreten Gewalt-

[32] BStBl. 1951 III, 107.

[33] *Tipke - Kruse* § 228 RAO a.F. Anm. 1 (Lieferung April 1965); *Maunz - Dürig*, Art. 19 Abs. 4 RdN 60; *Bachof*, JZ 1951, 737 (739); OVG Lüneburg KStZ 1966, 96; ablehnend aber: *Bettermann*, JZ 1960, 335 (341) und Die Grundrechte, Band III, 2, S. 816.

[34] Friedrich *Klein*, VVDStRL 8, 67 (116); *v. Mangoldt - Klein*, S. 573; *Maunz - Dürig*, Art. 19 Abs. 4 Anm. 22; *Maunz*, Staatsrecht, § 16, III, S. 125 in der 15. Aufl.; *Wernicke* im Bonner Kommentar, Art. 19 Anm. 4 d S. 13, jeweils mit weiteren Nachweisen; BFH BStBl. 1962 III, 145 (147, II); *Mattern - Messmer*, RdN 1805; *Spitaler* in *Hübschmann - Hepp - Spitaler*, § 212 a AO Anm. 10; *Müller - Uri*, Diss. S. 33.

[35] *Maunz - Dürig* a.a.O.; *Klein*, KStZ 1959, 181; *Moezer*, KStZ 1965, 251; *Eyermann - Fröhler*, § 40 VwGO Anm. 7 und Hans J. *Wolff*, Verwaltungsrecht III, § 171 I a, rechnen die Streitigkeiten zu den Parteistreitigkeiten, die zwischen Rechtssubjekten des öffentlichen Rechts bestehen und nicht zu den Anfechtungssachen gehören.

[36] *Menger*, Die Grundrechte, Bd. III, 2, S. 766 ff. (767).

[37] *Menger* a.a.O.

[38] dazu siehe *Müller - Uri*, Dissertation S. 23 ff.

unterworfenheit des in seinen Rechten Verletzten[39]. Für die Beurteilung der prozessualen Frage, ob eine Streitigkeit Anfechtungssache oder Parteistreitigkeit ist, muß allein auf die konkrete Situation im Prozeß abgestellt werden. Das organisationsrechtliche Verhältnis der Beteiligten zueinander hat dabei unberücksichtigt zu bleiben.

Solange die Zulässigkeit des Finanzrechtsweges enumerativ geregelt und nur aus Art. 19 Abs. 4 GG eine Erweiterung hergeleitet wurde, konnte die Erweiterung nur denjenigen Rechtsträgern zugute kommen, die sich auf Art. 19 Abs. 4 GG berufen konnten. Eine Rechtswegeröffnung für Träger öffentlicher Gewalt ergibt sich nicht aus Art. 19 Abs. 4 GG, wenn sie als solche auftreten, da diese Vorschrift dem Bürger Rechtsschutz gewähren will. Neue Rechtswege für Streitigkeiten innerhalb der öffentlichen Gewalt sollen durch diese Vorschrift nicht eröffnet werden. Für Parteistreitigkeiten läßt sich mit Art. 19 Abs. 4 GG kein Rechtsweg eröffnen.

Die Rechtslage änderte sich jedoch durch das Steueränderungsgesetz 1961, welches die Rechtswegbestimmung in § 228 RAO neu formulierte. Danach sollten die Rechtsmittel dieses Abschnitts (d. h. des Dritten Abschnitts der Reichsabgabenordnung) gegeben sein in allen öffentlichrechtlichen Rechtsstreitigkeiten über Abgabenangelegenheiten (§ 228 Abs. 1 Nr. 1 RAO a. F.), soweit die Abgabenordnung Anwendung fand (§ 3 Abs. 1 RAO). Zwar wurde die Zulässigkeit des Finanzrechtsweges für Parteistreitigkeiten auch jetzt noch verneint; der Rechtsweg sei durch die „Rechtsmittel dieses Abschnitts" eröffnet; diese würden nur Subjektionsverhältnisse erfassen. Da für Streitigkeiten zwischen gleichgeordneten Rechtsträgern die Abgabenordnung keine Rechtsmittel vorsehe, sollte der Finanzrechtsweg verschlossen sein[40].

Diese Ansicht ist jedoch nicht zwingend. § 228 RAO in der Fassung des Steueränderungsgesetzes von 1961 brachte dem Finanzrechtsweg bereits die Generalklausel für die Frage der Zulässigkeit. Der Finanzrechtsweg sollte für *alle* Abgabenstreitigkeiten eröffnet sein. Abgabenangelegenheiten sollten wiederum *alle* mit der Verwaltung der Abgaben zusammenhängenden Angelegenheiten sein. Wäre der Finanzrechtsweg für Parteistreitigkeiten verschlossen, so würde der Verwaltungsrechtsweg zulässig sein, da dieser für alle öffentlichrechtlichen Streitigkeiten nichtverfassungsrechtlicher Art gegeben ist, soweit nicht eine ausdrückliche gesetzliche Zuweisung auf einen anderen Rechtsweg besteht[41]. Der grundsätzlichen Gleichwertigkeit aller

---

39 *Müller - Uri*, Diss. S. 34 mit weiteren Nachweisen.

40 *Mattern - Messmer*, RdN 1510; BFH BStBl. 1966 III, 21 (22).

41 BFH a.a.O. S. 21; gegen die Zulässigkeit des Verwaltungsrechtsweges für die Klage der Gemeinde gegen den Realsteuermeßbescheid jedoch OVG Lüneburg, KStZ 1966, 96.

Gerichtsbarkeiten würde es widersprechen, den Finanzgerichten die Kompetenz für die Entscheidung von Parteistreitigkeiten abzusprechen.

Weitgehend ungeklärt ist, ob die Fälle, in denen die Gemeinden Rechtsbehelfe gegen Einheitswert- und Realsteuermeßbescheide der Finanzämter einlegen möchten, Parteistreitigkeiten oder Anfechtungssachen sind. Da die Abgabenordnung bis zum Inkrafttreten der Finanzgerichtsordnung den Gemeinden im gerichtlichen Verfahren keinen Rechtsbehelf zur Verfügung stellte und die Finanzgerichtsordnung in § 40 Abs. 3 die Gemeinden nur in den seltenen Fällen einer Interessenkollision zur Klage befugt, entscheidet für die Mehrzahl aller Fälle die Tatsache, ob diese Streitigkeiten zwischen Gemeinde und Finanzamt Anfechtungs- oder Parteistreitigkeiten sind, über die Anwendung von Art. 19 Abs. 4 GG. Wären diese Streitigkeiten ursprüngliche Verwaltungsstreitsachen, so wäre damit zugleich bewiesen, daß der Finanzrechtsweg auch für sie zulässig ist.

Der Bundesfinanzhof hat sich zur Begründung seiner Ansicht, die Gemeinde könne sich in der Regel nicht auf Art. 19 Abs. 4 GG berufen in diesen Fällen, die zuerst von Franz Klein[42] vertretene These zu eigen gemacht, es handle sich um Parteistreitigkeiten[43]. Diese Ansicht steht einmal im Widerspruch zu seiner Meinung, für Parteistreitigkeiten sei der Finanzrechtsweg nicht eröffnet[44]. Der Bundesfinanzhof hat bereits Sachurteile gefällt, die den Gesetzgeber dazu veranlaßten, die Bestimmung des § 40 Abs. 3 in die Finanzgerichtsordnung aufzunehmen[45]. Sind diese Streitigkeiten Parteistreitigkeiten, so steht damit allerdings auch fest, daß die Gemeinden sich nicht auf Art. 19 Abs. 4 GG berufen können, den der Bundesfinanzhof ungeachtet seiner Ansicht über die Rechtsnatur dieser Streitigkeiten dann heranzieht, wenn er der Gemeinde aus dem Gesichtspunkt der Interessenkollision den Rechtsweg eröffnet.

Müller-Uri hat in seiner Dissertation aus dem Jahre 1964 in überzeugender Weise dargelegt, daß die Gemeinden sich auf Art. 19 Abs. 4 GG berufen können bei der Anfechtung von Einheitswert- und Steuermeßbescheiden[46]. Er hat bewiesen, daß der Annahme der Gleich-

[42] KStZ 1959, 181 (182).

[43] BFH BStBl. 1962 III, 145 (147); ebenso *Naumann*, BB 1962, 1339 (1342); *Messmer*, BB 1962, 145 (148); *Müthling*, § 14 GewStG Anm. 3 (S. 6); *Bettermann*, Die Grundrechte, Bd. III, 2, S. 786 (Note 26) und JZ 1960, 335 (341).

[44] BFH BStBl. 1966 III, 21 (22).

[45] BFH BStBl. 1957 III, 276; 1962 III, 145; 1963 III, 48.

[46] Diss. S. 116; ebenso schon vor ihm: FG Rheinland-Pfalz, EFG 1958, 239; Franz *Klein*, KStZ 1959, 181; *Siber*, KStZ 1955, 273 und 1956, 100; sehr ausführlich auch *Spitaler* in *Hübschmann - Hepp - Spitaler*, § 212 a AO Anm. 4 ff;.

ordnung zwischen Gemeinde und Finanzamt, die der Bundesfinanzhof in Übereinstimmung mit der herrschenden Meinung vertritt[47], eine Verwechslung des generell bestehenden Gleichordnungsverhältnisses mit dem im konkreten Sachverhalt bestehenden Unterordnungsverhältnis zugrunde liegt. Die allein für Art. 19 Abs. 4 GG maßgebliche Unterordnung im einzelnen Fall folgert er zu Recht aus der Bindung der Gemeinde als Steuergläubigerin an den Realsteuermeßbescheid. Sie darf mit der in § 212b Abs. 2 ROA geregelten verfahrensmäßigen Bindung der Gemeinde als Veranlagungsbehörde nicht verwechselt werden[48]. Die Bindung der Gemeinde als Steuergläubigerin ergibt sich aus einem ungeschriebenen allgemeinen Grundsatz des Steuerrechts, demzufolge bei einem Auseinanderfallen von Verwaltung- und Ertragshoheit die Maßnahmen der steuerverwaltenden Körperschaft für den Steuergläubiger verbindlich sind. Als Trägerin der Verwaltungshoheit ist die Gemeinde, jedenfalls soweit diese Hoheit reicht, dem Steuerpflichtigen übergeordnet.

Die Rechtsprechung des Bundesfinanzhofes, die den Meßbescheid zwar als für die Gemeinde verbindlich betrachtete, gleichwohl aber eine Parteistreitigkeit annahm, mußte schon aus diesem Grund Widerspruch herausfordern. Zwar suchte der Bundesfinanzhof die Bindungswirkung als Folge einer Tatbestandswirkung des Meßbescheides hinzustellen[49]. Müller-Uri hat jedoch auf die Unterschiede zu echten Tatbestandswirkungen hingewiesen[50]: Der in der zivilprozessualen Theorie entwickelte Begriff der Tatbestandswirkung besagt, daß Gerichtsurteile ohne Nachprüfung ihrer sachlichen Richtigkeit von der Verwaltung beim Erlaß eines Verwaltungsaktes hingenommen werden müssen[51]. Eine derartige Bindung von Verwaltungsbehörden an eine mit Tatbestandswirkung ausgestattete Vorentscheidung ist nicht nur zwischen Gerichten und Verwaltungsbehörden, sondern auf Grund gesetzlicher Vorschriften auch im Verhältnis der Behörden untereinander möglich[52]. Gesetzliche Beispiele für eine Bindung der Finanzverwaltungsbehörden sind die Bescheinigung der Wohnungsbaubehörden gemäß §§ 93, 95 des Zweiten Wohnungsbaugesetzes —

anderer Ansicht: BFH BStBl. 1956 III, 44 (45); 1957 III, 276 (277); 1962 III, 145 (147) und 497 (498); FG Hannover, EFG 1954, 234; *v. Wallis*, FR 1962, 166 (167); *Mattern - Messmer*, RdN 1510; *Bettermann*, Die Grundrechte, Bd. III, 2, S. 779 (786 Note 26).

47 Nachweise dazu bringt er in der Dissertation S. 5, Note 17.

48 *Müller - Uri*, Diss. S. 61 f.

49 BFH BStBl. 1962 III, 145 (148 l. Sp.); ihm folgend: *Felix*, Spitaler-Festschrift (1958), S. 144; *Gast*, StuW 1967, Sp. 41 (47).

50 Diss. S. 85.

51 *Peters*, Lehrbuch der Verwaltung, S. 165.

52 *Forsthoff*, Lehrbuch, 8. Aufl. S. 92 f.; *Müller - Uri*, Diss. S. 86.

WoFamG — für die Gewährung von Grund- und Einkommensteuervergünstigungen oder die Bescheinigung des Katasteramtes über die Zweckdienlichkeit eines Grundstückstausches, die zur Grunderwerbsteuerfreiheit führt nach § 4 Abs. 1 Nr. 3 b GrErwStG. Diese Bescheinigungen sind Tatbestandsmerkmale einer Steuervergünstigungsnorm, deren Vorliegen mit bindender Wirkung von anderen Behörden festgestellt wird.

Die Festsetzung der Bemessungsgrundlage hat dagegen keine Tatbestandwirkung in diesem Sinn, sondern ist selbst ein Teil des einheitlichen Steuerermittlungs- und Festsetzungsverfahrens, das nur ausnahmsweise bei den Realsteuern aufgespalten ist. Die Steuerschuld ist bereits durch die Verwirklichung des gesetzlichen Steuertatbestandes entstanden (§ 3 StAnpG), zu dem der Meßbescheid nicht gehört.

Ist die Gemeinde dem Finanzamt gegenüber beim Erlaß der Einheitswert- und Steuermeßbescheide in ihrer Eigenschaft als Steuergläubigerin gewaltunterworfen, weil sie in Bezug auf den Steueranspruch an diese Bescheide gebunden ist[53], so kann sie sich in jedem Fall auf Art. 19 Abs. 4 GG berufen. Die in § 40 Abs. 3 FGO enthaltene Beschränkung der Klagebefugnis auf die Fälle, in denen das Finanzamt den Steuermeßbetrag „in eigener Sache" festsetzt, wäre dann unwirksam. Dieser Frage ist hier aber nicht weiter nachzugehen. Entscheidend ist vielmehr, daß diese Fälle nicht mehr als Parteistreitigkeit angesehen werden können, wenn man der Gemeinde gestattet, sich auf Art. 19 Abs. 4 GG zu berufen[54]. Zulässig ist für derartige Streitigkeiten allein der Finanzrechtsweg[55]. Die Kompetenz der Finanzgerichte läßt sich auch hier wieder mit der Anwendung der Abgabenordnung durch die Finanzbehörden beim Erlaß des anzufechtenden Verwaltungsaktes begründen[56]. Die Fälle, in denen Gemeinden Klage gegen Einheitswert- und Steuermeßbescheide erheben, können jedenfalls nicht mehr als Beweis dafür gelten, daß Parteistreitigkeiten auch im Finanzrechtsweg zulässig sind.

Zweifelhaft ist die Kompetenz der Finanzgerichte, wenn das Finanzamt als Vertreter des Bundesministers der Finanzen von der Ge-

---

[53] *Müller - Uri*, Diss. S. 66.

[54] Dies tat der Bundesfinanzhof auch schon in den Fällen der Interessenkollision, obwohl er generell keine Gewaltunterworfenheit der Gemeinde annahm: BStBl. 1957 III, 276 (278); 1962, III, 145 (148).

[55] *Müller - Uri*, Diss. S. 116 f.; OVG Lüneburg, KStZ 1966, 96.

[56] Zwar wird auch die Ansicht vertreten, der Meßbescheid sei gegenüber der Gemeinde kein Verwaltungsakt (*Mattern - Messmer*, RdN 1509 f.). Dieser Ansicht wird jedoch nicht zugestimmt, da der Meßbescheid alle Merkmale eines Verwaltungsaktes trägt. Eine gesetzliche Definition findet sich in § 4 Berl.Verw.Verf.Ges. v. 2. 10. 1958, GVBl. S. 951.

meinde zu Unrecht gezahlte Grundsteuerbeihilfen zurückfordert. Dazu kann es folgendermaßen kommen:

Nach § 29 Abs. 1 GrStG gewährt der Bund für Arbeiterwohnstätten, die in der Zeit vom 1. 4. 1937 bis zum 31. 3. 1945 bezugsfertig geworden sind, eine Beihilfe zur Grundsteuer. Die Beihilfe dient der Verbilligung der Mieten durch Verminderung der auf dem Grundstück ruhenden Lasten. Der Beihilfeanspruch steht dem Grundsteuerpflichtigen zu. Ihm gegenüber entscheidet das Finanzamt über Gewährung oder Ablehnung der Beihilfe[57]. Der Beihilfeanspruch ist ein Vergütungsanspruch im Sinne des § 158 Abs. 1 RAO[58]. Besteht Streit über den Beihilfeanspruch, so steht dem Betroffenen der Finanzrechtsweg offen, da es sich um eine Abgabenangelegenheit handelt.

Aus Vereinfachungsgründen zahlt der Bund die Beihilfe unmittelbar an die Gemeinde und befreit dadurch den Steuerschuldner von seiner Steuerzahlungspflicht[59]. Fallen die Voraussetzungen für die Gewährung der Grundsteuerbeihilfe weg, so ist dem Steuerschuldner über den Wegfall der Beihilfe ein schriftlicher Bescheid durch das Finanzamt zu erteilen[60], gegen den der Steuerschuldner Klage vor den Finanzgerichten erheben kann[61]. Wird der Wegfall der Beihilfe ausgesprochen und hat das Finanzamt den Beihilfebetrag für einen Zeitraum gezahlt, der nach dem Wegfall der Beihilfe liegt, so wird der Steuerschuldner insoweit nicht von seiner Zahlungspflicht befreit[62].

Wird festgestellt, daß die Voraussetzungen für die Gewährung der Beihilfe nicht vorgelegen haben oder nachträglich weggefallen sind, so hat das Finanzamt die Rückzahlung der Beihilfe zu fordern[63]. Für Streitigkeiten über diese Forderung soll der Verwaltungsrechtsweg zulässig sein, da der vom Finanzamt geltend gemachte Anspruch nicht in der Abgabenordnung geregelt sei[64]. Der Anspruch sei kein Erstattungsanspruch im Sinne der §§ 150 ff. RAO, da dieser nur dem Steuerschuldner zustehen könne, nicht aber demjenigen, der für den Steuer-

---

[57] §§ 9 Abs. 1 und 10 Abs. 2 Verordnung über die Förderung von Arbeiterwohnstätten v. 1. 4. 1937, RGBl. I, 437.

[58] BVerfG E 10, 372 (379); BFH BStBl. 1959 III, 471 (472).

[59] § 11 Abs. 2 Verordnung vom 1. 4. 1937; BVerfG a.a.O. S. 379; BFH BStBl. 1959 III, 471; 1966 III, 21 (22).

[60] § 10 Abs. 4 der Verordnung vom 1. 4. 1937.

[61] BFH BStBl. 1956 III, 236; 1966 III, 21 (22); *Gürsching - Stenger,* § 29 GrStG Anm. 74.

[62] § 11 Abs. 3 Verordnung vom 1. 4. 1937.

[63] Abschnitt X Ziff. 2 Rundschreiben des BMin f. Wohnungsbau und des BdFin v. 31. 1. 1952, BStBl. 1954 I, 46: Nicht bestimmungsgemäß dem Bund zur Last gestellte Beträge müssen zurückgefordert werden.

[64] BFH BStBl. 1966 III, 21; VG Würzburg, DGStZ 1962, 76; *Eyermann - Fröhler,* § 40 VwGO RdN 18.

schuldner gezahlt habe[65]. § 235 Nr. 5 zweiter Halbsatz RAO a.F. könne auf den Fall nicht angewendet werden[66], da die Beihilfe nur für den Steuerschuldner eine Vergütung sei. Deshalb sei ein Rückforderungsanspruch im Sinne von § 235 RAO a.F. auch nur ihm gegenüber geltend zu machen, denn der Rückforderungsanspruch knüpfe an die erhaltene Steuervergütung an[67]. Der Rückforderungsanspruch unterliege somit nicht der Abgabenordnung, da sich eine Anspruchsgrundlage für ihn in der Abgabenordnung nicht finden lasse[68]. Da es sich bei dem Anspruch des Finanzamtes nicht um einen abgaberechtlichen Anspruch handele, sei nicht der Finanzrechtsweg, sondern der Verwaltungsrechtsweg für Streitigkeiten über den Anspruch zulässig. Die Kompetenz der allgemeinen Verwaltungsgerichte sei aber auch dann gegeben, wenn man in dem Streit zwischen Gemeinde und Finanzamt eine Parteistreitigkeit sehen würde[69].

Diese Begründung erscheint in mehrfacher Hinsicht bedenklich. Der Begriff „Angelegenheit" wird nicht nur zur Abgrenzung des Finanzrechtsweges in Verbindung mit dem Begriff „Abgaben" als Tatbestandsmerkmal verwendet. Auch in der Bestimmung über die Zulässigkeit des Sozialrechtsweges findet der Begriff der „Angelegenheit" Verwendung. Dort soll er klarstellen, daß eine denkbare Subsidiarität des Verwaltungsrechtsweges ausgeschlossen ist[70]. Da für die Sozialgerichtsbarkeit zur Abgrenzung des Rechtsweges nur auf bestimmte Rechtsgebiete abgestellt wird, ist der Sozialrechtsweg nicht nur für die öffentlich-rechtlichen Maßnahmen der Verwaltungsträger der einzelnen Rechtsgebiete, sondern für die öffentlich-rechtlichen Maßnahmen aller Behörden, Körperschaften und Anstalten des öffentlichen Rechts gegeben, sofern sie auf den in § 51 SGG erwähnten Gebieten tätig werden[71]. Desgleichen soll § 33 FGO für Abgabenangelegenheiten einen lückenlosen Rechtsschutz im Finanzrechtsweg gewähren[72]. Zwar ist der Finanzrechtsweg nicht nach Rechtsgebieten abgegrenzt, sondern nach der Person eines Beteiligten. Diese Abgrenzung erklärt sich historisch. Trotz Kritik[73] hat sie der Gesetz-

---

[65] BGH BStBl. 1960 III, 180 mit weiteren Nachweisen.

[66] § 235 Nr. 5 RAO a.F. eröffnete das Berufungsverfahren im Finanzrechtsweg unter anderem gegen Bescheide, durch die erstattete oder vergütete Beträge zurückgefordert werden.

[67] *Tipke - Kruse,* Vorbem. zu §§ 150—159 AO, RdN 15, letzter Absatz.

[68] BFH BStBl. 1966 III, 21 (22); *Troll,* Grundsteuer, § 29 Anm. 7.

[69] BFH BStBl. 1966 III, 21 (22 r. Sp. Nr. 3).

[70] *Peters - Sautter - Wolff,* § 51 SGG Anm. 10 b (S. 123/2).

[71] *Peters - Sautter - Wolff* a.a.O.; Bay LSG, Soz.rechtl.Entscheidungssammlung I/4 § 51 SGG Nr. 31.

[72] Bundestagsdrucksache IV/1446, S. 43; *v. Wallis - List* in *Hübschmann - Hepp - Spitaler,* § 33 FGO Anm. 2.

[73] *Quidde,* DVBl. 1963, 234.

geber der Finanzgerichtsordnung übernommen. Die Rechtsprechung ist an diese Kompetenzregelung gebunden. Dabei sollte der Finanzrechtsweg unabhängig davon zulässig sein, ob sich eine Streitigkeit als ursprüngliche oder nachträgliche Verwaltungsstreitsache darstellt. Die Frage, wie ein Anspruch von dem Berechtigten geltend zu machen ist, berührt nicht die Kompetenz der Gerichte, sondern spielt allenfalls bei der vom Kläger zu wählenden Klageart eine Rolle. Ob der öffentlich-rechtliche Erstattungsanspruch gegenüber einer Zivilperson durch Verwaltungsakt, gegenüber einem Verwaltungsträger durch rechtsgeschäftliche Willenserklärung geltend zu machen ist[74] oder ob alle Erstattungsansprüche Anfechtungssachen sind[75], kann deshalb in diesem Zusammenhang dahinstehen.

Der Begriff der Abgabenangelegenheit hatte einen Vorgänger in der „Steuerangelegenheit" des § 242 RAO a.F. Beide Begriffe sind zwar nicht identisch. Trotzdem können sie verglichen werden, da auch der Begriff der Steuerangelegenheit der Rechtswegabgrenzung diente: In Steuersachen war der Rechtsweg vor den ordentlichen Gerichten ausgeschlossen. Dies galt auch für die Rückforderung bezahlter Steuern und anderer Leistungen (§ 242 RAO a.F.). Die Vorschrift war ein Anwendungsfall der allgemeinen Kompetenzregel, derzufolge die ordentlichen Gerichte über bürgerliche Rechtsstreitigkeiten und Strafsachen, über öffentlich-rechtliche Streitigkeiten aber die allgemeinen und die besonderen Verwaltungsgerichte und die Verfassungsgerichte entscheiden[76]. Eine Steuersache sollte immer dann vorliegen, wenn es um die Rechtsbeziehungen zwischen der Steuerbehörde als Trägerin der Steuerhoheit und dem dieser Gewalt Unterworfenen geht, sowie um die Rechtsbeziehungen zwischen mehreren solchen Gewaltträgern[77].

Ist der den Beihilfeanspruch regelnde § 29 GrStG ein Steuergesetz[78], so sind Steuersachen, und damit Abgabeangelegenheiten, alle Rechtsbeziehungen über die Beihilfe, die zwischen den Steuerbehörden und dem Grundsteuerpflichtigen oder zwischen mehreren an dem Beihilfeanspruch beteiligten Hoheitsträgern bestehen. Eine Beschränkung des Begriffs der Abgabenangelegenheit auf die Rechtsbeziehungen des Steuerpflichtigen zum Träger der Steuerverwaltungshoheit erscheint

---

[74] Hans J. *Wolff*, Verwaltungsrecht Bd. I, § 44 Ic2 (S. 252).

[75] *Haueisen*, NJW 1955, 212 (213 r. Sp.).

[76] *Hübschmann - v. Wallis* in *Hübschmann - Hepp - Spitaler*, § 242 Anm. 1; *Bettermann*, JZ 1960, 335 (341).

[77] *Bettermann* a.a.O.; dagegen beschränkt *Siber* die Steuersachen auf die Rechtsverhältnisse zwischen Steuerbehörde und Steuerpflichtigem: KStZ 1955, 273 (274).

[78] so BVerfG E 10, 372 (380).

angesichts des umfassenden Wortlautes von § 33 Abs. 2 FGO nicht gerechtfertigt. Da Abgabenangelegenheiten alle mit der Verwaltung der Abgaben oder mit der Anwendung der abgabenrechtlichen Vorschriften zusammenhängenden Angelegenheiten sind, müßte die Rückforderung der Grundsteuerbeihilfe unter diese Vorschrift fallen, wenn § 29 GrStG und die Vorschriften über die Rückforderung abgabenrechtliche Vorschriften sind.

Steuergesetze sind die Gesetze, die die einzelnen Steuern regeln oder sichern und für deren Verwaltung die Abgabenordnung gilt (§ 2 Abs. 2 Nr. 8 RAO). Die Grundsteuer unterliegt als Realsteuer[79] nach Art. 105 Abs. 2 Nr. 3 GG der konkurrierenden Gesetzgebung des Bundes mit Ausnahme der Festsetzung der Hebesätze. Zur Verwaltung der Grundsteuer sind Landesfinanzbehörden teilweise zuständig, da sie die Feststellung des Einheitswertes für den Steuergegenstand treffen und die Steuermeßbeträge feststellen (§ 212 a Abs. 1 RAO) und zerlegen (§ 386 Abs. 1 RAO).

Die Abgabenordnung gilt für alle öffentlich-rechtlichen Abgaben, die der Gesetzgebung des Bundes nach Art. 105 Abs. 1 und 2 GG unterliegen und durch Bundesfinanzbehörden oder Landesfinanzbehörden verwaltet werden. Werden solche Abgaben nur teilweise von Finanzbehörden verwaltet, so gilt die Abgabenordnung insoweit (§ 3 Abs. 2 RAO). Die Finanzämter haben den Bescheid über die Gewährung oder Ablehnung der Grundsteuerbeihilfe zu erlassen[80]. Der Bundesminister der Finanzen entscheidet über die nachträgliche Bewilligung der Beihilfe gemäß § 29 Abs. 4 GrStG[81]. Der Beihilfeanspruch wird deshalb durch ein Steuergesetz geregelt[82].

Da Abgabenangelegenheiten alle mit der Verwaltung der Abgaben zusammenhängenden Angelegenheiten sind, wird der Finanzrechtsweg für zulässig angesehen in Fällen, in denen es um die Entziehung der Beihilfe[83] und die Anwendung von Billigkeitsmaßnahmen nach § 131 RAO auf den Rückforderungsanspruch für zu Unrecht gewährte Beihilfe geht[84].

Durch Urteil vom 28. 11. 1959[85] lehnte der Bundesfinanzhof allerdings schon die Anwendung von § 131 RAO auf den Rückforderungs-

---

[79] § 2 Einführungsgesetz zu den Realsteuergesetzen vom 1. 12. 1936, RGBl. I, S. 961.

[80] § 10 Abs. 2 Verordnung vom 1. 4. 1937.

[81] BFH StRK § 29 GrStG Rechtsspruch 4 (S. 18 sub 1); Gemeinsames Rundschreiben des BWohnBauMin und des BdFin v. 22. 4. 1954, BStBl. 1954 I, 46 (S. 50 sub IX); die Entscheidung ergeht im Einvernehmen beider Minister.

[82] BVerfG E 10, 372 (380).

[83] BFH BStBl. 1956 III, 236.

[84] BFH BStBl. 1959 III, 471 = StRK GrStG § 29 R. 2.

[85] BFH BStBl. 1959 III, 471.

anspruch ab, da dieser kein Erstattungsanspruch im Sinne des § 157 RAO sei. Für den Rückforderungsanspruch gelte § 131 RAO nicht, da dessen Geltung auf Steuern beschränkt sei. Bereits diesem Urteil kann nicht zugestimmt werden; § 3 Abs. 1 RAO schreibt die Geltung der Abgabenordnung vor für alle öffentlich-rechtlichen Abgaben, die nach Art. 105 Abs. 1 und 2 des Grundgesetzes der Gesetzgebung des Bundes unterliegen und durch Bundes- oder Landesfinanzbehörden verwaltet werden. Der Begriff öffentlich-rechtliche Abgaben ist dabei nicht beschränkt auf die Steuern, sondern ebenso wie in § 33 Abs. 1 Nr. 1 FGO auf alle Abgabenangelegenheiten auszudehnen. Ist die Beihilferegelung eine Abgabenangelegenheit, so ist auf sie die Reichsabgabenordnung anwendbar. Aber auch aus dem Wortlaut des § 131 RAO ergibt sich nicht, daß Billigkeitsmaßnahmen auf Steuerzahlungspflichten beschränkt sind. § 131 Abs. 1 Satz 1 RAO sieht die Erlaßmöglichkeit vor, wenn die Einziehung von Steuern *oder sonstigen Geldleistungen* im Einzelfall unbillig ist.

Abgabenangelegenheiten sind nicht nur die in den Abgabengesetzen geregelten materiellen Ansprüche. Zu den Abgabenangelegenheiten gehört auch die Anwendung allgemeiner Grundsätze des öffentlichen Rechts durch Finanzbehörden auf die durch die Bundesgesetzgebung (Art. 105 GG) geregelten Abgaben. Wird zu Unrecht gewährte Grundsteuerbeihilfe zurückgefordert, so macht das Finanzamt einen öffentlich-rechtlichen Erstattungsanspruch geltend[86]. Gegen diese Behauptung spricht zwar die Ansicht des Bundesfinanzhofes, der vom Finanzamt geltend gemachte Anspruch gegen die Gemeinde sei kein Erstattungsanspruch im Sinne der §§ 150 ff. RAO[87], da dieser nur dem Steuerschuldner, nicht aber demjenigen, der für den Steuerschuldner gezahlt habe, zustehen könne[88].

Bei der Rückforderung hatte das Finanzamt auf Abschnitt X Ziffer 2 des Gemeinsamen Rundschreibens des Bundesministers für Wohnungsbau und des Bundesministers der Finanzen hingewiesen. Das Rundschreiben ist keine Rechtsgrundlage für die Rückforderung, sondern macht nur auf die bestehende Rechtslage aufmerksam. Will das Finanzamt eine ohne Rechtsgrund hingegebene Beihilfe zurückfor-

---

[86] Die analoge Anwendung der Vorschriften über die ungerechtfertigte Bereicherung im öffentlichen Recht ist ausgeschlossen, weil dieses im Erstattungsanspruch ein eigenes Rechtsinstitut entwickelt hat (*Hübschmann - v. Wallis* in *Hübschmann - Hepp - Spitaler,* § 242 AO Anm. 2; BVerwG E 4, 215 [219]; OVG Münster, KStZ 1965, 178 [179 l. Sp.]; FG Freiburg, EFG 1960, 76 [Nr. 85]).

[87] BStBl. 1966 III, 21 (22 l. Sp. a.E.).

[88] BFH BStBl. 1960 III, 180; 1961 III, 377 *Tipke - Kruse,* Vorbem. 8 vor §§ 150—159 AO mit weiteren Nachweisen aus der Rechtsprechung; FG Münster, EFG 1957, 70; VG Berlin EFG 1959, 64.

dern, so kann es einen öffentlich-rechtlichen Erstattungsanspruch geltend machen. Die Rechtsordnung gewährt ein allgemeines Rückforderungsrecht immer dann, wenn die Gerechtigkeit einen Ausgleich der mit der Rechtslage nicht mehr übereinstimmenden Vermögenslage erfordert[89]. Der Anspruch auf Rückgewähr öffentlich-rechtlicher Leistungen stützt sich nicht auf eine entsprechende Anwendung der Vorschriften des bürgerlichen Rechts über die ungerechtfertigte Bereicherung, weil diese im öffentlichen Recht nicht passen und weil das öffentliche Recht im Erstattungsanspruch ein eigenes, seinen besonderen Bedürfnissen entsprechendes Rechtsinstitut entwickelt hat[90]). Für die Herausarbeitung des Gegensatzes zwischen ungerechtfertigter Bereicherung und öffentlich-rechtlicher Erstattung waren die Frage, ob ordentlicher oder Verwaltungsrechtsweg zulässig sei[91] und die Frage nach der Geltung des § 818 Abs. 3 BGB entscheidend[92].

Der Erstattungsanspruch wird allgemein als die Kehrseite des Leistungsanspruchs bezeichnet[93]. Er ist auf Rückgewährung einer Zuwendung gerichtet[94]. Der Erstattungsanspruch braucht sich nicht in allen Fällen gegen denjenigen zu richten, an den der Entreicherte leistete. In dieser Beziehung ist der Erstattungsanspruch mit der ungerechtfertigten Bereicherung verwandt. Zwar findet die Vermögensverschiebung meist durch Leistung des Entreicherten an den Bereicherten statt. Es genügt aber auch jede andere Ursache für eine Vermögensverschiebung, sofern sich diese nur unmittelbar zwischen Anspruchsberechtigtem und -verpflichtetem vollzieht. So genügt im bürgerlichen Recht, daß ein und derselbe Umstand auf der einen Seite einen Gewinn, auf der anderen einen Verlust bewirkt hat[95], um eine unmittelbare Vermögensverschiebung anzunehmen. Auch der öffentliche Erstattungsanspruch unterliegt dieser Regel. So wurde vom Bundes-

---

[89] Hans J. *Wolff*, Verwaltungsrecht I, § 44 I c 2 γ (S. 251); BVerwG NJW 1965, 1344; MDR 1958, 710 (711 l. Sp. u.); E 4, 215 (218/19); OVG Münster, DStZ E 1962, 422; BB 1964, 1235; *Lassar*, S. 226; *Tipke - Kruse* Anm. 3 vor §§ 150—159 AO.

[90] BVerwG E 4, 215 (218/19); NJW 1958, 1107 (1109 r. Sp. u.); OVG Münster, E 16, 60 (66), MDR 1964, 955 (956) und NJW 1954, 87; OVG Lüneburg, NJW 1953, 839; VGH Baden-Württemberg, Verw.Rspr. 14, 788 *Obermayer*, NJW 1958, 1108; *Forsthoff*, Lehrbuch 8. Aufl. S. 161; *Haueisen*, NJW 1954, 977 und 1955, 212, *Hübschmann - v. Wallis* in *Hübschmann - Hepp - Spitaler*, § 242 AO Anm. 2; FG Freiburg, EFG 1960, 76.

[91] OVG Münster NJW 1954, 87; *Haueisen*, NJW 1954, 979; *Tipke*, DVBl. 1954, 691 (l. Sp.).

[92] *Haueisen* und *Tipke* a.a.O.

[93] *Haueisen*, NJW 1954, 979; Hans J. *Wolff*, Verwaltungsrecht I, S. 251; VGH Baden-Württemberg, Verw.Rspr. 14, 788.

[94] *Lassar*, S. 106; daher kommen die Rechtsinstitute der Abbürdung und Abwälzung nicht in Betracht; siehe dazu *Lassar* a.a.O.

[95] *Enneccerus - Lehmann*, § 221 II 3 und III; RGZ 130, 310 (312); 163, 21 (34).

sozialgericht ein Erstattungsanspruch des Versorgungsamtes anerkannt, das irrtümlich an Stelle des verpflichteten Trägers der Unfallversicherung die Kosten eines Arbeitsunfalles einer versorgungsberechtigten Kriegshinterbliebenen gezahlt hatte[96]. Die Berufsgenossenschaft mußte dem Versorgungsamt die Behandlungskosten erstatten, obwohl dieses an die Kriegshinterbliebene geleistet hatte. Das Gericht sah den Erstattungsanspruch auch dann als begründet an, wenn ein nicht verpflichteter Rechtsträger des öffentlichen Rechts an Stelle des Verpflichteten einem berechtigten Dritten geleistet hat[97]. Sieht man die Vorschrift des § 5 Abs. 1 Satz 2 Wohnungsbau-Prämiengesetz (WoPG)[98] als gesetzliche Ausprägung des öffentlich-rechtlichen Erstattungsanspruchs an, so ist auch in diesen Fällen nicht derjenige erstattungspflichtig, an den gezahlt wird[99] sondern derjenige, zu dessen Gunsten die Zahlung erfolgt. Rückzahlungspflichtig ist daher nicht die Bausparkasse, sondern der Bausparer[100]. Da der öffentlich-rechtliche Erstattungsanspruch die Kehrseite des Leistungsanspruchs ist, und da der Beihilfeanspruch nur dem Steuerpflichtigen zusteht[101], richtet sich der Erstattungsanspruch des Finanzamtes gegen den Steuerpflichtigen, solange dieser bereichert ist. Der Bundesfinanzhof hat in einem Erstattungsfall über Grundsteuerbeihilfe zwar ausgesprochen, der Bund habe einen Rückzahlungsanspruch, der sich unmittelbar gegen die Gemeinde richte[102]. Dort wurde argumentiert, durch die Entscheidung im Vorprozeß, den der Grundstückseigentümer gegen den Rückforderungsbescheid des Finanzamtes führte[103], sei rechtskräftig festgestellt, daß die Beihilfe zu Unrecht gewährt wurde; demgemäß habe der Bund den Rückforderungsanspruch, der sich unmittelbar gegen die Gemeinde richte. Dagegen ist schon einzuwenden, daß die Gemeinde an keinem der beiden Prozesse beteiligt war[104]. Da sich ohne Beteiligung die Rechtskraft des Urteils nicht auf die Gemeinde erstreckt, kann durch das erste Urteil kein Anspruch gegen die Gemeinde rechtskräftig festgestellt werden. Durch

---

[96] DVBl. 1962, 490.

[97] a.a.O. S. 492 l. Sp. m.

[98] vom 25. 8. 1960, BGBl. I, 714: Ergibt sich, daß die in § 2 Abs. 2 bezeichneten Voraussetzungen nicht vorliegen, so ist die Prämie an das Finanzamt zurückzuzahlen.

[99] die Bausparkasse erhält die Prämie überwiesen und schreibt sie dem Bausparer gut.

[100] FG Kassel, EFG 1959, 336.

[101] lediglich aus Vereinfachungsgründen erfolgt Zahlung direkt an die Gemeinde, § 10 Abs. 2 Verordnung vom 1. 4. 1937; BFH BStBl. 1966, 21 (22 l. Sp. m.).

[102] BStBl. 1959 III, 471 (472 l. Sp. m.).

[103] BStBl. 1956 III, 236.

[104] BStBl. 1959 III, 471 (472 l. Sp. u.).

die Zahlung des Finanzamtes ist nicht die Gemeinde, sondern der Steuerschuldner bereichert, wenn er von seiner Grundsteuerpflicht befreit wird[105]. Hat er keinen Anspruch auf die Beihilfe, so ist die Bereicherung ohne Rechtsgrund erlangt und daher zurückzugewähren. Für den Erstattungsanspruch muß der gleiche Rechtsweg gegeben sein wie für den Leistungsanspruch[106]. Da für Streit über Gewährung, Ablehnung und Rückforderungsbescheid der Grundsteuerbeihilfe der Finanzrechtsweg gegeben ist, gilt das gleiche, falls Streit besteht über den Rückforderungsanspruch. Dabei ist es nicht eine Frage der Zulässigkeit des Rechtsweges, sondern der Begründetheit der Klage, ob der Anspruch gegen den richtigen Beklagten erhoben wird. Wird den Landesfinanzbehörden im gemeinsamen Rundschreiben des Bundeswohnungsbauministers und des Bundesministers der Finanzen vom 22. 2. 1954[107] aufgegeben, für die Einhaltung der geltenden Bestimmungen bei der Vergabe der Beihilfe zu sorgen und nicht bestimmungsgemäß dem Bund zur Last gestellte Beträge zurückzufordern, so wird dadurch klargestellt, daß nicht nur Gewährung und Ablehnung der Beihilfe, sondern auch Überwachung der gewährten Beihilfe eine Abgabenangelegenheit ist. Zur Überwachung gehört die Ausstellung des Rückforderungsbescheides ebenso wie die Durchsetzung des Rückzahlungsanspruchs[108]. Beide Streitigkeiten gehören daher in den Finanzrechtsweg.

Festzuhalten ist daher:

Die Fälle der umstrittenen Rechtsmittelbefugnis der Gemeinde gegen Einheitswert- und Steuermeßbescheide sind keine Parteistreitigkeiten.

Können die Gemeinden ihre Rechtsmittelbefugnis auf Art. 19 Abs. 4 GG stützen, so fällt die Entscheidungsbefugnis in die Kompetenz der Finanzgerichte.

Sind Parteistreitigkeiten ursprüngliche, Anfechtungssachen nachträgliche Verwaltungsstreitsachen, so entscheiden diese Begriffe über die Klageart, die der Kläger für sein Begehren zu wählen hat.

---

[105] Da nach § 11 Abs. 3 Verordnung v. 1. 4. 1937 der Steuerschuldner nicht befreit wird von seiner Steuerschuld, wenn der Wegfall der Beihilfe ausgesprochen wird und das Finanzamt die Beihilfe trotzdem weiterzahlt, so wäre in diesem Fall die Gemeinde bereichert, da sie ihren Steueranspruch behält und die Beihilfe kassiert.

[106] *Haueisen*, NJW 1954, 979 (l. Sp.); *Jellinek*, Verwaltungsrecht, S. 239; VGH Baden-Württemberg, DVBl. 1951, 470.

[107] BStBl. 1954 I, 46 (51, X, 2).

[108] Im Ergebnis ebenso *Maunz - Dürig*, Art. 108 RdN 7, die zur Abgabenverwaltung auch die eine oder andere gesetzlich nicht normierte Aufgabe auf dem Gebiet der Steuerverwaltung zählen.

Da die Klagemöglichkeiten vor den Finanzgerichten seit Inkrafttreten der Finanzgerichtsordnung nicht mehr beschränkt sind, ist der Finanzrechtsweg grundsätzlich auch für Parteistreitigkeiten zulässig.

3. Folgenbeseitigungsanspruch

Zu den Abgabeangelegenheiten gehört auch ein Schadensersatzanspruch aus der ungerechtfertigten Vollziehung eines Steuerarrestes[109]. Dabei kann hier dahinstehen, ob ein derartiger Schadensersatzanspruch auf den Folgenbeseitigungsanspruch[110] gestützt werden kann, oder ob dieser nur im Rahmen des § 100 Abs. 1 Satz 2 bis 4 FGO[111] auf Rückgängigmachung der vorzeitigen Vollziehung des Verwaltungsaktes geht und damit stillschweigend den weitergehenden Schadensersatzanspruch ablehnt. Für die letzte Ansicht spricht, daß der Entwurf der Finanzgerichtsordnung in § 65 Abs. 5 einen materiellen Schadensersatzanspruch enthielt, der über den reinen Vollzugsfolgenbeseitigungsanspruch hinausging[112]. Diese Vorschrift ist jedoch nicht Gesetz geworden.

Für eine Klage, mit der Schadensersatz begehrt wird, ist jedoch nunmehr der Finanzrechtsweg eröffnet, soweit sich der Anspruch gegen eine Finanzbehörde richtet, weil diese den Arrest vollzog[113].

---

[109] anders BGHZ 30, 123: dort wird der Ersatzanspruch auf eine Analogie zu § 945 ZPO gestützt und der Zivilrechtsweg angenommen. Dagegen mit überzeugenden Argumenten: *Bettermann,* JZ 1960, 335 und *Gast,* DStR 1962/63, 530.

[110] *Gast* a.a.O. S. 531.

[111] *Bettermann* a.a.O. S. 340 sieht in der entsprechenden Vorschrift des § 113 Abs. 1 Satz 2 bis 4 VwGO eine Regelung des Folgenbeseitigungsanspruchs, die jedoch aus § 717 ZPO nur die prozeßrechtliche Regelung übernimmt und damit den materiellen Schadensersatzanspruch inzident ablehnt.

[112] § 65 Abs. 5 Entwurf, Bundestagsdrucksache IV/1446, S. 12: „Wird ein Verwaltungsakt aufgehoben oder geändert, so ist dem Steuerpflichtigen der Schaden, der ihm durch die Vollziehung eines von ihm angefochtenen Verwaltungsaktes oder durch eine zur Abwendung der Vollziehung erbrachte Leistung entstanden ist, zu ersetzen. Satz 1 findet keine Anwendung, wenn der Steuerpflichtige seiner Mitwirkungspflicht im Besteuerungsverfahren ganz oder teilweise nicht nachgekommen ist oder wenn er es unterlassen hat, den Schaden durch Antrag auf Aussetzung der Vollziehung und bei dessen Ablehnung durch Einlegung eines Rechtsbehelfs abzuwenden." In der Begründung zum Entwurf (S. 51) hieß es dazu, die Vorschrift spreche dem Abgabenschuldner Ersatz eines ihm aus der Vollstreckung entstandenen Schadens zu, soweit seine Klage zur Herabsetzung der Abgabenschuld führe.

[113] *Gast,* DStR 1962/63, 530 (532); anders noch *Bettermann,* JZ 1960, 335 (341), der vor Inkrafttreten des Steueränderungsgesetzes 1961, das die finanzgerichtliche Generalklausel brachte, die Ansicht vertrat, eine Zulässigkeit des Finanzrechtsweges kraft Sachzusammenhanges sei durch § 40 VwGO

Ergebnis:

Wird durch eine Finanzbehörde ein rechtswidriger Arrest vollzogen, so ist für den Folgenbeseitigungsanspruch der Finanzrechtsweg zulässig.

4. Streitigkeiten zwischen Strafverfolgungsbehörden und Finanzbehörden

Streitig war in der Rechtsprechung, ob der Finanzrechtsweg zulässig ist für die Klage eines Generalstaatsanwalts gegen den Bundesminister der Finanzen, mit der die Benennung eines V-Mannes erzwungen werden sollte. Das Oberverwaltungsgericht Münster betrachtete den Streit als Abgabenangelegenheit und sah den Finanzrechtsweg als zulässig an[114]. Dagegen wurde vom Bundesverwaltungsgericht in diesem Fall sowohl die Zulässigkeit des Verwaltungs- als auch die des Finanzrechtsweges abgelehnt[115]. Die Zulässigkeit des Rechtsweges regele sich in diesem Fall allein nach der Strafprozeßordnung. Weigere sich eine Behörde, einem nach § 161 StPO an sie gerichteten Auskunftsverlangen zu entsprechen, so könne die Staatsanwaltschaft nach § 162 Abs. 1 StPO die Vornahme einer richterlichen Untersuchungshandlung beantragen. Der Amtsrichter habe dann gemäß § 162 Abs. 2 StPO zu prüfen, ob die beantragte Handlung gesetzlich zulässig ist. Dabei entscheide er auch über die Berechtigung einer Aussageverweigerung[116]. Ob der Bundesminister der Finanzen überhaupt durch ein Gericht zur Bekanntgabe gezwungen werden kann, soll hier nicht entschieden werden. Für die Streitigkeit ist der Finanzrechtsweg jedoch nicht zulässig, weil sie keine Abgabenangelegenheit betrifft. Abgabenangelegenheiten sind zwar alle Angelegenheiten, die mit der Anwendung der abgabenrechtlichen Vorschriften durch die Finanzbehörden zusammenhängen (§ 33 Abs. 2 FGO).

Der Generalstaatsanwalt stützt sich bei seiner Tätigkeit jedoch nicht auf abgabenrechtliche Vorschriften. Er handelt vielmehr auf

---

ausgeschlossen; für die nicht ausdrücklich in der Abgabenordnung erwähnten Streitigkeiten sei deshalb der Verwaltungsrechtsweg zulässig. Da *Bettermann* eine öffentlich-rechtliche Streitigkeit in einer Steuersache im Sinne von § 242 RAO a.F. annimmt, kann man sich auf ihn berufen für die Meinung, es liege eine Abgabenstreitigkeit vor.

114 DStZ (E) 1958, 222; gleicher Ansicht: *Tipke - Kruse*, § 33 FGO RdN 9 a.E.; *Bühler - Strickrodt*, S. 167 N. 2; *Ziemer - Birkholz*, § 33 FGO RdN 54; offenbar auch BFH BStBl. 1967 III, 572, da er in eine sachliche Prüfung eintritt; *Mattern - Messmer*, RdN 177.

115 NJW 1959, 1456; *Ehlers*, FR 1958, 267 nimmt die Zulässigkeit des Verwaltungsrechtsweges an; *Tipke - Kruse* a.a.O. berufen sich zu Unrecht für ihre Ansicht auf das Urteil des BVerwG, da dieses auch die Zulässigkeit des Finanzrechtsweges ablehnt.

116 BVerwG NJW 1959, 1456 (1457); s. a. LG Bremen, BB 1955, 1121; ähnlich *Baring*, ZBR 1956, 37 und 71; LG Bonn, MDR 1965, 763.

Grund des § 161 Satz 1 StPO und verlangt von der Bundesfinanzbehörde Amtshilfe nach Art. 35 GG. Dem Auskunftsersuchen begegnet der Bundesfinanzminister mit einem Hinweis auf § 96 StPO und § 22 RAO. Abgabenrechtliche Vorschrift ist dabei nur § 22 RAO, der das Steuergeheimnis schützt. Hauptfrage in dem Streit ist, ob die Staatsanwaltschaft nach § 162 Abs. 1 StPO vom Bundesminister der Finanzen Auskunft verlangen kann. Vorfrage ist in diesem Rechtsstreit, ob § 22 RAO anwendbar ist und ob er eventuell die generelle Auskunftspflicht im Einzelfall einschränkt. Wird eine abgabenrechtliche Vorschrift jedoch nur zur Beantwortung einer Vorfrage herangezogen, so liegt keine abgabenrechtliche Streitigkeit vor. Für den Streit ist der Finanzrechtsweg deshalb unzulässig.

Als Ergebnis ist daher festzuhalten:

Der Kompetenz der Finanzgerichte ist die Entscheidung über das Auskunftsersuchen eines Generalstaatanwaltes gegen eine Finanzbehörde entzogen.

5. Auskunftspflicht der Finanzbehörden und Schutz des Steuergeheimnisses

Eine Kompetenzabgrenzung zwischen Finanz-, Verwaltungs- und Sozialgerichten erfordern die Fälle, in denen die Untersuchungsmaxime[117] das erkennende Gericht zur vollständigen Aufklärung des Sachverhalts verpflichtet, dieser Aufklärung aber der Schutz des Steuergeheimnisses möglicherweise entgegensteht. Zur Sachaufklärung kann die Erteilung von Auskünften und die Vorlage von Urkunden und Akten erforderlich sein, und zwar auch die Vorlage von Steuerakten. Deren Inhalt steht unter dem Schutz des Steuergeheimnisses (§ 22 RAO).

Soweit die Aufklärungspflicht der Finanzgerichte mit dem Schutz des Steuergeheimnisses kollidiert, enthält § 86 FGO eine gesetzliche Regelung: Behörden sind zur Aktenvorlage verpflichtet, soweit nicht durch das Steuergeheimnis geschützte Verhältnisse Dritter unbefugt offenbart werden. Die Finanzgerichte — das Gericht der Hauptsache — entscheiden selbst, ob die gesetzlichen Voraussetzungen für die Verweigerung der Aktenvorlage glaubhaft gemacht sind (§ 86 Abs. 3 FGO). Hängt die Vorlagepflicht allein von der Beantwortung einer Rechtsfrage ab — der Frage nach dem Umfang des Steuergeheimnisses — so wird auch diese Rechtsfrage von dem Gericht der Hauptsache entschieden. § 86 FGO liegt ebenso wie § 99 VwGO das Prinzip zugrunde, daß die mit der Hauptsache befaßten Gerichte auch Vor-

---

[117] §§ 86 VwGO, 103 SGG, 76 FGO.

fragen nachprüfen, die für den Gang des Verfahrens erheblich sind. In beiden Fällen ist die richterliche Prüfung darauf beschränkt, ob die tatsächlichen Voraussetzungen für die Verweigerung der Vorlage glaubhaft gemacht sind; ob sie gegeben sind, wird nicht geprüft.

Bestritten ist, ob die Finanzgerichte zum Schutz des Steuergeheimnisses kompetent sind, wenn ein Verwaltungs- oder Sozialgericht in einem bei ihnen anhängigen Verfahren zur Sachaufklärung gegen den Willen des Steuerpflichtigen beschließt, in seine Steuerakten einzusehen, und die Finanzbehörde zur Aktenvorlage auffordert nach den §§ 99 VwGO, 199 SGG. Der 1. Senat des Finanzgerichts Hamburg hat für eine einstweilige Anordnung, mit der dem Finanzamt die Auskunftsverweigerung geboten werden soll, die Zulässigkeit des Finanzrechtsweges bejaht[118].

Der 3. Senat des gleichen Gerichts hält den Antrag für unzulässig, da das Rechtsschutzbedürfnis fehle[119]. Beiden Entscheidungen kann nicht zugestimmt werden. Die Kompetenzfrage hat logischen Vorrang vor der Frage nach dem Rechtsschutzbedürfnis. Nur das jeweils kompetente Gericht hat die Frage nach dem Rechtsschutzbedürfnis für einen bestimmten Antrag zu beantworten. Der 3. Senat hätte daher zunächst seine Kompetenz begründen müssen.

Der 1. Senat des Finanzgerichts Hamburg hält den Finanzrechtsweg nach § 33 Abs. 1 Nr. 1 FGO für zulässig. Da es für die Entscheidung über den Antrag auf Erlaß einer einstweiligen Anordnung entscheidend auf die Auslegung und Anwendung der abgabenrechtlichen Vorschrift des § 22 RAO durch die Finanzbehörde ankomme, liege nach § 33 Abs. 2 Satz 1 FGO eine Abgabenangelegenheit vor. Der nach § 33 FGO eröffnete Finanzrechtsweg werde durch § 99 VwGO nicht eingeschränkt. Soweit § 33 FGO eingreife, seien andere Rechtswege verschlossen[120]. Wäre diese Begründung richtig, so hätte das Verwaltungsgericht bereits mit seinem Aktenvorlagebeschluß seine Kompetenz überschritten. Das ist sicher nicht der Fall, da der Beschluß auf § 99 VwGO gestützt ist. Die Anwendung des § 22 RAO macht die Sache noch nicht zur Abgabenangelegenheit. Der Anwendungsbereich des § 22 RAO ist nur Vorfrage für die im Verfahren vor dem Verwaltungsgericht allein zu entscheidende Frage, ob die Finanzbehörde die Akten dem Verwaltungsgericht vorzulegen hat nach § 99 Abs. 1 Satz 1 VwGO oder ob die Vorgänge nach einem Gesetz geheim gehalten werden müssen (§ 99 Abs. 1 Satz 2 VwGO). Obwohl § 99

---

118 EFG 1967, 621.

119 EFG 1967, 622.

120 EFG 1967, 621.

Abs. 2 VwGO nur den Fall einer durch die Behörde verweigerten Vorlage regelt und gegen die Weigerung den Rechtsweg für eine eingeschränkte Überprüfung der Tatsachen eröffnet, kann daraus nicht geschlossen werden, der Schutz des Steuergeheimnisses sei den Finanzgerichten übertragen. Die Finanzgerichte würden sich mit dieser Kompetenz in das Verfahren einer anderen, gleichberechtigten Gerichtsbarkeit einmischen und damit ihrerseits gegen die klare gesetzliche Kompetenzabgrenzung verstoßen. Im Verfahren vor den Verwaltungsgerichten haben diese vielmehr selbständig zu prüfen, ob § 22 RAO der beabsichtigten Vorlage der Steuerakten entgegensteht. Der Schutz des Steuergeheimnisses ist, soweit er im Einzelfall reicht, auch für die Verwaltungsgerichte verbindlich nach Art. 20 Abs. 3 GG. Gleiches gilt für das Verfahren vor den Sozialgerichten nach § 119 SGG. Ob § 22 RAO im Einzelfall die Aktenvorlage verhindert, unterliegt nicht nach §§ 99 Abs. 1 Satz 2 VwGO, 119 Abs. 1 SGG der abschließenden Beurteilung der obersten Aufsichtsbehörde. Da es sich hierbei um eine reine Rechtsfrage handelt, hat das mit der Hauptsache befaßte Gericht die Frage zu entscheiden. Der Finanzrechtsweg ist in diesen Fällen für den Schutz des Steuergeheimnisses nicht eröffnet.

Ergebnis:

Im Verfahren vor den Verwaltungs- und Sozialgerichten haben diese selbständig zu prüfen, ob § 22 RAO der beabsichtigten Vorlage der Steuerakten entgegensteht. Der Finanzrechtsweg ist für den Schutz des Steuergeheimnisses im Verfahren vor anderen Gerichten nicht eröffnet.

C. Zulässigkeit des Finanzrechtsweges nach § 33 Abs. 1 Nr. 2 FGO

Überschneidungen aller drei Rechtswege, die für öffentlich-rechtliche Streitigkeiten nichtverfassungsrechtlicher Art zulässig sind, ergeben sich auf dem Gebiet der zwangsweisen Durchsetzung von Verwaltungsakten. Das Beitreibungsrecht für Verwaltungsakte ist bundesrechtlich im Verwaltungs-Vollstreckungsgesetz vom 27. 4. 1953 (VwVG)[1], in der Reichsabgabenordnung und in der Reichsversicherungsordnung geregelt. Zusätzlich gibt es eine Vielzahl landesrechtlicher Vollstreckungsregelungen für den Vollzug öffentlich-rechtlicher Pflichten. Rechtswegüberschneidungen ergeben sich deshalb, weil der Finanzrechtsweg nicht nur zulässig ist für Streitigkeiten, die sich aus der Beitreibung von Abgaben ergeben, bei denen die Voraussetzungen des § 33 Abs. 1 Nr. 1 FGO erfüllt sind, sondern auch für Streitigkeiten über die Vollziehung von anderen Verwaltungsakten, wenn diese durch Bundes- oder Landesfinanzbehörden nach den Vorschriften der Abgabenordnung zu vollziehen sind, soweit nicht ein anderer Rechtsweg ausdrücklich gegeben ist (§ 33 Abs. 1 Nr. 2 FGO)[2]. Nicht behandelt wird hier die Vollstreckung aus verwaltungsgerichtlichen Urteilen. Deren Vollstreckbarkeit ist in den Prozeßordnungen, meist durch Verweisung, besonders geregelt. Ausgenommen von der Erörterung des für den Rechtsschutz gegen Beitreibungsmaßnahmen zulässigen Rechtsweges sind auch die Einwendungen, die während des Vollstreckungsverfahrens gegen den Anspruch vorgebracht werden, dessen Erfüllung erzwungen wird. Sie sind außerhalb des Zwangsverfahrens mit den allgemein zugelassenen Rechtsbehelfen zu verfolgen[3].

---

[1] BGBl. I, 157.

[2] Die im Einzelfall zulässigen Rechtsbehelfe können hier nicht behandelt werden; siehe dazu *Hartmann*, Rechtsschutz im Verwaltungszwangsverfahren zur Beitreibung öffentlich-rechtlicher Geldbeträge; VGH Kassel, DVBl. 1960, 37; insbesondere zur Vollstreckungsgegenklage: OVG Münster, JZ 1965, 366, m. Anm. von *Rupp*.

[3] §§ 327 RAO; Art. 21 bayVwZVG; § 75 Abs. 3 hamb.VwVG; § 7 Abs. 1 nordrhein-westf.VwVG; § 16 Abs. 2 VwVG Rheinland-Pfalz, siehe dazu *Hartmann*, S. 69 ff.; *Schmitt - Lermann*, S. 90.

I. Das Verwaltungs-Vollstreckungsgesetz des Bundes

Die öffentlich-rechtlichen Geldforderungen des Bundes und der bundesunmittelbaren juristischen Personen des öffentlichen Rechts werden nach den Vorschriften der Abgabenordnung von den Vollstreckungsbehörden der Bundesfinanzverwaltung vollstreckt, wenn nicht die Behörden des betreffenden Verwaltungszweiges zu Vollstreckungsbehörden bestimmt sind (§ 4 VwVG). Derartige Bestimmungen existieren für die Post und Fernmeldeverwaltung und die bundeseigene Wasser- und Schiffahrtsverwaltung. Durch Bestimmung des Bundespostministers vom 5. 2. 1953[4] sind für dessen Geschäftsbereich die Oberpostdirektionen und die Ämter der Deutschen Bundespost zu Vollstreckungsbehörden bestimmt. Für die Wasser- und Schiffahrtsverwaltung besteht die Anordnung des Bundesverkehrsministers vom 2. 5. 1953[5], durch die die Wasser- und Schiffahrtsdirektionen für zuständig erklärt werden. Da für Streitigkeiten über die Vollstreckung mit diesen Behörden der Finanzrechtsweg nicht eröffnet ist, ist der Verwaltungsrechtsweg zulässig. Aus § 5 Abs. 1 VwVG, der für das Verwaltungs-Vollstreckungsgesetz allgemein das Verfahren und den Vollstreckungsschutz der Abgabeordnung für anwendbar erklärt, kann nicht geschlossen werden, daß der Finanzrechtsweg auch für Streitigkeiten mit der Post und der Wasserstraßenverwaltung eröffnet ist. Diese Vorschrift regelt nicht die Zulässigkeit des Rechtsweges, sondern das Verwaltungsverfahren. Treibt die Post Fernmelde- oder Postgebühren bei, so sind Einwendungen gegen die Art und Weise der Vollstreckung im Verwaltungsrechtsweg geltend zu machen[6]. Wird die Beitreibung dagegen von den Bundesfinanzbehörden vorgenommen, so gelten die Beitreibungsvorschriften der Reichsabgabenordnung (§ 5 Abs. 1 VwVG). Soweit nicht ein anderer Rechtsweg ausdrücklich gegeben ist, ist für Streitigkeiten über die Vollziehung der Finanzrechtsweg zulässig (§ 33 Abs. 1 Nr. 2 FGO).

Als Vollstreckungsbehörden der Bundesfinanzverwaltung sind die Hauptzollämter tätig[7]. Wird die Vollstreckung dagegen im Wege der

---

[4] BAnz. 1953 Nr. 87.

[5] BAnz. 1953 Nr. 83.

[6] OVG Münster, DVBl. 1960, 556. Für Streitigkeiten über die Pflicht zur Zahlung der Fernsprechgebühren war der ordentliche Rechtsweg durch § 9 Abs. 1 Satz 2 des Gesetzes über Fernmeldeanlagen vom 14. 1. 1928 — FAG — (RGBl. I, 8) eröffnet. a. A. BVerwG, MDR 1968, 611. Die Beitreibung erfolgt im Verwaltungsvollstreckungsverfahren, da nach § 9 Abs. 1 S. 1 FAG für die Beitreibung die Vorschriften für Postgebühren gelten; diese werden wie öffentliche Abgaben eingezogen nach § 25 Abs. 1 des Reichsgesetzes über das Postwesen vom 28. 10. 1871, RGBl. S. 347.

[7] *Kautz - Riewald - Leisner*, S. 535; *Rasch* in *v. Brauchitsch - Ule*, Bd. I, 1 S. 623.

Amtshilfe von Landesorganen vorgenommen, so richtet sie sich nicht nach der Reichsabgabenordnung, sondern nach den Vorschriften des Landesrechts. Zu den Landesorganen in diesem Sinne zählen auch die Organe der Gemeinden und Kreise[8]. In diesen Fällen ist der Finanzrechtsweg nur dann eröffnet, wenn das Landesrecht für die Beitreibung die Finanzämter für zuständig erklärt und diese nach der Abgabenordnung vollstrecken.

Eingrenzung des Anwendungsbereiches des Verwaltungs-Vollstreckungsgesetzes

1. Parteistreitigkeiten

Das Verwaltungs-Vollstreckungsgesetz und sein zur Zulässigkeit des Finanzrechtsweges führender Mechanismus der §§ 4 lit. b und 5 Abs. 1 gilt nicht für Forderungen, die im Wege der Parteistreitigkeit vor den Verwaltungsgerichten verfolgt werden (§ 1 Abs. 2 VwVG). Da Parteistreitigkeiten Streitigkeiten zwischen gleichgeordneten Rechtsträgern sind, verpflichtet die bloße Anforderung des Geldbetrages durch die eine Seite die andere nicht[9]. Die Leistungsaufforderung ist nicht Grundlage der Vollstreckung und deshalb auch keine verbindliche Regelung eines Einzelfalles. Sie ist deshalb nicht Verwaltungsakt, sondern Willenserklärung[10]. Der Gläubiger benötigt zur Durchsetzung seiner Forderung einen gerichtlichen Titel, der nach den Vollstreckungsvorschriften der betreffenden Prozeßgesetze vollstreckt wird[11]. Rechtsschutz im Vollstreckungsverfahren wird in diesen Fällen in demselben Rechtsweg gewährt, in dem sich das Erkenntnisverfahren abspielte. Das Recht des Vollstreckungsverfahrens folgt hier dem Recht des Erkenntnisverfahrens[12].

2. Öffentlich-rechtliche Forderungen, für die ein anderer als der Verwaltungsrechtsweg begründet ist

Dieses Prinzip liegt auch den anderen Ausnahmen vom Geltungsbereich des Verwaltungs-Vollstreckungsgesetzes zugrunde: Geldforderungen, für die ein anderer als der Verwaltungsrechtsweg gegeben ist, werden nicht nach dem Verwaltungs-Vollstreckungsgesetz beigetrieben (§ 1 Abs. 2, 2. Alternative VwVG). Zunächst scheinen darunter

---

[8] *Rasch* a.a.O.

[9] *Kautz - Riewald - Leisner*, S. 531.

[10] Hans-J. *Wolff*, Verwaltungsrecht I, § 44 I c 2 (S. 252).

[11] *Bettermann*, VVDStRL 17, 145.

[12] *Bettermann*, VVDStRL 17, 146; NJW 1953, 1009; DVBl. 1954, 298 (sub II, 2).

zwar nur Forderungen zu fallen, für die der allgemeine Verwaltungsrechtsweg verschlossen ist. Betrachtet man jedoch auch die Ausnahme des § 1 Abs. 3 VwVG, so ergibt sich, daß unter Fall 2 des § 1 Abs. 2 VwVG nur die öffentlich-rechtlichen Forderungen fallen, über die im ordentlichen Rechtsweg entschieden wird[13]. Dazu gehören die Forderungen aus Amtspflichtverletzungen, Enteignung, Aufopferung, öffentlich-rechtlicher Verwahrung und der Verletzung öffentlich-rechtlicher Pflichten[14]. Erkenntnisverfahren und Vollstreckung richten sich in diesen Fällen nach der Zivilprozeßordnung, die in § 882 a Sondervorschriften für die Vollstreckung gegen juristische Personen des öffentlichen Rechts enthält. Über Einwendungen aus diesen Vorschriften wird durch das Vollstreckungsgericht[15] und damit im ordentlichen Rechtsweg entschieden[16].

3. Ordnungswidrigkeiten

Nicht unter das Verwaltungsvollstreckungsgesetz des Bundes fällt auch die Vollstreckung von Bußgeldbescheiden nach dem Ordnungswidrigkeitengesetz[17]. Ist der Bescheid von einer Verwaltungsbehörde des Bundes erlassen, so erfolgt die Vollstreckung durch das örtlich zuständige Finanzamt nach den Vorschriften der Reichsabgabenordnung (§ 68 Abs. 2 OWiG). Die Vollstreckung von Bußgeldbescheiden, die durch Landesverwaltungsbehörden erlassen wurden, erfolgt nach den landesrechtlichen Vorschriften über das Verwaltungszwangsverfahren, soweit nicht das Landesrecht die Vollstreckung nach den Vorschriften der Reichsabgabenordnung anordnet (§ 68 Abs. 1 OWiG).

Die Geltendmachung von formellen Einwendungen gegen die Art und Weise der Vollstreckung erfolgt jedoch auch dann nicht im Finanzrechtsweg nach § 33 Abs. 1 Nr. 2 FGO, wenn die Geldbuße durch ein Finanzamt nach den Vorschriften der Reichsabgabenordnung beigetrieben wird, da für Ordnungswidrigkeiten etwas anderes bestimmt ist. Fehlerhafte Vollstreckungsmaßnahmen der Verwaltungsbehörden können nach § 47 Abs. 1 OWiG nur zusammen mit dem Bußgeldbescheid angefochten werden[18]. Gegen den Bußgeldbescheid steht dem Betroffenen nach den §§ 54 Abs. 1, 55 Abs. 1 OWiG Antrag auf gerichtliche Entscheidung an das Amtsgericht zu. Soweit das Gesetz über Ordnungswidrigkeiten einen Rechtsbehelf an die ordentlichen

---

[13] *Bettermann* a.a.O.

[14] Art. 14 Abs. 3 Satz 4 und Art. 34 Satz 3 GG; § 40 Abs. 2 Satz 1 VwGO.

[15] §§ 882 a Abs. 2 Satz 2; 766 Abs. 1 Satz 1 ZPO.

[16] § 764 Abs. 2 ZPO bestimmt die Amtsgerichte zu Vollstreckungsgerichten.

[17] vom 25. 3. 1952, BGBl. I, 177; über den Anwendungsbereich des Gesetzes siehe *Hartmann*, Rechtsschutz S. 33 ff.

[18] *Hartmann*, Rechtsschutz, S. 105.

Gerichte vorsieht, ist der Verwaltungsrechtsweg ausgeschlossen (§ 75 OWiG). Das gilt auch für die Anrufung besonderer Verwaltungsgerichte. Der Ansicht von Ziemer-Birkholz[19], die für die Klage gegen Vollstreckungsmaßnahmen der Finanzämter den Finanzrechtsweg für zulässig halten, kann daher nicht zugestimmt werden. Vollstreckungsmaßnahmen der Finanzämter in Bußgeldsachen nach dem Ordnungswidrigkeitengesetz können allein im ordentlichen Rechtsweg angegriffen werden[20].

4. Streitigkeiten aus dem Beamtenverhältnis zwischen Dienstherrn und Beamten

Für Streitigkeiten zwischen Beamten und ihren Dienstherrn ist der Verwaltungsrechtsweg gegeben (§§ 126 Beamtenrechtsrahmengesetz, 172 Bundesbeamtengesetz). Fraglich könnte die Zulässigkeit des Verwaltungsrechtsweges jedoch werden, wenn bei diesen Streitigkeiten zugleich die Voraussetzungen des § 33 Abs. 1 Nr. 2 FGO vorliegen. Dabei ist an folgende Fälle zu denken: Die Vollstreckung der Rückforderung überzahlter Dienstbezüge von Beamten und Soldaten ist in bestimmten Fällen den Hauptzollämtern übertragen[21]. Über die Rückforderung selbst kann der Dienstherr einen Leistungsbescheid ausstellen und diesen im Verwaltungszwangsverfahren durchsetzen[22]. Da die Forderung dem öffentlichen Recht angehört, findet das Verwaltungsvollstreckungsgesetz Anwendung, wenn es zur Vollstreckung kommt[23]. Für Forderungen des Bundes sind die Hauptzollämter Vollstreckungsbehörden. Sie vollstrecken nach der Abgabenordnung. Für Streitigkeiten aus der Vollstreckung ist in diesen Fällen jedoch nicht der Finanzrechtsweg zulässig[24], da § 33 Abs. 1 Nr. 2 FGO den Finanzrechtsweg nur insoweit eröffnet, als nicht ein anderer Rechtsweg ausdrücklich gegeben ist. Da auch die Vollstreckung des Rückforderungsbescheides noch als Streitigkeit zwischen dem Dienstherrn und dem

---

[19] § 33 RdN 79; ebenso *Ziemer - Haarmann*, RdN 140.

[20] *Hartmann*, Rechtsschutz, S. 106 mit weiteren Nachweisen; *Patzig* in *v. Brauchitsch - Ule*, Band I, 1, § 68 OWiG Anm. 2; OVG Münster, E 7, 174 (177); OVG Hamburg MDR 1954, 633 (634).

[21] Nach *Liman - Schwarz*, § 5 RdN 13 und *Ziemer - Birkholz*, § 33 FGO RdN 77 durch BdF-Erlaß vom 13. 6. 1958.

[22] BVerwG E 8, 261 (262) und NDBZ 1960, 266; VGH München, DVBl. 1960, 175 (176); *Fischbach*, § 87 BBeamtenG Anm. V (1); *Plog - Wiedow*, § 87 BBeamtenG RdN 26; a.A.: *Rupp*, DVBl. 1963, 577, der den Ersatzanspruch nur im Wege der Klage des Dienstherrn vor den Verwaltungsgerichten für realisierbar hält; das BVerwG läßt sowohl die Möglichkeit der Klage des Dienstherrn im Verwaltungsrechtsweg (NJW 1967, 946 [947]) als auch den Erlaß eines Leistungsbescheides zu (NJW 1964, 2030); neuerdings dazu: *Borgs-Maciejewski*, S. 84 ff.

[23] *Fischbach* a.a.O.

[24] a.A. aber: *Ziemer - Birkholz*, § 33 FGO RdN 77.

Beamten anzusehen ist, mag auch zur Vollstreckung eine andere Dienstbehörde eingeschaltet sein, so ist in diesen Fällen der Verwaltungsrechtsweg gegeben (§§ 172 BBG, 126 Abs. 1 BRRG).

Das Verwaltungs-Vollstreckungsgesetz läßt die Vorschriften der Reichsabgabenordnung, des Sozialversicherungsrechts einschließlich der Arbeitslosenversicherung und der Justizbeitreibungsordnung unberührt (§ 1 Abs. 3 VwVG). Die Beitreibung richtet sich auf diesen Gebieten nach Spezialregelungen, von denen eine — die Reichsabgabenordnung — außerdem das Modell abgibt für die Einzelheiten der Regelung im Verwaltungs-Vollstreckungsgesetz.

II. Beitreibung nach der Reichsabgabenordnung

Die Reichsabgabenordnung gilt bundesrechtlich unmittelbar für alle öffentlich-rechtlichen Abgaben, die nach Art. 105 Abs. 1 und 2 des Grundgesetzes der Gesetzgebung des Bundes unterliegen und durch Bundes- oder Landesfinanzbehörden verwaltet werden (§ 3 RAO). Sie gilt darüber hinaus kraft Verweisung in § 39 Abs. 1 FVG für alle anderen Abgaben, die durch Bundes- oder Landesfinanzbehörden verwaltet werden. Wie bereits festgestellt wurde, ist diese Vorschrift nicht überholt. Die Zulässigkeit des Finanzrechtsweges und damit die Abgrenzung zum Verwaltungsrechtsweg deckt sich hier mit dem Anwendungsbereich der Reichsabgabenordnung. Beide sind nicht auf Geldzahlungspflichten beschränkt. Werden dem Staatsbürger durch Steuergesetze sonstige Pflichten auferlegt (Beispiele in den §§ 160 ff. RAO), so können auch diese im Verwaltungsverfahren erzwungen werden (§ 325 RAO). Der Finanzrechtsweg ist in diesen Fällen nach § 33 Abs. 1 Nr. 1 FGO zulässig, da die Beitreibung zur Verwaltung der Abgaben gehört. Wird der Steuerschuldner selbst in Anspruch genommen, so ist nicht zu bezweifeln, daß er zu der vollstreckenden Behörde in einem öffentlichen Rechtsverhältnis steht und eine Abgabenangelegenheit vorliegt.

1. Inanspruchnahme Dritter

Anders ist die Rechtslage jedoch, wenn Rechte Dritter durch die Beitreibung beeinträchtigt werden. Nicht zum öffentlichen Recht und deshalb auch nicht zu den Abgabenangelegenheiten gehören die Rechtsbeziehungen der Finanzbehörden zu Dritten, wenn diese nicht unmittelbar auf Grund eigener steuerrechtlicher Pflichten in Anspruch genommen werden (vgl. §§ 175 ff. RAO), sondern bei der Beitreibung von Steuerschulden oder bei der steuerstrafrechtlichen Einziehung. So erklärt es sich, daß die §§ 328, 346 Abs. 2, 349 Abs. 2 RAO den Dritten für die Geltendmachung seiner aus bürgerlichem Recht hergeleiteten Abwehrrechte auf den ordentlichen Rechtsweg verweisen[1]. Steuergläubiger und Dritter stehen sich hier nicht im Verhältnis des Hoheitsträgers zum Gewaltunterworfenen gegenüber[2]. Die Vorschriften, die den Dritten auf den ordentlichen Rechtsweg verweisen, bedeuten daher keine Einschränkung des § 33 Abs. 1 Nr. 1 FGO[3]. Da das Rechtsverhältnis des Vollstreckungsgläubigers zum Dritten bürgerlich-rechtlicher Art ist, hat der Dritte nach beendeter unrechtmäßiger Zwangsvollstreckung auch keinen öffentlich-rechtlichen Erstattungsanspruch, sondern einen zivilrechtlichen Anspruch aus ungerechtfertigter Bereicherung[4].

2. § 330 Reichsabgabenordnung

Nicht eindeutig geklärt scheinen die Rechtsbeziehungen des Finanzamtes zu Dritten im Rahmen des § 330 RAO zu sein. Nach dieser Vorschrift kann das Finanzamt das Zwangsverfahren auch gegen Personen anordnen, die nach bürgerlichem Recht kraft Gesetzes verpflichtet sind, die Schuld zu erfüllen oder die Zwangsvollstreckung zu dulden. Für die bürgerlich-rechtlichen Fragen, die sich aus der Anordnung des Zwangsverfahrens ergeben[5], war bis zum 31. 12. 1965 der ordentliche Rechtsweg eröffnet[6], da die in Betracht kommenden Verpflichtungen ihre Grundlagen im bürgerlichen Recht hatten. Dagegen sollte für spezifisch steuerliche Fragen, wie die, ob sich die Haftung aus § 419 BGB auch auf einzelne Abgaben erstreckt[7], der Finanzrechtsweg zulässig sein[8].

---

[1] BVerwG KStZ 1964, 14; *Kühn*, 7. Aufl. § 328 Anm. 2; *Hepp* in *Hübschmann - Hepp - Spitaler* § 328 Anm. 2.

[2] *Hepp* a.a.O.

[3] *Hepp* a.a.O.; *Kühn*, § 328 Anm. 4; *Riewald*, § 328 Anm. 1 (2); FG Hannover EFG 1959, 69.

[4] RGZ 162, 218; BGHZ 32, 240; *Hepp - Schwarz* in *Hübschmann - Hepp - Spitaler*, § 328 Anm. 17 c.

[5] z. B. § 419 BGB oder §§ 781—784, 786 ZPO.

[6] § 14 Abs. 5 Satz 2 Nr. 2 BeitrO; RGZ 160, 7 (11); BFH BStBl. 1953 III, 82; LG Berlin NJW 1954, 1730; *Kühn*, 7. Aufl. § 330 Anm. 3; *Gericke*, FR 1961, 107 (111); *Kautz - Riewald - Leisner*, § 3 VO v. 1899 Anm. 7 (1], S. 59; *Liman - Schwarz*, § 14 BeitrO Anm. 20; ebenso für den gleichlautenden § 10 VwVG Nordrhein-Westfalen: *Rasch* bei *v. Brauchitsch - Ule*, Bd. I, 1 S. 1173 (Erl. 10.3) und *Rietdorf*, Erl. 3 zu § 10 VwVG N.W.; § 17 Abs. 2 S. 1 VwVG Rheinland-Pfalz spricht von der Zivilklage.

[7] BFH BStBl. 1953 III, 82.

[8] § 14 Abs. 5 Satz 1 BeitrO; BFH a.a.O.; RGZ 160, 7 (12); Begründung zur Änderung des § 330 RAO: Bundestagsdrucksache IV/2442, S. 19, Art. 1 Nr. 12.

Durch das Abgabenordnungsänderungsgesetz vom 15. 9. 1965[9] wurden die bisherigen Sätze 2 bis 4 des § 330 Abs. 2 RAO gestrichen[10]. Der Änderung wird von einem Teil des Schrifttums entnommen, daß nunmehr gegen die Anordnung des Zwangsverfahrens der Finanzrechtsweg eröffnet ist[11], während andere weiterhin den ordentlichen Rechtsweg für gegeben halten[12].

Im Schrifttum wurde vorgeschlagen, auf § 330 RAO, der als „maßlos häßlicher Gesetzeszwitter" bezeichnet wird[13], ganz zu verzichten. Die bürgerlich-rechtliche Haftung werde durch § 120 Abs. 1 RAO zur steuerlichen; der Haftende könne durch Haftungsbescheid in Anspruch genommen werden; dies sei lediglich unzulässig, solange § 330 RAO gelte[14]. Auch die Änderung des § 330 RAO durch das Änderungsgesetz vom 15. 9. 1965 wurde damit begründet, die bürgerlich-rechtlichen Voraussetzungen einer steuerlichen Inanspruchnahme seien durch die §§ 113, 120 Abs. 1 RAO ausdrücklich in das Steuerrecht übernommen worden[15].

Dieser Ansicht kann nicht gefolgt werden. § 330 RAO ist solange nicht entbehrlich, als § 120 Abs. 1 Satz 2 RAO auf die Vorschriften des bürgerlichen Rechts verweist. Erst auf Grund von § 330 RAO kann das Finanzamt gegen den Dritten im Verwaltungszwangsverfahren vorgehen. Ohne diese Vorschrift müßte das Rechtsverhältnis zum Dritten, jedenfalls solange § 120 Abs. 1 Satz 2 RAO gilt, als privatrechtliches angesehen werden. Die Voraussetzung, von der der Gesetzgeber bei der Änderung des § 330 RAO ausging — durch die §§ 113, 120 Abs. 1 RAO seien die bürgerlich-rechtlichen Voraussetzungen einer Inanspruchnahme in das Steuerrecht übernommen worden — könnte bei einer Streichung des § 330 RAO nur dann aufrechterhalten werden, wenn auch § 120 Abs. 1 Satz 2 RAO wegfällt, der auf das bürgerliche Recht verweist. Solange § 330 RAO besteht, stempelt er allein das Rechtsverhältnis des Finanzamtes zum Dritten zu einem öffentlichrechtlichen. Da das Finanzamt gegen die unter diese Vorschrift fallen-

---

[9] BGBl. I, 1356.

[10] § 330 Abs. 2 Satz 2—4 RAO: Gegen eine Entscheidung (des Finanzamtes, Satz 1 a.a.O.). die den Widerspruch zurückweist, ist gerichtliche Klage gegeben. Die Klage ist innerhalb einer Ausschlußfrist von einem Monat zu erheben und gegen das Reich zu richten. Wegen Einstellung des Zwangsverfahrens und Aufhebung erfolgter Vollstreckungsmaßregeln gelten die §§ 769, 770 der Zivilprozeßordnung.

[11] *Kühn*, 8. Aufl. § 330 Anm. 1; *Tipke - Kruse* § 330 Anm. 4; *Hepp - Schwarz* in *Hübschmann - Hepp - Spitaler*, § 330 Anm. 5; *Becker - Riewald - Koch*, § 330 RAO Anm. 2 (5); *Liman - Schwarz*, Band III, § 330 RAO Anm. 2.

[12] *Ziemer - Birkholz*, § 33 FGO Anm. 40 (S. 164 oben 2. Reihe); *Tipke - Kruse* § 33 FGO Anm. 3 (S. 1582, letzte Zeile).

[13] *Gericke*, FR 1961, 107 (111).

[14] *Tipke - Kruse*, § 330 RAO Anm. 1.

[15] Bundestagsdrucksache IV/2442, S. 19.

den Personen das Zwangsverfahren anordnen kann, tritt es mit hoheitlicher Gewalt auf. Es erfüllt einen Tatbestand, der nur einem Träger öffentlicher Gewalt zusteht und der daher dem öffentlichen Recht zuzurechnen ist[16].

Daran ändert auch die Tatsache nichts, daß unter § 330 RAO nur diejenigen Personen fallen, die allein nach bürgerlichem Recht haften[17]. Besteht bereits nach Steuerrecht eine Haftung, so verbleibt es bei der Regelung der §§ 327, 328 Abs. 1 Satz 2 RAO: Der Dritte hat die Zwangsvollstreckung zu dulden, sofern ihm nicht am Gegenstand der Vollstreckung ein die Veräußerung hinderndes Recht zusteht. Dieses ist vor den ordentlichen Gerichten geltend zu machen (§ 327 Abs. 1 Satz 1 RAO)[18].

Als öffentlich-rechtliche Abgabenstreitigkeit sieht auch der Gesetzgeber die Fälle des § 330 RAO an. Da in diesen Fällen nunmehr die Zulässigkeit des Finanzrechtsweges gegeben ist, und da eine besondere Zuweisung fehlt, muß der Tatbestand des § 33 Abs. 1 Nr. 1 FGO erfüllt sein, wenn die Finanzgerichte einheitlich über alle Einwendungen des Dritten entscheiden sollen[19]. Zur Verwaltung der Abgaben gehört die Beitreibung der Steuerschulden. Richtet sich die Beitreibung nach § 330 RAO gegen einen Dritten, so werden die abgabenrechtlichen Vorschriften durch die Finanzbehörden angewendet. Daher sind die Fälle des § 330 RAO Abgabenangelegenheiten (vgl. § 33 Abs. 2 FGO).

Die Zulässigkeit des Finanzrechtsweges in den Fällen, in denen Dritte bei der Beitreibung in Anspruch genommen werden, setzt also voraus, daß eine Abgabenstreitigkeit, und keine Streitigkeit des Privatrechts vorliegt. Diese Problematik könnte aus dem hier behandelten Thema ausscheiden, da alle drei Verwaltungsrechtswege nur für öffentlich-rechtliche Streitigkeiten zulässig sind.

Stellung des Drittschuldners bei der Forderungspfändung

Das Bundesverwaltungsgericht hat jedoch in einem Urteil vom 18. 1. 1963[20] das Rechtsverhältnis eines Dritten, der durch Beitreibungs-

---

[16] Vgl. Hans J. *Wolff*, AöR 85, 205 (210).

[17] *Hepp - Schwarz* in *Hübschmann - Hepp - Spitaler*, § 330 Anm. 3; *Kühn*, § 330 Anm. 2.

[18] Unter § 330 RAO fällt beispielsweise der Vermögensübernehmer des § 419 BGB (BFH BStBl. 1953 III, 82), nicht jedoch der Gesamtrechtsnachfolger, da dieser nach § 8 Abs. 1 StAnpG steuerlich haftet; weitere Beispiele bei *Hepp - Schwarz* a.a.O. Anm. 4 und *Liman - Schwarz*, § 14 BeitrO Anm. 5—11.

[19] Vgl. Bundestagsdrucksache IV/2442, S. 19, Art. 1 Nr. 12.

[20] KStZ 1964, 14; im 2. Rechtszug siehe Urt. OVG Hamburg, KStZ 1966, 14.

maßnahmen beeinträchtigt wird, als öffentlich-rechtliche Streitigkeit, aber nicht als Abgabenangelegenheit angesehen und für eine Klage des Dritten den Verwaltungsrechtsweg für zulässig erachtet. Der Kläger dieses Falles war Großhändler für Altstoffe. Das Finanzamt hatte wiederholt künftige Forderungen seiner Kunden gepfändet, die aus laufender Geschäftsverbindung entstanden. Sobald die Kunden von der Pfändung erfuhren, brachen sie die Geschäfte mit dem Kläger ab, da dieser nicht mehr an sie zahlen durfte. Der Kläger fühlte sich durch die Pfändungspraxis des Finanzamtes beeinträchtigt.

In der Urteilsbegründung geht das Gericht von der Doppelstellung des Finanzamtes als Steuergläubiger und als Vollstreckungsbehörde aus[21]. Werde ein Dritter durch Beitreibungsmaßnahmen betroffen, so bestehe zwischen ihm und dem Finanzamt kein abgabenrechtliches Verhältnis. Das Gericht verwies zur Begründung dieser Ansicht auf § 330 RAO, den es nach damals herrschender Ansicht mit den §§ 328, 346 Abs. 2, 349 Abs. 2 RAO und § 459 Abs. 3 Satz 2 RAO a.F. verglich. Anders sei jedoch die Stellung des Drittschuldners bei der Forderungspfändung zu beurteilen. Das Verhältnis des Finanzamtes als Vollstreckungsbehörde zum Drittschuldner werde durch § 361 RAO zur Abgabenangelegenheit; der Drittschuldner müsse seine Einwendungen gegen die Art und Weise der Zwangsvollstreckung deshalb im Finanzrechtsweg geltend machen. Davon zu unterscheiden sei jedoch das Verhältnis des Finanzamtes als Steuergläubiger zum Drittschuldner. Dieses sei zwar keine Abgabenangelegenheit, wohl aber ein öffentlich-rechtliches Verhältnis; für den Rechtsschutz des Dritten sei in diesem Falle der Verwaltungsrechtsweg eröffnet.

Aus den bereits erörterten Gründen ist die Ansicht des Gerichts abzulehnen, § 330 RAO regele bürgerlich-rechtliche Beziehungen. Aber auch der Ansicht, die Rechtsverhältnisse des Drittschuldners zum Finanzamt als Steuergläubiger gehören dem öffentlichen Recht an, seien aber keine Abgabenangelegenheiten, kann nicht gefolgt werden. Durch die Pfändung entstehen zwischen Finanzamt und Drittschuldner mehrfache Rechtsbeziehungen: Als Steuergläubiger macht das Finanzamt die gepfändete Forderung in der gleichen Rechtsposition geltend, die vorher der Vollstreckungsschuldner hatte. Bestreitet der Drittschuldner, so muß das Finanzamt im ordentlichen Rechtsweg klagen[22]. Als Vollstreckungsbehörde tritt es jedoch zum Drittschuldner in abgabenrechtliche Beziehungen durch den Erlaß eines Zahlungsverbotes (§ 361 Satz 1 RAO). Will sich der Drittschuldner gegen das Zahlungs-

---

[21] a.a.O. S. 15; ebenso *Hepp - Schwarz* in *Hübschmann - Hepp - Spitaler,* § 344 Anm. 2.

[22] BGH BStBl. 1958 I, 710; *Tipke - Kruse,* § 361 Anm. 28.

verbot oder der Vollstreckungsschuldner gegen das Einziehungsverbot wehren, so steht beiden der Finanzrechtsweg offen[23].

Wird durch die Pfändung künftiger Forderungen das Verhältnis des Drittschuldners zum Finanzamt als Steuergläubiger berührt, so ist nicht ersichtlich, weshalb dieses Rechtsverhältnis wohl ein öffentlich-rechtliches, aber kein abgabenrechtliches sein soll. Der Steuergläubiger nimmt mit der Pfändung künftiger Forderungen nicht mehr und keine anderen Rechte wahr als jeder andere Privatgläubiger. Will der Drittschuldner einen rechtswidrigen Eingriff in seinen Gewerbebetrieb abwehren, der darin bestehen soll, daß die Pfändung künftiger Forderungen die Kunden vertreibe, so befindet er sich mit dem Finanzamt in einem privatrechtlichen Streit, in dem die behauptete Grundrechtsverletzung nur Vorfrage ist. In diesem Fall wäre die Klage vor den ordentlichen Gerichten zu erheben. Ist der Drittschuldner an einer rechtmäßigen Durchführung des Beitreibungsverfahrens im Einzelfall interessiert, so spricht er das Finanzamt in seiner Rolle als Vollstreckungsbehörde an; da dann eine Abgabenangelegenheit vorliegt, ist der Finanzrechtsweg eröffnet. Auf keinen Fall kann aber der Verwaltungsrechtsweg zulässig sein. Das Bundesverwaltungsgericht ist die Begründung für seine Behauptung, es liege eine öffentlich-rechtliche Streitigkeit vor, schuldig geblieben.

Festzuhalten bleibt:

Keine Abgabenangelegenheiten sind im Beitreibungsverfahren die Beziehungen des Finanzamtes als Steuergläubiger zu Dritten. Diese Beziehungen gehören dem Privatrecht an. Abgabenangelegenheiten sind dagegen die Beziehungen des Finanzamtes als Vollstreckungsbehörde zu Dritten.

§ 120 Abs. 1 RAO regelt die Rechte des Finanzamtes als Gläubiger, § 330 RAO die als Vollstreckungsbehörde; Streitigkeiten zwischen dem Finanzamt und Dritten sind daher nur im ordentlichen oder im Finanzrechtsweg, nicht jedoch im Verwaltungsrechtsweg zulässig.

III. Beitreibungsrecht der Sozialversicherung

Das Verwaltungsvollstreckungsgesetz läßt die Beitreibungsvorschriften des Sozialversicherungsrechts einschließlich des Rechts der Arbeitslosenversicherung unberührt (§ 1 Abs. 3 VwVG). Zum Sozialversicherungsrecht gehören historisch die Krankenversicherung, die Unfallversicherung, die Rentenversicherung der Arbeiter und Angestellten

---

[23] *Tipke - Kruse*, § 361 Anm. 29; *Kühn*, § 361 Anm. 7; *Hepp - Schwarz* in *Hübschmann - Hepp - Spitaler*, § 361 Anm. 35 cc und 41.

und die Knappschaftsversicherung einschließlich der Unfallversicherung für den Bergbau[1]. Das Recht der Arbeitslosenversicherung gehört zwar nicht zum Sozialversicherungsrecht historischer Prägung, wird aber vielfach diesem gleichgestellt: § 1 Abs. 3 VwVG; § 51 SGG.

1. § 28 Reichsversicherungsordnung

Zentrale Vorschrift für die Beitreibung von Beitragsrückständen ist § 28 RVO. Ob die Vorschrift darüber hinaus auch für die Rückforderung zu Unrecht erbrachter Leistungen angewendet werden kann, ist allerdings bestritten. Rückforderungen und Rückstände sollen nicht vergleichbar sein[2]. Die Vollstreckbarkeit der Rückforderungen wird teilweise unmittelbar aus dem Satz gefolgert, „die Befugnis, obrigkeitliche Anordnung zu erlassen, schließe das Recht ein, dieselben — notfalls unter Anwendung von Zwang — in Vollzug zu setzen“[3]; teilweise wird § 200 SGG in Verbindung mit dem Verwaltungsvollstreckungsgesetz angewendet[4]. Dagegen spricht jedoch, daß § 200 SGG nur die Vollstreckung von Urteilen regelt, nicht jedoch die von Verwaltungsakten[5]. Besser erscheint es deshalb, § 28 RVO auf Rückforderungsbescheide analog anzuwenden[6].

§ 28 RVO bestimmt, daß Rückstände wie Gemeindeabgaben beigetrieben werden. Die Vorschrift gilt unmittelbar für die Kranken-, Unfall- und Arbeitnehmerrentenversicherung (§ 3 RVO). Sie gilt darüber hinaus für die Beitragsforderungen der Ersatzkassen[7], für die Arbeitslosenversicherung[8] und für die Angestelltenrentenversicherung[9]. § 28 Abs. 1 RVO gilt daher für alle Arten der Sozialversicherung[10].

---

1 *Hofmann - Schroeter*, § 51 SGG Anm. 3 (S. 39); *Peters - Sautter - Wolff*, § 51 Anm. 10 c.

2 *Haueisen*, NJW 1955, 212 (213); 1956, 1457 (1459); Ortskrankenkasse 1956, 342; *Wussow*, Soz. Vers. 1956, 196; *Dempewolf*, Soz. Vers. 1955, 251; *Kleff*, Soz. Vers. 1959, 117.

3 *Haueisen*, NJW 1955, 212 (213 mit Nachweisen Fußnote 9).

4 *Haueisen* a.a.O.

5 *Schäfer*, Soz. Vers. 1955, 249.

6 *Tannen*, Soz. Vers. 1955, 75; *Schäfer* a.a.O. S. 250.

7 § 520 Abs. 4 RVO beim Firmeneinzug der Beiträge, § 511 Abs. 3 RVO für den Fall der Selbstzahlung durch den Versicherten.

8 § 160 Abs. 2 des Gesetzes über die Arbeitsvermittlung und Arbeitslosenversicherung i.d.F. v. 3. 4. 1957 — AVAVG — BGBl. I, 321.

9 § 121 Abs. 1 i.V.m. § 118 Angestellten-Versicherungs-Neuregelungsgesetz v. 23. 2. 1957 — AVG — BGBl. I, 88, bestimmen, daß die Beiträge von den Trägern der Krankenversicherung eingezogen werden; nach § 122 Abs. 1 Satz 1 AVG gelten für den Einzug die Vorschriften für die Krankenversicherung entsprechend. Für die Arbeiterrentenversicherung gelten die §§ 1396, 1399, 1400 RVO.

10 Horst *Peters*, Handbuch der Krankenversicherung, § 28 RVO Anm. 2 (S. 133); *Hartmann*, Rechtsschutz S. 26.

Die Verweisung auf das für Gemeindeabgaben geltende Recht bedeutet, daß Rückstände nach Landesrecht beigetrieben werden[11]. Die Kommunalabgabengesetze verweisen für die Beitreibung meist auf besondere landesrechtliche Beitreibungsvorschriften[12]. Aus § 28 RVO ergibt sich weiter, daß die Gemeinden auf Ersuchen der Versicherungsträger Vollstreckungsbehörden sind[13].

Aus der Tatsache, daß die Beitreibung durch die Gemeindebehörden nach Landesrecht vorgenommen wird, ergibt sich die Gefahr einer Rechtszersplitterung, die sich auch auf den im Einzelfall zulässigen Rechtsweg auswirken kann. Stellt man nämlich für die Zulässigkeit des Rechtsweges darauf ab, ob ein Vollziehungsbeamter der Gemeinde oder ein zum Vollziehungsbeamten des Versicherungsträgers bestellter Angestellter tätig geworden ist[14], so kommen für den Rechtsschutz der Verwaltungs- und der Sozialrechtsweg und dort, wo die Beitreibung durch Finanzämter erfolgt, auch der Finanzrechtsweg in Betracht. Dagegen könnte einheitlich der Sozialrechtsweg eröffnet sein, wenn die Vollstreckung sozialversicherungsrechtlicher oder diesen gleichgestellter Forderungen stets eine Angelegenheit der Sozialversicherung im Sinne von § 51 SGG wäre. Wird für die Zulässigkeit des Rechtsweges darauf abgestellt, wer die Forderung vollstreckt, so ist der Sozialrechtsweg in folgenden Fällen eröffnet:

2. Sozialrechtsweg bei der Vollstreckung nach § 404 Abs. 4 RVO

Nach § 404 Abs. 4 RVO können unter bestimmten Voraussetzungen die geschäftsleitenden Angestellten der Kasse des Versicherungsträgers als Vollstreckungsbeamte, sonstige Angestellte als Vollziehungsbeamte bestellt werden[15]. Erfolgt die Beitreibung rückständiger Beiträge durch diese Personen, so ist die Beitreibung eine Angelegenheit der Sozialversicherung, weil das gesamte Verfahren nach Zweck und Organisa-

---

[11] *Schieckel*, RVO-Gesamtkommentar § 28 Anm. 1; *Kersten*, JZ 1952, 587, *Hartmann* a.a.O.

[12] § 90 Abs. 1 preuß. KAG vom 14. 7. 1893, GS 152, verwies auf die Verordnung betreffend das Verwaltungszwangsverfahren wegen Beitreibung von Geldbeträgen vom 15. 11. 1899, GS 545.

[13] *Eckert*, Sozialversicherungsgesetze, Bd. Allgemeines, § 28 RVO Anm. 2 (2); *Kühne - Peters*, Handbuch der Krankenversicherung I, § 28 RVO Anm. 3 a; *Altmeyer - Lahm*, S. 312.

[14] so das Reichsversicherungsamt für die Frage, welche Aufsichtsbehörde für die Entscheidung über die angefochtene Vollstreckungsmaßnahme zuständig ist: EuM 28, 470 und 30, 353; für den Rechtsweg: BSG Sozialrechtl. Entscheidungssammlung Bd. I § 51 SGG Nr. 2; ebenso *Hästler*, Wege zur Soz. Vers. 1955, 109 (117 sub V); *Dersch*, Wege zur Soz. Vers. 1955, 137 (143 sub IV); *Eckert - Schraft*, Selbstverwaltungsrecht der Soz. Vers. 4. Bd. Teil F 2, Bl. 68; *Ule*, § 40 VwGO Anm. IV 2 c (S. 101).

[15] zur Rechtslage in Berlin, die im Ergebnis gleich ist, vgl. BSG E 3, 206.

tionsform in besonderem Maße auf die Bedürfnisse der Sozialversicherung abgestellt ist. Kommt es bei der Beitreibung daher zu Streitigkeiten, so ist bundeseinheitlich dafür der Sozialrechtsweg nach § 51 Abs. 1 SGG eröffnet[16].

3. Beitreibung der Berufsgenossenschaften nach § 748 RVO

Eine weitere Besonderheit besteht im Beitreibungsrecht der Berufsgenossenschaften. Diese und die bei ihnen errichteten Familienausgleichskassen können ihre Rückstände wie Gemeindeabgaben (§§ 3, 28 RVO), daneben aber auch nach den Vorschriften der Zivilprozeßordnung beitreiben (§ 748, früher 754 a RVO). Die Beitreibung soll auch dann Verwaltungszwangsverfahren bleiben, wenn sich der Gläubiger dazu eines Gerichtsvollziehers der ordentlichen Gerichte bedient. Dieser ist als Vollzugsbeamter des Gläubigers anzusehen. Für die Gewährung von Vollstreckungsschutz ist der ordentliche Rechtsweg deshalb unzulässig[17]. Durch die Möglichkeit der Vollstreckung nach der Zivilprozeßordnung wird das ordentliche Gericht nicht zur Vollstreckungsbehörde. Der Auftrag an den Gerichtsvollzieher ist ein Amtshilfeersuchen. Er hat nicht die Unterstellung des Verfahrens unter die ordentliche Gerichtsbarkeit zur Folge. Ist somit eine öffentlich-rechtliche Streitigkeit gegeben, so wäre der Sozialrechtsweg eröffnet, wenn eine Angelegenheit der Sozialversicherung vorliegt. Zwar lassen sich die Regelungen der §§ 748; 404 Abs. 4 RVO nicht unmittelbar miteinander vergleichen. Bei § 404 Abs. 4 RVO werden Organe des Versicherungsträgers, bei § 748 RVO dagegen ein Gerichtsvollzieher tätig. Trotzdem ist auch § 748 RVO eine besondere Regelung des Sozialversicherungsrechts, die den Eigenarten der Unfallversicherung gerecht werden soll. Die Regelung wurde eingeführt, weil die Träger der Unfallversicherung, die Berufsgenossenschaften, nicht regional, sondern fachlich gegliedert sind. Die Möglichkeit, die Beitreibung einem Gerichtsvollzieher zu übertragen, soll den Berufsgenossenschaften die Vollstreckung erleichtern[18]. Da das Bundessozialgericht in der Entscheidung zu § 404 Abs. 4 RVO auf den Zweck der Regelung abstellte und eine Angelegenheit der Sozialversicherung annahm, weil das Verfahren nach Zweck und Orga-

---

[16] BSG E 3, 204 und Sozialrechtl. Entscheidungssammlung Bd. I, 1, BSG I/4 § 51 Nr. 2; *Schieckel*, RVO-Gesamtkommentar, § 28 Anm. 1; *Hästler*, Wege zur Soz. Vers. 1955, 109 (117, V); *Dersch*, Wege zur Soz. Vers. 1955, 137 (143, IV); *Eckert - Schraft*, Selbstverwaltungsrecht der Sozialversicherung, Stand Juni 1956, 4. Bd. Teil F 2, Bl. 68; *Miesbach - Ankenbrank*, § 51 SGG S. 43; BayLSG, Breithaupt 1955, 1123 (1125); *Wussow*, Soz. Vers. 1957, 109; *Haueisen*, NJW 1956, 1457 (1459).

[17] LG Dortmund, JW 1936, 2585; *Kautz - Riewald - Leisner*, § 2 VO von 1899, Anm. 6 Abs. 4; OLG Nürnberg, NJW 1957, 717.

[18] *Kersten*, JZ 1952, 587 (588).

nisationsform auf die Bedürfnisse der Sozialversicherung abgestellt ist, kann auch in diesen Fällen angenommen werden, daß eine Angelegenheit der Sozialversicherung vorliegt. Rechtsschutz im Beitreibungsverfahren wird deshalb auch hier im Sozialrechtsweg nach § 51 Abs. 1 SGG gewährt.

4. Geltung des § 51 Abs. 1 SGG im Beitreibungsverfahren der Gemeinde

Treiben die Gemeinden — in den Stadtstaaten die an deren Stelle stehenden Behörden — öffentlich-rechtliche Forderungen der Versicherungsträger bei, so könnte der Sozialrechtsweg nach § 51 SGG zulässig sein für die Klagen gegen Beitreibungsmaßnahmen. Die Gerichte der Sozialversicherung entscheiden über öffentlich-rechtliche Streitigkeiten in Angelegenheiten der Sozialversicherung, der Arbeitslosenversicherung und den übrigen Aufgaben der Bundesanstalt für Arbeitsvermittlung und Arbeitslosenversicherung sowie der Kriegsopferversorgung. Entscheidend für die Zulässigkeit des Sozialrechtsweges ist die Frage, ob eine Angelegenheit der Sozialversicherung auch dann vorliegt, wenn Forderungen der Sozialversicherungsträger durch Gemeinden nach landesrechtlichen Vorschriften beigetrieben werden[19].

Wichtig für die Entscheidung dieser Frage ist die Tatsache, daß alle drei Verwaltungsrechtswege unabhängig und gleichberechtigt nebeneinander stehen. Unvereinbar mit der grundsätzlichen Zuständigkeit für ein gesamtes Rechtsgebiet wäre daher die enumerative Regelung, da sie ungeeignet ist, den dauernden Veränderungen der Lebens- und Rechtsverhältnisse Rechnung zu tragen.

Durch die Verwendung des Begriffs der Angelegenheit soll der gesamte verwaltungsmäßige Vollzug der in § 51 SGG genannten Rechtsgebiete ohne Rücksicht darauf, wer vollzieht, erfaßt werden[20]. Die Verwendung des allgemeinen Begriffs „Angelegenheit" läßt erkennen, daß die Rechtsgebiete, die in § 51 SGG aufgeführt sind, in ihrer Gesamtheit in die Zuständigkeit der Sozialgerichte fallen[21]. Ein Streit

---

[19] *Haueisen*, DVBl. 1960, 39 (40 sub 6) nimmt offenbar keine Angelegenheit der Sozialversicherung an: Verlange das Arbeitsamt auf Grund eines bindenden Bescheides die Rückzahlung zu Unrecht gewährter Leistungen und ersuche die Gemeinde um Vollstreckung, so sei für die Klage auf Aufhebung der Pfändung des gemeindlichen Vollziehungsbeamten das Verwaltungsgericht zuständig. Vollstreckt an Stelle der Gemeinde das Finanzamt, so müßte nach dieser Ansicht der Finanzrechtsweg zulässig sein. Diese Ansicht wird vertreten von den in Fußnote 14 Zitierten sowie vom SG Oldenburg, Sozialgerichtsbarkeit 1955, 17; *Dersch - Knoll - Brockhoff - Schieckel - Schroeter*, RVO-Gesamtkommentar, § 28 Anm. 1.

[20] *Rohwer - Kahlmann* § 51 SGG RdN 16; *Dapprich*, S. 31; *Peters - Sautter - Wolff*, § 51 SGG Anm. 10 b (S. 123/2); *Wussow*, Soz. Vers. 1957, 109.

[21] BSG E 10, 206 (207); *Schraft*, § 51 SGG Anm. 3.

über die Art und Weise der Vollstreckung sozialversicherungsrechtlicher Forderungen stellt daher eine öffentlich-rechtliche Streitigkeit in Angelegenheiten der Sozialversicherung dar[22].

Das gilt unabhängig davon, wer als Vollstreckungsorgan auftritt, also auch für die Vollstreckungstätigkeit der Gemeindebehörden[23]. Will der Vollstreckungsschuldner gegen die Beitreibung Einwendungen aus dem öffentlichen Recht erheben, so ist daher der Sozialrechtsweg zulässig. Das gilt auch dann, wenn die Beitreibung nicht durch Gemeindebehörden, sondern durch Landesfinanzbehörden nach den Vorschriften der Abgabenordnung vorgenommen wird im Wege der Amtshilfe. Die Zulässigkeit des Finanzrechtsweges nach § 33 Abs. 1 Nr. 2 FGO ist in diesen Fällen nicht gegeben, da die Vorschrift nur dann zur Anwendung kommt, wenn ein anderer Rechtsweg ausdrücklich gegeben ist. Dies ist jedoch durch § 51 SGG geschehen.

Festzuhalten ist:

Für den Vollstreckungsschutz bei der Beitreibung öffentlich-rechtlicher Forderungen der Sozialversicherungsträger ist der Sozialrechtsweg unabhängig davon zulässig, welche Behörde die Forderung beitreibt.

Der Finanzrechtsweg ist auch dann nicht eröffnet, wenn die Beitreibung durch Finanzbehörden erfolgt.

IV. Die Beitreibung nach Landesrecht

Das Verwaltungsvollstreckungsrecht der Länder bietet ein bemerkenswert uneinheitliches Bild. Neuere Gesetze haben die Länder Bayern[1], Berlin[2], Hamburg[3], Nordrhein-Westfalen[4] und Rheinland-Pfalz[5]. Dagegen bestehen etwa in Baden-Württemberg verschiedene Regelungen nebeneinander: Im ehemals badischen Landesteil[6] gilt das Gesetz über

---

22 *Mellwitz,* § 51 SGG Anm. 13; SG Hamburg, Breithaupt 1955, 1131 (1132); BayLSG, Breithaupt 1955, 1123 (1129); LSG Berlin, Breithaupt 1956, 343.

23 *Peters - Sautter - Wolff* a.a.O.; a.A.: *Haueisen,* DVBl. 1960, 39 (40 sub 6); *Ule,* § 40 VwGO Anm. IV 2 c; *Kleff,* ZfS 1960, 174 (175) und offenbar auch OVG Münster, KStZ 1967, 121, da es sachlich entscheidet, ohne seine Kompetenz zu begründen; allerdings stritten eine kommunale Vollstreckungsbehörde und eine Berufsgenossenschaft über die Kosten erfolgloser Vollstreckung.

1 Verwaltungszustellungs- und Vollstreckungsgesetz vom 30. 5. 1961, GVBl. 148.

2 § 16 Abs. 2 Verwaltungsverfahrensgesetz vom 2. 10. 1958, GVBl. 951 verweist auf das Gesetz des Bundes.

3 Gesetz vom 13. 3. 1961, GVBl. 79.

4 Gesetz vom 23. 7. 1957, GVBl. 216.

5 Gesetz vom 8. 7. 1957, GVBl. 101.

6 Reg.bez. Nordbaden und Südbaden, vgl. *Kübler - Fröhner,* Einf. S. 35 und *Rasch* bei *v. Brauchitsch - Ule* Bd. I, 1 S. 871.

die Zwangsvollstreckung wegen öffentlich-rechtlicher Geldforderungen vom 12. April 1899[7]. Im ehemals württembergischen[8] Landesteil gilt das Gesetz über die Zwangsvollstreckung wegen öffentlich-rechtlicher Ansprüche vom 18. 8. 1879[9] und im ehemals hohenzollernschen[10] Landesteil die preußische Verordnung betreffend das Verwaltungszwangsverfahren wegen Beitreibung von Geldbeträgen vom 15. 11. 1899[11] und das Gesetz über die Zulässigkeit des Verwaltungszwangsverfahrens und über sonstige finanzielle Zwangsbefugnisse vom 12. 7. 1933[12]. Die Beitreibung von Kommunalabgaben findet in den Regierungsbezirken Nordwürttemberg und Südwürttemberg-Hohenzollern (ohne Landkreise Hechingen und Sigmaringen) jedoch nach den Vorschriften der Reichsabgabenordnung statt[13]. Die abgabenberechtigte Körperschaft ist selbst Vollstreckungsbehörde.

Die Preußische Verordnung betreffend das Verwaltungszwangsverfahren (VO betr. VwZwV) gilt außerdem noch in den ehemals preußischen Teilen des Landes Hessen und des Landes Niedersachsen, in Schleswig-Holstein und im Saarland[14, 15]. Soweit die Erhebung der Gemeindeabgaben sich noch nach dem preußischen Kommunalabgabengesetz vom 14. 7. 1893[16] richtet, gilt für die Beitreibung der Abgaben die erwähnte Verordnung nach § 90 Abs. 1 preuß. KAG. Das Verwaltungsvollstreckungsrecht der Länder ist nicht beschränkt auf die Beitreibung landesrechtlich begründeter Forderungen. In Bundesgesetzen wird häufig das Landesrecht für anwendbar erklärt: Bereits erwähnt wurden § 5 Abs. 2 VwVG und § 28 RVO. Weitere Beispiele sind § 3 Abs. 8 des Gesetzes zur vorläufigen Regelung des Rechts der Industrie- und Handelskammern[17] und §§ 67, 82, 107 Handwerksordnung[18]. Auch

---

[7] GVBl. 111, abgedruckt bei *Fuchs - Emmelmann,* Verwaltungsgerichtsbarkeit und Verwaltungsverfahren, 2. Aufl. 1960, S. 175 ff.

[8] Reg.bez. Nordwürttemberg und Südwürttemberg-Hohenzollern ohne Landkreise Hechingen und Sigmaringen.

[9] Reg. Bl. 202, abgedruckt bei *Fuchs - Emmelmann* S. 220 ff.

[10] Landkreise Hechingen und Sigmaringen; vgl. *Kübler - Fröhner,* Einf. S. 34 f.

[11] GS 545, abgedruckt bei *v. Brauchitsch - Ule,* Bd. I, 1 S. 763.

[12] GS 252, abgedruckt bei *v. Brauchitsch - Ule,* Bd. I, 1 S. 790.

[13] *Kübler - Fröhner* a.a.O.

[14] *Rasch* in *v. Brauchitsch - Ule,* Bd. I, 1 S. 764.

[15] Die weiteren in Hessen anwendbaren Vorschriften sind abgedruckt bei *Rasch* in *v. Brauchitsch - Ule,* Bd. I, 1 (S. 1125); daneben gilt für die Beitreibung von Geldforderungen staatlicher Behörden, die keine eigenen Vollziehungsbeamten oder Vollstreckungsstellen haben sowie für die Kassengeschäfte, die die Finanzämter für andere Staatsbehörden führen, das Gesetz über die Beitreibung staatlicher Forderungen durch die Finanzämter vom 25. 10. 1949, GVBl. 157, abgedruckt bei *Rasch* a.a.O. S. 1129.

[16] GS 152.

[17] vom 18. 12. 1956, BGBl. I, 920.

[18] *Kautz - Riewald - Leisner,* Ergänzungsband, § 2 VwVG NW RdN 2.22.

die Beitreibung der Realsteuern richtet sich nach Landesrecht, wenn Erhebung und Beitreibung den Gemeinden übertragen sind. Ist die Realsteuerverwaltung dagegen vollständig den Finanzämtern übertragen, so richtet sich auch die von ihnen vorgenommene Beitreibung nach der Abgabenordnung. In diesen Fällen ist der Tatbestand des § 33 Abs. 1 Nr. 1 FGO erfüllt.

1. Ehemals preußische Gebiete, soweit nicht neuere Gesetze bestehen

Durch § 2 Abs. 2 VO betr. VwZwV wurde der Rechtsweg wegen vermeintlicher Mängel des Zwangsverfahrens ausgeschlossen. Durch die Einführung der verwaltungsgerichtlichen Generalklausel für öffentlich-rechtliche Streitigkeiten nichtverfassungsrechtlicher Art ist diese Vorschrift zwar überholt[19], eine Rechtswegregelung enthält die Verordnung aus diesem Grund jedoch nicht. Es gelten daher die allgemeinen Vorschriften der §§ 40 VwGO, 33 FGO. Das preußische Kommunalabgabengesetz (preuß. KAG) berechtigte die Gemeinden zur Erhebung von Kommunalabgaben. Soweit durch Bundesrecht, wie zum Beispiel § 28 RVO, für die Beitreibung auf das Gemeindeabgabenrecht verwiesen wird, erfolgt die Beitreibung durch die Gemeinde. Da für Streitigkeiten über die Beitreibung mit der Gemeinde eine besondere Zuweisung nicht besteht, ist der Verwaltungsrechtsweg nach § 40 Abs. 1 Satz 1 VwGO zulässig (§ 70 Abs. 2 KAG, der die Klage im Verwaltungsstreitverfahren eröffnete, galt nur für das Erkenntnisverfahren; er ist außerdem jetzt durch § 40 VwGO überholt).

2. Baden-Württemberg

In Baden-Württemberg gilt für Gemeindeabgaben das Kommunalabgabengesetz vom 18. 2. 1964[20]. Das Gesetz gilt unmittelbar für Steuern, Gebühren und Beiträge, die von den Gemeinden und Landkreisen erhoben werden, soweit nicht eine besondere gesetzliche Regelung besteht. Daneben gilt es für eine Anzahl anderer Abgaben öffentlichrechtlicher Körperschaften durch Verweisung[21]. Das Beitreibungsrecht wurde durch das Gesetz jedoch nicht neu geregelt, da eine landeseinheitliche Regelung des Verwaltungszwangsverfahrens abgewartet wird[22]. Da in den drei Rechtsgebieten, in denen das Beitreibungsrecht fortgilt, die abgabenberechtigte Körperschaft selbst Vollstreckungsbehörde ist, kommt in Beitreibungsstreitigkeiten die Zulässigkeit des

[19] *Rasch* in *v. Brauchitsch - Ule*, Bd. I, 1 S. 765; OVG Münster E 5, 176 (177); *Neumann*, DVBl. 1957, 305.

[20] Ges. Bl. S. 71.

[21] Einzelheiten bei *Kübler - Fröhner*, § 1 KAG Anm. 3.

[22] *Kübler - Fröhner*, Einl. S. 34.

Verwaltungsrechtsweges in Betracht. Das gleiche gilt für die unter das Landesgebührengesetz fallenden Gebühren, da dessen § 10 für die Beitreibung auf das Verwaltungszwangsverfahren verweist[23].

3. Bayern

Für die Vollstreckung von Verwaltungsakten, die zur Leistung von Geld oder zu einem sonstigen Handeln, Dulden oder Unterlassen verpflichten oder zu einer unmittelbar bestehenden Rechtspflicht anhalten, gilt in Bayern das Verwaltungszustellungs- und Vollstreckungsgesetz (VwZVG) vom 30. 5. 1961[24], soweit die Vollstreckung nicht durch Bundesrecht unmittelbar geregelt ist oder bundesrechtliche Vollstrekkungsvorschriften durch Landesrecht für anwendbar erklärt sind (Art. 18 VwZVG). Geldforderungen des Freistaates Bayern werden durch die Finanzämter nach Art. 25 VwZVG nach den Vorschriften der Reichsabgabenordnung vollstreckt. Der Finanzrechtsweg ist damit durch § 33 Abs. 1 Nr. 2 FGO für den Rechtsschutz zulässig. Davon besteht jedoch eine Ausnahme: Werden Einwendungen gegen die Vollstreckung erhoben, die den zu vollstreckenden Anspruch betreffen, so entscheidet die Anordnungsbehörde (Art. 21). Dies ist die Behörde, die den zu vollstreckenden Verwaltungsakt erlassen hat (Art. 20 Nr. 1). Sie ist regelmäßig kein Finanzamt, weil die von den Finanzbehörden verwalteten Forderungen nach der Abgabenordnung beigetrieben werden. Für die Anfechtungsklage, die der zivilprozessualen Vollstreckungsgegenklage vergleichbar ist, ist daher der Verwaltungsrechtsweg, für die Geltendmachung von Mängeln der Vollstreckung der Finanzrechtsweg, für die Drittwiderspruchsklage (§ 328 RAO) und die Klage auf vorzugsweise Befriedigung (§ 346 Abs. 2 RAO) jedoch der ordentliche Rechtsweg zulässig.

Für die Vollstreckung von Geldforderungen der Gemeinden und sonstiger juristischer Personen des öffentlichen Rechts gelten die Art. 26, 27 VwZVG. Gemeinden, Gemeindeverbände und Zweckverbände schaffen sich einen vollstreckbaren Titel selbst und lassen ihn durch die ordentlichen Gerichte vollstrecken. Zu gewissen Vollstreckungsmaßnahmen sind sie, im Gegensatz zu den sonstigen juristischen Personen des öffentlichen Rechts, selbst befugt. Rechtsschutz gegen diese Maßnahmen wird im Verwaltungsrechtsweg gewährt (Art. 26 Abs. 7 Satz 3 VwZVG). Dagegen ist im ordentlichen Rechtsweg über die Rechtsbehelfe gegen Maßnahmen der Vollstreckungsgerichte und Gerichtsvollzieher zu entscheiden (Art. 26 Abs. 7 Satz 2 VwZVG).

---

[23] Gesetz vom 21. 3. 1961, Ges. Bl. 59, abgedruckt bei *v. Brauchitsch - Ule*, I, 1 S. 862.

[24] GVBl. 148.

An dieser Stelle ist ein Hinweis auf die Regelung des § 748 RVO erforderlich[25]: Die Berufsgenossenschaften können die Beitreibung wahlweise nach den für Gemeindeabgaben geltenden Vorschriften oder nach der Zivilprozeßordnung betreiben. Wird dabei ein Gerichtsvollzieher mit der Vollstreckung beauftragt, so soll auch dies ein Verwaltungszwangsverfahren sein. Deshalb sei der ordentliche Rechtsweg unzulässig.

In Bayern besteht auch im Vollstreckungsverfahren der Gemeindeabgaben die Möglichkeit, die Pfändung und Verwertung beweglicher Sachen durch Gerichtsvollzieher ohne Einschaltung der ordentlichen Gerichte vornehmen zu lassen (Art. 26 Abs. 3 VwZVG). Gegen Maßnahmen der Gerichtsvollzieher sind im allgemeinen dann die Rechtsbehelfe der Zivilprozeßordnung gegeben (Art. 26 Abs. 7 Satz 2 VwZVG). Diese Vorschrift würde auch über Art. 27 VwZVG für die Beitreibung der Berufsgenossenschaften gelten. Beide Vollstreckungsmöglichkeiten[26] führen also zu demselben Ergebnis: Der Gerichtsvollzieher vollstreckt aus einem Titel der Berufsgenossenschaft eine öffentlich-rechtliche Forderung. In beiden Fällen muß daher auch der Rechtsschutz einheitlich gewährt werden.

Ist man der Ansicht, der Gerichtvollzieher ist als Vollzugsbeamter des Gläubigers, nicht als Organ der ordentlichen Gerichtsbarkeit anzusehen, so liegt hier ein Widerspruch zwischen § 51 SGG und Art. 26 Abs. 7 Satz 2 bay VwZVG vor. Bundesrecht geht dem Landesrecht vor. Daher ist bei der Beitreibung sozialversicherungsrechtlicher Beträge für den Rechtsschutz auch in Bayern der Sozialrechtsweg eröffnet, wenn der Gerichtsvollzieher nach Art. 26 VwZVG die Beitreibung vornimmt.

Ist der Gerichtsvollzieher dagegen mit der Beitreibung anderer — etwa gemeindlicher — Forderungen betraut, so wird er zwar auch hier öffentlich-rechtlich tätig. Trotzdem ist hier nicht der Verwaltungsrechtsweg nach § 40 Abs. 1 Satz 1 VwGO eröffnet. Es liegt eine öffentlich-rechtliche Streitigkeit auf dem Gebiet des Verwaltungsvollstrekkungsrechts vor, das landesrechtlich geregelt ist. Zuweisungen in andere Rechtswege sind daher auch durch Landesrecht möglich (§ 40 Abs. 1 Satz 2 VwGO). Diese Zuweisung trifft Art. 26 Abs. 7 Satz 2 bay VwZVG, indem es den ordentlichen Rechtsweg durch Verweisung auf die Rechtsbehelfe der Zivilprozeßordnung eröffnet.

---

[25] Siehe oben Abschnitt C III 3.

[26] die des § 748 RVO und die des § 28 RVO in Verbindung mit Art. 27, 26 Abs. 3 VwZVG.

4. Berlin

Die Rechtslage in Berlin ist auch hinsichtlich des Beitreibungsrechts durch Art. 1 der Verfassung von Berlin gekennzeichnet: Berlin ist ein deutsches Land und zugleich eine Stadt. Staatliche und gemeindliche Tätigkeit werden daher nicht getrennt[27]. Durch § 16 Abs. 2 des Verwaltungsverfahrensgesetzes (VwVerfG) vom 2. 10. 1958[28] gilt für das Vollstreckungsverfahren das Verwaltungsvollstreckungsgesetz des Bundes. Dabei kann es sich einmal jedoch nur um eine entsprechende Anwendung des Bundesgesetzes handeln: Soweit dieses in § 4 lit. b die Bundesfinanzbehörden zu Vollstreckungsbehörden erklärt, treten an dessen Stelle die Landesfinanzbehörden, da es verfassungsrechtlich bedenklich wäre, Bundesbehörden Aufgaben durch Landesgesetz zu übertragen[29]. Zum anderen gilt das Verwaltungsverfahrensgesetz und mit ihm das Verwaltungsvollstreckungsgesetz nicht für das Verwaltungsverfahren der Steuer- und Zollverwaltung einschließlich der Sondervermögens- und Bauverwaltung beim Landesfinanzamt Berlin und nicht für die Landespostdirektion. Schließlich fallen die Kirchen- und Religionsgemeinschaften nicht unter das Gesetz, da sie selbständige juristische Personen des öffentlichen Rechts sind. Das Vollstreckungsrecht gilt jedoch für Verwaltungsakte im Bereich der Justizverwaltung, der Träger und Einrichtungen der Sozialversicherung, der Personalverwaltung und des Schul-, Fachschul- und Hochschulwesens sowie des sonstigen Ausbildungs- und Prüfungswesens (§ 1 Abs. 4 VerwVerfG). Verwaltungsverfahrensgesetz und Verwaltungsvollstreckungsgesetz gelten auch für die nicht rechtsfähigen Anstalten der Berliner Verwaltung sowie die landesunmittelbaren Körperschaften, Anstalten und Stiftungen des öffentlichen Rechts, soweit sie auf dem Gebiet des öffentlichen Rechts tätig werden. Im Verwaltungszwangsverfahren ist das immer der Fall.

Aus der entsprechenden Anwendung des § 4 VwVG ergibt sich, daß die Landesfinanzbehörden die Beitreibung dann vornehmen, wenn der Senat keine anderen Vollstreckungsbehörden bestellt hat. Den Bezirksämtern obliegt die Beitreibung in keinem Fall, da sie eine Vorbehaltsaufgabe der Hauptverwaltung ist[30]. Zur Hauptverwaltung gehören die

---

[27] § 1 des Gesetzes über die Zuständigkeiten in der allgemeinen Berliner Verwaltung (AZG) vom 2. 10. 1958, GVBl. S. 947.

[28] GVBl. 951; dazu siehe *Sendler*, DÖV 1959, 439.

[29] *Zeidler*, DVBl. 1960, 573 (579); die Rechtslage in Berlin ist außerdem durch § 39 a FVG dadurch gekennzeichnet, daß es nur Landesfinanzbehörden gibt.

[30] Nr. X der DVO-AZG vom 7. 10. 1958, GVBl. 974, erklärt die Beitreibung von Abgaben aller Art, Nr. XI die Beitreibung aller sonstigen öffentlichrechtlichen Forderungen zu Vorbehaltsaufgaben der Hauptverwaltung.

Mitglieder des Senats, die ihnen nachgeordneten Behörden (Sonderbehörden) und die nichtrechtsfähigen Anstalten[31].

Einschlägige Bestimmungen für die Rechtswegabgrenzung befinden sich schließlich noch im Gesetz über Gebühren und Beiträge vom 22. 5. 1957[32]. Nach § 11 GebGes erfolgt die Heranziehung zu Gebühren und Beiträgen durch die Verwaltungsstelle, die die gebührenpflichtige Amtshandlung vornimmt, oder durch die Verwaltung der benutzten Einrichtung, für die Gebühren oder Beiträge erhoben werden. Gegen die Heranziehung ist in diesen Fällen der Verwaltungsrechtsweg eröffnet. Ist die Heranziehung jedoch den Finanzämtern übertragen[33], so ist der Finanzrechtsweg eröffnet, da sich das Verfahren dann nach den in § 1 des Gesetzes über den Anwendungsbereich der Reichsabgabenordnung vom 10. 3. 1955[34] genannten Vorschriften richtet, zu denen die Abgabenordnung gehört. Die Vollstreckung der auf Grund des Gebührengesetzes geschuldeten Beträge erfolgt im Verwaltungszwangsverfahren. Ist eine Vollstreckungsbehörde nicht ausdrücklich bestellt, so vollstrecken auch in diesen Fällen die Landesfinanzbehörden mit der Folge, daß der Finanzrechtsweg eröffnet ist.

Nicht der Finanzrechtsweg, sondern der Sozialrechtsweg ist jedoch eröffnet, wenn die Finanzämter nach den Vorschriften der Reichsabgabenordnung sozialversicherungsrechtliche Forderungen (Rückstände oder Rückforderungen zu Unrecht erbrachter Leistungen) beitreiben. Die Möglichkeit, die Amtshilfe der Finanzbehörden in Anspruch zu nehmen für die Beitreibung, ergibt sich aus den §§ 1 Abs. 4 lit. b und 16 Abs. 2 des Berliner Verwaltungsverfahrensgesetzes. § 33 Abs. 1 Nr. 2 FGO tritt hier hinter § 51 SGG zurück, da er sich selbst Subsidiarität beilegt durch den Nachsatz „soweit nicht ein anderer Rechtsweg ausdrücklich gegeben ist“.

5. Hamburg

Hamburg besitzt ein eigenes Verwaltungsvollstreckungsgesetz vom 13. 3. 1961[35]. Das Gesetz gilt für die Beitreibung öffentlich-rechtlicher Geldforderungen der Freien und Hansestadt Hamburg sowie der landesunmittelbaren juristischen Personen des öffentlichen Rechts

---

[31] § 2 Abs. 2 AZG; für die dort noch aufgeführten Eigenbetriebe hat das Beitreibungsverfahren keine Bedeutung, da sie nicht öffentlich-rechtlich tätig werden: *Sendler*, DÖV 1959, 439 (441, Note 32).

[32] GVBl. 516.

[33] diese Möglichkeit sieht § 11 Abs. 2 GebG vor.

[34] GVBl. 169; für Beiträge siehe jetzt auch § 2 Gesetz über den Anwendungsbereich der RAO i.d.F. v. 6. 1. 1966, Berlin. GVBl. S. 90.

[35] GVBl. 79.

(§ 1 lit. b VwVG), für die in Amtshilfe vorgenommene Vollstreckung, sowie für alle Fälle, in denen Bundesgesetze die Länder zur Anwendung der Vorschriften über das Verwaltungszwangsverfahren ermächtigten (§ 2 Abs. 1 lit. a VwVG). Unter diese Bestimmung fallen zum Beispiel § 28 RVO und § 350 b LAG[36]. Das Gesetz gilt jedoch nicht für die Vollstreckung durch Landesfinanzbehörden und nicht für die Erzwingung von Anordnungen, die im Besteuerungsverfahren getroffen worden sind (§ 3 VwVG). Zu Vollstreckungsbehörden sind die Fachbehörden und die Bezirksämter durch den Senat bestimmt worden[37]. Finanzbehörden scheiden als Vollstreckungsbehörden nach diesem Gesetz aus. In Beitreibungsstreitigkeiten nach dem Verwaltungsvollstreckungsgesetz ist daher in Hamburg der Verwaltungsrechtsweg eröffnet. § 75 Abs. 1 VwVG schreibt für die Rechtsmittel und sonstigen Rechtsbehelfe gegen Vollstreckungsakte deshalb auch die Anwendung der Vorschriften über die allgemeine Verwaltungsgerichtsbarkeit vor, soweit nicht ausdrücklich etwas anderes bestimmt ist. Derartige Bestimmungen finden sich in den §§ 21 Abs. 4; 30 Abs. 4; 38 Abs. 3; 40 Abs. 3; 56 Abs. 4 und 70 VwVG, die in den ordentlichen Rechtsweg verweisen[38]. Verweisungen in den Finanzrechtsweg bestehen nicht. Etwas anderes bestimmt jedoch § 51 SGG. Der Verwaltungsrechtsweg ist daher nicht eröffnet, wenn sozialversicherungsrechtliche Forderungen beigetrieben werden. Hier ist das Sozialgerichtsgesetz anwendbar, da der Sozialrechtsweg eröffnet ist.

In Hamburg ist der Finanzrechtsweg für Steuerstreitigkeiten auch dann eröffnet, wenn die Steuer durch andere als Finanzbehörden verwaltet wird (§ 5 Abs. 2 AGFGO). Auf die Verwaltung der Steuern finden in diesen Fällen die in § 2 des hamburgischen Abgabengesetzes[39] erwähnten Vorschriften Anwendung. Die Beitreibung ist darunter jedoch nicht geregelt. Für sie gilt daher das Verwaltungsvollstreckungsgesetz, durch das die Zulässigkeit des Verwaltungsrechtsweges eröffnet wird.

6. Hessen

Für die Beitreibung in Hessen gelten in den Regierungsbezirken Kassel und Wiesbaden andere Vorschriften als im Regierungsbezirk Darmstadt. Soweit in den Bezirken Kassel und Wiesbaden preußische Vorschriften gelten, kann auf das oben angeführte verwiesen werden.

---

[36] *Rasch* in *v. Brauchitsch - Ule*, Bd. I,1 S. 1051.

[37] § 4 VwVG und die Anordnung über Vollstreckungsbehörden vom 30. 3. 1961, Amtl. Anz. S. 523, abgedruckt bei *v. Brauchitsch - Ule*, Bd. I, 1 S. 1099.

[38] *Rasch* in *v. Brauchitsch - Ule*, Bd. I, 1 S. 1084.

[39] vom 13. 4. 1962 GVBl. 105 i.d.F. des AGFGO vom 17. 12. 1965, GVBl. 225.

Für den Rechtsweg bedeutsam ist jedoch das Gesetz über die Beitreibung staatlicher Forderungen durch die Finanzämter vom 25. 10. 1949[40]. Führt ein Finanzamt Kassengeschäfte für eine andere Staatsbehörde, so gelten für die Beitreibung nach § 1 dieses Gesetzes die Vorschriften der Reichsabgabenordnung. Damit ist der Finanzrechtsweg eröffnet. Das gleiche gilt, wenn staatliche Behörden, die keine eigenen Vollziehungsbeamten oder Vollstreckungsstellen haben, für die Beitreibung die Finanzämter in Anspruch nehmen, wozu sie nach § 2 des Gesetzes befugt sind. Auch hier ist § 51 SGG als vorgehende Vorschrift zu erwähnen.

Im Rahmen dieser Arbeit erübrigt es sich, auf Einzelheiten der Verwaltungsvollstreckungsgesetze in Nordrhein-Westfalen und Rheinland-Pfalz einzugehen. Beide Gesetze gelten nicht, wenn die Vollstreckung von Finanzbehörden vorgenommen wird[41]. Für Rheinland-Pfalz wird durch Runderlaß des Landessozialministers vom 30. 11. 1957[42] ausdrücklich festgestellt, daß das Verwaltungsvollstreckungsgesetz des Landes auch für die Beitreibung von Forderungen der Sozialversicherungsträger gilt. In Nordrhein-Westfalen besteht die gleiche Rechtslage[43]. Der Ansicht, daß Rechtsschutz gegen Vollstreckungsmaßnahmen, die nach den Verwaltungsvollstreckungsgesetzen dieser Länder durchgeführt werden, nur im Verwaltungsrechtsweg gewährt werde[44], kann nicht zugestimmt werden, da gegebenenfalls das Sozialgerichtsgesetz anwendbar ist. Wurden mit der Vollstreckung Dritte in Anspruch genommen, die für die Leistung des Vollstreckungsschuldners nach bürgerlichem Recht kraft Gesetzes haften[45], so ist für ihren Rechtsschutz der Zivilrechtsweg eröffnet. Es liegt zwar eine öffentlich-rechtliche Streitigkeit vor, da die Betroffenen hoheitlich in Anspruch genommen wurden[46]. Der Zivilrechtsweg ergibt sich jedoch aus dem Landesrecht: § 17 VwVG Rheinland-Pfalz und § 10 VwVG Nordrhein-Westfalen[47]. Dieses muß

---

40 GVBl. 157; abgedruckt bei *v. Brauchitsch - Ule*, Bd. I, 1 S. 1129.

41 § 3 Abs. 1 VwVG N.W.; §§ 1 Abs. 2 und 5 Abs. 5 VwVG Rh.-Pfalz.

44 abgedruckt mit Fundstelle bei *Altmeyer - Lahm*, VwVG für Rheinland-Pfalz, S. 310.

43 *Rietdorf*, VwVG für Nordrhein-Westfalen, § 2 Anm. 2.221.

44 *Rietdorf*, S. 194; *Altmeyer - Lahm*, S. 101: Es kommen die Rechtsbehelfe zur Anwendung, die allgemein gegen Verwaltungsakte gegeben sind. Maßgebend sei somit das Verwaltungsgerichtsgesetz.

45 Fälle des § 330 RAO, geregelt in § 6 Abs. 2 und 3 Ges. Rheinland-Pf. und § 4 Abs. 1 lit.b, Abs. 2 und § 10 Ges. N.W.; siehe dazu *Kautz - Riewald - Leisner*, § 4 Anm. 4.22, § 10 Anm. 10.3; *Rietdorf* § 10 Anm. 3; *Altmeyer - Lahm*, § 17.

46 Siehe oben die Ausführungen zu § 330 RAO, Abschnitt C II 2.

47 § 10 N.W. stimmt mit § 330 RAO *a.F.* überein; aus ihm wird daher ebenfalls die Zulässigkeit des Zivilrechtsweges entnommen: *Kautz - Riewald - Leisner*, Ergänzungsband § 10 Anm. 10.1.

jedoch wiederum zurücktreten vor der Geltung des § 51 SGG, wenn sozialversicherungsrechtliche Forderungen beigetrieben werden. § 51 SGG kann nicht mehr als unanwendbar angesehen werden mit der Begründung, es liege eine privatrechtliche Streitigkeit vor[48].

Zusammenfassend läßt sich feststellen:

1. Rechtsschutz im Verwaltungszwangsverfahren zur Beitreibung öffentlich-rechtlicher Geldbeträge wird durch die allgemeinen und besonderen Verwaltungsgerichte und durch die ordentlichen Gerichte gewährt.
2. Der Finanzrechtsweg ist für den Rechtsschutz nur zulässig in öffentlich-rechtlichen Streitigkeiten, wenn die Beitreibung durch Finanzbehörden erfolgt und kein anderer Rechtsweg ausdrücklich für zulässig erklärt ist.
3. Der Finanzrechtsweg ist nicht zulässig
   a) für Streitigkeiten über die Vollstreckung von Bußgeldbescheiden nach dem Ordnungswidrigkeitengesetz,
   b) für Streitigkeiten zwischen Dienstherrn und Beamten aus der Vollstreckung von Rückforderungsbescheiden wegen überzahlter Dienstbezüge,
   c) für Streitigkeiten über die Vollstreckung sozialversicherungsrechtlicher Forderungen.

   Dies gilt auch dann, wenn die Beitreibung durch Finanzbehörden vorgenommen wird.

---

[48] Siehe dazu die Erörterungen zu § 330 RAO.

D. Zulässigkeit des Finanzrechtsweges nach § 33 Abs. 1 Nr. 3 FGO

Der Finanzrechtsweg ist gegeben in berufsrechtlichen Streitigkeiten über Rechtsverhältnisse, die durch den Zweiten Teil des Steuerberatungsgesetzes vom 16. August 1961[1] geregelt sind sowie in öffentlich-rechtlichen Streitigkeiten über die Zulässigkeit der Hilfeleistung in Steuersachen, soweit nicht ein anderer Rechtsweg ausdrücklich gegeben ist (§ 33 Abs. 1 Nr. 3 FGO). Der Zweite Teil des Steuerberatungsgesetzes regelt in den §§ 4 bis 21 die Voraussetzungen für die Berufsausübung der Steuerberater und Steuerbevollmächtigten. Nicht unter das Gesetz fallen die Wirtschaftsprüfer, deren Rechtsverhältnisse in der Wirtschaftsprüferordnung[2] geregelt sind. Der Bundesfinanzhof hatte von Beginn seiner Tätigkeit an seine Zuständigkeit angenommen in Streitigkeiten mit den Finanzbehörden über die geschäftsmäßige Hilfeleistung in Steuersachen[3]. Dementsprechend haben die Finanzgerichte die Prüfungsergebnisse daraufhin überprüft, ob sie entsprechend den Verfahrensvorschriften zustande gekommen sind und sachfremde Erwägungen bei der Beurteilung ausgeschlossen waren. In Übereinstimmung mit der sonstigen Rechtsprechung zu Prüfungsergebnissen wird es aber abgelehnt, die bei der Prüfung erzielten Noten auf ihre Richtigkeit zu überprüfen. In dieser Frage wird den Prüfern ein gerichtsfreier Beurteilungsspielraum zugestanden.

Nicht im Finanzrechtsweg sind Streitigkeiten aus der Anwendung des § 12 StBerGes zu behandeln. Diese Vorschrift stellt die unbefugte Führung der Berufsbezeichnung „Steuerberater, Steuerbevollmächtigter und Steuerberatungsgesellschaft“ unter Strafe. Obwohl die Vorschrift im Zweiten Teil des Steuerberatungsgesetzes enthalten ist, handelt es sich um eine materielle Strafvorschrift, die durch die ordentlichen Gerichte angewendet wird[4].

---

[1] BGBl. I, 1301.

[2] Gesetz über eine Berufsordnung der Wirtschaftsprüfer vom 24. Juli 1961, BGBl. I, 1049.

[3] BFH BStBl. 1951 III, 173 (174); 1952 III, 76 (77) und 319; 1954 III, 167; 1955 III, 121, neuerdings siehe BStBl. 1965 III, 391; 493; 542; zustimmend BVerwG E 1, 21 (24); ablehnend *Bachof*, JZ 1951, 737 (739), der auf den Zusammenhang mit allen anderen Streitigkeiten über die Zulassung zum Beruf hinwies, für die der Verwaltungsrechtsweg zulässig ist, und *Rupp*, Anm. zum Urteil OVG Münster, JZ 1958, 755 (756).

Der Finanzrechtsweg ist nicht zulässig für Streitigkeiten der Steuerberater und Steuerbevollmächtigten mit ihren Berufskammern, da die Kammerzugehörigkeit nicht im Zweiten, sondern im Vierten Teil des Steuerberatungsgesetzes geregelt ist. Für Streitigkeiten der Kammerangehörigen mit der Kammer über die Beitragszahlung ist daher der Verwaltungsrechtsweg eröffnet. Diese Frage war zwar bis zum Inkrafttreten der Finanzgerichtsordnung streitig, da § 228 Abs. 1 Nr. 3 RAO in der Fassung des Steueränderungsgesetzes 1961 für alle Streitigkeiten über Rechtsverhältnisse, die durch das Steuerberatungsgesetz geregelt sind, den Finanzrechtsweg eröffnete. So wurde für Streitigkeiten mit der Berufskammer, soweit nicht ein Fall des § 39 StBerGes vorlag[5], sowohl die Zulässigkeit des Verwaltungsrechtsweges[6] als auch die des Finanzrechtsweges behauptet[7]. Durch die mit Inkrafttreten der Finanzgerichtsordnung eingeführte Änderung sind diese Streitigkeiten mit der Kammer über den Beitrag auf den Verwaltungsrechtsweg verwiesen[8]. Die Finanzgerichte befassen sich mit Beitragsstreitigkeiten nur noch im Rahmen des § 33 Abs. 1 Nr. 2 FGO. Der Kammerbeitrag ist eine öffentlich-rechtliche Geldforderung, die nach Landesrecht beizutreiben ist[9]. Die Kammern haben keine eigenen Beitreibungsorgane; sie bedienen sich zur Beitreibung der nach Landesrecht zuständigen Stellen. Soweit dies die Finanzbehörden sind[10], ist für Streitigkeiten der Finanzrechtsweg zulässig, da die Vollstreckung nach den Vorschriften der Abgabenordnung erfolgt (§ 5 VwVG).

---

[4] *Kolbeck - Peter - Rawald*, § 12 StBerG Anm. 4; *Klöcker - Mittelsteiner - Gehre*, § 12 StBerG Anm. 2.

[5] § 39 StBerG gibt der Kammer die Möglichkeit, das Verhalten eines Kammermitgliedes zu rügen; gegen die Rüge kann Einspruch eingelegt und bei dessen Zurückweisung die berufsgerichtliche Voruntersuchung beantragt werden, § 39 Abs. 5 StBerG. Für das berufsgerichtliche Verfahren sind die ordentlichen Gerichte zuständig, §§ 51 bis 53 StBerG; siehe dazu *Ziemer*, DStZ (A) 1961, 223 (226).

[6] VG München, DStR 1962/63, 282; *Cichon*, DStR 1963, 692; *Nake*, DStR 1964, 628, *Gehre*, DStR 1964, 631.

[7] BVerwG E 20, 334 und DVBl. 1962, 266; *Hofferberth*, DStR 1964, 660 (664).

[8] *Ziemer - Birkholz*, § 33 FGO RdN 83.

[9] *Hofferberth*, DStR 1964, 660 (662).

[10] In Berlin gilt nach § 16 Abs. 2 Berliner Verwaltungs-Verfahrensgesetz das Verwaltungsvollstreckungsgesetz des Bundes für das landesrechtliche Vollstreckungsverfahren entsprechend; die Beitreibung der Kammerbeiträge obliegt deshalb den Finanzverwaltungsbehörden: *Hofferberth*, DStR 1964, 660 (663).

E. Zulässigkeit des Finanzrechtsweges nach § 33 Abs. 1 Nr. 4 FGO

Der Finanzrechtsweg ist zulässig in anderen als den in § 33 Abs. 1 Nr. 1 bis 3 FGO bezeichneten öffentlich-rechtlichen Streitigkeiten, soweit für diese durch Bundesgesetz oder Landesgesetz der Finanzrechtsweg eröffnet ist (§ 33 Abs. 1 Nr. 4 FGO).

I. Bundesrecht

1. Sparförderungsgesetze, Berlinhilfegesetz

Die Finanzgerichtsordnung änderte in ihren Schlußbestimmungen eine Anzahl von Gesetzen, in denen Streitigkeiten über die in diesen Gesetzen geregelte Materie auf den Finanzrechtsweg verwiesen werden. Sachlich ergibt sich durch die Änderung des Berlinhilfegesetzes, des Bergmannsprämiengesetzes, des Wohnungsbau- und des Sparprämiengesetzes (§§ 164 bis 167 FGO) keine Änderung in der Zulässigkeit des Finanzrechtsweges. Für Streitigkeiten über die Investitionszulage (§ 19 Berhinhilfegesetz), über die Bergmannsprämie, die Wohnungsbau- und die Sparprämie war schon vorher der Finanzrechtsweg eröffnet[1].

Fraglich erscheint dagegen, in welchem Umfang der Finanzrechtsweg zulässig ist für Streitigkeiten über die Lohnzulage nach § 28 f. Berlinhilfegesetz. § 19 Abs. 8 BHG eröffnet zwar den Finanzrechtsweg für alle öffentlich-rechtlichen Streitigkeiten über die auf Grund des Berlinhilfegesetzes ergehenden Verwaltungsakte der Finanzbehörden. Soweit Vergünstigungen bei der Umsatzsteuer, der Einkommen- und Körperschaftsteuer streitig sind, ist der Finanzrechtsweg schon durch § 33 Abs. 1 FGO eröffnet, da es sich um Abgabenstreitigkeiten handelt. Die Investitionszulage (§ 19 BHG) ist keine Abgabe; deshalb wurde die Sonderregelung des § 19 Abs. 8 BHG erforderlich. Sie umfaßt nach ihrem Wortlaut nicht nur Streitigkeiten über die Festsetzung der Investitionszulage, sondern auch Streitigkeiten über die andere Zulage des Berlinhilfegesetzes, die durch Verwaltungsakt der Finanz-

---

1 *Tipke - Kruse*, § 228 RAO a.F., siehe Kommentarlieferung April 1965 RdN 13; *Gérard - Kunze - Schäfer*, § 3 Spar-Prämiengesetz, Anm. VII, S. 209; *Grimm*, § 4 Wohnungsbau-Prämien-Gesetz, Anm. 6.

behörden festgesetzt werden kann: Die Zulage zum Arbeitslohn, die vom Arbeitgeber errechnet und ausgezahlt wird (§ 28 Abs. 4 BHG). Beantragt der Arbeitnehmer, daß das Finanzamt die Zulage festsetzt, so ist gegen den Festsetzungsbescheid ebenfalls der Finanzrechtsweg eröffnet, da es sich um einen Verwaltungsakt der Finanzbehörde handelt[2]. Der Finanzrechtsweg ist dagegen nicht eröffnet für den Anspruch des Arbeitnehmers gegen den Arbeitgeber auf Zahlung der Zulage nach Festsetzung (§ 29 Abs. 3 BHG). Dieser Anspruch des Arbeitnehmers betrifft keine Abgabenangelegenheit. Er wird zwar in seiner Höhe durch den Festsetzungsbescheid beeinflußt, richtet sich aber nicht gegen das Finanzamt, sondern gegen den Arbeitgeber. Das Arbeitsverhältnis gehört dem Privatrecht an. Der Anspruch auf Zahlung der Lohnzulage ist daher, obgleich durch das öffentliche Recht geschaffen, dem Privatrecht zuzurechnen und daher vor den Arbeitsgerichten geltend zu machen. Der Beamte hat den Anspruch gegen seinen Dienstherrn im Verwaltungsrechtsweg geltend zu machen (§§ 126 Abs. 1 BRRG, 172 BBG). Öffentlich-rechtlich ist das Rechtsverhältnis, sobald das Finanzamt daran beteiligt ist. Für Streitigkeiten über den vom Finanzamt geltend gemachten Rückforderungsanspruch über zu Unrecht gewährte Zulagen ist der Finanzrechtsweg eröffnet.

2. Einzelfälle aus dem Recht der EWG-Marktordnungen

Daneben ist der Finanzrechtsweg zulässig für bestimmte Streitigkeiten auf dem Gebiet der EWG-Marktordnungen, auch soweit die Abschöpfungen nicht durch Finanzbehörden verwaltet werden oder soweit es sich nicht um Abgaben, sondern um Vergünstigungen handelt. Dabei ist an die oben gegebene Darstellung des Systems der EWG-Marktordnungen anzuknüpfen.

a) Streitigkeiten über Lizenzen

Soweit die nationalen Marktordnungsvorschriften durch das EWG-Recht verdrängt wurden, bestehen mengenmäßige Beschränkungen, wie sie sich aus der Handhabung des nationalen Marktordnungsrechts etwa bei Getreide durch die Anbietungspflicht ergaben, nicht mehr. Mit der Abschöpfungsregelung ist die mengenmäßige Beschränkung oder eine Maßnahme gleicher Wirkung unvereinbar[3]. Eine entsprechende Bestimmung ist in Art. 21 VO Nr. 19 ausdrücklich getroffen. Die Möglichkeit abweichender Entscheidungen des Rates der Europäischen

---

[2] § 29 Abs. 1 BHG erklärt noch immer das nicht mehr geltende Gesetz über den Bundesfinanzhof für anwendbar. Das BFHG wurde durch § 161 Abs. 1 Nr. 2 FGO aufgehoben.

[3] *Cordts*, ZfZ 1965, 225; *Götz*, JZ 1963, 157 (162).

Wirtschaftsgemeinschaft ist jedoch zugelassen. Derartige Entscheidungen wurden über die Aufrechterhaltung der nationalen Kontingente für Getreideeinfuhren aus den Ostblockländern getroffen[4].

Von dieser und einer weiteren[5] Ausnahme abgesehen, dient die Lizenzerteilung nur noch der Markttransparenz[6]. Lizenzpflichtig sind zur Zeit nur Import- und Exportgeschäfte über Erzeugnisse, die der Getreide- oder der Reismarktordnung unterliegen[7]. Auf diese Lizenzen besteht ein Rechtsanspruch. Die Lizenz wird von der zuständigen Einfuhr- und Vorratsstelle erteilt. Für Rechtsstreitigkeiten über die Erteilung einer Einfuhr- oder Ausfuhrlizenz ist der Verwaltungsrechtsweg gegeben[8]. Zu Streitigkeiten kann es kommen, weil beispielsweise Unklarheit darüber besteht, ob eine bestimmte Partie unter ein bestehendes Kontingent fällt.

Ist der Agrarmarkt in einem oder mehreren Mitgliedstaaten auf Grund der Einfuhren ernstlichen Störungen ausgesetzt oder von ernstlichen Störungen bedroht, so kann jeder Mitgliedstaat in der Übergangszeit die erforderlichen Schutzmaßnahmen treffen[9]. Die Schutzklauseln gestatten zum Beispiel die Einführung zusätzlicher Eingangsabgaben und die Anwendung mengenmäßiger Beschränkungen. Die EWG-Vorschriften überlassen es den Mitgliedstaaten, Art, Form und Dauer der Schutzmaßnahmen selbst zu bestimmen. Schutzmaßnahmen können in der Nichterteilung von Ein- und Ausfuhrlizenzen oder in der Erteilung unter Auflagen (z. B. Festlegung von abweichenden Ein- und Ausfuhrfristen, Maßnahmen zur Seehafenlenkung) bestehen.

Wenn von der Schutzklausel des Marktordnungsrechts Gebrauch gemacht und hierdurch die Ausstellung von Lizenzen berührt wird, so ist beim Streit über Versagung und Erteilung, über Auflagen und Einschränkungen der Verwaltungsrechtsweg gegeben[10].

Streitigkeiten über die Lizenzerteilung mit der Einfuhr- und Vorratsstelle können kraft Zuweisung[11] unter bestimmten Voraussetzungen auch in die Zuständigkeit der Finanzgerichte fallen.

---

[4] *Götz* a.a.O.

[5] Siehe nächster Absatz.

[6] *Cordts,* ZfZ 1965, 225.

[7] *Cordts,* a.a.O. S. 226.

[8] *Cordts,* ZfZ 1965, 225 (230).

[9] *Cordts,* ZfZ 1965, 225 (229).

[10] *Cordts,* ZfZ 1965, 225 (230).

[11] Derartige Zuweisungen sind enthalten in § 10 Durchführungsgesetz zur VO Nr. 19 i.d.F. v. § 177 FGO und § 5 Durchführungsgesetz zur VO Nr. 16/64 i.d.F. v. § 178 FGO.

Die Abschöpfungsschuld bemißt sich im allgemeinen nach dem am Tag der Einfuhr geltenden Abschöpfungssatz (§ 4 Abs. 1 AbEG). Die Abschöpfungssätze können sich bei einigen Erzeugnissen, insbesondere Getreide und Reis, täglich ändern[12]. Um die im Getreidehandel übliche langfristige Vorausplanung des Terminhandels nicht mit diesen Schwierigkeiten zu belasten, bestimmen § 6 Abs. 3 Durchführungsgesetz zur VO Nr. 19 (Getreide) und § 3 Abs. 3 Durchführungsgesetz zur VO Nr. 16/64 (Reis), daß die Einfuhr- und Vorratsstelle die Abschöpfungssätze und die Prämien auf Antrag schon im voraus in der Einfuhrlizenz festsetzt[13].

Die Vorausfestsetzung der Abschöpfung entspricht einem wirtschaftlichen Bedürfnis des internationalen Getreidehandels[14]. Getreide, Reis, Mehl und gewisse Getreideerzeugnisse werden oft für einen in der Zukunft liegenden Abladetermin[15] gekauft. Der anzuwendende Abschöpfungssatz richtet sich normalerweise nach dem Tag der Einfuhr; er ist dem Terminkäufer vorher nicht bekannt. Durch die Vorausfestsetzung wird der am Tag der Antragstellung für die Einfuhrlizenz geltende Satz mit gewissen Berichtigungen auf den Monat der Einfuhr übertragen. Eine dabei mit der Abschöpfung erhobene Prämie soll etwaigen Spekulationsgewinnen des Importeurs entgegenwirken, die sich durch ein Absinken des Weltmarktpreises innerhalb der Laufzeit der Lizenz[16] ergeben würden, weil in diesem Fall die Differenz zwischen Weltmarkt- und Inlandpreis nicht voll abgeschöpft würde[17]. Trotz der ausdrücklichen Zuweisung der Streitigkeiten über die Festsetzung von Abschöpfungssätzen in Einfuhrlizenzen auf den Finanzrechtsweg hat das Verwaltungsgericht Frankfurt[18] den Verwaltungsrechtsweg für zulässig erachtet, wenn die Einfuhr- und Vorratsstelle die Erteilung einer Einfuhrlizenz zu einem bestimmten Abschöpfungssatz ablehnt. Das Gericht führte dazu aus, § 10 des Durchführungsgesetzes zur VO Nr. 19[19] könne nicht so ausgelegt werden, daß unabhängig von einer konkreten Festsetzung der Abschöpfung in einer Lizenz der Finanz-

---

[12] zum folgenden: *Rohr - Cordts*, § 4 AbEG Anm. II, 1; *Götz*, JZ 1963, 157 (161).

[13] Die entsprechenden Bestimmungen der EWG-Verordnungen sind in Art. 17 Abs. 2 VO Nr. 19 und Art. 11 Abs. 2 VO Nr. 16/64 enthalten.

[14] Berichterstatter des Finanzausschusses, Abg. Dr. *Koch*, Verhandlungen des Deutschen Bundestages, Stenogr. Ber. Bd. 51, 1498 D.

[15] Zeitpunkt der Verladung auf das Schiff im Ausfuhrland.

[16] 3 Monate: Art. 16 Abs. 2 VO Nr. 19.

[17] *Götz*, JZ 1963, 157 (161).

[18] ZfZ 1964, 91.

[19] damals noch in der Fassung des Gesetzes vom 26. 7. 1962, BGBl. I, 455: Gegen die Festsetzung von Abschöpfungssätzen und Prämien in Einfuhrlizenzen ist das Berufungsverfahren nach der Reichsabgabenordnung gegeben.

rechtsweg immer dann eröffnet wäre, wenn die Parteien letztlich über den richtigen Abschöpfungssatz streiten. Gegen den Finanzrechtsweg spreche auch die mangelhafte Form des Rechtsschutzes. Die Frage, ob der Finanzrechtsweg auf Grund von § 10 in der Fassung des Änderungsgesetzes vom 19. 7. 1963 gegeben wäre, ließ das Gericht offen[20].

Dieser Entscheidung kann nicht zugestimmt werden. Durch die veränderte Fassung von § 10 des Durchführungsgesetzes VO Nr. 19 ergibt sich keine Änderung der Rechtswegfrage[21]. Die Verweisung auf das Berufungsverfahren der Reichsabgabenordnung war auch im Sinne von § 40 Abs. 1 Satz 1 VwGO eine ausdrückliche Zuweisung an ein anderes Gericht.

Erhebt der Kläger Verpflichtungsklage und begehrt die Erteilung einer Einfuhrlizenz zu einem bestimmten Abschöpfungssatz, den die Einfuhr- und Vorratsstelle verweigert, so streiten die Parteien um den Abschöpfungssatz. Dieser Streit betrifft eine Abgabenangelegenheit und fällt in die ausdrückliche Zuweisung auf den Finanzrechtsweg[22]. Der Ansicht des Verwaltungsgerichts Frankfurt wäre nur dann zuzustimmen, wenn der Streit nicht um die Festsetzung des Abschöpfungssatzes oder der Prämie, sondern um sonstige Modalitäten der Einfuhrlizenz, etwa eine Auflage, eine mengenmäßige Beschränkung oder ähnliches gehen würde. Das war jedoch nicht der Fall. Dagegen ist der Entscheidung des gleichen Gerichts[23] zuzustimmen, daß Streitigkeiten über Subventionsansprüche, die über die durch Senkung der Abschöpfung auf 0.— DM bereits gewährte Subvention hinausgehen, keine Streitigkeiten über die Festsetzung von Abschöpfungssätzen im Sinne von § 10 des Durchführungsgesetzes zur Verordnung Nr. 19 sind und daher in den Verwaltungsrechtsweg gehören.

Subventionen sind nicht mit Erstattungen zu verwechseln. Subventionen werden bei der Einfuhr gezahlt, Erstattungen sollen die Ausfuhr fördern[24]. Subventionen sind keine Abgabenangelegenheiten, sondern Zuschüsse des Staates an den Begünstigten. Nur wenn der Zuschuß in der Form der Herabsetzung der Abgabe gewährt wird, liegt eine Abgabenangelegenheit vor, die unter die Finanzrechtswegzuweisung fällt[25].

---

20 ZfZ 1964, 91 (92).

21 § 10 i.d.F. v. 19. 7. 1963, BGBl. I, 493, lautete: In öffentlich-rechtlichen Streitigkeiten über die Festsetzung von Abschöpfungssätzen und Prämien in Einfuhrlizenzen (§ 6 Abs. 3) ist der Rechtsweg zu den Gerichten der Finanzgerichtsbarkeit gegeben; jetzige Fassung: § 177 FGO.

22 *Cordts*, ZfZ 1965, 225 (230).

23 ZfZ 1964, 188.

24 Art. 19 Abs. 2 und 20 Abs. 2 VO Nr. 19.

25 vom VG Frankfurt, ZfZ 1964, 188 (189) wurde diese Frage offen gelassen.

Die besonderen Verhältnisse des Handels mit Getreide und Reis bedingten also die Sonderform der Vorausfestsetzung von Abschöpfungssätzen und Prämien. Entsprechende Regelungen finden sich in den anderen Marktordnungsverordnungen nicht. Die Zuweisungen von Streitigkeiten über die Vorausfestsetzungen bei Getreide und Reis auf den Finanzrechtsweg werfen daher kein Abgrenzungsproblem in dem Sinne auf, daß in anderen Fällen der Vorausfestsetzung der Rechtsweg zu den Verwaltungsgerichten gegeben wäre.

Strittig, für die Praxis aber wenig bedeutsam, ist dagegen die Frage, ob mit den Zuweisungen auf den Finanzrechtsweg nur die Folgerung aus dem bereits materiell bestehenden Rechtszustand gezogen wird[26] oder ob ohne die entsprechende Zuweisung der Rechtsweg zu den allgemeinen Verwaltungsgerichten gegeben wäre[27]. Da die Marktordnungsstellen, denen die Vorausfestsetzung obliegt, nicht zur Bundesfinanzverwaltung gehören, fehlt ein wesentliches Merkmal der Voraussetzung für eine Zulässigkeit des Finanzrechtsweges. Daher wäre ohne besondere Zuweisung der Verwaltungsrechtsweg gegeben.

b) Ausfuhrerstattungen

Soweit die EWG-Marktordnungen für bestimmte Waren Abschöpfungen auf den Import legen, schützen sie das hohe Preisniveau des Binnenmarktes. Konkurrenzfähigkeit im Exportgeschäft ist nur gegeben zu den niedrigeren Weltmarktpreisen. Der erwünschte Anschluß an den internationalen Handel kann nur mit Hilfe eines Preisausgleichs gehalten werden. Dieser ist in Form der Erstattungen für Exporte vorhanden[28]. Die Erstattungen werden durch die Einfuhr- und Vorratsstellen gewährt[29]. Die Erstattung hängt unmittelbar mit der Abschöpfung zusammen. Das ergibt sich unter anderem daraus, daß die Erstattung für die Ausfuhr in Drittländer in der Form der Genehmigung zur abschöpfungsfreien Einfuhr von Getreide gewährt wird[30]. Streitigkeiten über die Erstattungen sind daher ebenfalls dem Finanzrechtsweg zugewiesen[31]. Die Zuweisung in den Finanzrechtsweg gilt auch dann,

---

[26] so *Rohr - Cordts,* § 4 AbEG Anm. II, 5, S. 11.

[27] VG Frankfurt, Urteil v. 17. 12. 1963 II/1—636/63, Beilage Nr. 11 zum Ernährungsdienst, zitiert nach *Rohr - Cordts* a.a.O.

[28] Vgl. z. B. Erstattungsverordnung Getreide vom 30. 7. 1963, BGBl. I, 543 mit Änderungen durch Verordnung vom 23. 3. 1964, BGBl I, 225. Die Erstattungsverordnung Getreide stützt sich auf die Ermächtigung zum Erlaß von Rechtsverordnungen in § 8 des Gesetzes zur Durchführung der VO Nr. 19 und bezieht sich für die Höhe der Erstattungen auf EWG-Verordnungen (§ 5).

[29] § 3 VO v. 30. 7. 1963.

[30] bei der Ausfuhr von Getreide und Getreideerzeugnissen: § 4 Abs. 2 VO v. 30. 7. 1963.

[31] § 10 a Durchführungsgesetz VO Nr. 19 i.d.F.v. § 177 FGO; § 5 DurchfG

wenn die Erstattung nicht in bar, sondern in der Genehmigung der abschöpfungsfreien Einfuhr von Getreide besteht[32].

Ergebnis:

Finanzrechtsweg und Verwaltungsrechtsweg sind auf dem Gebiet des Importes von Marktordnungswaren wie folgt abgegrenzt:

Der Finanzrechtsweg ist gegeben für Streitigkeiten über Festsetzung und Erhebung von Abschöpfungsbeträgen, die nach dem Abschöpfungserhebungsgesetz durch Bundesfinanzbehörden verwaltet werden. Unter die Regelung des Abschöpfungserhebungsgesetzes fallen nur die Waren, für die Marktordnungen nach dem Recht der Europäischen Wirtschaftsgemeinschaft bestehen.

Der Finanzrechtsweg ist kraft ausdrücklicher Zuweisung gegeben für Streitigkeiten mit den Einfuhr- und Vorratsstellen über die vorherige Festsetzung von Abschöpfungssätzen und Prämien in Einfuhrlizenzen für Getreide und Reis.

Für Streitigkeiten mit den Einfuhr- und Vorratsstellen über die Abschöpfungsregelungen der deutschen Marktordnungsgesetze ist der Verwaltungsrechtsweg gegeben.

Der Verwaltungsrechtsweg ist auch gegeben für Streitigkeiten mit der Einfuhr- und Vorratsstelle über die Lizenzerteilung für die Einfuhr von Waren, für die eine europäische Marktordnung besteht, soweit der Streit nicht um die Festsetzung der Abschöpfungssätze und Prämien geht.

Der Finanzrechtsweg ist gegeben kraft ausdrücklicher Zuweisung für Streitigkeiten mit den Einfuhr- und Vorratsstellen über Erstattungen. Erstattungen sind in allen europäischen Marktordnungen für den Export vorgesehen.

Streitigkeiten mit der Einfuhr- und Vorratsstelle über die Gewährung von Subventionen gehören insoweit in den Finanzrechtsweg, als die Subvention in der Form der Herabsetzung der Abgaben gewährt wird. Andere Subventionsstreitigkeiten gehören in den Verwaltungsrechtsweg.

II. Landesrecht

Wie bereits erwähnt, hat der Landesgesetzgeber bei der Eröffnung des Finanzrechtsweges § 40 Abs. 1 Satz 2 VwGO zu beachten. Der

VO Nr. 16/64 i.d.F.v. § 178 FGO; § 7 Abs. 2 DurchfG VO Nr. 14/64 i.d.F.v. § 179 FGO; § 8 Abs. 2 DurchfG VO Nr. 13/64 i.d.F.v. § 180 FGO. § 5 a DurchfG zu den VOen Nr. 20 bis 22 i.d.F.v. § 181 FGO.

[32] VG Frankfurt, ZfZ 1965, 246.

Landesgesetzgeber kann den Finanzrechtsweg nur für Streitigkeiten auf dem Gebiet des Landesrechts eröffnen. Von dieser Möglichkeit haben alle Länder Gebrauch gemacht und öffentlich-rechtliche Streitigkeiten über Abgabenangelegenheiten auf den Finanzrechtsweg verwiesen, soweit die Abgaben durch Landesfinanzbehörden verwaltet werden[33]. Trotz unterschiedlicher Formulierungen im Einzelfall besteht insoweit in allen Ländern die gleiche Rechtslage. Darüber hinaus hat Hamburg als einziges Land der Bundesrepublik den Finanzrechtsweg für alle öffentlich-rechtlichen Streitigkeiten über Steuern eröffnet, unabhängig davon, welche Behörden die Steuern verwalten (§ 5 Abs. 2 AGFGO).

Ein uneinheitliches Bild besteht für die Zulässigkeit des Rechtsweges in Kirchensteuerstreitigkeiten. Die Gesetzgebungskompetenz für Kirchensteuern steht den Ländern nach Art. 140 GG in Verbindung mit Art. 137 Abs. 6 der Weimarer Reichsverfassung vom 11. 8. 1919 zu[34]. Die staatlichen Gesetze werden ausgefüllt durch die autonomen Steuerordnungen der Kirchen. Die Verwaltung der Kirchensteuern kann auf Antrag des Ertragsberechtigten staatlichen Stellen übertragen werden, da die Kirchensteuern als Maßstabsteuern auf der Einkommensteuer und anderen staatlichen Steuern aufbauen. Diese Rechtslage hat sich trotz des Wegfalls von § 18 Nr. 4 RAO a. F. nicht geändert[35].

---

[33] Vgl. Ausführungsgesetze zur FGO: Baden-Würtemberg § 4; Bayern Art. 5; Berlin § 3; Bremen Art. 6; Hamburg § 5 Abs. 1; Hessen § 4 Abs. 1; Niedersachsen § 6; Nordrhein-Westfalen § 5; Rheinland-Pfalz § 4; Saarland § 5; Schleswig-Holstein § 5.

[34] BVerwG E 7, 189 (191); *Ehret* und *Thümmel*, Staatslexikon, Art. Kirchensteuern, Bd. 4, S. 986; *Hartmann*, Diss. S. 84.

[35] 18 RAO wurde durch § 162 Nr. 3 FGO neu gefaßt; gegen die Übertragung der Verwaltung landesrechtlich geregelter Steuern durch Bundesgesetz äußerten Bundesrat und Rechtsausschuß des Bundestages verfassungsrechtliche Bedenken: Bundestagsdrucksache *zu* IV/3523 und Drucksache IV/1446, S. 67; desgleichen Stellungnahme des Senats von Berlin in Drucksachen des Abgeordnetenhauses von Berlin IV/1251, S. 3 r. Sp., zu Nr. 2. In Berlin ist die Verwaltung der Kirchensteuern jetzt durch § 2 Abs. 1 des Gesetzes über den Anwendungsbereich der Reichsabgabenordnung in der Fassung vom 6. Jan. 1966, GVBl. S. 90, geregelt. Danach obliegt die Verwaltung der Steuern und Beiträge der Körperschaften des öffentlichen Rechts einschließlich der öffentlich-rechtlichen Religionsgemeinschaften den Berliner Finanzbehörden, soweit der Senator für Finanzen ihnen die Verwaltung auf Antrag der zuständigen Stellen übertragen hat. Neben den Kirchensteuern kann den Finanzämtern nach dieser Vorschrift auch die Verwaltung von Kammerbeiträgen übertragen werden. In diesen Fällen gilt jedoch nicht der Dritte Abschnitt der Reichsabgabenordnung über das außergerichtliche Rechtsbehelfsverfahren, das Steuersäumnisgesetz und die Finanzgerichtsordnung, da für Rechtsstreitigkeiten nicht der Finanzrechtsweg, sondern der Verwaltungsrechtsweg zulässig ist.

In den einzelnen Ländern besteht folgende Rechtslage:

In Baden-Württemberg ist der Finanzrechtsweg für Kirchensteuerstreitigkeiten nur insoweit eröffnet, als die Verwaltung der Abgabe den Landesfinanzbehörden übertragen ist (§ 4 AGFGO). Soweit kirchliche Stellen oder die Gemeinden die Steuer erheben, ist der Verwaltungsrechtsweg zulässig[36]. Die Zulässigkeit eines staatlichen Rechtsweges ist allerdings dann ausgeschlossen, wenn die Kirchen keine Steuern auf Grund staatlicher Gesetze erheben, sondern innerkirchliche Beiträge[37].

In Bayern waren bis zum Inkrafttreten der Finanzgerichtsordnung Kirchensteuersachen durch Art. 19 Abs. 1 Nr. 2 des Gesetzes über die Erhebung von Steuern durch Kirchen, Religions- und Weltanschauliche Gemeinschaften vom 26. 11. 1954[38] den Finanzgerichten zugewiesen. Die 1960 in Kraft getretene Verwaltungsgerichtsordnung änderte diesen Rechtszustand nicht, da Art. 18 AGVwGO die Vorschriften unberührt ließ, die öffentlich-rechtliche Streitigkeiten auf dem Gebiet des Landesrechts einem anderen als dem Verwaltungsrechtsweg zuwiesen[39]. Soweit nunmehr die Kirchensteuern durch Landesfinanzbehörden verwaltet werden, ist der Finanzrechtsweg durch Art. 5 Nr. 1 AGFGO eröffnet, darüber hinaus in Kirchenumlageangelegenheiten durch Art. 5 Nr. 3 AGFGO.

In Berlin ist für Kirchensteuerstreitigkeiten der Verwaltungsrechtsweg zulässig[40].

In Bremen obliegt die Verwaltung der Kirchensteuern den Landesfinanzbehörden, soweit der Senator für die Finanzen ihnen die Verwaltung dieser Steuern auf Antrag der zuständigen Stellen überträgt. Dem Antrag muß entsprochen werden, soweit die Kirchensteuern in der Form von Zuschlägen zur Einkommen- und Vermögensteuer erhoben werden[41].

Nach § 2 der Steuerordnung für die Religionsgesellschaften und Weltanschauungsvereinigungen vom 9. 11. 1922[42] galt das Rechtsmittelverfahren der Reichsabgabenordnung entsprechend. Diese Bestimmung eröffnete den Finanzrechtsweg[43]. Nunmehr ist der Finanzrechtsweg eröffnet, soweit die Verwaltung den Landesfinanzbehörden übertragen ist (Art. 6 AGFGO).

---

[36] BVerwG E 7, 189 (190).
[37] BVerwG a.a.O.
[38] GVBl. S. 305.
[39] BayVGH, BayVBl. 1965, 29 (30).
[40] § 3 Abs. 2 AGFGO, § 4 AGVwGO.
[41] § 3 Bremisches Abgabengesetz vom 15. 5. 1962, GVBl. 139.
[42] Brem. GBl. 607, Sammlung Bremischen Rechts 61—d—1.
[43] a.A. *Hartmann*, Diss. S. 84 ff.

Grundlage der Kirchensteuererhebung in Hamburg ist das Gesetz betreffend die Veranlagung und Erhebung von kirchlichen Steuern vom 18. 2. 1914[44] in Verbindung mit der Bekanntmachung vom 3. 9. 1915[45]; danach fanden für das Rechtsmittelverfahren die für die Einkommensteuer geltenden Vorschriften Anwendung. Für Streitigkeiten ist der Finanzrechtsweg zulässig, da in Hamburg dieser auch für die Steuern eröffnet ist, die nicht durch Finanzbehörden verwaltet werden[46].

Der Verwaltungsrechtsweg ist in Hessen für Kirchensteuerstreitigkeiten eröffnet durch § 4 des Gesetzes über die Erhebung von Steuern durch die Kirchen, Religions- und Weltanschauungsgemeinschaften im Lande Hessen vom 27. 4. 1950[47]. Diese Vorschrift hat § 4 Abs. 2 AGFGO unberührt gelassen, so daß sie heute noch gilt. Das gleiche gilt für Niedersachsen. § 3 des Gesetzes zur Vereinheitlichung des Kirchensteuerwesens vom 21. 12. 1948[48] in der Fassung des Gesetzes zur Änderung kirchensteuerrechtlicher Bestimmungen vom 20. 3. 1952[49] und vom 31. 1. 1955[50] eröffnete den Verwaltungsrechtsweg. Diese Vorschrift bleibt unberührt durch das Inkrafttreten des Ausführungsgesetzes zur Finanzgerichtsordnung (§ 6 Satz 2 AGFGO).

In Nordrhein-Westfalen ist der Finanzrechtsweg eröffnet. Rechtsgrundlage dieser Regelung war § 6 Abs. 4 des Gesetzes über die Erhebung von Kirchensteuern im Lande Nordrhein-Westfalen vom 1. 12. 1955[51]; an dessen Stelle trat § 5 AGFGO.

Für Rheinland-Pfalz hat das zuständige Finanzgericht die Zulässigkeit des Finanzrechtsweges angenommen im Verfahren gegen einen Haftungsbescheid, mit dem u. a. Kirchensteuer angefordert worden war[52]. Die Zulässigkeit des Finanzrechtsweges sollte sich aus der Bezugnahme auf die verfahrensrechtlichen Vorschriften der Reichsabgabenordnung in § 4 Abs. 1 des Landesgesetzes über die Erhebung von Kirchensteuern im Lande Rheinland-Pfalz (KiStG) vom 19. 1. 1950[53] ergeben. Zu diesen Vorschriften gehöre § 229 AO a. F., der das Be-

---

[44] Amtsbl. 117.

[45] Amtsbl. 889.

[46] § 5 Abs. 2 AGFGO; der gleiche Rechtsweg war vor dem 1. 1. 1966 zulässig: Urteil des LVG Hamburg vom 20. 1. 1953, zitiert bei *Hartmann*, S. 86 N. 1 und Urteil des BVerwG vom 16. 10. 1959 — VIII C 60/58 — zitiert bei *Koehler*, Anm. XI, 109 zu § 40 VwGO, S. 216.

[47] GVBl. 63.

[48] GVBl. 186.

[49] GVBl. 19.

[50] GVBl. 51.

[51] GVBl. 229.

[52] EFG 1964, 394.

[53] GVBl. S. 12.

rufungsverfahren und damit den Finanzrechtsweg begründe. Diese Argumentation ist schon deshalb nicht zwingend, weil § 4 Abs. 1 KiStG neben der Geltung der Abgabenordnung auch die Geltung des Kommunalabgabengesetzes anordnet. Dieses führt im allgemeinen aber auf den Verwaltungsrechtsweg.

Gegen die ausdrückliche Bestimmung des „Verwaltungsstreitverfahrens", unter dem auch das Finanzgericht Rheinland-Pfalz die Klage vor dem Verwaltungsgericht versteht, wendet das Gericht ein, die Vorschrift des § 6 Abs. 4 S. 2 KiStG[54] sei durch § 22 des Landesgesetzes zur Ausführung der Verwaltungsgerichtsordnung vom 26. 7. 1960 (AGVwGO)[55] gegenstandslos geworden. Er setze nämlich das in den vorhergehenden Bestimmungen geregelte Einspruchs- und Beschwerdeverfahren voraus. Da dieses durch § 22 AGVwGO[56] außer Kraft gesetzt wurde, sei auch die Vorschrift über den Rechtsweg unanwendbar. Diese Argumentation berücksichtigt nicht, daß durch § 22 AGVwGO nur die Bestimmungen über das Vorverfahren geändert wurden. Dieses sollte nur noch nach den Vorschriften der Verwaltungsgerichtsordnung ablaufen. Rechtswegbestimmungen wurden durch diese Vorschrift nicht berührt. § 22 AGVwGO traf nur eine § 77 VwGO entsprechende Vorschrift[57] und beseitigte wie dieser die Zweispurigkeit des Vorverfahrens[58].

Schließlich ist auch der Argumentation des Gerichts entgegenzutreten, § 6 KiStG schränke nach seinem klaren Wortlaut die Anwendbarkeit der verfahrensrechtlichen Vorschriften der Abgabenordnung nur für die Kirchensteuerpflichtigen, nicht aber auch für diejenigen ein, die lediglich neben oder an Stelle der Kirchensteuerpflichtigen für die Kirchensteuer haften. Soll damit angedeutet werden, der Haftende müsse einen anderen Rechtsweg beschreiten als der Kirchensteuerpflichtige, so ist dem nicht zu folgen. Der Rechtsweg im Steuerrecht bestimmt sich allein nach dem materiellen Steuerrecht, das angewendet wird, und nach den Behörden, die es anwenden. Auch im Kirchensteuer-

---

[54] § 6 Abs. 4 KiStG: Die Entscheidung der Landesbehörde über die Beschwerde erfolgt nach Anhörung der kirchlichen Aufsichtsbehörde. Gegen die Entscheidung ist binnen einer Frist von zwei Wochen nach der Zustellung der Entscheidung Klageerhebung im Verwaltungsstreitverfahren zulässig.

[55] GVBl. S. 145.

[56] § 22 AGVwGO Rheinland-Pfalz: Alle vor dem 1. April 1960 in Kraft getretenen landesrechtlichen Vorschriften über Rechtsbehelfe gegen Verwaltungsakte, gegen die der Verwaltungsrechtsweg gegeben ist, insbesondere Einspruch, Rekurs, Beschwerde und Verwaltungsbeschwerde, werden aufgehoben. Dies gilt nicht für das Ausführungsgesetz zum Flurbereinigungsgesetz vom 26. März 1954 (GVBl. S. 49).

[57] *Koehler*, VwGO, Ergänzungsband, S. 154 Fußnote 11.

[58] *Eyermann - Fröhler*, § 77 VwGO Anm. 1 u. 3.

recht ist es für die Frage nach dem Rechtsweg nicht entscheidend, ob ein Steuerbescheid, der sich direkt an den Kirchensteuerpflichtigen wendet oder ein Haftungsbescheid angegriffen wird.

Die Unrichtigkeit der Ansicht des Finanzgerichts Rheinland-Pfalz, auch die Rechtswegbestimmung des § 6 Abs. 4 Satz 2 KiStG sei durch § 22 AGVwGO unanwendbar geworden, wurde nach Ergehen des Urteils bestätigt durch den Landesgesetzgeber. Dieser bestimmte in § 4 Satz 2 des Ausführungsgesetzes zur Finanzgerichtsordnung vom 16. Dezember 1965[59], daß die Vorschrift des § 6 Abs. 4 Satz 2 KiStG von der Finanzrechtswegzuweisung für landesgesetzliche Abgaben, die durch Landesfinanzbehörden verwaltet werden, unberührt bleibt. In Kirchensteuerstreitigkeiten ist in Rheinland-Pfalz daher der Rechtsweg zu den Verwaltungsgerichten eröffnet[60].

In Schleswig-Holstein ist Rechtsgrundlage für die Erhebung der Kirchensteuer das Gesetz zur Vereinfachung der Kirchensteuererhebung vom 28. Februar 1950[61]. Auf Grund dieses Gesetzes wurde zuletzt eine Rechtswegregelung getroffen durch § 14 einer auf Grund dieses Gesetzes erlassenen Verordnung vom 15. Juni 1955[62]. Über Rechtsmittel, die sich sowohl gegen die Kirchensteuer als auch gegen die zugrunde liegende Einkommensteuer (Lohnsteuer) richten, sollte in dem für die Einkommensteuer (Lohnsteuer) geltenden Verfahren entschieden werden. Die Rechtslage hat sich nicht verändert. Sie ist jetzt geregelt in § 5 AGFGO, der den Finanzrechtsweg eröffnet in öffentlich-rechtlichen Streitigkeiten über Steuern und andere Abgaben, die der Landesgesetzgebung unterliegen und von Landesfinanzbehörden verwaltet werden. Die Kirchensteuer wird nach §§ 1, 2 des Gesetzes von 1950 von Steuerpflichtigen, die der Einkommensteuer unterliegen, vom Finanzamt zugleich mit der Einkommensteuer veranlagt und erhoben, von Lohnsteuerpflichtigen zusammen mit der Lohnsteuer abgeführt. In Kirchensteuerstreitigkeiten ist daher der Finanzrechtsweg zulässig.

---

59 GVBl. S. 265.

60 Im Ergebnis gleicher Ansicht: *Hartmann*, Diss. S. 84 ff.

61 GVBl. 61.

62 GVBl. 133

F. Zusammenstellung der Ergebnisse der Arbeit

A. Zur Zulässigkeit von Rechtsbehelfen an die Finanzgerichte bis zum Inkrafttreten der Finanzgerichtsordnung vom 6. Oktober 1965

I. Die Zeit bis zum Ende des Zweiten Weltkrieges

1. Vor Inkrafttreten der Reichsabgabenordnung von 1919 wurde Rechtsschutz in Abgabenstreitigkeiten in beschränktem Umfang durch die ordentlichen und die Verwaltungsgerichte gewährt.
2. Die Zulässigkeit des Rechtsweges entschied damals über die Frage, ob gerichtlicher Rechtsschutz überhaupt gewährt wurde oder ob die Verwaltung endgültig entschied.
3. Ein selbständiger Finanzrechtsweg besteht seit Inkrafttreten des Gesetzes über die Errichtung eines Reichsfinanzhofes im Jahre 1918.
4. Soweit auf Abgabenangelegenheiten die Reichsabgabenordnung anwendbar war, waren in den ausdrücklich geregelten Fällen Rechtsbehelfe an die Finanzgerichte und an den Reichsfinanzhof zulässig.
5. Gegen Steuerbescheide war als Rechtsmittelverfahren nach § 217 RAO 1919 in Zoll- und Verbrauchsteuersachen das Anfechtungsverfahren, in Besitz- und Verkehrsteuersachen das Berufungsverfahren zulässig.
6. In Kommunalabgabenstreitigkeiten war der Verwaltungsrechtsweg nach dem Enumerationsprinzip eröffnet.

II. Die Entwicklung nach dem Zweiten Weltkrieg unter besonderer Berücksichtigung der verfassungsrechtlichen Grundlagen

7. Das Grundgesetz garantiert in Art. 19 Abs. 4 dem Bürger, der Rechtsverletzungen durch einen Träger der öffentlichen Gewalt erleidet, die gerichtliche Kontrolle der Tat- und Rechtsfrage.
8. Das Grundgesetz garantiert durch Art. 96 Abs. 1 die Existenz eines oberen Bundesfinanzgerichtes.
9. Die Errichtung unterer Finanzgerichte wird durch das Grundgesetz nicht gefordert. Der einfache Gesetzgeber kann entscheiden, ob er

untere Finanzgerichte errichtet oder deren Aufgaben den Verwaltungsgerichten überträgt.

10. Die unteren Finanzgerichte können nicht als Bundesgerichte errichtet werden.

11. § 3 RAO in der Fassung von 1953 beschränkte den Finanzrechtsweg bundesrechtlich nicht auf Abgaben, die der Bundesgesetzgebung nach Art. 105 Abs. 1 und 2 GG unterliegen.

12. § 1 Satz 2 BFHG und § 39 Abs. 1 FVG eröffneten den Finanzrechtsweg für öffentlich-rechtliche Streitigkeiten über alle Abgaben, die durch Bundes- oder Landesfinanzbehörden verwaltet werden.

13. Nachkonstitutionelle landesrechtliche Regelungen über die Zulässigkeit des Rechtsweges zu den Finanzgerichten waren, zumindest bis zum Inkrafttreten der Verwaltungsgerichtsordnung, nichtig, da der Bund entweder nach Art. 108 Abs. 5 GG die ausschließliche Gesetzgebungskompetenz auf diesem Gebiet hat oder, falls man die Rechtswegregelung zur konkurrierenden Gesetzgebungsbefugnis zählt, eine Landesgesetzgebung durch die abschließende bundesrechtliche Regelung in § 1 Satz 2 BFHG und § 39 Abs. 1 FVG ausgeschlossen war.

14. Die Gesetze der Länder über den Anwendungsbereich der Reichsabgabenordnung können nicht als gültige Regelungen über die Zulässigkeit von Rechtsbehelfen an die Finanzgerichte angesehen werden. Ihre Wirkung ist beschränkt auf die Regelung des Verwaltungsverfahrens für Abgaben, die der Gesetzgebung des Landes unterliegen und durch Landesfinanzbehörden verwaltet werden. Diese Gesetze konnten deshalb nicht wirksam das Gesetz über den Bundesfinanzhof für anwendbar erklären.

15. § 39 Abs. 1 FVG enthielt bis zum Inkrafttreten der Finanzgerichtsordnung eine gültige Regelung über den Anwendungsbereich der in der Abgabenordnung geregelten Rechtsbehelfe.

B. Zulässigkeit des Finanzrechtsweges nach § 33 Abs. 1 Nr. 1 FGO

I. Abgaben, die der Gesetzgebung des Bundes unterliegen

1. Art. 105 GG: Steuern, Zölle und Finanzmonopole

16. Der nach § 33 Abs. 1 FGO eröffnete Finanzrechtsweg ist nicht beschränkt auf die Abgaben, die der Bundesgesetzgebung nach Art. 105 GG unterliegen, sondern auch für andere bundesrechtlich geregelte Abgaben eröffnet, soweit diese durch Bundesfinanzbehörden oder Landesfinanzbehörden nach den Vorschriften der Reichsabgabenordnung verwaltet werden.

a) Zum Steuerbegriff des Grundgesetzes

17. Abgaben im Sinne von § 33 FGO sind Steuern und Finanzmonopole. Zu den Steuern gehören die Zölle.
18. Der aus § 1 RAO übernommene Steuerbegriff des Grundgesetzes gilt auch für die Auslegung von § 33 FGO.
19. Dieser Begriff wird in § 1 RAO wie folgt definiert:
    „Steuern sind einmalige oder laufende Geldleistungen, die nicht eine Gegenleistung für eine besondere Leistung darstellen und von einem öffentlich-rechtlichen Gemeinwesen zur Erzielung von Einkünften allen auferlegt werden, bei denen der Tatbestand zutrifft, an den das Gesetz die Leistungspflicht knüpft. Zölle fallen darunter; nicht darunter fallen Gebühren für besondere Inanspruchnahme der Verwaltung und Beiträge."
20. Die Frage, ob der Abgabe eine Gegenleistung gegenübersteht, ist an Hand des konkreten Abgabeschuldverhältnisses danach zu beurteilen, ob der Abgabeschuldner eine Gegenleistung erhält.
21. Die Prüfung, ob der Abgabegläubiger für die Abgabe eine Gegenleistung erbringt, beantwortet nicht die Frage nach der Gegenleistung im Sinne des Steuerbegriffs, sondern die, ob die Abgabe zur Erzielung von Einnahmen erhoben wird.
22. Steuern sind nur diejenigen öffentlich-rechtlichen Geldleistungen, die einem öffentlichen Gemeinwesen zur Erzielung von Einkünften dienen. Dem Begriff der Steuer steht nicht entgegen, daß mit dem Steuergesetz auch andere als Einnahmezwecke verfolgt werden. Der Einnahmezweck darf nur nicht völlig entfallen.

b) Zum Zollbegriff des Grundgesetzes

23. Zölle sind nur diejenigen Abgaben, die nach Maßgabe des Zolltarifs von der Warenbewegung über die Zollgrenze erhoben werden.
24. Der für die Eingangsabgaben geprägte materielle Zollbegriff, der auf Art. 73 Nr. 5 GG gestützt wird, ist für Abgrenzungszwecke auf dem Gebiet des Abgabenrechts irreführend. Die Terminologie des Grundgesetzes unterscheidet zwischen der Gesetzgebungsbefugnis über das Zollwesen (Art. 73 Nr. 5 GG) und der über die Zölle (Art. 105 Abs. 1 GG). Die Einheit des Zoll- und Handelsgebietes (Art. 73 Nr. 5 GG) wird durch jede Eingangsabgabe berührt.
25. Die Abschöpfungen des EWG-Rechts sind Steuern im Sinne des Grundgesetzes.
26. Abschöpfungen des EWG-Rechts sind keine Zölle im Sinne von Art. 105 des Grundgesetzes.

27. Die Abschöpfungen sind Verbrauchsteuern, über die der Bund nach Art. 105 Abs. 2 Nr. 1 GG die konkurrierende Gesetzgebung hat.
28. Für Streitigkeiten über Abschöpfungen ist der Finanzrechtsweg zulässig.
29. Für Streitigkeiten über die Helgoländer Gemeinde-Einfuhr-Steuer ist der Finanzrechtsweg nach § 33 Abs. 1 Nr. 1 FGO zulässig.
30. Da die Kompetenz der Finanzgerichte bundesrechtlich nicht beschränkt ist auf Abgaben, die der Bundesgesetzgebung nach Art. 105 GG unterliegen, ist der Finanzrechtsweg zulässig für öffentlich-rechtliche Streitigkeiten über Abgaben, soweit die Abgaben durch Bundes- oder Landesfinanzbehörden verwaltet werden.

2. Sonstige Abgaben, die der Gesetzgebung des Bundes unterliegen

31. Der Finanzrechtsweg ist nicht eröffnet für Streitigkeiten über wirtschaftsverwaltungsrechtliche Ausgleichsabgaben.
32. Ausgleichsabgaben in diesem Sinn sind nur Abgaben, die nicht der Befriedigung eines öffentlichen Finanzbedarfes dienen, sondern die einen Ertragsausgleich innerhalb der privaten Wirtschaft bezwecken.
33. Ausgleichsabgaben zählen nicht zu den Abgaben des Finanzrechts.
34. Die Ausgleichsabgabe auf Frischfleisch ist entgegen ihrer Bezeichnung eine Steuer.
35. Die Rechtsnatur der Abschöpfungen der nationalen Marktordnungsgesetze kann hier dahinstehen. Für Streitigkeiten über diese Abschöpfungen ist nicht der Finanzrechtsweg, sondern der Verwaltungsrechtsweg zulässig, weil die Abschöpfungen nicht durch Finanzbehörden verwaltet werden.

II. Verwaltung durch Bundesfinanzbehörden oder Landesfinanzbehörden

1. Gliederung der Finanzbehörden

36. Finanzbehörden des Bundes und der Länder sind die in § 1 und § 2 FVG aufgezählten Behörden und ihre Dienststellen.
37. Soweit ein sonstiger Verwaltungsträger auf dem Gebiet der Abgabenverwaltung Amtshilfe leistet, ist für öffentlich-rechtliche streitigkeiten der Verwaltungsrechtsweg zulässig. Zweifelhaft ist, ob sich durch die Streichung des Begriffs der Hilfsstelle einer Finanzbehörde in den §§ 1 und 2 FVG die Abgrenzung zwischen Finanz- und Verwaltungsrechtsweg in den Fällen der §§ 16—18 FVG verändert hat.

2. *Realsteuerverwaltung*

38. Die Tätigkeit der Gemeinden im Realsteuerverfahren ist gemeindliche Selbstverwaltung.
39. In den Ländern mit geteilter Realsteuerverwaltung fällt die Kontrolle der Hebesatzfestsetzung in den Haushaltssatzungen in die Kompetenz der Verwaltungsgerichte.
40. Die Haushaltssatzungen können hinsichtlich der Hebesatzfestsetzung mit Ausnahme von Bremen in denjenigen Ländern der Normenkontrolle nach § 47 VwGO unterzogen werden, die zur Zeit ein entsprechendes Verfahren eingeführt haben.
41. Haftungsbescheide der Gemeinden über Realsteuerschulden sind im Verwaltungsrechtsweg anzufechten.
42. Im Vorverfahren entscheiden über die Rechtmäßigkeit der Haftungsbescheide die Finanzämter nach § 212 c Abs. 1 RAO.
43. Zur Gewährung von Billigkeitsmaßnahmen nach § 131 RAO im Realsteuerverfahren sind in den Ländern mit geteilter Realsteuerverwaltung allein die Gemeinden zuständig.
44. Streitigkeiten über die Gewährung von Billigkeitsmaßnahmen sind in diesen Ländern daher im Verwaltungsrechtsweg, in den anderen Ländern im Finanzrechtsweg auszutragen.

III. Abgabenangelegenheiten

45. Da die Klagemöglichkeiten vor den Finanzgerichten seit Inkrafttreten der Finanzgerichtsordnung nicht mehr beschränkt sind, ist der Finanzrechtsweg grundsätzlich auch für Parteistreitigkeiten zulässig.
46. Sind Parteistreitigkeiten ursprüngliche, Anfechtungssachen nachträgliche Verwaltungsstreitsachen, so entscheiden diese Begriffe über die Klageart, die der Kläger für sein Begehren zu wählen hat.
47. Die Fälle der umstrittenen Rechtsmittelbefugnis der Gemeinde gegen Einheitswert- und Steuermeßbescheide sind keine Parteistreitigkeiten.
48. Können die Gemeinden ihre Rechtsmittelbefugnis auf Art. 19 Abs. 4 GG stützen, so fällt die Entscheidungsbefugnis in die Kompetenz der Finanzgerichte.
49. Wird durch eine Finanzbehörde ein rechtswidriger Arrest vollzogen, so ist für den Folgenbeseitigungsanspruch der Finanzrechtsweg zulässig.
50. Der Kompetenz der Finanzgerichte ist die Entscheidung über das Auskunftsersuchen eines Generalstaatsanwaltes gegen eine Finanzbehörde entzogen.

51. Im Verfahren vor den Verwaltungs- und Sozialgerichten haben diese selbständig zu prüfen, ob § 22 RAO der beabsichtigten Vorlage von Steuerakten entgegensteht. Der Finanzrechtsweg ist für den Schutz des Steuergeheimnisses im Verfahren vor anderen Gerichten nicht eröffnet.

C. Zulässigkeit des Finanzrechtsweges nach § 33 Abs. 1 Nr. 2 FGO

I. Das Verwaltungs-Vollstreckungsgesetz des Bundes

52. Rechtsschutz im Verwaltungszwangsverfahren zur Beitreibung öffentlich-rechtlicher Geldbeträge wird durch die allgemeinen und besonderen Verwaltungsgerichte und durch die ordentlichen Gerichte gewährt.

53. Der Finanzrechtsweg ist für den Rechtsschutz nur zulässig in öffentlich-rechtlichen Streitigkeiten, wenn die Beitreibung durch Finanzbehörden erfolgt und kein anderer Rechtsweg ausdrücklich für zulässig erklärt ist.

54. Der Finanzrechtsweg ist nicht zulässig
    a) für Streitigkeiten über die Vollstreckung von Bußgeldbescheiden nach dem Ordnungswidrigkeitengesetz,
    b) für Streitigkeiten zwischen dem Dienstherrn und Beamten aus der Vollstreckung von Rückforderungsbescheiden wegen überzahlter Dienstbezüge,
    c) für Streitigkeiten über die Vollstreckung sozialversicherungsrechtlicher Forderungen.

    Dies gilt auch dann, wenn die Beitreibung durch Finanzbehörden vorgenommen wird.

55. Vollstrecken Bundesfinanzbehörden nach den Vorschriften des Verwaltungs-Vollstreckungsgesetzes des Bundes, so richten sich das Verfahren und der Vollstreckungsschutz nach den Vorschriften der Reichsabgabenordnung. Abgesehen von den in These 54 genannten Ausnahmen wird der Vollstreckungsschutz durch die Finanzgerichte gewährt.

56. In Parteistreitigkeiten wird Rechtsschutz im Vollstreckungsverfahren in demselben Rechtsweg gewährt, in dem sich das Erkenntnisverfahren abspielte.

II. Beitreibung nach der Reichsabgabenordnung

57. Vollstrecken die Finanzbehörden Abgabeansprüche nach den Vorschriften der Reichsabgabenordnung, so ist der Finanzrechtsweg zulässig. Werden dabei Dritte in Anspruch genommen, die nicht auf Grund steuerrechtlicher Vorschriften verpflichtet sind, so ist für ihren Rechtsschutz der ordentliche Rechtsweg eröffnet.
58. Wird gegen Dritte nach § 330 RAO vollstreckt, so ist der Finanzrechtsweg zulässig.
59. Keine Abgabenangelegenheiten sind im Beitreibungsverfahren die Beziehungen des Finanzamtes als Steuergläubiger zu Dritten. Diese Beziehungen gehören dem Privatrecht an.
60. Abgabeangelegenheiten sind dagegen die Beziehungen des Finanzamtes als Vollstreckungsbehörde zu Dritten.
61. § 120 Abs. 1 RAO regelt die Rechte des Finanzamtes als Gläubiger, § 330 RAO die als Vollstreckungsbehörde; Streitigkeiten zwischen dem Finanzamt und Dritten sind daher nur im ordentlichen oder im Finanzrechtsweg, nicht jedoch im Verwaltungsrechtsweg zulässig.

III. Beitreibungsrecht der Sozialversicherung

62. Für den Vollstreckungsschutz bei der Beitreibung öffentlich-rechtlicher Forderungen der Sozialversicherungsträger ist der Sozialrechtsweg unabhängig davon zulässig, welche Behörde die Forderung beitreibt. Der Finanzrechtsweg ist auch dann nicht zulässig, wenn die Beitreibung durch Finanzbehörden erfolgt.

Für Einzelheiten der Rechtswegabgrenzung bei der Beitreibung, die nach Landesrecht erfolgt, wird auf die Ausführungen im Zusammenhang der Arbeit verwiesen. Das gleiche gilt für die Zulässigkeit des Finanzrechtsweges nach § 33 Abs. 1 Nr. 3 und Nr. 4 FGO.

Literaturverzeichnis

1. Lehrbücher, Kommentare, Einzeldarstellungen und Dissertationen

Altmeyer, Josef und Kurt *Lahm:* Verwaltungsvollstreckungsgesetz für Rheinland-Pfalz vom 8. Juli 1957 (GVBl. S. 101), mit allen Durchführungs- und Ausführungsvorschriften, Kommentar, Siegburg 1958

Bail, Theodor, Walter *Schädel* und Hans *Hutter:* Zollgesetz vom 14. Juni 1961, Kommentar zum Zollgesetz und Durchführungsbestimmungen, Heidelberg—Hamburg, Stand vom 1. Dezember 1966

Baumann: Änderungsgesetz zur Abgabenordnung, Sonderdruck der Deutschen Steuer Zeitung (C), Siegburg—Konstanz—Berlin 1953

Becker, Enno: Die Reichsabgabenordnung, 7. neubearbeitete Auflage, Berlin 1930

Becker, Enno, Alfred *Riewald* und Carl *Koch:* Reichsabgabenordnung mit Nebengesetzen, 9. neubearbeitete und erweiterte Auflage, Köln—Bonn—München, Band I: 1963; Band II: 1965; Band IV: 1966

Becker, Erich: Artikel „Verwaltungsaufgaben" in Verwaltung, eine einführende Darstellung, S. 187, herausgegeben von Morstein Marx, Berlin 1966

— Artikel „Die Selbstverwaltung als verfassungsrechtliche Grundlage der kommunalen Ordnung in Bund und Ländern" in Handbuch der Kommunalen Wissenschaft und Praxis, herausgegeben in Verbindung mit den kommunalen Spitzenverbänden im Auftrag des Forschungsinstitutes für Sozial- und Verwaltungswissenschaften an der Universität Köln von Hans Peters, Erster Band: Kommunalverfassung, Berlin—Göttingen—Heidelberg 1956

— Artikel „Gemeindeverfassung" in Staatslexikon, Band 3, Spalte 693.

— Der Finanzausgleich, der Verwaltungsverbund und die Selbstverwaltungsgarantie

Bellstedt, Christoph: Verfassungsrechtliche Grenzen der Wirtschaftslenkung durch Steuern (dargestellt am Berlin-Hilfe-Gesetz), Schwetzingen (Baden) 1962

Berber, Friedrich: Lehrbuch des Völkerrechts, Erster Band, Allgemeines Friedensrecht, München—Berlin 1960

Bettermann, Karl-August: Der Schutz der Grundrechte in der ordentlichen Gerichtsbarkeit, in Die Grundrechte, Handbuch der Theorie und Praxis der Grundrechte, Band 3, 2. Halbband, Berlin 1959

— Das Verwaltungsverfahren, Bericht auf der Tagung der deutschen Staatsrechtslehrer zu Wien am 9. und 10. Oktober 1958, Veröffentlichungen der Vereinigung der Deutschen Staatsrechtslehrer, Heft 17, Seite 118, Berlin 1959

Blendermann, Christoph: Steuern mit örtlich begrenztem Wirkungskreis, Heft 54 der Schriftenreihe des Instituts „Finanzen und Steuern", Bonn 1957

Blümich, Walter, Walter *Boyens*, Werner *Steinbring* und Otto *Klein:* Gewerbesteuergesetz nebst Durchführungsverordnung, Einführungsgesetz (auszugsweise) und Verwaltungsanweisungen, 7. völlig neubearbeitete Auflage, Berlin und Frankfurt 1961

Borgs - Maciejewski, Hermann: Die Durchsetzung vermögensrechtlicher Ansprüche des Dienstherrn gegen Beamte, Bonner Rechtswissenschaftliche Abhandlungen, Band 74, Bonn 1967

Bühler, Ottmar: Kommentierung zu Artikel 105 und Artikel 108 GG, in Kommentar zum Bonner Grundgesetz (Bonner Kommentar), Hamburg 1950 ff.

Bühler, Ottmar und Georg *Strickrodt:* Steuerrecht, Grundriß in zwei Bänden, Band I, Allgemeines Steuerrecht, 3. neubearbeitete Auflage, Wiesbaden 1960

Dapprich, Gerhard: Das sozialgerichtliche Verfahren, Köln—Berlin 1959.

Dersch, Hermann, Ernst *Knoll*, *Brockhoff*, Horst *Schieckel* und Kurt *Schroeter:* RVO, Kommentar zum gesamten Recht der Reichsversicherungsordnung einschließlich zwischenstaatlicher Abkommen und internationaler Übereinkommen, Wiesbaden 1961

Eckert, Josef: Sozialversicherungsrecht, Band „Allgemeines", München und Berlin, Stand Frühjahr 1965

Eckert, Josef und Hans *Schraft:* Selbstverwaltungsrecht der Sozialversicherung, 4. Band, Stand Juni 1956

Eheberg, Karl Theodor v.: Artikel „Zwecksteuern" in Handwörterbuch der Staatswissenschaften, Band VIII, S. 1232, Vierte, gänzlich umgearbeitete Auflage

Ehret, Wilhelm und Gerhard *Thümmel:* Artikel „Kirchensteuer" in Staatslexikon, Band 4, Spalte 986, Recht-Wirtschaft-Gesellschaft, herausgegeben von der Görres-Gesellschaft, 6. völlig neu bearbeitete und erweiterte Auflage, Freiburg 1959

Enneccerus, Ludwig und Heinrich *Lehmann:* Lehrbuch des Bürgerlichen Rechts, Zweiter Band, Recht der Schuldverhältnisse, Ein Lehrbuch, Fünfzehnte Bearbeitung, Tübingen 1958

Ermacora, Felix: Die Organisationsgewalt, Bericht auf der Tagung der deutschen Staatsrechtslehrer zu Berlin am 10. und 11. Oktober 1957, Veröffentlichungen der Vereinigung der Deutschen Staatsrechtslehrer, Heft 16, Seite 191, Berlin 1958

Eyermann, Erich und Ludwig *Fröhler:* Verwaltungsgerichtsordnung, 4. Auflage, München und Berlin 1965

Felix, Günther: Steuerrecht und Verwaltungsrecht, in Gegenwartsfragen des Steuerrechts, Festschrift für Armin Spitaler, S. 135, Köln 1958.

Fischbach, Oskar Georg: Bundesbeamtengesetz i.d.F. des Gesetzes v. 1. 10. 1961, 3. neu bearbeitete und verbesserte Auflage, Köln—Berlin—Bonn—München, 1964

Flume, Werner: Die Billigkeitsmaßnahmen des § 131 AO nach neuem Recht, Steuerberater-Jahrbuch 1953/54, zugleich Bericht über den V. Fachkongreß der Steuerberater der Bundesrepublik Deutschland, Köln 1953.

Forsthoff, Ernst: Lehrbuch des Verwaltungsrechts, Erster Band, Allgemeiner Teil, 9. neubearbeitete Auflage, München und Berlin 1966

— Die Verfassungswidrigkeit der Zweigstellensteuer, Rechtsgutachten, Heft 4 der Schriftenreihe Unternehmung und Steuer, Schriftenreihe zur betrieblichen Steuerlehre, Köln—Berlin—München—Bonn 1960

Friauf, Karl Heinrich: Verfassungsrechtliche Grenzen der Wirtschaftslenkung und Sozialgestaltung durch Steuergesetze, Heft 325/326 der Reihe Recht und Staat in Geschichte und Gegenwart, Tübingen 1966

Fuchs, Walther und Oskar *Emmelmann:* Verwaltungsgerichtsbarkeit und Verwaltungsverfahren, 2. Auflage, Karlsruhe 1960

Gérard, Willy, Herbert *Kunze* und Arnold *Schäfer:* Sparprämiengesetz, 1959 und 1963 in der Fassung der Änderungsgesetze 1964, Zweites Vermögensbildungsgesetz, Kommentar, 4. neubearbeitete und erweiterte Auflage, Berlin 1966

Gerloff, Wilhelm: Die Gebühren, in Handbuch der Finanzwissenschaft, Zweiter Band, S. 204, Tübingen 1956

— Steuerwirtschaftslehre, in Handbuch der Finanzwissenschaft, Zweiter Band, S. 239

Giese, Friedrich und Egon *Schunck:* Grundgesetz für die Bundesrepublik Deutschland vom 23. Mai 1949, 5. Auflage, Frankfurt 1960

Gönnenwein, Otto: Gemeinderecht, Tübingen 1963

Görg, Hubert und Klaus *Müller:* Finanzgerichtsordnung (FGO), Kommentar für Wissenschaft und Praxis, Neuwied und Berlin 1966

Grimm, Claus: Besteuerung und Grundgesetz, Die Rechtsprechung des Bundesfinanzhofes zum Bonner Grundgesetz, Stuttgart 1959

— Wohnungsbau-Prämiengesetz, Kommentar zum Gesetz über die Gewährung von Prämien für Wohnbausparer, Stuttgart 1961

v. d. Groeben, Hans und Hans *Boeckh:* Handbuch für Europäische Wirtschaft, Band 7, Europäische Wirtschaftsgemeinschaft, Kommentar, Artikel 137 bis 209, Baden-Baden 1966

Gürsching, Lorenz und Alfons *Stenger:* Grundsteuergesetz mit Durchführungsverordnung und den Vorschriften der Wohnungsbaugesetze über Steuervergünstigungen, Kommentar, München und Berlin 1959

Hamann, Andreas: Das Grundgesetz für die Bundesrepublik Deutschland vom 23. Mai 1949, Ein Kommentar für Wissenschaft und Praxis, Berlin—Neuwied—Darmstadt 1956

Harmening, Rudolf: Lastenausgleichskommentar, München und Berlin, Stand 1. Januar 1966

Harmening, Rudolf und Hanns *Weber:* Hypothekengewinnabgabe, Kommentar zu den §§ 91—160 und 198—205 des Lastenausgleichsgesetzes mit ergänzenden Vorschriften, 2. neubearbeitete Auflage, München und Berlin 1956

Hartmann, Klaus Albert: Rechtsschutz im Verwaltungszwangsverfahren zur Beitreibung öffentlich-rechtlicher Geldbeträge, Juristische Dissertation, Hamburg 1966

Hatschek, Julius: Lehrbuch des deutschen und preußischen Verwaltungsrechts, fünfte und sechste verbesserte Auflage, Leipzig 1927

Hofmann, Schroeter: Sozialgerichtsgesetz (SGG) vom 3. September 1953 in der Fassung vom 10. August 1954 / 17. August 1955, Handkommentar, 2. völlig neubearbeitete Auflage, Berlin und Frankfurt 1957

Holtkotten, Hans: Kommentierung der Artikel 92 und 96 GG in Kommentar zum Bonner Grundgesetz (Bonner Kommentar), Hamburg 1950 ff.

Huber, Ernst Rudolf: Wirtschaftsverwaltungsrecht, 2. neubearbeitete und erweiterte Auflage, Tübingen 1953

Hübschmann, Walter, Ernst *Hepp* und Armin *Spitaler:* Kommentar zur Reichsabgabenordnung, Finanzgerichtsordnung und den Nebengesetzen, 1.—5. Auflage, Köln 1951/1966

Jellinek, Walter: Verwaltungsrecht, dritte Auflage, unveränderter Neudruck, Offenburg 1948

Jesch, Dietrich: Gesetz und Verwaltung, Eine Problemstudie zum Wandel des Gesetzesmäßigkeitsprinzips, Tübingen 1961

Kautz, Georg, Alfred *Riewald* und Max *Leisner:* Verwaltungszwangsverfahren zur Beitreibung von Geldbeträgen, 8. Auflage, Berlin—Köln 1955 mit Ergänzungsband, enthaltend das Recht der Verwaltungsvollstreckung von Geldforderungen in Nordrhein-Westfalen mit Kostenordnungen und Gebührentafeln, Köln—Berlin 1959

Klein, Friedrich: Verkehrsteuern, in Handbuch der Finanzwissenschaft, 2. Band, S. 602, 2. Auflage, Tübingen 1956

— Tragweite der Generalklausel im Art. 19 Abs. 4 des Bonner Grundgesetzes, Bericht auf der Tagung der Deutschen Staatsrechtslehrer zu Heidelberg am 20. und 21. Oktober 1949, Veröffentlichungen der Vereinigung der Deutschen Staatsrechtslehrer, Heft 8, Seite 67, Berlin 1950

Kleinrahm, Kurt: Artikel „Landesverfassung" in Verfassungs- und Verwaltungsrecht des Landes Nordrhein-Westfalen, Eine systematische Darstellung, herausgegeben von Loschelder und Salzwedel, Köln und Berlin 1964

Klinger, Hans: Verwaltungsgerichtsordnung, Kommentar, Göttingen 1960

Klöcker, Reinhold, Karl-Heinz *Mittelsteiner* und Hort *Gehre:* Handbuch der Steuerberatung, Kommentare, Rechtsprechung und Textsammlung zum Berufsrecht, Bonn 1965

Koehler, Alexander: Verwaltungsgerichtsordnung vom 21. Januar 1960, Berlin und Frankfurt 1960; mit Ergänzungsband, Ausführungsgesetze der Länder mit vergleichenden Übersichten, Berlin und Frankfurt 1962

Kolbeck, Erich, Karl *Peter* und Ernst *Rawald:* Gesetz über Steuerberater und Steuerbevollmächtigte, Kommentar zum Steuerberatungsgesetz, 2. erneuerte Auflage, Herne—Berlin 1965

Köttgen, Arnold: Die Organisationsgewalt, Bericht auf der Tagung der Deutschen Staatsrechtslehrer zu Berlin am 10. und 11. Oktober 1957, Veröffentlichungen der Vereinigung der Deutschen Staatsrechtslehrer, Heft 16, S. 154, Berlin 1958

Korte, Heinrich: Verfassung und Verwaltung des Landes Niedersachsen, Göttingen 1962

Kost, Edmund: Behördliches Zusammenwirken beim Erlaß verwaltungsgerichtlich anfechtbarer Verwaltungsakte, Juristische Dissertation, Köln 1965

Kruse, Heinrich-Wilhelm: Steuerrecht, I. Allgemeiner Teil, Ein Studienbuch, München und Berlin 1966

Kübler, Walter und Karl *Fröhner:* Das Kommunalabgabenrecht in Baden-Württemberg, Zusammenstellung aller einschlägigen Vorschriften mit Erläuterungen zum Kommunalabgabengesetz, Stuttgart, Stand Dezember 1966

Kühn, Rolf: Abgabenordnung, Finanzgerichtsordnung, Steueranpassungsgesetz, Finanzverwaltungsgesetze, Nebengesetze, 8. neubearbeitete Auflage, Stuttgart 1966

Kühne, Walter und Horst *Peters:* Handbuch der Krankenversicherung, Ausführliche Erläuterungen zum Ersten Buch der Reichsversicherungsordnung, Stuttgart und Köln 1951

Kunze, Eberhard: Abschnitt „Ernährungswirtschaft" in Wirtschaftsverwaltungsrecht I, Wirtschaftsverfassung, allgemeine Wirtschaftsverwaltung, Organisation der Wirtschaft, Gewerbeordnung mit Nebengesetzen, Ernährungswirtschaft, bearbeitet unter der Gesamtleitung von Reuß, Band VIII, Erster Halbband der Reihe v. Brauchitsch, Verwaltungsgesetze des Bundes und der Länder, neu herausgegeben von Ule, Köln—Berlin—Bonn—München 1963

Lassar, Gerhard: Der Erstattungsanspruch im Verwaltungs- und Finanzrecht, Berlin 1921

Leibholz, Gerhard und Gerd *Rinck:* Grundgesetz für die Bundesrepublik Deutschland, Kommentar an Hand der Rechtsprechung des Bundesverfassungsgerichts, Köln 1966

Lenski, Edgar und Wilhelm *Steinberg:* Kommentar zum Gewerbesteuergesetz, 1.—2. Auflage, Köln 1957/1965

Lerche, Peter: Ordentlicher Rechtsweg und Verwaltungsrechtsweg, Der Einfluß der verwaltungsgerichtlichen Generalklauseln der amerikanischen und der britischen Zone auf die Frage der Zulässigkeit und der Unzulässigkeit des ordentlichen Rechtsweges, Berlin und Köln 1953

Liman, Hans und Otfried *Schwarz:* Das Steuerbeitreibungsrecht, Band I, Die Steuerbeitreibung nach der Reichsabgabenordnung und den einschlägigen Vorschriften der Zivilprozeßordnung, Konkursordnung und des Zwangsversteigerungsgesetzes, erläutert im Rahmen der Beitreibungsordnung, Dritte Auflage, Köln—Berlin—München—Bonn 1961, Band III, Handbuch sämtlicher einschlägiger Vollstreckungsvorschriften der Reichsabgabenordnung, Finanzgerichtsordnung, Zivilprozeßordnung, Konkursordnung, des Zwangsversteigerungsgesetzes sowie des AO-Vollstreckungskostengesetzes, der Beitreibungsordnung und der Vollziehungsanweisung, Köln—Berlin—Bonn—München 1966

v. Mangoldt, Hermann: Das Bonner Grundgesetz, Berlin und Frankfurt 1953.

Marschall, Ernst A.: Bundesfernstraßengesetz, 2. Auflage, Köln—Berlin—Bonn—München 1963

Mattern, Gerhard und Kurt *Messmer:* Reichsabgabenordnung mit Nebengesetzen einschließlich Steuerberatungsrecht (ohne Beitreibung und Steuerstrafrecht), Grundgesetz Art. 105 ff., Bonn 1965

Mattern, Gerhard und Albert *Wittneben:* Das Abgabenänderungsgesetz vom 11. Juli 1953, Kommentar zum Gesetz zur Änderung von einzelnen Vorschriften der Reichsabgabenordnung und anderer Gesetze, München 1954.

Maunz, Theodor: Deutsches Staatsrecht, Ein Studienbuch, 15. neubearbeitete Auflage, München und Berlin 1966

Maunz, Theodor und Günter *Dürig:* Grundgesetz, Kommentar, München und Berlin, Stand 1966

Megow, Heinrich: Erläuterungen zum Abschöpfungserhebungsgesetz in Das Deutsche Bundesrecht, Systematische Sammlung der Gesetze und Verordnungen mit Erläuterungen, IV G 99, Baden-Baden, ohne Jahrgang

Meilicke, Heinz: Der Steuererfindungsgeist von Bund und Ländern seit Inkrafttreten des Grundgesetzes — Seine verfassungsrechtlichen Grenzen, in Probleme des Finanz- und Steuerrechts, Festschrift für Ottmar Bühler, herausgegeben von Armin Spitaler, Köln 1954

Mellwitz, Arthur: Sozialgerichtsgesetz nebst ergänzenden Vorschriften, Kommentar, München und Berlin 1956

Menger, Christian-Friedrich: Der Schutz der Grundrechte in der Verwaltungsgerichtsbarkeit, in Die Grundrechte, Handbuch der Theorie und Praxis der Grundrechte, Dritter Band, 2. Halbband, S. 717, Berlin 1959

Miesbach, Hermann und Hermann *Ankenbrank:* Sozialgerichtsgesetz (SGG) einschl. der neuen Kostengesetze, 3. Auflage, Frankfurt, Stand 1. 4. 1966

Müller - Uri, Rolf: Die Rechtsmittelbefugnis der Gemeinden gegen Einheitswert- und Steuermeßbescheide, Juristische Dissertation, Köln 1964

Müthling, Hans: Gewerbesteuerrecht mit Durchführungsbestimmungen und Ergänzungsvorschriften, Kommentar, 2. Auflage, München und Berlin, Stand Mai 1966

Naumann, Richard: Streitigkeiten des öffentlichen Rechts, in Staatsbürger und Staatsgewalt, Verwaltungsrecht und Verwaltungsgerichtsbarkeit in Geschichte und Gegenwart, Jubiläumsschrift zum hundertjährigen Bestehen der deutschen Verwaltungsgerichtsbarkeit etc., herausgegeben von Helmut Külz und Richard Naumann, Karlsruhe 1963, Band II, S. 365

Nawiasky, Hans: Die Grundgedanken des Grundgesetzes für die Bundesrepublik Deutschland, Stuttgart und Köln 1950

Niggemeier, Heinrich: Der Teilerlaß der Gewerbesteuer auf Grund der Verwaltungsordnung der Bundesregierung vom 21. Januar 1958, Juristische Dissertation, Köln 1961

Obermayer, Klaus: Verwaltungsakt und innerdienstlicher Rechtsakt, Stuttgart—München—Hannover 1956

Patzig, Werner: siehe Rasch - Patzig

Peters, Hans: Lehrbuch der Verwaltung, Berlin—Göttingen—Heidelberg 1949

— Wandlungen der öffentlichen Verwaltung in der neuesten Zeit, Krefeld 1954

Peters, Horst: Handbuch der Krankenversicherung, 16. Auflage

Peters, Horst, Theodor *Sautter* und Richard *Wolff:* Kommentar zur Sozialgerichtsbarkeit, 4. Auflage, Stuttgart—Berlin—Köln—Mainz.

Plog, Ernst und Alexander *Wiedow:* Kommentar zum Bundesbeamtengesetz.

Pünder, Tilman: Der Verwaltungszwang zur Durchsetzung von gemeindlichen Verwaltungsakten nach dem Verwaltungs-Vollstreckungsgesetz für das Land Nordrhein-Westfalen, Juristische Dissertation, Köln 1963

Rabe, Hans Juergen: Das Verordnungsrecht der Europäischen Wirtschaftsgemeinschaft, Juristische Dissertation, Hamburg 1963

Rasch, Ernst und Werner *Patzig:* Verwaltungsorganisation und Verwaltungsverfahren, Band I, Erster Halbband der Reihe v. Brauchitsch, Verwaltungsgesetze des Bundes und der Länder, neu herausgegeben von Ule, Köln—Berlin—Bonn—München 1962

Redeker, Konrad und Hans-Joachim *v. Oertzen:* Verwaltungsgerichtsordnung, 2. völlig neubearbeitete Auflage, Stuttgart 1965

Rietdorf, Fritz: Verwaltungsvollstreckungsgesetz für das Land Nordrhein-Westfalen — VwVG N.W. — vom 23. 7. 1957 i.d.F. des Änderungsgesetzes vom 22. 5. 1962 mit Verwaltungsvorschriften und Kostenordnung, 2. überarbeitete Auflage, Siegburg, Stand 1. 5. 1963

Riewald, Alfred: Reichsabgabenordnung und Steueranpassungsgesetz, zugleich 8. Auflage des Kommentars zur Reichsabgabenordnung von Enno Becker, Unveränderter Nachdruck, Berlin—Köln 1956

Rinck, Gerd: Wirtschaftsrecht, Köln—Berlin—Bonn—München 1963

Rohr, Hans-Jürgen und Dieter *Cordts:* EWG-Abschöpfungen und Ausfuhrerstattungen, Kommentar und Texte, Frankfurt/Main 1963

Rohwer - Kahlmann, Harry: Aufbau und Verfahren der Sozialgerichtsbarkeit, Kommentar zum Sozialgerichtsgesetz (SGG) mit Verweisungsvorschriften, Gesetzesmaterialien und Ausführungsgesetzen der Länder unter Berücksichtigung der Rechtsprechung und des Schrifttums, 3. Auflage einschließlich 12. Lieferung August 1966, Bad Godesberg

Salzwedel, Jürgen: Artikel „Kommunalrecht" in Verfassungs- und Verwaltungsrecht des Landes Nordrhein-Westfalen, Eine systematische Darstellung, herausgegeben von Loschelder und Salzwedel, Köln und Berlin 1964

Sattler, Herbert: Gemeindliche Finanzverfassung. Bedeutung gemeindlicher Finanzhoheit für die Selbstverwaltung, in Handbuch der kommunalen Wissenschaft und Praxis, Dritter Band, Kommunale Finanzen und kommunale Wirtschaft, S. 1, Berlin—Göttingen—Heidelberg 1959

Schäfers, Josef: Die Festsetzung des Gewerbesteuer-Hebesatzes durch die Gemeinden — Ein Beitrag zum kommunalen Finanzverfassungsrecht, Juristische Dissertation, Münster 1964

Schieckel: RVO-Gesamtkommentar, siehe unter Dersch - Knoll - Brockhoff - Schieckel - Schroeter

Schiefer, Josef: Die einzelnen Gemeindesteuern, in Handbuch der kommunalen Wissenschaft und Praxis, Dritter Band, Kommunale Finanzen und kommunale Wirtschaft, S. 308, Berlin—Göttingen—Heidelberg 1959

Schmidt - Bleibtreu, Bruno und Franz *Klein:* Steuerrecht unter Verfassungskontrolle, Die Rechtsprechung des Bundesverfassungsgerichts in Finanz- und Steuersachen, Herne—Berlin 1966

Schmitt - Lermann, Hans: Bayerisches Verwaltungszustellungs- und Vollstreckungsgesetz (VwZVG) vom 30. Mai 1961 (GVBl. S. 148), Handkommentar, München 1961

Schmölders, Günter: Finanzpolitik, 2. neubearbeitete Auflage, Berlin—Heidelberg—New York 1965

Schmölders, Günter: Das Verbrauch- und Aufwandsteuersystem, in Handbuch der Finanzwissenschaft, Zweiter Band, S. 636, Tübingen 1956

— Zur Begriffsbestimmung der Verbrauchsteuern, unter Mitarbeit von Beckendorff und Piper, Berlin 1955

Schraft, Hans: Sozialgerichtsgesetz (SGG), Kommentar auf Grund der Rechtsprechung des Bundessozialgerichts mit Findex zum SGG, unter Mitarbeit von Gierling, Berlin 1961

Schunck, Egon und H. *de Clerck:* Verwaltungsgerichtsordnung mit ergänzenden Bundesgesetzen und den Ausführungsgesetzen der Länder, Kommentar, Siegburg 1961

Schwarz, Otfried und Kurt *Wockenfoth:* Zollgesetz vom 14. Juni 1961 mit Nebengesetzen, Kommentar, Köln—Berlin—Bonn—München 1962

Senckpiehl, Jobst: Strukturwandlungen des Verbrauchsteuerrechts, Band 41, Schriftenreihe des Instituts für Steuerrecht der Universität zu Köln, herausgegeben von Spitaler, Düsseldorf 1964

Siburg, Friedrich-Wilhelm: Die Anbietungspflicht in der landwirtschaftlichen Marktordnung, Juristische Dissertation, Göttingen 1963

Sprung: Die Europäische Wirtschaftsgemeinschaft, Kommentar zum Vertrag, Berlin und Frankfurt 1960

Stern, Klaus: Zweitkommentierung des Artikels 28 GG in Kommentar zum Bonner Grundgesetz (Bonner Kommentar), Hamburg 1950 ff.

Stier - Somlo, Fritz: Kommentar zum Gesetz über die Allgemeine Landesverwaltung vom 30. Juli 1883, Berlin 1902

Strutz: Artikel „Gebühren“ in Handwörterbuch der Staatswissenschaften, 4. gänzlich umgearbeitete Auflage, Vierter Band, S. 616

Surén, Friedrich-Karl: Das preußische Kommunalabgabengesetz, Kommentar, Berlin 1944

— Stichwort „Heranziehung“ in Entscheidungen des Preußischen Oberverwaltungsgerichts, Kurzausgabe, Gruppe IV, Abgabenrecht, Band 3, S. 467, Berlin—Köln 1962

Tipke, Klaus und Heinrich-Wilhelm *Kruse:* Reichsabgabenordnung (ohne Steuerstrafrecht) Steueranpassungsgesetz / Finanzverwaltungsgesetze / Steuersäumnisgesetz / Verwaltungszustellungsgesetz, Kommentar, 2. neubearbeitete und erweiterte Auflage, Köln 1965, bis Stand Oktober 1966

Troll, Max: Grundsteuer, Grundsteuergesetz und II. Wohnungsbaugesetz (§§ 92 ff.) mit Durchführungsverordnung, Nebengesetzen und Verwaltungsanweisungen, Kommentar, 2. neubearbeitete Auflage, Berlin und Frankfurt 1966

Ule, Carl Hermann: Verwaltungsgerichtsbarkeit, Band I, Zweiter Halbband der Reihe v. Brauchitsch, Verwaltungsgesetze des Bundes und der Länder, neu herausgegeben von Ule, Köln—Berlin 1960

— Verwaltungsprozeßrecht, Ein Studienbuch, 4. neubearbeitete Auflage, München und Berlin 1966

Vialon, Friedrich Karl: Haushaltsrecht-Haushaltspraxis, Systematische Einführung, Übersicht über das Haushaltsrecht des Bundes, der Länder und Gemeinden, Kommentar zur Haushaltsordnung (RHO), 2. völlig neubearbeitete Auflage, Berlin und Frankfurt 1959

Vogel, Werner: Verwaltungszwang zur Durchsetzung von Verwaltungsakten und Verwaltungszustellung, Kommentar zum Zweiten, Dritten und Fünften Abschnitt des Verwaltungsvollstreckungsgesetzes und zum Verwaltungszustellungsgesetz für das Land Nordrhein-Westfalen, Siegburg 1958

Wacke, Gerhard: Das Finanzwesen der Bundesrepublik, Die Einwirkungen der Finanzfunktion auf Gesetzgebung, Verwaltung und Rechtsprechung im Bonner Grundgesetz, Tübingen 1950

Weber, Werner: Rechtsfragen der milchwirtschaftlichen Marktordnung, Göttingen 1962

Welinder, Carsten: Steuerüberwälzung und Steuerwirkung, in Handbuch der Finanzwissenschaft, herausgegeben von Gerloff - Neumark, 2. völlig neubearbeitete Auflage, Zweiter Band, S. 336, Tübingen 1956

Wernicke, Kurt Georg: Kommentierung des Artikels 19 GG im Kommentar zum Bonner Grundgesetz (Bonner Kommentar), Hamburg 1950 ff.

Wixforth, Gerd: Die gemeindliche Finanzhoheit und ihre Grenzen, Juristische Dissertation, Münster 1962

Wohlfarth, Ernst, Ulrich *Everling*, Hans Joachim *Glaesner* und Rudolf

Wolff, Hans J.: Verwaltungsrecht, Ein Studienbuch, Band I, 6. neubearbeitete Auflage, München und Berlin 1965, Band II (Organisations- und Dienstrecht), München und Berlin 1962, Band III (Ordnungs- und Leistungsrecht, Verfahrens- und Prozeßrecht), München und Berlin 1966

Wolfram, Klaus: Die verwaltungsrechtliche Normenkontrolle nach § 47 VwGO, Jur. Diss. Köln 1967

Ziemer, Herbert und Hans *Birkholz*: Finanzgerichtsordnung, Kommentar, München und Berlin 1966

Ziemer, Herbert und Hans *Haarmann*: Einspruch, Beschwerde und Klage in Steuersachen, Handbuch des Rechtsschutzes vor Finanzbehörden, Finanzgerichten, dem Bundesfinanzhof und dem Bundesverfassungsgericht, Band I, Bonn und München 1967

2. Zeitschriftenaufsätze, Urteilsanmerkungen

Bachof, Otto: Über die Geltung des Art. 104 des Grundgesetzes oder von der Aufgabe des Richters zur Ausfüllung von Gesetzeslücken, JZ 1951, 737

— Verwaltungsgerichtsbarkeit und Justiz unter besonderer Berücksichtigung des Bonner Grundgesetzes, SJZ 1950, 162

— Art. 19 Abs. 4 des Grundgesetzes und das Bundesverwaltungsgericht, DRZ 1950, 245

Baring, M.: Die Ablehnung der Aussagegenehmigung, ZBR 1956, 37; 71

Barske, Kurt: Anmerkung zum Urteil des Bundesfinanzhofes vom 12. 11. 1965, BStBl. 1966 III, 21 in KStZ 1966, 56

Bettermann, Karl August: Die zivilprozessuale Zwangsvollstreckung aus verwaltungsgerichtlichen Vergleichen, NJW 1953, 1007

— Anmerkung zum Beschluß des OVG Lüneburg vom 23. 7. 1953, DVBl. 1954, 297, in DVBl. 1954, 298

— Zivilgerichtlich verfolgbarer Schadensersatzanspruch bei unberechtigter Verwaltungsvollstreckung? Kritische Bemerkungen zu BGHZ 30, 123, in JZ 1960, 335

Beyer: Zulässigkeit des Meßbetragverfahrens bei Einwand der Verfassungswidrigkeit der Lohnsummensteuer? StuF 1963, 175

Boerner, Rüdiger: Gespaltene Rechtswege? Zur Auslegung des § 40 Abs. 1 VwGO, dargestellt am Bundesrückerstattungsgesetz, DVBl. 1961, 846

Böhm, Anton: Fragen des Anbaus an Bundesfernstraßen, DÖV 1958, 72

Brändel, Claus: Anmerkung zum Urteil des FG Nürnberg vom 23. 4. 1963, AWD 1963, 315, in AWD 1963, 316

Brodersen, Carsten: Die Rechtsprechung des Bundesverwaltungsgerichts zum Steuerrecht, FR 1964, 359

Cichon, Josef: Anmerkung zum Urteil des Bayer. Verwaltungsgerichts vom 21. 1. 1963, DStR 1963, 691, in DStR 1963, 692

Clasen, Heinrich: Die Rechtslage bei ungenehmigten Bauten, NJW 1959, 752.

Cordts, Georg: Das Abschöpfungssystem der EWG-Reismarktordnung, ZfZ 1964, 353

— Einfuhr- und Ausfuhrlizenzen des EWG-Marktordnungsrechts, ZfZ 1965, 225

Dempewolf, Günter: Wie sind Rückforderungsbescheide wegen zu Unrecht gezahlter Leistungen zu vollstrecken? Sozialversicherung 1955, 251

Dersch, Hermann: Sozialgerichtliche Grenzfragen zum Verwaltungsakt, Wege zur Sozialversicherung 1955, 137

Ehlers, Hans: Verwaltungsgericht oder Finanzgericht? FR 1958, 267

Felix, Günther: Zum Rechtsgehalt der Verwaltungsanordnung der Bundesregierung vom 21. 1. 1958, zugleich ein Beitrag zur Auslegung von Art. 108 Abs. 6 GG und § 131 AO, KStZ 1958, 173

Fichtelmann, Helmar: Erledigt sich das Haftungsverfahren in der Hauptsache durch Zahlung der Steuer? FR 1965, 106

Flume, Werner: Urteilsanmerkung zum Urteil des OVG Hamburg, DVBl. 1952, 401

Freudling, Fritz: Der gemeindliche Realsteuerbescheid, StuW 1937, I, 1135

Friauf, Karl Heinrich: Die behördliche Zustimmung zu Verwaltungsakten anderer Behörden — Verwaltungsakt oder bloßes Verwaltungsinternum, in DÖV 1961, 666

Friesenhahn, Ernst: Der Rechtsschutz im öffentlichen Recht nach dem Bonner Grundgesetz, DV 1949, 478

Frowein, Jochen: Zum Verhältnis zwischen dem EWG-Recht und nationalem Recht aus der Sicht des Gerichtshofes der Europäischen Gemeinschaften, in AWD 1964, 233

Furler, Hans: Grundfragen des europäischen Gemeinschaftsrechts, NJW 1965, 1401

Gast, Brigitte: Kostenersatz bei ungerechtfertigter Sicherheitsleistung — Vollzugsfolgenbeseitigungsanspruch im Abgabenrecht, DStR 1962/63, 530.

— Bindung der Gemeinde an Entscheidungen des Finanzamtes, Zur Auslegung des § 212 c Abs. 2 AO, StuW 1967, 41

Gehre, Horst: Anmerkung zum Beschluß des VG Bremen vom 19. 3. 1964, DStR 1964, 630 in DStR 1964, 631

Gericke, Werner: Haftungsfragen bei Betriebsübernahme, FR 1961, 107

Götz, Volkmar: Wirtschaftsverwaltungsrechtliche Ausgleichsabgaben, AöR 85, 200

— Europäisches Getreidepreisrecht, JZ 1963, 157

— Europäisches Gemeinschaftsrecht und deutsches Recht — Die Getreidemarktordnung als Beispiel, JZ 1963, 265

Gotschlich, Georg-Dieter: Das Zoll- und Abschöpfungssystem der EWG-Rindfleischmarktordnung, ZfZ 1965, 33

Graef, E.: Probleme des Rechtsschutzes in der EWG-Getreidemarktordnung, AWD 1962, 168.

Grewe, Wilhelm: Die Bundesrepublik als Rechtsstaat, DRechtsZ 1949, 393

Groebe, Klaus: Baugenehmigung und Anbauzustimmung nach § 9 Abs. 2 FStrG — Zugleich ein Beitrag zum Thema „Einheit der Staatsverwaltung", DVBl. 1959, 757

Hamann, Andreas: Wirtschaftslenkung durch Steuern, BB 1952, 953

Hartung: Die Verwaltungsanordnung der Bundesregierung vom 21. Januar 1958 betreffend Teilerlaß der Gewerbesteuer, ein Eingriff in die Selbständigkeit der Gemeinden und in die Zuständigkeit der Verwaltungsgerichte? DGStZ 1958, 65

Hartz: Möglichkeiten und Grenzen für das Steuererfindungsrecht von Ländern und Gemeinden im Verhältnis zum Bund — Eine Grundsatzentscheidung des Bundesverfassungsgerichts, DB 1963, 1098

Hastler, H.: Die Zuständigkeit der Sozialgerichtsbarkeit in Streitigkeiten aus dem Zwangsvollstreckungsrecht, Wege zur Sozialversicherung 1955, 109

Haueisen, Fritz: Erstattungsansprüche im öffentlichen Recht, NJW 1954, 977.

— Die Rechtsgrundlage der Vollstreckung des Verwaltungsaktes, NJW 1956, 1457

— Nochmals: Erstattungsansprüche im öffentlichen Recht, NJW 1955, 212

— Der Anspruch auf Rückzahlung der nach § 154 SGG erbrachten Leistung, Ortskrankenkasse 1956, 342

— Anmerkung zum Beschluß des VGH Kassel vom 10. 10. 1959, DVBl. 1960, 37 in DVBl. 1960, 39

Haug, Winfried: Behördliche Mitwirkungsakte im Verwaltungsprozeß BVerwG E 16, 116, in JuS 1965, 134

Heckt, Wilhelm: Die Neuordnung der verfassungsrechtlichen Grundlagen der gemeindlichen Selbstverwaltung, DÖV 1957, 164

Heinze, Christian: Das Zusammenwirken von Behörden beim Erlaß von Verwaltungsakten, Verwaltungsarchiv 1961, 275 und DÖV 1967, 33

Hettlage, Karl M.: Die Gemeinden in der Finanzverfassung, AfK 1964, 1

Hillebrecht, Arno: Verfassungsrechtliche Beurteilung der Lohnsummensteuer und Sicherung ihrer Erstattungsfähigkeit, BB 1963, 549

Höpker - Aschoff, Hermann: Das Finanzwesen der Bundesrepublik, Finanzarchiv, n.F. 12, 725

Hofferberth, Otto: Der Staat und die Berufskammern, DStR 1964, 660

Hoffmann, Gerhard: Das Verhältnis des Rechts der Europäischen Gemeinschaften zum Recht der Mitgliedstaaten, DÖV 1967, 433

Hohlfeld, Klaus: Zur Zuständigkeitsabgrenzung zwischen Finanzgerichten und Verwaltungsgerichten in abgabenrechtlichen Streitsachen, BB 1960, 773

Hoven, Josef: Zum Erhebungsverfahren der Lohnsummensteuer, DGStZ 1966, 148

Huber, Ernst Rudolf: Über den Rechtsweg für Klagen aus „Übernahmeverträgen" der Einfuhrlenkung, DÖV 1956, 355

Hurst, Karl und Alois *Dahmen:* Zuständigkeit zur gesetzlichen Neuregelung des Rechts der Ausgleichsabgaben und -zuschläge, DÖV 1957, 139

Ipsen, Hans Peter und Gert *Nicolaysen:* Europäisches Gemeinschaftsrecht — Berichte aus der Wissenschaftlichen Gesellschaft für Europarecht — Haager Kongreß für Europarecht und Bericht über die aktuelle Entwicklung des Gemeinschaftsrechts, NJW 1964, 339

Jaenicke, Günther: Das Verhältnis zwischen Gemeinschaftsrecht und nationalem Recht in der Agrarmarktorganisation der Europäischen Wirtschaftsgemeinschaft, ZaöRV 23 (1963), 485

Jansen, Gustav Joseph: „Sachzusammenhang" und „Kompetenzverschiebung", DÖV 1955, 436

Jesch, Dietrich: Zulässigkeit gesetzesvertretender Verwaltungsverordnungen? Zu dem Beschluß des Bundesverfassungsgerichts vom 6. Mai 1958, BVerfG E 8, 155, in AöR 84, 74

— Anmerkung zum Urteil des BVerwG vom 28. 9. 1961, JZ 1963, 365, in JZ 1963, 366

Kanter, Manfred: Die Selbstveranlagung der Lohnsummensteuer mit 0,0 DM, KStZ 1963, 179

Kersten: Die Verfahren zur Einziehung von Rückständen, insbesondere von Beiträgen, in der Sozialversicherung, JZ 1952, 587

Kleff, Hans: Reformanregungen zum Vollstreckungsrecht der Einzugsstellen, Sozialversicherung 1959, 117

— Findet die Verwaltungsgerichtsordnung bei der Beitragsvollstreckung durch Gemeindebehörden Anwendung? ZfS 1960, 174

Klein, Franz: Die Parteistreitigkeit im Steuerrecht, KStZ 1959, 181

Klein, Friedrich: Grundgesetz und Steuerreformen, Finanzarchiv n.F. 20, 115.

Koss, Werner: Verfahrensvorschriften und Rechtsmittelzüge bei der Festsetzung, Erhebung und Zerlegung der Gewerbesteuer, KStZ 1961, 4

Kraft, Alfons: Einheitliche Bundesfinanzgerichtsbarkeit? DÖV 1957, 211

Kratzer, Jakob: Der Widerspruch, BayVBl. 1960, 165

— Zusammenwirken von Behörden beim Erlaß eines Verwaltungsaktes, BayVBl. 1964, 254

Krüger, Hildegard: Anmerkung zum Urteil des Bundesverfassungsgerichts, StRK Beförderungssteuergesetz 1955, § 11, Rechtsspruch 11

Kruse, Heinrich-Wilhelm: Über Ermessen und Billigkeit (zugleich Besprechung des BFH-U 8. 5. 62 VII 51/61 StW 1962 Nr. 99) StuW 1962, 715.

Lamberth, Klaus: Abschöpfung und Subventionierung von Zuckerimporten nach dem Zuckergesetz, ZfZ 1964, 296

Laubereau, Horst: Der Angleichungszoll, ZfZ 1961, 7

Leibrecht, Dieter: Die Verfassungswidrigkeit der Lohnsummensteuer, StuW 1963, 413

Lenkewitz, M.: Die Abschöpfungen — Zur Rechtsnatur und zum Entstehen derAbschöpfungsschuld, ZfZ 1962, 260

List, Heinrich: EWG-Vertrag — Abschöpfung — Grundgesetz, FR 1964, 207.

— Die neuere Rechtsprechung des BFH zu Billigkeits- und Ermessensentscheidungen, StuW 1965, 617

Loberg, Helmut: Anmerkung zum Urteil des VG Arnsberg vom 8. 8. 1963, KStZ 1963, 182, in KStZ 1963, 184

— Der Rechtsweg bei Einwand der Verfassungswidrigkeit der Lohnsummensteuer, BB 1963, 727

— Anmerkung zum Urteil des VG Oldenburg, Kammer Aurich, vom 25. 2. 1964, KStZ 1964, 98, in KStZ 1964, 100

Mang, Johann: Zustimmung zum Anbau an Bundesfernstraßen, BayVBl. 1959, 82

Menger, Christian-Friedrich: Aus der Praxis der Verwaltung und der Verwaltungsgerichtsbarkeit — Höchstrichterliche Rechtsprechung zum Verwaltungsrecht, Verwaltungsarchiv 1961, 108

Messmer, Kurt: Rechtswegabgrenzung zwischen Verwaltungs- und Finanzgerichtsbarkeit, BB 1960, 1345

— Zur Neuordnung des Rechtsmittelverfahrens in Abgabensachen, BB 1962, 145

Moezer, Hansjoachim: Anmerkung zum Urteil des VG Frankfurt vom 8. 7. 1965, KStZ 1965, 249, in KStZ 1965, 251

Nake, Klaus: Zur Aussetzung der Vollziehung von Gewerbesteuermeßbescheiden, BB 1959, 882

— Welche Gerichte haben über Beitragsstreitigkeiten zwischen Angehörigen der steuerberatenden Berufe und deren Berufskammern zu entscheiden? DStR 1964, 628

Naumann, Richard: Allgemeine Verwaltungsgerichtsbarkeit und Finanzgerichtsbarkeit, DÖV 1953, 535

— Die Verwaltungsgerichtsordnung, DÖV 1960, 201

— Die Finanzgerichtsordnung, BB 1962, 1339

— Die Finanzgerichtsordnung, DVBl. 1966, 1

Neumann: Die Anfechtung formeller Verwaltungsakte, insbesondere die Festsetzung von Zwangsmitteln, Zur Vollziehung von Verwaltungsakten, DVBl. 1957, 304

Nöfer, Günter: Zum Teilerlaß der Gewerbesteuer — Ein Beitrag zur Verwaltungsanordnung vom 21. Januar 1958, DB 1959, 443

Obermayer, Klaus: Anmerkung zum Urteil des BVerwG vom 7. 3. 1958, NJW 1958, 1107, in NJW 1958, 1107

— Anmerkung zum Urteil des OVG Lüneburg vom 10. 1. 1957, DVBl. 1958, 138, in DVBl. 1958, 140

— Das Bundesverfassungsgericht und der Vorbehalt des Gesetzes — Kritische Bemerkungen zum Beschluß des BVerfG vom 6. 5. 1958 über die Vereinbarkeit des § 346 Satz 1 LAG mit dem Grundgesetz, DVBl. 1959, 354

Ophüls, C. F.: Deutsches Zustimmungsgesetz zum EWG-Vertrag teilweise verfassungswidrig? AWD 1964, 65

Oswald, Franz: Gewerbesteuerteilerlaß nach der Verwaltungsanordnung vom 21. 1. 1958 — welche Behörden sind für Rechtsmittel zuständig und welches Verfahren ist hierfür gegeben? StuW 1961, 106

— Neue Anordnungen zum Gewerbesteuerteilerlaß für vertriebene und andere kriegsgeschädigte Unternehmer, KStZ 1964, 202

Patzig, Werner: Das Bundesverfassungsgericht und die Finanzverfassung, DVBl. 1961, 389

Piduch, Erwin Adolf: Verfassungswidrigkeit der Helgoländer Gemeindeeinfuhrsteuer? Gelöste und ungelöste Probleme, AöR 86, 459

Posseht: Der Sreit um die Gewerbelohnsummensteuer, Staats- und Kommunalverwaltung 1964, 38

Prütting, Ludwig: Welcher Rechtsweg ist bei Verweigerung der Zustimmung der Gemeinde zu einem Teilerlaß der Gewerbesteuer nach der Verwaltungsanordnung des Bundes vom 21. Januar 1958 gegeben? DGStZ 1960, 148

Quidde, Torsten: Die Reform der Finanzgerichtsbarkeit, DVBl. 1963, 234.

Reiter, Bruno: Zur Rechtsnatur der Zustimmung nach § 9 Abs. 2 BFStrG, BayVBl. 1959, 247

Renfert, Cornel: Rechtsmittelmöglichkeiten im Gewerbesteuerverfahren, DStR 1962/63, 191

Rogalla, Dieter: Ausgleichsabgaben nach dem Ratsbeschluß zu Artikel 235 EWG-Vertrag, ZfZ 1962, 299

Rogoschik, Hans: Die Zuständigkeit der Verwaltungsgerichte im Rechtsmittelverfahren gegen Realsteuerhaftungsbescheide der Gemeinden (§ 212c AO), FR 1958, 299

Rohr, Hans-Jürgen und Georg *Cordts:* Das Abschöpfungssystem in der EWG-Agrarmarktordnung, ZfZ 1962, 292

Rudolf, Walter: Die verfassungsrechtliche Problematik der Helgoländer Gemeindeeinfuhrsteuer — Bemerkungen zur staats- und steuerrechtlichen Lage der Insel Helgoland, AöR 85, 457

Rümelin, Otto: Die Finanzgerichtsordnung (I. Teil), ZfZ 1965, 326

Rupp, Hans Heinrich: Der Schadensersatz- und Regreßanspruch des Dienstherrn im „besonderen Gewaltverhältnis" und seine Durchsetzung — Zugleich ein Beitrag zur Lehre vom Verwaltungsakt, DVBl. 1963, 577

— Anmerkung zum Urteil des OVG Münster vom 30. 9. 1964, JZ 1965, 366, in JZ 1965, 370

— Anmerkung zum Urteil des OVG Münster in JZ 1958, 75, in JZ 1958, 756.

Sasse, Christoph: Die verfassungsrechtliche Problematik von Steuerreformen — Ein Beitrag zur Interpretation der Art. 105 und 106 des Grundgesetzes und zur Frage der verfassungsrechtlichen Bestandsgarantien, AöR 85, 423

Schäfer, Hans: Die Zwangsvollstreckung von Rückforderungsbescheiden in der Sozialversicherung, Sozialversicherung 1955, 249

Schiefer, Josef: Die Anwendung von Vorschriften der RAbgO. in kommunalem Steuerrecht, KStZ 1958, 117

Schlochauer, Hans-Juergen: Das Verhältnis des Rechts der Europäischen Wirtschaftsgemeinschaft zu den nationalen Rechtsordnungen der Mitgliedstaaten, Archiv des Völkerrechts 11, 1

Schoen, Xaver: Die Grenzen der Verwaltungsgerichtsbarkeit, DÖV 1955, 137

Scholl, Werner: Teilerlaß der Gewerbesteuer bei Flüchtlingsbetrieben, BB 1961, 365

Scholler, Heinrich: Die Neuordnung des Finanzrechtsweges, BayVBl. 1966, 114

Schröer, Hanns Hermann: Gedanken zum Lohnsummensteuerverfahren, KStZ 1966, 21

Schuegraf, Elmar: Das Rechtsverhältnis zwischen Staat und Gemeinde beim Erlaß gemeinsamer Verwaltungsakte, DVBl. 1961, 654

Schwarz, Otfried: Die Begriffe „Eingangsabgaben" und „unmittelbar in der BRD geltende EWG-Verordnungen" in § 80 a Zollgesetz, ZfZ 1965, 291

Sendler, Horst: Das Verfahren der Berliner Verwaltung — Zum Gesetz über das Verfahren der Berliner Verwaltung, DÖV 1959, 439

Siber, Karl: Hat die Gemeinde gegen Bescheide gemäß § 212 a und 212 c AO ein Rechtsmittel? KStZ 1955, 273

— Rechtsmittel der Gemeinden gegen Meßbescheide nach § 212 a und 212 c AO (Eine Stellungnahme zu dem Beschluß des BFH vom 22. 11. 1955), KStZ 1956, 100

Spanner, Hans: Anmerkung zum Urteil des BVerwG vom 28. 9. 1961, DÖV 1962, 340, in DÖV 1962, 342

— Zölle und andere „Eingangsabgaben" — Zur Auslegung der Art. 73 Ziff. 5, 105 und 106 GG, DStR 1962/63, 423

Steinberg: Maßnahmen zur Verbesserung der Kapitalstruktur bei Betrieben von Vertriebenen, Flüchtlingen und Verfolgten sowie von Kriegssachgeschädigten und Evakuierten auf gewerbesteuerrechtlichem Gebiet, DStZ (A) 1958, 1

Stern, Klaus: Buchbesprechung zu Christoph Bellstedt, Verfassungsrechtliche Grenzen der Wirtschaftslenkung durch Steuern (dargestellt am Berlin-Hilfe-Gesetz), DÖV 1964, 395

Stobbe, Erhard: Zölle und Marktlenkungsabgaben, ZfZ 1965, 261

Tannen, Karl-Heinz: Sind Rückforderungsbescheide eines Versicherungsträgers wegen zu Unrecht gezahlter Leistungen ohne gerichtlichen Schuldtitel vollstreckbar? Sozialversicherung 1955, 75

Thiel, J.: Verfahrensrechtliche Fragen bei Geltendmachung der Verfassungswidrigkeit der Lohnsummensteuer, DB 1963, 1163

Thiel, Rudolf: Der Streit um die Verfassungsmäßigkeit der Lohnsummensteuer aus der Sicht des Verfahrensrechts, DB 1964, 380

Thieme, Werner: Bund, Länder und Gemeinden, AfK 1963, 185

Tipke, Klaus: Problematisches aus dem Recht des Ersatzes von Fürsorgekosten, DVBl. 1954, 689

Ule, Carl Hermann: Verfassungsrecht und Verwaltungsprozeßrecht, DVBl. 1959, 537

Voss, Gerhard: Die Aussetzung der Vollziehung bei der Gewerbesteuer, BB 1959, 1302

Wacke, Gerhard: Die Nichtigkeit der Zusatzsteuer, Zum Urteil des Bundesverfassungsgerichts, NJW 58, 540, NJW 1958, 776

v. Wallis, Hans: Anmerkung zum Urteil des Bundesfinanzhofes vom 10. 11. 1961, BStBl. 1962 III, 145, in FR 1962, 166

Weber, Werner: Zur Verfassungsrechtsprechung: Das Bundesverfassungsgericht und die Steuerordnung, AöR 90, 452

Weisensee, Carl: Rechtsweg in Erlaßsachen der Gewerbesteuer nach der Verwaltungsanordnung des Bundes vom 21. 1. 1958/23. 3. 1960, DVBl. 1961, 320

Wilhelm, Karl: Können sich die Gemeinden gegen Billigkeitsmaßnahmen der Finanzämter bei Festsetzung des Meßbetrages für die Gewerbesteuer wehren? KStZ 1960, 205

Wolff, Hans J.: Der Unterschied zwischen öffentlichem und privatem Recht, AöR 76, 205

Wussow, Werner: Die Zwangsbeitreibung von Rückforderungsansprüchen, Sozialversicherung 1956, 196

— Die Zuständigkeit für die Zwangsvollstreckung von Beitragsrückständen der Versicherungsträger, Sozialversicherung 1957, 109

Zeidler, Karl: Ausführung von Landesgesetzen durch Bundesbehörden, DVBl. 1960, 573

Ziemer, Herbert: Änderungen des Rechtsmittelverfahrens, DStZ (A) 1961, 223

Zinn, Georg August: Der Bund und die Länder, AöR 75, 291

— Die Rechtsprechung, DÖV 1949, 278

Ohne Verfasser: Städtebrief Nordrhein-Westfalen, KStZ 1963, 89

— Inhaltsangabe der von den Ländern erlassenen Richtlinien für die Ermessensausübung der Gemeinden bei Billigkeitserlassen nach § 131 RAO, BB 1963, 1292

FSC
www.fsc.org
MIX
Papier | Fördert
gute Waldnutzung
FSC® C083411

Kolibri 360 GmbH
Ferdinand-Jühlke-Straße 7
99095 Erfurt, Deutschland
produktsicherheit@kolibri360.de

Druck:
CPI Druckdienstleistungen GmbH
im Auftrag der
Kolibri 360 GmbH
Ferdinand-Jühlke-Str. 7
99095 Erfurt